20세기 초
상해인의 생활과 근대성

배경한 엮음

지식산업사

20세기 초 상해인의 생활과 근대성

초판 제1쇄 발행 2006. 5. 27.
초판 제2쇄 발행 2007. 10. 22.

엮은이   배경한
펴낸이   김경희
펴낸곳   ㈜지식산업사
          서울시 종로구 통의동 35-18
          전화 (02)734-1978(대) 팩스 (02)720-7900
          인터넷한글문패 지식산업사
          인터넷영문문패 www.jisik.co.kr
          전자우편 jsp@jisik.co.kr
          등록번호 1-363
          등록날짜 1969. 5. 8.

책값은 뒤표지에 있습니다.

ⓒ 배경한, 2006
ISBN 89-423-2065-1 93910

이 책을 읽고 필자에게 문의하고자 하는 이는
지식산업사 전자우편으로 연락 바랍니다.

20세기 초 상해인의 생활과 근대성

책머리에

이 책에 실려 있는 글들은 2002년 12월 부산에서 개최된 한국 중국근현대사학회 주최의 첫 번째 국제학술대회, '20세기 초 상해사회와 근대성 국제학술토론회'에서 발표된 것들이다. 이 토론회의 출발점이, 도론에서 언급한바 근대성에 대한 몇 가지 학문적 견해들에 대한 철저한 검토나 이에 대한 공동의 관심에 있었던 것은 아니다. 주최 학회인 중국근현대사학회의 모체 가운데 하나인 중국현대사연구회가 당면한 몇 가지 당면한 필요들을 채우는 방편으로 공동연구사업이 모색되었고, 그 결과로서 2001년 봄부터 '20세기 초 상해 사회 연구'라는 주제의 공동연구가 시작된 것이었다. 그러나 이 공동연구가 진행되면서 몇 가지 문제의식을 공유하는 성과는 얻을 수가 있었으며, 그 성과를 바탕으로 해서 좀더 규모 있는 학술대회의 개최까지 염두에 두기에 이른 것은 2002년 말부터였으니, 이 토론회는 공동연구의 결과이면서 동시에 공동연구의 목표를 더 분명하게 만들어 주는 견인차 구실을 했던 것이다.

한편으로 이 토론회를 준비하는 과정에서 자연스럽게 동아시아 한·중·일 3국의 상해사(上海史) 학계, 나아가서는 중국근현대사 학계를 연결하는 하나의 학술 네트워크 구성이 또 하나의 목표로 설정되기에 이르렀다. 중국 학계에서 상해사 연구가 새로운 연구 영역으로서 많은 연구자들의 집중적인 관심의 대상이 되었음은 이미 잘 알려져 있거니와 일본 학계에서도 상해사연구회를 중심으로 이미 상당한 연구 성과들을 내고 있음은 익히 아는 일이다. 규모나 연구 성과의 면에서 볼 때 우리 학계의 상해사 연구는 중·일 양국의 그것에 견주어 얼마간의 차이를 보이고 있기는 하지만 상해사 연구가 한국의 중국근현대사 연구에서 차지하는 무게 또한 결코 작은 것은 아니므로, 이제 상해사 연구를 필두로 하여 동아시아 3국의 중국근현대사 학계 사이에 토론의 장을 마련하는 것이 필요하다고 보았던 것이다. 이 토론회의 성과를 출판하는 것이 동아시아 3국의 중국근현대사 연구자들 사이에 학술 네트워크를 구성하는 데 조그만 초석이 되기를 바라는 것은 이런 이유에서다.

이 책이 나오는 데 여러 가지로 수고해 주신 분들이 적지 않다. 어려운 여건 속에서도 토론회에 참석해 주신 중국과 일본의 학자들에게 먼저 고마움을 표해야 할 것이다. 특히 여기에 자신들의 글이 실리지는 않았지만, 토론회에 참가하여 지정 토론에 참여해 줌으로써 이 책의 내용이 이만큼이라도 채워질 수 있는 데 커다란 기여를 해 주신 여러 토론자들, 곧 일본의 이이지마 와타루(飯島渉), 구보 도오루(久保亨), 가와시마 신(川島眞), 후카마치 히데오(深町英夫) 교수와 중국의 션샤오윈(申曉雲), 순커즈(孫科志) 교수, 그리고 한국의 윤휘탁, 하세봉, 김희교, 나현수, 김수영, 유용태 교수께 깊은 감사를 표하고자 한다. 또 김성찬, 박강, 김정화, 박혁순, 백영서 교수께서는 토론회에서 사회를 맡아, 활발한 논의를 이끌어 내는 데 애써 주셨다. 특히 김승욱 선생은 상해에 체류하던 시기 바쁜 와중에서도 토론회에 참석하기 위하여 일부러 부산에 왔을 뿐 아니라, 뒤에는 중국이나 일본 측 참가자의 논문 여러 편을 우리말로 번역해 주는 수고를 마다하지 않았다. 그러나 최종적인 번역에 대한 점검과 수정은 편자가 맡았으므로 여기 실린 외국 학자들의 글에 대한 번역 책임은 물론 편자에게 있다. 아울러 이 책의 출판이 당초 계획보다 상당히 늦어진 것 또한 편자에게 그 책임의 대부분이 있다는 점도 밝혀두고자 한다.

이 책이 나오는 데는 학술진흥재단의 재정적 지원이 결정적인 구실을 하였고, 토론대회를 개최하는 과정에서는 신라대학 연구부의 지원을 받았으므로 이 두 지원기관에게도 감사를 표한다. 또한 어려운 출판 사정에도, 그리고 학술서적의 출판이 출혈 그 자체임에도 기꺼이 이 책의 출판을 허락하신 지식산업사의 김경희 사장님과, 꼼꼼한 솜씨로 멋진 책을 만들어 주신 편집부의 윤태욱 씨에게도 심심한 감사를 드리고자 한다.

2005년 2월, 금정산 기슭에서 배경한 씀

차 례

2부 상공업과 시민 /97

3부 문화와 생활 /169

4부 사회와 공공성 /323

'중국적 근대성'에 대한 생활사적 접근

| 배경한 裵京漢 |

I.

1960, 1970년대부터 서구 학계에서 일기 시작한 근대성(modernity)[1]에 대한 비판과 반성이라는 이른바 근대성 논의는, 그 뒤 탈근대주의 (Post-Modernism) 논의로 연결되면서 전 지구적으로 많은 반향을 불러일으켰다. 이런 가운데 중국 근현대사 연구 분야에서도 근대 중국을 보는 시각의 틀로서 근대성과 그 존재 양식을 문제로 삼는 연구 경향이 적지 않게 나타났음은 널리 알려진 사실이다.

사실 근대성이란 매우 포괄적인 개념이기 때문에 몇 마디로 규정하는 것이 쉽지 않지만, 굳이 개념을 규정해 본다면, "근대라는 시대를 지배해 온, 그리고 지배하고 있는 인식론적 틀과 사고방식, 정치 및 사회·경제적 제도, 생활방식과 관습 등에 나타나는 원리와 그 특성"[2] 정

---

1) '현대성'이라고 번역하는 사람도 있는데, 특히 중국 학계에서는 한결같이 현대성이라는 용어를 쓰고 있다. 이 책에 들어 있는 중국 학자들의 글 속에서도 모두 현대성이라고 쓰고 있지만, 번역 과정에서 우리 학계의 관례를 따라 모두 '근대성'이라고 바꾸어 놓았다.

2) 유재건, 〈맑스와 근대성〉, 《서양사론》 제54호, 1997, 93쪽 ; 신광영, 〈근대성, 근대주

도로 표현해 볼 수 있을 것이다. 근대의 형성이라는 역사적 과정을 염두에 두고 말할 경우에, 이 근대성은 전근대적 공동체 질서로부터 벗어난다는 자유·해방의 측면과, 자본(자본가)으로 대표되는 근대적 지배 체제에 편성 종속되어 간다는 억압·구속의 측면이라는 양면성을 동시에 가지는 것이고, 따라서 근대성에 대한 평가도 양면적일 수밖에 없다.[3]

한편으로 비(非)서구 사회의 근대는 자연히 서구적 근대의 수용이라는 단계를 거치면서 서구와 전근대적(또는 전통적) 질서의 충돌이라는 현상으로 나타나기 때문에 더욱 복잡한 양상을 띠게 된다. 중국사의 근대성 문제도 서구적 근대 질서가 도입되고 수용되는 과정에서 나타나는 서구적 질서(근대성)와 전통적 질서의 대항 관계로 나타나는 것이니, 이러한 점 또한 중국의 근대성 이해를 복잡하게 만들었다고 생각한다. 그러나 그것이 어떠한 형태든 근대성 자체가 중국 근대사를 관통하는 중요한 맥락의 하나임을 부정할 수 없다면, 그래서 근대성의 파악이 중국 근대사의 이해에 필수적이라면, 그럼에도 근대성 논의는 여전히 의미 있는 연구 과제가 될 것이다.

근대 중국을 보는 시각으로서 이러한 근대성을 둘러싼 논의가, 어디까지나 역사적 이해를 요구하고 있음을 부정하는 사람은 없을 것이다. 그러나 안타깝게도 이제까지 이루어져 온 중국 근대사의 근대성 논의 가운데 일부는, 역사적 이해를 결여한 채 이론적 논의의 범주에 머물러 왔다는 비판을 받고 있다. 역사학도 기본적으로는 이론화를 하나의 목표로 삼아야 하지만, 그 이론화란 어디까지나 성실한 역사학적 검토 작업, 곧 실증을 전제로 할 때 가능하다고 할 것이다.[4] 실증적 성과를 넘

의, 민족주의〉, 《아시아문화》 제14호, 1999, 12쪽 참조.

　3) 김동노, 〈韓末 개화파 지식인의 근대성과 근대적 변혁〉, 《아시아연구》 제14호, 1999, 30~35쪽 참조.

어서는 성급한 이론화는 역사학자의 몫이 아니기 때문이다. 우리가 역사학의 연구 대상으로서 근대 중국의 근대성 문제를 다시 한번 거론하는 이유는 바로 여기에 있다.

중국의 근대성 문제를 논의하는 경우에 가장 대표적인 지역으로 꼽히는 곳이 바로 상해(上海)라고 하는 데는 이의가 없다. 이 점은, 20세기 초 한국의 유명한 언론인이면서 역사학자였던 문일평(文一平)이 5년여의 일본 유학생활을 끝낸 다음인 1912년에 상해로 망명해 갔을 때 받았다는 인상에서도 어느 정도 짐작해 볼 수 있다. 즉 문일평은 훗날 망명하던 때의 일을 적은 회고의 글에서 "처음 상해부두에 내려본즉 장려하고도 정제(整齊)하게 만들어진 시가의 규모가 듣던 바와 같이 과연 동양의 런던임을 수긍케 하는 바였다"고[5] 상해에 도착한 첫 소감을 쓰고 있다. 20세기 초의 상해를 당시 사람들이 동양의 런던이라고 불렀다고 하는 것은, 그들이 상해의 화려한 시가를 런던이 상징하는 서구적 근대를 그대로 보여 주는 것으로 받아들이고 있었음을 말하는 것이다. 이런 점에서 상해는 곧 중국의 '근대성'을 잘 보여줄 수 있는 현장으로 주목을 받았고, 또 현재도 그렇다. 중국의 근대성 논의와 관련한 많은 연구들이 상해사(上海史)에 집중되어 있는 것은 바로 그러한 이유 때문인 것이다.[6]

물론 상해가 근대 중국의 면모 전체를 대변할 수 있다고 보지는 않는다. 다른 도시나 또는 당시까지 대부분의 중국인이 살았던 농촌도 정도

---

4) 黃宗智,〈學術理論與中國近現代史研究〉, 同氏 主編,《中國研究的範式問題討論》, 北京 : 社會科學文獻出版社, 2003 참조.

5) 文一平,〈나의 半生〉,《湖岩全集》 제3권, 朝光社, 1978, 495쪽.

6) 劉海岩,〈近代上海城市史研究的回顧與展望〉,《歷史研究》 1992-3 ; 小浜正子,〈最近の上海史研究について〉,《近代中國研究彙報》 13, 1991 ; 전인갑,〈상해사―노동사 연구의 신경향과 전망〉,《중국현대사연구》 5, 1998 ; Wen-hsin Yeh ed., *Becoming Chinese ― Passages to Modernity and Beyond*, University of California Press, 2000, pp.4~7 등을 참고.

14

의 차이는 있었을 터지만 그 나름대로 저마다 독특한 근대적 면모와 성격을 나타내고 있었을 것이기 때문이다. 그러나 우리가 오늘 20세기 초의 상해를 주된 논의 대상으로 삼고자 하는 것은 근대성의 여러 측면들을 일정한 지역적 범위 안에서 논의하기에 상해라는 도시가 가지는 상징성과 편의성이 돋보이기 때문이다. 우리가 이 책에서 상해를 대상으로 하여 근대성의 문제를 집중해서 살펴보려는 이유가 바로 여기에 있다.

II.

역사학의 시각으로 근대성을 추구한다고 할 때 우리가 일차적으로 기대하는 것은 '근대성의 다양한 양상에 대한 구체적인 접근'이다. 그리고 그러한 '다양한 양상에 대한 구체적 접근'을 위한 더 구체적인 방법 가운데 하나로 최근 유행하고 있는 생활사 연구를 들 수 있다. 중국의 근대성 문제와 관련하여, 근대를 살아간 사람들의 구체적 생활의 여러 측면들을 주된 연구 대상으로 삼는 생활사적 접근이 일부 시도되어 왔던 것은 바로 이러한 의도와 관련이 있을 것이다.[7]

이 책에서 20세기 초 상해의 다양한 생활상을 주된 연구 주제로 삼고자 하는 것은, 바로 전근대에서 근대로 전환되던 시기를 살았던 상해인들의 구체적 생활이나 그 변화 속에서 드러나는 근대성의 다양한 측면

---

7) 최근 중국의 한 학자는 전식사회사(全息社會史, '홀로그램 사회사'라는 뜻으로, 굳이 번역하자면 '입체 사회사'라고 할 수 있겠다)라는 개념을 주장하여 주목을 받기도 하였다(忻平, 《從上海發現歷史 — 現代化進程中的上海人及其生活(1927~1937)》, 上海 : 上海人民出版社, 1996, 12~19쪽 ; 전인갑, 《20세기 전반기 상해사회의 지역주의와 노동자》, 서울대학교출판부, 2002, 8쪽). 이 책 안에서도 상해의 공공교통을 논하는 과정에서 랴오따웨이가 이 개념을 인용하고 있다.

들을 분석함으로써 근대성과 관련된 논의를 좀더 풍부하게 할 수 있다고 생각하기 때문이다. 물론 이 책에 들어 있는 모든 글들이 생활사를 다루겠다는 편자의 의도대로 써진 것만은 아니다. '도시와 도시화', '상공업과 시민', '문화와 생활', '사회와 공공성' 등 모두 4부로 구성된 이 책의 내용 가운데 '도시와 도시화'에 들어 있는 글은 도시 행정이나 도시 설비의 변천을 주된 주제로 다루고 있고, '상공업과 시민'의 일부 글도 금융사(金融史)에 가깝다는 느낌을 주고 있으며, '사회와 공공성'의 글도 이른바 공공 영역과 관련한 사회구조와 성격을 주로 다루고 있음을 부인할 수 없기 때문이다. 이를테면 이 책의 전반적인 내용이 생활사와는 얼마간의 거리가 있음을 인정해야 할 것이다. 그러나 조금만 이해의 폭을 넓힌다면, 서로 다른 전공의 필자들이 저마다 가지는 한계나 어려움이 있음에도, 되도록 편자의 의도에 맞추려는 노력을 아끼지 않았음을 쉬 짐작할 것이다.

'도시와 도시화'를 다룬 1부는 크게 보아서 도시화 과정이나 교통·상수도·위생 등 도시 환경의 변화와 발전, 그리고 그것이 시민의 생활에 어떠한 변화를 가져왔는가 하는 문제를 다루고 있다.

먼저 랴오따웨이(廖大偉)는, 이른바 근대 국민국가의 성립 단계로 일컬어지는 1928년의 남경 국민정부의 성립에서부터 일본의 전면적인 중국 침략으로 말미암아 국민국가 건설 노력이 좌절되는 1937년까지(이 기간을 흔히 '황금십년'이라고 부른다)를 대상으로 하여 상해의 중국인 거주 지역, 곧 화계(華界)의 도로와 각종 교통수단의 발전 상황을 자세하게 추적하여 그리고 있다. 이러한 작업의 결과로서 랴오따웨이는 이 시기 상해인들의 생활에서 그 이전과는 비교할 수 없을 정도로 공간적 시간적 거리가 줄어들었음을 보여주고 있다.

예컨대 오늘날에도 여전히 중심 도로가 되고 있는 중산북로(中山北路)와 사평로(四平路) 등이 이때 만들어져 도심과 교외를 하나의 도시로 연결하는 구실을 했으며, 그 결과 상해의 도시 영역이 크게 확장되었던 것이다. 또 무궤도전차와 이층버스, 택시 등이 등장하여 상해인들의 생활을 크게 변화시켰으며, 이와 함께 각종 교통법규와 교통예절이 생겨났고, 시간을 지키는 규범과 더 효과적인 시간 활용이 일상적인 생활을 점차 지배하기에 이르렀다는 것이다. 말하자면, 교통의 발전에 따른 근대적 시간 개념의 성립과 함께, 그에 따른 일상의 통제가 시작되었음을 잘 보여주고 있다.

한편 씽지엔롱(邢建榕)은 가스등이나 전기등과 같은 근대적 조명시설 및 상수도망의 등장과 건설 과정을 중심으로 도시 공공시설 분야의 근대적 변모를 집중적으로 추구하고 있다.

이 연구에 따르면, 개항 직후인 19세기 중엽 조계(租界)에 처음 등장한 가스등과 이어서 등장한 전등은 상해인의 야간생활을 근본적으로 바꾸어 놓는 계기를 마련하였으며, 1883년 영국조계에서 처음 등장한 상수도 또한 상해인의 생활에 커다란 자극을 주었다고 한다. 그런데 조계에서부터 시작된 이러한 도시 공공시설의 변화는 중국인 거주지역, 곧 화계 당국으로 하여금 모방과 수용을 가져왔다는 것이다.

이후 전개된 공공시설을 둘러싼 조계 측과 화계 측의 관계는 상호 경쟁과 간여, 독립성 쟁취라는 식으로 전개되었으니, 이를테면 조계는 상해인들이 서양을 배울 수 있는 교육장 구실을 하는 한편으로, 기형적 근대화와 약탈성을 동시에 가지고 있다는 것이다. 조계가 가지는 식민주의적 약탈성이 근대성과 어떠한 관계를 가지는지에 대해서는 또 다른 논의가 필요하겠으나, 요컨대 이러한 도시 공공시설의 변화 과정은 근대 서양 기술의 도입과 수용이라는 이른바 근대화 과정에서 나타나고 있는 중서(中西) 사이의 관계를 함축적으로 보여준다는 것이 씽지엔롱의 결론이다.

다음으로, 1920년대 말 남경 국민정부의 성립 직후 상해에서 전개된 도시 공공위생의 제도화 과정을 추적한 배경한은, 북벌군이 상해를 점령한 뒤 곧바로 만들어진 상해특별시 정부가 위생국 조직을 확대 개편하는 한편으로 공공위생과 관련된 각종 규정을 대거 제정 정비하고, 위생국 산하에 각종 의료기관을 만들거나, 각종 전염병 예방을 위한 사업과 전염병에 대한 통계를 작성하며, 각급 학교 학생들을 대상으로 위생교육을 실시하는 등 과학적 위생제도의 시행을 적극 추진하고 있었음을 밝혔다. 이른바 근대적 국민국가인 남경 국민정부가 도시 시민들의 개인 건강과 사회 질서를 보장하는 제도인 '위생'을 장악하고, 그것을 제도화(과학화·법제화)함으로써 시민들의 생활에 깊숙이 개입하기 시작했음을 보여주고 있다.

상공업의 발전 과정에서 나타나는 시민들의 생활 모습 변화를 파악하기 위하여 마련한 2부 '상공업과 시민'에서는 1920, 1930년대 상해의 상업 관행과 일반 시민들의 소비생활을 집중해서 다루었다.

먼저 김승욱은 20세기 초 상해의 상업 관행에 주목하여, 그것이 전통적 형태로부터 서구적 또는 근대적 형태로 옮겨가는 과정을 자세하게 그려내고 있다.

상업 관행 가운데서도 어음의 청산제도를 주로 다룬 이 글에 따르면, 전통적 금융기관이었던 전장(錢莊)의 어음 청산기구로 존재했던 회획총회(滙劃總會)는 전장의 어음 유통을 위한 관행이 제도적 정비를 거치면서 만들어진 것으로서, 전통적 관행적 질서의 제도화 또는 근대화를 보여주는 좋은 예가 된다.

한편 근대 서구의 금융제도, 곧 은행업이 중국에 유입되면서 나타난 서구식 어음제도에 따라 독립적인 어음교환소를 설립하면서 독자적인 어음 청산제도를 수용 실시하게 되었다. 결과적으로 이 근대적 은행체제가 점차 주도권을 장악해 나가기는 했지만, 전통적 관행과 제도로부터 근대적 체제로 이행하는 것이 상당 기간 동안 완만하게 진행되었음을 이 글은 강조하고 있다. 이를테면 근대성의 형성, 곧 근대화란 전통과 단절함으로써 비롯된 것이 아니라 전통의 계승이란 측면을 강하게 띠고 있다는 것이 이 글의 흥미로운 결론이다.

다음으로 이병인은 1930년대 상해의 상권과 지역사회의 형태를 분석 대상으로 삼고, 1909년 이래 해마다 발행되던 상해의 종합 안내서《상해지남(上海指南)》을 주로 이용하여 상해의 공간배치와 상권의 구역별 특성에 접근하였다.

이 글에서 한 편의 파노라마처럼 그려지고 있는 1930년대 상해에는, 갑북(閘北), 남시(南市), 공공(公共)조계, 프랑스조계가 각각 따로 하나의 상권을 형성하고 있었는데, 이는 이른바 외국인 거주지역(조계)과 중국인 거주지역(화계)이 행정적으로나 사회적으로 분립되어 있었던[一市三治] 때문이며, 더 구체적으로는 도로와 교통의 단절에 따라 나타나던 현상이기도 했다.

또 이들 각 상권은 소비층의 성격에 따라서 고유한 생활유형과 소비 문화를 가지고 있었으니, 이를테면 은행과 전장을 비롯한 금융업과 고급 상점들로 이루어진 공공조계의 상권은 부유한 외국인들과 중상층 중국인들의 생활을 반영하고 있었으며, 전통 산업과 수산물·농산물 시장으로 구성된 남시나 갑북의 상권은 기본적인 생계의 유지에도 적지 않은 어려움을 안고 있었던 하층민들의 생활을 반영하고 있었던 것이다. 상해 상권과 소비문화의 이러한 분열상과 불균형은 이른바 식민지 근대성의 한 측면을 보여준다는 것이 이 글의 주된 관점이라고 하겠다.

'문화와 생활'을 다룬 3부에서는 대중문화와 시민의식, 대학문화, 여성의 사회적 지위 등 다양한 접근으로 1920, 1930년대 상해인들의 생활 속에서 드러나고 있던 사회적 문화적 특성들을 검토해 보려고 하였다.

먼저 전인갑은 1920년대 후반부터 발행된 상해의 대표적인 대중잡지《생활주간(生活週刊)》의 내용을 주된 분석대상으로 하여 1920, 1930년대 상해인들의 생활문화와 시민의식을 재구성함으로써 근대화 과정에서 나타나던 상해인의 정체성을 묘사하려 하였다.

이 연구에 따르면, 자본주의적 물질문명이 확산되면서 상해인들의 직업적 가치관도 크게 바뀌어 재부(財富)의 축적이 정당화되기 시작하였고, 그런 한편으로 황금만능주의(배금주의)의 팽배와 서구 취향의 유행에서 나타나는 것과 같은 (서양 수용이 아닌) 서양 숭배의 태도, 여성에 대한 상업주의적 접근과 같은 자본주의의 어두운 측면도 함께 나타나고 있었다고 한다.

그런 한편으로 자립적인 독신 여성으로 상징되는 '신여성'상(新像女性)에서 나타나는 것과 같은 굴절된 '근대'의 지향도 함께 나타나고 있었다. 자신들이 전통과 근대의 과도시대에 살고 있다고 본 당시의 상해인들은, 전통과 서구의 생활방식을 절충하는 중층적 구조 가운데에서 자신들의 근대적 정체성을 모색해 나갔다는 것이 이 글의 기본 시각이다.

다음으로 왕차오꽝(汪朝光)은 20세기 초 상해의 근대성을 상징한다고 할 영화산업에 주목하고 있다. 이 글에서 다루고 있는 상해 근대 영화산업의 성장과정은 대체로 다음과 같다.

즉 1896년 상해에서 처음 상영된 영화는 '지식을 넓힐 수 있는' 새로운 볼거리로서 많은 사람들의 주목을 받기에 충분했는데, 차츰 시장이 형성되어 가면서 20세기 초에는 전문 영화관도 나타난다. 그리하여 1920년대가 되면 영화가 희극(戱劇)이나 유예(遊藝)와 같은 전통적 놀이문화보다 더 많은 관객들을 모으면서, 그것들을 대치해 가기에 이르렀다.

이러한 영화의 소비시장은 자체적인 영화 생산, 곧 중국 영화사의 설립과 그에 의한 영화 제작을 가져왔으니, 1909년에 첫 영화사가 만들어진 이래 1920년대에 가서는 전문적인 장편 극영화가 제작되어 상업적인 성공을 거두면서 영화산업이 상업적 투자대상이 되기에 이르렀다. 이를테면 근대 상해 영화산업의 이러한 성장과정은 그것 자체가 하나의 근대화 과정의 축소판이라고 할 수 있으며, 이 과정에서 영화산업은 상해인 또는 중국인들에게 진보적이고 보편적인 근대적(서구적) 인식의 확산을 가져다주는 중요한 구실을 했다는 것이 이 글의 핵심 주장이다.

20세기 초 상해 여성의 지위나 사회활동에 주목한 이승휘는 '서구'를 상징하는 하나의 창구였던 기독교여청년회(YWCA)의 조직과 활동을 자세하게 추적하고 있다.

이 연구에 따르면, 1908년 창립된 상해기독교여청년회는 중국 최초의 도시 단위 여청년회 조직[市會]이었으며, 여성의 지(智), 덕(德), 체(體), 사(社) 각 분야의 발전을 목표로 삼고 있었고, 사회봉사나 사회교육에도 일정한 관심을 나타내고 있었다. 또한 여성 노동자의 지위 향상이나 성인교육을 담당하기 위한 조직으로 노공부(勞工部)나 성인교육부와 같은 조직도 그 아래에 두고 있었으며, 실사구시적인 현실 참여와 이를 통한 여성의 지위 향상에 힘을 쏟았음을 알 수 있다.

전체적으로 보면 사회 개조와 개량을 목표로 했던 여청년회의 이러한 활동들은, 반제·반봉건을 기치로 국민혁명기에 벌어진 반기독교운동의 극렬한 반제노선과 대립되는, 상대적으로 보수적이라고 평가받을 만한 일면을 가지고 있었다. 그러나 그런 한편으로 국민당 쪽의 국민혁명 참여 요구에도 응하지 않는 등 비타협적인 면모도 가지고 있었다. 이러한 기독교여청년회의 활동은—그 정치적 성격과 상관없이—전통적인 가부장체제와 여성에 대한 사회적 억압을 거부하고, 여성의 지위 향상을 목표로 한다는 점에서 전근대적 여성 억압체제로부터 해방을 모색하는 근대적 여성운동이라는 의미를 강하게 띠고 있음을 필자는 강조하고 있다.

한편으로 정문상은 상해인들이 근대를 경험해 간 또 하나의 창구였던 대학과 대학문화를 다루고 있다. 대학이라는 근대적 제도 공간뿐만 아니라 국민혁명이라는 1920년대의 시대적 상황까지 함께 고려의 대상으로 삼고 있는 이 글에서는, 먼저 그 운영 주체에 따라 구별되는 국립·교회·사립 대학의 대표격인 남양(南洋), 성요한(聖約翰), 복단(夏旦)대학의 운영방침을 분석하여, 그것이 상해라는 도시가 가지는 복합성과 다양성을 보여주고 있음을 지적한다. 그러나 이러한 다양성이 있음에도 대학들에게는 근대 도시 상해의 경제적 면모에 적응해야 하는 공통의 시대적 환경이 있었으니, 그것은 정도의 차이는 있었지만, 대학 당국의 실용교육에 대한 강조와 학생들의 '기술구국(技術救國)'과 같은 주장에서 보이는 사회 개량적 인식으로 나타나고 있었다는 것이다.

그런 한편으로 대학생들 사이에서는 합작사(合作社)운동이나 평민교육운동 등과 같은 사회운동을 통하여 근대적 경제체제의 모순을 점진적으로 개선하려는 움직임도 나타나고 있었고, 급진적인 저항 행동인 학내 소요[學潮]와 함께 국민혁명 참여와 같은 급진적 정치운동도 나타나고 있었음을 이 글은 지적하고 있다. 이러한 상해 지역 대학문화의 다양한 양상은 근대 도시 상해의 다양성과 역동성을 그대로 나타내고 있다고 필자는 보고 있다.

이어서 손안석은 만주사변 앞뒤 시기, 즉 1930년대 전반기 상해에서 나타났던 '일본어 배우기 열풍'을 분석함으로써, 앞선 근대 일본을 배우려는 상해인들의 근대성 지향을 살피고자 시도하고 있다. 일반적으로 만주사변 앞뒤 시기에 중국에서는 전국적으로 항일(배일)운동이 일어나고 있었다고 알려져 왔던 것과는 달리 일본어 학습열과 같은 지일(知日)의 분위기도 상당히 있었다는 이 글의 지적은 우리에게 만주사변 또는 중일전쟁에 대한 이해의 폭을 넓혀 준다. 그러나 더 근본적으로는, 일본 기업의 상해 진출이나 일본과의 무역 증대와 같은 경제적 상황에 적응하려는 상해인들의 노력이 일본어 배우기로 나타나며, 이것이 일본의 만주 침략과 같은 상황 아래에서도 지속될 수 있었다는 것이다. 바로 이 점은 배일이라는 민족적 저항을 넘어서는 근대성 지향을 보여준다는 면에서 새롭게 주목된다는 데서 필자는 기본 문제제기를 한다.

'사회와 공공성'을 주제로 한 4부에서는, 자선업(慈善業)이나 유민(遊民)에 대한 통제장치 속에서 드러나고 있는 사회 공공영역(公共領域)의 존재양상과 변화과정 등을 검토해 보았다.

고하마 마사코(小浜正子)는 상해 지역의 장애인 수용시설인 상해잔질원(上海殘疾院)의 경우를 통하여, 그녀가 그 동안 꾸준히 관심을 가져왔던 각종 사회단체[社團]로 이루어진 관계망, 곧 사단 관계망으로써 상해의 도시 특성을 파악하면서, 그 존재 양태와 특징에 접근하고자 하였다. 구체적으로는 장애인들이 잔질원에 수용되는 과정을 보여주는 자료인 소개 편지[紹介信]를 집중 분석한 이 홍미로운 연구에 따르면, 사회적 약자인 장애인의 수용과 보호를 결정하는 과정에는 사회적 엘리트를 연결점으로 하는 다양한 관계망이 기능하고 있다는 사실이 확인되며, 이 관계망의 존재 양태를 통하여 민간 사단의 활동무대였던 공(公)영역이 광범하게 존재했다는 사실을 확인할 수 있다. 이를테면, 이 글에서 부각하고자 한 사단 관계망을 통하여 근대 도시 상해의 특징에 접근할 수 있다는 결론을 이 글은 제시하고 있다.

또 이 글의 후반부에서는, 중화인민공화국 성립 이후 단계에 가면 잔질원 입원이 개인적인 소개보다는 거민(居民)위원회나 농민협회와 같은 공식적인 행정계통을 통하여 이루어졌음을 말하고 있는데, 민간 자선단체가 공적 기능을 잃고 관료체제 속으로 편입되어 갔던 이러한 현상을 근대화 또는 근대성의 문제와 관련하여 어떻게 설명할 것인지는 과제로 남아 있다.

다음으로 김태승은 많은 이주민으로 구성된 근대 도시 상해의 성장 과정에서 발생한 유민의 관리방식에 주목하고 있다. 즉 1930년대에 유민 관리기관으로서 상해에 만들어졌던 유민습근소(遊民習勤所)의 성립 과정과 그 유민 관리체제와 방식을 자세하게 다룸으로써, '근대적 국민국가가 어떠한 경로를 통하여 유민들을 신국민, 곧 근대적 국민으로 정착시키려고 노력했는가'라는 매우 흥미로운 문제를 다루었다.

이 글에서 말하는 유민에 대한 관리나 통제는, 범법자에 대한 수용시설인 감옥의 그것에 견주어 더욱 섬세하게 규정된 기율과 그것에 대한 순종과 훈련을 통한 갱생을 목표로 한 것이었다. 물론 이러한 기율과 갱생은 사회체제의 변혁 없이 진행됨으로써, 유민습근소를 거쳐간 많은 수의 유민이 다시 유민화하는 현상에서 나타나는 것처럼 '근대성의 한계'를 여실하게 보여주었다는 것이 이 글의 또 다른 논점이다. 유민습근소를 통한 유민에 대한 이러한 통제와 훈련은 어떤 점에서 동시대에 진행되었던 신생활운동과 같은 맥락에서 이해될 수 있다는 이 글의 지적은 이 시대를 보는 더 넓은 시야를 제공한다.

Ⅲ.

이상의 논의들 가운데에서 확인할 수 있는, 20세기 초 상해인들의 생활 속에서 나타났던 근대성에서 우리는 대체로 다음 네 가지 특성을 찾아볼 수 있다.

첫째, 20세기 초 상해 사회와 상해인들의 생활 가운데는 말 그대로 매우 '다양한' 근대 지향적 변화들이 나타나고 있음을 확인했다. 이 책에서 다룬 도시화 과정이나 상공업 발전, 시민들의 가치관이나 문화와 의식, 또는 이른바 공공영역의 존재 양태 등에 많은 변화가 나타났음을 알 수 있었으며, 그러한 변화들은 크게 보아서 근대 지향적 변화라는 사실을 알 수 있다. 따라서 이러한 변화들을 포괄하는 개념으로써 근대성이라는 말을 사용한다면, 그것은 당연히 역사적 접근을 필요로 한다고 본다.

이를테면 '다양성'이 나타내는 만큼의 다양한 역사적 맥락 가운데에서 이러한 근대성이 나타나고 있기 때문에, 근대성을 하나의 고정된 개념체로 상정하기보다, 또는 그러기에 앞서서 다양한 경험과 과정으로서의 근대성을 상정하는 것이 사실에 접근하는 훨씬 좋은 방법이라는 것이다. 요컨대 근대성은 어디까지나 일정한 역사적 환경과 맥락 속에서 이해되어야 할 역사적 경험 실체다.[8]

둘째, 이 글 머리에서도 밝힌 바지만 근대성 자체가 전근대적 체제로부터 이탈한다는 해방의 측면과 함께 새로운 근대적 지배체제에 종속된다는 구속의 측면을 함께 가지고 있다고 하겠는데, 이러한 근대성의 양면성이 역사적 사실들을 통하여 잘 드러난다는 점이다. 예컨대 도로·상하수도·조명·위생 등 근대적 도시 설비의 정비를 통한 근대적 도시화의 진전이나, 새로운 금융제도인 근대적 은행의 등장과 근대적 소비문화의 형성, 그리고 영화산업의 급속한 팽창 같은 현상은 그 이전의 전통적 도시 설비나 전장과 같은 전통적 금융제도, 전통적 소비시장 또는 희극·잡기 등의 전통적 놀이를 급속하게 대치하면서, 그러한 전통적 체제나 문화가 가지고 있던 공동체적 억압으로부터의 해방이라는 측면과 자유인인 근대적 개인에게 존립 기반을 제공하는 측면을 보여준다.

한편으로, 그러한 변화는 새로 성립된 이른바 근대 국민국가의 지배체제에 재편 종속된다는 측면을 잘 보여준다. 예컨대 도시 육상교통의 발전은 공간과 시간의 단축을 가져와 근대적 시간 개념의 형성과 그것에 대한 종속현상을 광범위하게 가져왔고, 방역을 중심으로 근대적 위생을 국가가 장악함으로써 국민에 대한 국가적 통제를 강화해 가는 측면을 확인할 수 있다. 또 상해잔질원의 경우나 유민습근소의 경우를 통

---

8) 전인갑, 앞의 책, 3쪽.

해서 확인했던바, 장애인의 사회적 보호나 유민에 대한 훈도(訓導)를 통한 근대 국민국가의 국민 만들기와 국민 통제 노력 또한 이러한 종속의 측면을 잘 보여주고 있다고 할 것이다.

셋째, 기왕의 근대성 논의에서 이미 많이 지적되어 온 것처럼, 전근대(前近代) 곧 전통과 근대의 차별성에 대한 지나친 강조는 그 자체가 역사적 사실에 부합하지 않는다는 점이다. 이를테면 전통과 근대의 관계를 대립적이라 볼 것이 아니라 오히려 중첩적이고 연속적인 것으로 파악해야 할 측면들이 더 많다는 것이다.[9]

이 책의 논의 속에서도 이 점은 얼마든지 확인할 수 있으니, 예컨대 전통적 어음제도가 근대적 어음제도로 이행하는 과정에서 나타나는 전통적 관행의 영향과 같은 문제는 전통과 근대의 연속성을 보여주는 좋은 예가 될 것이다. 또 전통시대에 국가와 사회 사이에 존재하던 공공영역이 근대적 국민국가 성립 이후에도 상당한 영향력을 가지면서 여전히 기능하고 있었다는 지적도 전통과 근대의 연속적인 관계를 보여주는 한 가지 사례가 될 것이다.

넷째, 제국주의 열강의 침략이라고 하는 역사적 조건 아래에서 나타날 수밖에 없었던, 이른바 '식민지 근대성'이 가지는 약탈성과 불균형성 또한 20세기 초 상해인들의 생활에서 분명하게 드러난다는 사실이다. 이 책에서 확인한 것을 예로 든다면, 근대 상해의 도로망 건설이나 가로등·상수도 등 도시 설비의 설치와 확장 과정에서 나타나고 있는 조계와 중국인 거주지(화계) 사이의 불균형 발전 문제나, 소비유형이나 소비문화에서 갑북·남시·공공조계·프랑스조계가 각각 독자적인 상

---

9) 상해사 연구 분야에서, 전통과 근대 사이의 연속성 내지는 중첩적 관계를 강조한 것들은 많지만, 대표적인 것으로는 전인갑, 앞의 책 ; Bryna Goodman, *Native Place, City and Nation: Regional Networks and Identities in Shanghai, 1853~1937*, University of California Press, 1995 ; Leo Ou-fan Lee, "The Cultural Construction of Modernity in Urban Shanghai: Some Preliminary Exploration", in Wen-hsin Yeh ed., *op. cit.*, pp.31~61 등을 들 수 있다.

권을 형성하면서 단절과 불균형을 나타내었다는 사실 등은 이러한 식민지 근대성의 문제, 곧 약탈성과 불균형성 문제를 잘 드러내었다고 생각되는 것이다. 물론 이러한 식민지 근대성의 약탈적 성격을 논의할 경우, 이와 아울러서 근대의 이식에 기여하는 면을 동시에 가지고 있음도 마땅히 지적되어야 할 것이다.[10]

위에서 지적한 20세기 초 상해인들의 생활에서 드러나고 있던 근대성의 몇 가지 특징들, 곧 다양성과 역사성, 해방과 종속이라는 양면성, 전통과 근대의 연속성, 그리고 식민지 근대성이 가지는 약탈성과 불균형성 문제 말고도, 이 책에서는 계속 추구해야 할 문제들 또한 적지 않게 제기하였다. 이를테면 배금주의 가치관이나 자립적인 독신 여성인 '신여성'으로 상징되던 근대의 '굴절된 양상들'에 대한 폭넓은 이해라든지, 근대 도시 상해의 새로운 경제체제에 적응하고 있던 대학 당국의 교육정책과 학생들의 근대에 대한 적응 또는 극복 노력(운동)들에서 나타나고 있는 것과 같은, 근대에 적응하려는 움직임과 근대를 극복하려는 움직임 사이의 관계를 어떻게 연결하여 이해할 것인지의 문제,[11] 일본어 학습열에서 나타나고 있는 근대적 지향과 민족주의의 관련성 문제, 그리고 공공영역의 다양한 존재와 근대성의 관련성 문제 등 더 광범한 연구를 요구하는 논제들이 아직 우리 앞에 있음을 지적해 두어야 할 것이다.

---

10) 한국 사학계의 식민지 근대성에 대한 최근의 논의에 대해서는 허수열, 《개발 없는 개발－일제하 조선경제 개발의 현상과 본질》, 은행나무, 2005를 참조할 것.

11) 같은 문제 제기는 백영서, 《동아시아의 귀환－중국의 근대성을 묻는다》, 창작과비평사, 2000, 128쪽 참조.

1부

도시와 도시화

사진 설명
첫째줄 1930년대의 남경로, 가스회사,
둘째줄 1930년대의 택시회사, 가로등설치공사
셋째줄 교통수단인 일륜차, 갑북수전회사
넷째줄 교통수단인 마차

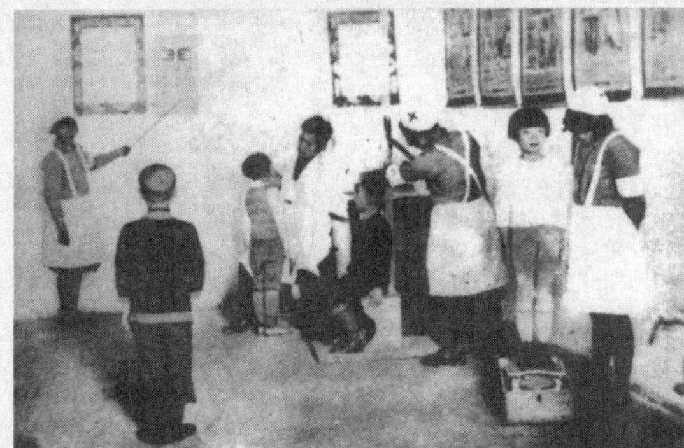

사진 설명　첫째줄 농촌에서의 종두 예방주사 / 아편중독자 수용소
둘째줄 소학교 학생 신체검사 / 1930년대 북경의 도로청소부
셋째줄 전구 광고 / 1930년대 구강위생광고

상해 중국인 거주지역[華界]의 공공교통 발전과 도시화의 진전(1927~1937)

| 랴오따웨이 廖大偉 |

1. 머리말 —문제의식과 관련 연구

지난 1세기 반 동안 상해는 줄곧 중국 도시 근대화(원문은 '현대화'로 되어 있지만 이 책에서는 근대화로 통일하여 사용하였다—옮긴이)의 중심, 전형으로 주목받아 왔다. 이 기간에 두 차례 근대화 진전의 고조기가 있었는데, 하나는 1927년에서 1937년까지의 시기고, 또 하나는 1992년부터 오늘날까지의 시기다. 상해의 도시 근대화를 논할 경우 1927년 이전 시기는 주로 외국인 거주지역[租界]을 생각하게 되는데, 1927년부터 1937년까지의 상황은 그와는 조금 다르다. 이 시기의 경우에, 조계를 언급하면서 중국인 거주지역[華界]을 함께 언급하지 않을 수 없다. 요컨대 중국인 거주지역이 전에 없던 발전을 이룬 것이 이 기간 상해 도시 근대화의 중요한 내용이자, 하나의 큰 특징이다.

도시 근대화는 오랜 기간에 걸쳐 진행되는 과정이자, 연속적인 역사 과정이다. 그러므로 상해 도시 근대화의 첫 번째 고조기를 검토해 보는 것은 (최근 진행되고 있는 두 번째 고조와 관련하여) 현실적인 의미를 가진다. 도시 근대화는 도시 체계 전반이 발전하는 과정으로, 도시의 경제구조·정치구조·문화구조·인구구조·사회생활·과학기술·도시설비[市政建設]가 끊임없이 개조되고 발전되는 과정이다. 물론 이 글에서 그러한 상해 도시 근대화의 진전을 전면적으로 토론하기는 어렵다. 따라서 여기서는 특정한 시기의 한 구체적 측면을 선택하여 분석해 보려고 한다.

도시 근대화의 정도는 도시의 공공교통을 파악하면 알 수 있다. 도시 근대화가 이루어지는 과정에서 도시 발전에 상응하는 도시 공공교통은 없어서는 안 될 요소다. 그것은 도시의 생산활동과 주민생활의 질과 직접 관계되는 것으로, 도시가 근대화하는 데 중요한 기초이며 매우 중요한 조건인 동시에, 도시 근대화의 정도를 재는 중요한 척도다. 이러한 이유에서 이 글에서는 중국인 거주지역의 육상 공공교통에 중점을 두어 고찰하려고 한다. 1927년부터 1937년까지 상해 화계 공공교통의 수적 질적 비약이 주로 육상 공공교통에 집중적으로 나타나고 있다는 역사적인 사실도 이 주제를 선택하게 된 이유의 하나다.

현재까지 학계에는 이 글과 같은 주제를 다룬 연구는 아직 없었지만, 이와 관련이 있는 연구성과들은 적지 않다.[1] 지금까지의 연구성과는

---

1) 주요한 관련 연구로 다음과 같은 것들이 있다. 上海市交通運輸局公路交通史編寫委員會 主編, 《上海公路運輸史》 第1冊(近代部分), 上海 : 上海社會科學院出版社, 1988 ; 唐振常 主編, 《上海史》, 上海 : 上海人民出版社, 1989 ; 忻平, 《從上海發現歷史 - 現代化進程中的上海人及其社會生活(1927~1937)》, 上海 : 上海人民出版社, 1996 ; 張仲禮 主編, 《近代上海城市研究》, 上海 : 上海人民出版社, 1990 ; 張仲禮 主編, 《中國近代城市企業, 社會, 空間,》, 上海 : 上海社會科學院出版社, 1998 ; 熊月之 主編, 潘君祥·王仰淸 卷主編, 《上海通史》 第8卷(國民經濟), 上海 : 上海人民出版社, 1999a ; 熊月之 主編, 羅蘇文·宋鑽友 著, 《上海通史》 第9卷(民國社會), 上海 : 上海人民出版社, 1999b ; 孫平 主編, 《上海城市規劃志》, 上海 : 上海社會科學院出版社, 1999 ; 蔡君時 主編, 《上海公用事業志》, 上海 : 上海社會科學院出版社, 2000 ; 菊池敏夫·日本上海史研究會 編, 《上海職業さまざま》, 東京 : 勉誠出版, 2002 ; 熊月之, 〈論近代上海特殊的市政格局〉, 《上海研究論叢》 第9輯, 上海 : 上海社會科學院出版社, 1993 ; 沈祖煒, 〈上海市政建設的資金來源〉, 《檔案與歷史》 1989年 第6期 ; 余子道, 〈國民政府上海都市發展規劃述論〉, 《上海研究論叢》 第9輯, 上海 : 上海社會科學院出版社, 1993 ; 程愷禮, 〈19世

대체로 두 부류로 나눌 수 있다. 하나는 역사적 사실 자체를 정리한 것이고, 다른 하나는 그러한 사실을 개괄하는 (그 성격을 규명하는) 형식의 글이다. 전자는 사리가 분명하고 서술이 완전한 것이 장점이고, 후자는 시야가 넓고 독창적인 견해가 많은 것이 장점이다. 이러한 성과들은 그것이 계통적인 역사의 구성이든, 아니면 논술을 겸비한 전문적 분석이든 간에 다 상해 도시사(都市史) 연구에서 가치 있는 업적을 세웠으며, 모두 다음 연구자들에게 귀중한 연구 기반과 학술적 시야를 마련해 주었다. 그 가운데 특히 《상해통사》 제9권(민국사회)과 《상해로부터 역사를 찾는다 ─ 근대화 과정 중의 상해인과 그 사회생활(1927~1937)》은 대표적인 연구성과다.

웅월지(熊月之) 주편(主編), 나소문(羅蘇文)·송첩우(宋鉆友) 공저인 《상해통사》 제9권(민국사회)에서는, 근대화된 국제적 대도시로 형성되는 과정에 있던 상해의 '시내 공공교통 운영망'과 그것과 관련된 '교통 법규의 시행' 문제를 동태적인 시각으로 논술했다. 이 책은 민국(民國) 시기 상해 공공교통의 발전이 시민생활에 여러 차원에서 편리한 서비스를 제공해 주었고, 효율적이고 질서 있는 교통 환경은 상해에 부단한 개발의 활력을 주었으며, 도시 공공교통망이 규모를 갖춤으로써 도시 공간의 개발과 이용을 자극했다고 쓰고 있다. 이 책은 또 민국시기 상해 공공교통의 특징을 간단명료하게 귀납 총괄하면서 도시 근대화 진행 과정에서 행정 관리의 중요한 구실에 주목하고 있다.[2] 그러나 통사 가운데 일부로서만 언급되었기 때문에, 이 책은 이미 제시된 관점과 관련된 측면에 대해 더 풍부하고 상세한 토론을 전개하지 않았으며, 할 수도 없었다.

紀上海城市基礎設施的發展〉, 《上海硏究論叢》 第9輯, 上海 : 上海社會科學院出版社, 1993.

2) 熊月之 主編, 앞의 책, 1999b, 12~20쪽, 30~32쪽.

흔평(忻平)의 《상해로부터 역사를 찾는다 - 근대화 과정 중의 상해인과 그 사회생활(1927~1937)》은 거시적 시각, 입체영상 방식의 역사 서술 이론(홀로그램사관, 全息史觀)을 원용하여, 이른바 소통체계의 하나로서 10년 동안의 공공교통을 논술했다. 이 책은 상해 공공교통이 이 기간에 크게 발전할 수 있었던 것은 새로운 기술이 계속하여 나타나고 설비가 나날이 앞서갔던 것이 전제가 되었으며, 교통수단으로 볼 때 이 기간 상해는 "시종 국제적으로 선진 대열 속에 있었다"고 한다.[3] 이 책은 도시 근대화와 시민의 물질 및 정신생활의 관계에 대해 건설적인 논의를 시도했다. 그러나 이러한 시도는 더 깊이 있는 토론이 필요하며, 몇몇 관점은 논증을 보강할 필요가 있다.

이 밖에 일본 학자 기쿠치 도시오(菊池敏夫)와 일본상해사연구회가 함께 엮은 《상해의 직업세계》는 직업의 구성과 변천이라는 각도에서 1949년 이전 시기 상해의 마차꾼, 자동차 운전사, 전차 운전사, 인력거꾼 등에 대하여 각 부문별로 정리 종합했다. 이는 지금까지 1949년 이전 상해의 여러 직업을 분석한 것 가운데 가장 의미 있는 저작이다.[4]

이 글에서는 1927년부터 1937년까지 중국인 거주지역의 육상 공공교통의 발전과 상해 도시 근대화의 진전 사이의 상호 관계를 분석하면서, 중국인 거주지역의 육상 공공교통이 빠르게 발전하면서 도시공간의 개발에 미친 작용과 시민들의 생활방식과 의식·관념에 끼친 영향을 주로 서술하고, 아울러 도시 근대화의 진행과정에서 정확하고 효율적인 행정관리가 중요한 구실을 맡았다는 사실을 논하려고 한다.

---

3) 忻平, 앞의 책, 387~388쪽, 395~399쪽.
4) 菊池敏夫·日本上海史硏究會 編, 앞의 책, 89쪽, 109~118쪽, 158~160쪽.

2. 상해 도시 공공교통의 초기 진행

중국의 도시 근대화에서 상해가 시작이 가장 빨랐고 성취도 가장 많았다는 점은 새삼 언급할 필요가 없다. 그렇다면 상해 도시 근대화는 어디서부터 시작된 것인가? 그것은 먼저 외국인 거주지역[租界]에서 시작되었다. 조계의 근대화는 먼저 도시 설비의 건설에서 시작되었으며, 도시 설비 건설의 근대화는 먼저 도로 건설에서 시작되었다. 분명히 상해 조계의 도로 건설은 상해 도시 근대화의 길을 열었으며, 중국 도시 근대화 역사의 출발점이었다.

상해는 개항 전 "수향(水鄕)에 배만 있고 차는 없었다"고 할 정도로 오랫동안 버젓한 도로 하나 없었으며, 수상교통은 줄곧 육지교통보다 앞서 있었다. "청말(淸末)의 함풍(咸豊), 동치(同治) 연간에 와서야 비로소 일륜차[小車]가 생겼다."[5] 제대로 된 도로 건설은 서양인이 조계 지역에서 앞장서서 발전시키기 시작했다.

상해 개항 뒤 서양인은 바로 육상교통을 계획하고 건설했다. 1854년 조계의 공공사업을 관리하는 기구인 '공부국(工部局)'이 설립되었으며, 아울러 공부국 아래 도로·항만·경찰·세무·재무위원회가 만들어졌다. 1856년 프랑스조계 외탄(外灘) 지역에 최초의 도로가 건설되었고, 같은 해 영국조계와 프랑스조계는 저마다 소주하(蘇州河)와 양경빈(洋涇浜) 위에 다리를 놓았다.

1860년대에는 도로 건설 속도가 갈수록 빨라졌고, 도로 면적은 갈수록 넓어졌으며, 도로의 모양도 갈수록 좋아졌다. 1852년 영국조계의 도로 면적은 총면적 0.556평방킬로미터의 14.2퍼센트를 차지했으며, 공공조계의 도로 면적은 빠르게 늘어나서 1866년 총면적 1.878평방킬로미

---

5) 《民國上海縣志》 (4).

터의 23퍼센트를 차지했다.[6] 1870년까지 공공조계에서만 164킬로미터의 도로가 건설되었다.[7] 새로 건설된 도로는 대개 너비가 10에서 15미터 정도였는데, "3, 4대의 마차가 나란히 달릴 수 있었고, 지상에 깬 자갈[碎石]을 평평히 깔아 비가 와도 진창이 될 걱정이 없었다."[8] 1865년 공부국은 공공조계 안의 신식 도로에 대해 통일적인 이름을 붙이기 시작했고, 아울러 도로 부속시설을 배치하고 사용하기 시작했다. 1866년 조계 안의 도로에는 이미 가스등 조명이 보편적으로 사용됐고, 그 뒤 다시 전등으로 점차 바뀌었다. 주요 간선도로에는 인도를 설치하여 사람과 차가 다니는 길을 분리했다. 그 외 몇몇 그에 상응하는 도로 관리 규정도 잇따라 제정 실시되었다.

조계 지역 도로 행정에 자극을 받아 중국인 거주지역도 힘든 추격을 시작하여 교통 면에서 조계와 거리를 좁히려고 했다. 조계의 경험과 관리 모델을 참고로, 1895년 화계에 도로건설국[馬路工程局]을 설립하고 1897년에는 남시포탄(南市浦灘) 지역 일대에 남시외곽도로[南市外馬路]를 만들었는데, 이는 화계 최초의 신식 도로였다.[9] 1912년 상해 현성(縣城) 성벽을 철거하고 도로를 만들기 시작했는데, 2년에 걸친 이 공사는 구현성(舊縣城)과 현성 밖의 화계와 조계를 하나로 연결했다.

초보적인 도로망 형성은 각종 교통수단의 도입·사용·발전에 필요한 전제이며, 도시 공공교통의 신속한 발전에 기초를 다지는 것이다.

가마[轎子]는 개항 전부터 있었던 교통수단으로 개항 뒤에도 화계·조계에서 여전히 성행했다. "1860년대부터 상해 가로에는 수시로 불러

---

6) 張仲禮 主編, 앞의 책, 1990, 223쪽.

7) 上海市交通運輸局公路交通史編寫委員會 主編, 앞의 책, 11쪽.

8) 黃楙才, 〈滬游脞記〉, 55쪽(上海通社 編, 《上海研究資料》, 上海 : 上海書店, 1984에서 전재).

9) 上海通社 編, 위의 책, 3쪽.

쓸 수 있는 가마[出租轎子]가 출현했는데, 조계 당국은 그것을 '공용가마[公用轎子]'라고 일컬었다."[10] 1906년 공용가마는 전성기를 이루어 공공조계에서만 758대가 영업허가를 받았다. 그 뒤 다른, 더 선진적인 교통수단들이 나타나자 가마는 점차 도시 공공교통 무대에서 사라졌다.

가마 말고 개항 뒤 상해에서 운행되던 무동력 공공교통 수단으로는 일륜차·마차·인력거·삼륜차·자전거가 있었다. 이들은 모두 외부에서 도입되었으며, 모두 승객·화물 겸용이었다. 일륜차는 독륜차(獨輪車)로도 불리며, 북방 농촌에서 보편적으로 사용되던 것이 함풍·동치 연간에 상해로 들어왔으며, 1874년 화계와 조계 안에 약 3천 대 정도가 있었다.

마차는 다른 나라에서 들여왔는데 비교적 정교하게 만들어졌다. 영국인 회사인 사이먼루이지공사[원어 미상, 薩門瑞記公司]가 가장 먼저 마차 임대업을 시작했다. 1906년 공공조계에 등록된 마차는 1,687량이며, 그 가운데 임대용 마차[出租馬車]는 711량이고, 마차가게[馬車行]는 거의 100여 개 가까이 있었다.

인력거는 속칭 '황포거(黃包車)'라고 했으며, 또 '동양거(東洋車)'라고도 했다. 1874년 일본에서 상해로 수입되었는데, 간편하고 저렴했기 때문에 인력거가 운송영업에 뛰어든 뒤 시민들의 폭넓은 환영을 받았다. 1924년 공공조계에 등록된 인력거는 1만 3911량으로 늘어났고, 1933년 상해 전체의 인력거는 2만 3335량에 이르러, 한동안 "전차·자동차와 어깨를 나란히 하며 상해 여객 운송의 주요 수단 가운데 하나였다."[11]

무동력차 가운데 가장 총애를 받은 것은 삼륜차와 자전거였다. 삼륜차는 1920년대에 상해 가로에 한때 나타났다가 오래지 않아 사라졌다.

---

10) 任烈, 〈上海的非機動客運交通〉, 上海市政協文史資料委員會 編, 《上海文史資料存稿滙編》 第8編(市政交通), 上海 : 上海古籍出版社, 2000.

11) 任烈, 앞의 글.

그러다가 중일전쟁이 터지자 휘발유 공급이 달리면서 그 틈에 삼륜차가 다시 나타났다. 중일전쟁 승리 뒤 실업자가 많이 늘고, 북부 강소성(江蘇省) 지역의 농민이 대거 상해로 몰려들면서, 도시 전체의 삼륜차는 2만 6570량까지 급격히 늘어나 '십만 대군'이라고 불렸을 정도였다. 자전거는 상해 개항 초에 이미 출현했으나 발명 직후인 당시에는 성능이 좋지 않았던 데다가, 당시 상해의 도로가 울퉁불퉁 고르지 못했기 때문에, 1920, 1930년대나 되어서야 비로소 유행하기 시작했다.

간편하고 저렴한 각종 무동력차는 과도기의 상해 육상 공공교통에 한차례 번영을 가져왔다. 그러나 날로 새로워지는 상해의 도시 변화에 따라 이러한 무동력 교통수단은 낙후될 수밖에 없었다. 그것은 도시 발전의 요구, 규모와 거리가 있었을 뿐만 아니라, 속도나 승차감에서 날로 커져 가는 상해인들의 요구를 만족시킬 수 없었다. 그 이전에 서구의 산업혁명은 새로운 에너지를 사용하는 현대적 교통수단을 만들어 냈다. 이러한 교통수단의 출현은 그것이 미칠 수 있는 영향의 범위로 보면 하나의 혁명임이 분명했다.

20세기 초에는 상해에 동력차가 도입되면서, 그 우월성을 단번에 드러냈다. 자동차는 1901년에 출현했는데, 헝가리인 레인즈(Leinz, 李恩時)가 들여왔다. 1908년에 자동차는 이미 100대를 넘어섰다. 그와 함께 택시도 나타났고 택시회사도 곧 세워졌다.

같은 해 공공조계와 프랑스조계는 앞뒤로 궤도전차를 만들었는데, 처음에 11개 선로가 개설되었다. 그 선로가 포괄하는 면적은 서쪽의 서가회(徐家滙)로부터 동쪽의 양수포(楊樹浦)까지 두 조계와 조계 외부 도로[越界築路] 지역에 가로 걸쳐 있어서, 대량 승객용 공공 간선 운송망의 윤곽이 초보적으로 형성되었다. 그 가운데 가장 빨리 만들어진 것은 영국 상인이 개설한 정안사(靜安寺)에서 광동로(廣東路) 외탄(外灘)에 이르는 길이 6.04킬로미터 구간이었고, 가장 긴 것은 프랑스 상인이 개설한 십육포(十六鋪)에서 서가회에 이르는 길이 8.502킬로미터 구간이었다. 1913년 8월에는 화계 최초의 전차가 운행되었으며, 1914년 상해 최초의 무궤전차(無軌電車)가 공공조계에서 개통되었다.

3. 중국인 거주지역 육상 공공교통의 급속한 발전과 도시공간의 개척

조계의 확대와 함께 발전해 간 조계의 행정 관리, 특히 공공교통 사업은 화계의 건설에 강력한 자극과 전망을 가져다주었다. 화계의 학습과 모방은 당연히 한차례의 고통과 함께 도입에 따른 소화 과정을 겪어야 했지만, 그 효과는 분명했고 성취 또한 매우 컸다. 19세기 말 20세기 초에 형성된, (공공조계와 프랑스조계, 그리고 화계라는 세 가지 행정권이 동시에 존재하는－옮긴이) 일시삼치(一市三治)의 특수한 구조는 함께 번영을 향해 가고, 함께 도시 근대화를 추진하는 데 특별한 영향을 주지 않았다. 마찬가지로 1930년대 초 세계 경제 위기도 상해 도시 근대화에 그리 큰 영향을 주지 않았다. 화계의 육상 공공교통은 1927년에서 1937년에 이르는 동안 전면적으로 발전했으며, 전에 없는 정점에 이르렀다.

먼저 도로 건설과 공공교통 노선이 확장되었다.(〈표 1〉 참고)

표에서 볼 수 있듯이 10년 동안 도로 건설에서 장족의 발전을 이루었다. 선진적인 아스팔트 도로는 거의 30배 늘어났으며, 자갈 도로를 제외하고 다른 도로들도 크게 늘어났다. 총 증가율은 약 240퍼센트에 이르렀다.

강만(江灣)을 중심 지역으로 한 '대상해계획(大上海計劃)'은 1929년 정식으로 시행되기 시작했다. 원래 계획은 중심 지역을 축으로 종횡으로 긴밀하고 정연한 교통망을 건설하는데, 주도로[主要道路]와 부도로[次要道路] 두 가지로 나누어 바깥쪽으로 방사형으로 퍼지도록 되어 있었다.

〈표 1〉1927~1936년 상해 화계의 도로 길이 (단위 : m)

연도\노면	아스팔트	돌(小方石)	자갈(砂石)	흙(彈街)	석탄재(煤屑)	합계
기존	3,009	894	8,219	84,492	54,321	150,935
1927	9,982	1,696	8,585	87,904	65,875	174,042
1928	15,450	2,560	8,585	89,745	71,313	187,653
1929	19,542	2,972	8,585	89,934	90,607	211,640
1930	22,987	2,972	8,585	90,079	95,918	220,541
1931	23,067	2,972	8,585	91,079	103,038	228,741
1932	23,218	2,972	8,585	95,079	103,038	232,892
1933	52,341	2,972	8,585	102,092	112,800	278,790
1934	79,638	2,660	7,252	111,827	132,596	333,973
1935	83,144	3,915	5,717	112,117	147,404	352,297
1936	84,171	3,915	5,098	113,232	152,316	358,732
						2,371,504

자료 출처 : 《上海市年鑒》 1937年(下). 中華書局. 1937. "M". 2쪽.

비록 계획은 전부 실현되지 못했지만 새 구역 안에 분명히 많은 도로들이 새로 생겼다. 중심가 바깥 지역에 새로 건설된 도로는 중산북로(中山北路), 기미로(其美路, 곧 四平路), 황흥로(黃興路), 삼민로(三民路, 곧 三門路), 포동로(浦東路, 곧 浦東南路·浦東大道) 등이었다.

도로의 개통과 연장으로 도로 폭이 다르고 분포가 불균형했던 현상이 개선되어, 본래 상대적으로 독립되어 있던 도시의 각 지역은 하나로 긴밀히 연결되었다. 중심 지역과 조계, 갑북(閘北)과 남시(南市) 심지어 포동(浦東)까지도 연결해 주었다. 뿐만 아니라 시내 공공교통 노선의 증가, 특히 장거리 자동차 노선의 개통은 상해의 도시공간을 크게 확장하여, 사람들로 하여금 '세계가 좁아지고 있다'는 것을 실감하게 만들었다. 1922년 3월 상해에서 유하(瀏河)까지 전 구간이 개통되었는데, 전 구간을 달리는 데 걸리는 시간은 1시간 20분에 지나지 않았다.

그 다음은 교통수단의 개량과 증가이다. 10년 동안 상해의 육상 교통수단은 궤도전차에서 무궤전차로 발전했다. 차 모양도 발전해서 1934

〈표 2〉 1936년 상해의 주요 장거리 자동차 회사 개황

회사명	노선(출발~도착지)	총 길이 (km)	차량수 (輛)	차량별 좌석수	연 운행거리 (km)	연 승객수 (명)
滬太長途 汽車公司	滬太線(上海~太倉) 滬嘉線(上海~嘉定) 宝淞線(吳淞~月浦) 劉宝線(劉行~宝山)	79.23	27	510	1,029,644,526	868,672
滬錫長途 汽車公司	錫滬線(无錫~上海) 蘇常線(蘇州~常熟)	180	68	1220	1,024,746	1,633,150
上松長途 汽車公司	上松線(上海~松江) 松洋線(松江~洋涇) 顓佘線(顓橋~佘山)	62.1	17	400	144,720	72,000
滬閔長途 汽車公司	滬閔線(上海~閔行) 平乍閔線(平湖~乍 浦~閔行)	29.13	12	396	563,200	28,450
靑滬長途 汽車公司	滬靑線(上海~靑浦) 靑朱線(靑浦~朱家角)	23.24	18			

자료 : 1. 《上海市年鑒》 1937年(下), 中華書局, 1937, "M", 交通類.

2. 上海市交通運輸局公路交通史編寫委員會 主編, 《上海公路運輸史》 第一册(近代部分), 上海 : 上海社
會科學院出版社, 1988, 120~140쪽.

년 이층버스가 나타났고, 1936년에는 더 안정된, 완전 수입된 신식 유선형 버스와 유선형 증기열차가 나타났다.

각 유형의 동력차와 그 수량도 눈에 띄게 늘어났다. 1926년에 796대이던 등록 자동차가 1930년에는 1,619대로 4년 동안 두 배로 늘어났다. 10년 동안 택시도 빠르게 보급되었다. 1933년 6월 15일 상해택시동업연합회[上海出租汽車同業聯合會]는 미국 상무부의 상해 주재 상무관에게 보낸 서신에서, 당시 상해에 총 95개 택시회사가 있으며 동업연합회에 참가한 회사가 75개에 이른다고 말하고 있다.[12] 1934년에 약 986대의 택시가 있었다. 중일전쟁 직전 상생(祥生), 운비(雲飛), 은색(銀色), 태래(泰來)의 4대 택시회사는 저마다 80에서 200대의 택시를 보

---

12) 張仲禮 主編, 앞의 책, 1990, 491쪽.

유하고 있었다. 당시 전 시에 1,000에서 1,200대의 택시가 있었고, 매일 평균 3만 5984차례 발차되었으므로, 한 해 수송 승객수는 1313만 4160명으로 추산된다.[13] 택시는 이때 이미 시내 공공교통의 중요한 한 부분으로 시민들이 외출 때 이용하는 대중 교통수단이 되었다.

교통수단의 변화는 속도 면에서도 저속에서 고속으로 발전했다. 고속의 교통수단은 사람들의 생활을 더 이상 일정한 작은 공간 속에 가두지 않았다. 사람들의 외출은 더 편리하고 빨라졌으며, 도시와 도시, 지역과 지역, 사람과 사람 사이를 더욱 가깝게 해주고 왕래를 빈번하게 해주었다.

음식·옷차림 등이 점진적으로 영향을 받는 것과는 달리, 교통의 변화와 교통질서 관념은 사람들이 당장 맞닥뜨리면서 받아들이지 않을 수 없다. 근대적 도로의 확대, 선진 교통 설비의 출현, 신식 교통수단의 사용, 이런 것들은 정말로 매우 중요하며 꼭 빼놓을 수 없는 것이다. 그러나 더 중요한 것은 근대 교통질서를 수립하는 것으로, 근대 교통질서의 수립은 시민 한 사람 한 사람 모두와 밀접한 관계가 있다.

4. 도시 공공교통의 발전과 시민 관념, 행정 관리의 변화

도시 공공교통의 발전은 시민의 생활방식을 바꾸고 생활의 질을 높여주었을 뿐만 아니라 시민의 관념과 의식도 바꾸었다. 그것은 물질 차원에 영향을 주었으며 정신 차원에도 영향을 주었다.

현대 교통질서 의식도 서구에서 들어온 것이다. 1872년 공부국은 비교적 완비된 공공교통 규칙을 공포했다. 예를 들어 일륜차는 길가에 함

---

13) 上海市交通運輸局公路交通史編寫委員會 主編, 앞의 책, 111쪽.

부로 세워 놓을 수 없다거나, 어두워지면 마차는 "반드시 점등해야 한다"는 따위의 것들이었다. 갈원후(葛元煦)가 《호유잡기(滬游雜記)》라는 책에서 기술하고 있는 《조계금령(租界禁令, 租界例禁)》은 모두 20개 조항인데, 그 가운데 도로·교통과 관계있는 것은 일곱 가지 조항이었다. 그 뒤 또 여러 차례 수정 보완되어 교통규칙 위반에 대한 처벌 조항도 늘어났다.

이러한 법규와 제도에 중국인들이 한꺼번에 적응할 수는 없는 일이었고, 쉽게 받아들이지도 못했다. 그러나 상해 인구가 끊임없이 늘어나고 인력거·마차·자동차·전차 같은 각종 교통수단도 날로 늘어나면서, 사람들은 무거운 대가를 치른 뒤에 교통규칙을 준수할 필요를 느꼈다.

교통질서의 준수에는 승차 예절[文明乘車]도 포함되어 있었다. 〈상해전차회사법 및 승객규칙(上海電車公司章程及守則)〉에는 승객이 차에서 흡연해서는 안 되고, 가래를 뱉어도 안 되며, 다른 사람을 방해해서도 운전수와 이야기해서도 안 된다고 되어 있으며, 취객과 의복이 더러운 사람, 전염병을 앓는 사람은 승차할 수 없다는 등의 규정이 담겨 있다. 이러한 공중도덕[公共文明]의 규정을 시민은 선택 없이 받아들일 수밖에 없었다.

교통 설비의 변화는 천천히 사람들의 외출 방식 또는 일상생활의 변화를 가져왔고, 사람들의 교통 관념도 그에 따라서 변했다. 그 밖에 전차·자동차 등 대중 교통수단이 출현하고 보급되는 과정에서 그것들의 고정된 노선, 시간, 승차 인원이 생겼고, 이러한 것들은 사람들의 생활 방식에 변화를 만들었다. 마차·인력거 등과 같은 이전의 교통수단들은 모두 한 사람 또는 몇 사람이 승차했으며, 또한 임의성이 매우 강했다. 언제 가는지, 언제 서는지, 어디를 가는지는 모두 개인이 자유롭게 결정했다.

1927년에서 1937년 사이에 상해 도시의 공공교통이 신속히 발전하여

전차·자동차가 대중 교통수단이 된 뒤 사람들은 이렇게 장소, 시간, 승객수를 엄격히 규정하는 교통수단에 대해 이미 익숙해졌고, 때로는 이러한 규정을 더욱 편리하다고 생각하게 되었다. 그것을 통해, 많은 시간과 정력을 교통에 버릴 필요가 없었고, 시간을 더 잘 활용할 수 있었다. 분명히 이들 교통수단은 점점 사람들의 일상생활에서 없어서는 안 되는 한 부분이 되었으며, 그에 따른 공공교통 질서도 받아들였다. 상해 시민의 관념과 의식의 전환은 바로 도시 근대화에 필수적인 것이었다.

1927년부터 1937년까지 화계의 육상 공공교통이 신속히 발전한 것은, 상해특별시 정부 및 그 전담 행정부서의 설립, 그리고 합리적 효율적 관리와 분리될 수 없다. 정부 유관 부문의 설립과 합리적 효율적 관리는 도시 발전 자체 수요에 따른 결과며, 또한 학습과 모방의 결과이기도 했다.

도시 근대화의 빠른 진전은, 정부에 전문기구를 설립하여 교통 자원을 합리적으로 조직하고 효율적으로 관리하여 도시의 급속한 발전 수요에 적응할 것을 요구했다. 어떠한 기구를 설립할 것인지, 어떻게 관리할 것인지에 대해서는 이미 실제 경험을 가지고 있다는 점에서 조계의 모델이 매우 좋은 본보기가 되었다.

조계의 도시 행정을 맡은 기구로 공부국(工部局)이 있었고, 또 공부국 이사회[董事會] 아래에는 전문적인 교통위원회가 있었다. 위원회는 이사와 관련 인원으로 조직되었는데, 교통 문제의 조사와 연구, 의견 처리를 전담했다. 이사회는 어떤 문제에 대해 결정할 때 매우 신중했다. 예를 들어, 1936년 1월 22일 공부국 이사회는 인력거 차비라는 아주 작아 보이는 문제에 대해 반복해서 논의하면서 매우 세세한 점까지 고려했다. 이러한 예는 최근 번역 출판된 《공부국이사회회의록(工部局董事會會議錄)》에서 자주 발견할 수 있다. 이러한 신중한 태도와 실제적인 직무 태도, 효율적인 업무 기구와 처리 절차는 함께 일하는 중국인에게

영향을 주었을 뿐 아니라, 모르는 사이에 느릿느릿 중국인 지역[화계]
사회에까지도 영향을 주었을 것이다.[14]

1927년 7월 7일 상해특별시가 성립된 그 다음날 호북공순국(滬北工巡
局), 상해시공소(上海市公所), 상해현회국(上海縣會局) 및 송호상부독판
공서(淞滬商埠督辦公署) 소속의 모든 기관들을 합병하여 공용국(公用局,
이후의 社會局), 농공상국(農工商局) 등 9개 국(局)을 만들어 정부의 관리
기능을 집행했다. 그 가운데 상해시 공용국은 공공기차관리처(公共汽車
管理處)와 교통과(제4과)를 개설하여 전체 도시의 육상 공공교통에 대
해 관리하도록 했다.

공용국은 처음에 제조국로(制造局路) 여경리(余慶里) 9-10호에 있었
다가, 1927년 9월 이후 시정부로(市政府路) 251호로 옮겼고, 1936년 11월
다시 부동외로(府東外路)로 옮겼다. 그 감독 아래 주요한 공공교통 기업
으로 화상전기공사(華商電氣公司, 電車), 법상전차전등공사(法商電車電
燈公司, 滬南區法商電車), 화상공공기차공사(華商公共汽車公司), 조판호
민장도기차선교통공사(租辦滬閔長途汽車線交通公司),   호태장도기차공
사(滬太長途汽車公司), 상남교통공사(上南交通公司), 상천교통공사(上川
交通公司), 상송장도기차공사(上松長途汽車公司), 석호장도기차공사(錫
滬長途汽車公司), 흥업신탁사시륜도관리처(興業信托社市輪渡管理處) 등
이 있었다. 공용국은 '인흥(人興), 사흥(事興), 물흥(物興)'을 목표로 관리
인원들의 업무 효율과 사무 태도를 심사했다.[15]

공용국은 성립 초 관리상의 편의와 차량 안전을 위해서 전체 도시의
각종 동력·무동력 차량에 대해 등기, 검사, 면허 발급을 진행했다.
1928년부터 시민 생명과 차량의 안전 운행을 위해 중요한 교통지점에
'교량의 적재 하중', '주차장', '굽은 도로', '교차로' 등의 교통표지를 설

---

14) 上海市檔案館 編,《工部局董事會會議錄》第27冊, 上海 : 上海古籍出版社, 2001, 466쪽.
15) 上海市公用局 編,《十年來上海市公用事業之演進》, 上海 : 上海市公用局, 1937, 5쪽.

치하기 시작했다. 또 1933년부터는 노서문(老西門)에 교통신호등을 설치하는 것을 시작으로 그 수를 매년 늘려 갔다.

위에서 살펴보았듯이, 1927년에서 1937년 사이에 이루어진 상해 육상 공공교통의 신속한 발전은 반세기 동안 상해 교통이 끊임없이 진보한 결과다. 이 진보는 물질적 차원에서, 또 의식의 차원에서 이루어졌다. 그러나 그 가운데 정부의 영향과 구실도 주목해야 한다.

지리적으로 상해는 남북을 둥글게 이어주고 수도를 병풍처럼 두르고 있어 이곳이 각 지역을 연결, 소통시키는 책임을 맡을 수 있도록 잘 관리해야 할 필요가 있기 때문에, 상해 자체의 공공교통은 한발 앞서 가야 했다. 상해는 또 장개석(蔣介石) 대두의 기반, 국민당의 통치 기반, 남경 국민정부가 확정한 중점 개발 도시, '중국 안팎의 관심이 주목된 곳'이었기 때문에, 상해 도시 건설은 여러 방면에서 크게 중시되었다.

1927년 7월 7일 상해특별시 성립 당시 장개석이 직접 상해에 가서 행한 연설에서, "상해특별시는 보통 도시와 비교할 수 없다. 상해특별시는 동아시아의 첫 번째 특별시다. 중국의 군사·경제·교통 등의 문제를 막론하고 상해특별시를 바탕으로 삼지 않는 것이 없다. 만약 상해특별시에서 정리될 수 없다면 중국의 군사·경제·교통 등의 문제를 해결할 실마리는 찾을 수 없다"16)고 말했다. 그는 "상해가 진보하는지 퇴보하는지는 전 중국의 성쇠나 국민당의 성패에 관련되어 있다"며, 따라서 상해는 "완벽하게 건설하지 않으면 안 되며" 모든 것은 "조계보다 더욱 완벽해야" 한다고 생각했다.

이를 위해서 상해특별시 성립 당초에 남경 국민정부 당국은 원래 송호상부독판공서 관할인 보산현(寶山縣)의 양행(楊行), 대장(大場) 두

---

16) 〈蔣介石在上海特別市成立大會上的訓詞發展〉, 《申報》 1927. 7. 8.

향(鄕)과, 송강(淞江), 청포현(靑浦縣) 소속 칠보향(七寶鄕)의 일부, 송강의 신장(莘庄) 일부, 그리고 남회(南滙)의 주포(周浦) 일부를 편입시켜 상해의 도시 발전과 공공교통 진보를 위한 공간을 확보하도록 했던 것이다.

근대 상해 공공사업의 전개와 중서(中西)의 인식 차이
조명시설과 상수도망 건설을 중심으로

| 씽지엔롱 邢建榕 |

1. 머리말

공공사업은 도시 발전을 구성하는 중요한 요소다. 그것은 비단 도시 설비 건설과 관련되어 있을 뿐 아니라 시민의 생존 상태, 심리 상태와도 연관되어 있다. 중국에서 가장 주요한 상공업 도시인 상해에서, 조명시설과 상수도망 등 공공사업은 처음에 공공장소와 생활 영역에서 나타났고, 이후 비로소 생산 영역으로 점차 확대되었다. 그것은 도시 민중의 생활을 매우 편리하게 했으며 도시 근대화의 진행을 촉진했다.

이른바 근대화는 한 국가가 전통사회에서 현대 공업사회로 이행하는 과정이다. 구체적으로 말하면, 비서구적 후진 국가가 어떻게 서구의 선진 과학기술을 이용하여 근대화를 실현하는지가 그 중요한 측면의 하나다. 그러나 지금까지 공공사업의 각도에서 상해의 근대화 과정을 연구한 성과는 그리 많지 않다. 이에 이 글에서는 근대 상해의 조명시설과 수도망의 건설 과정, 그리고 그것을 둘러싼 중국과 서구(조계) 쌍방의 서로 다른 인식과 움직임을 중심으로 초보적인 논의를 전개하고, 그에 비추어 도시 상해의 근대화 진행 과정과 그 특징에 관해 생각해 보려고 한다.

2. 자극, 저항과 인식 동화

사료에 따르면, 개항 이전 상해의 조명 상황을 이렇게 묘사하였다. "사람들이 콩기름이나 채유(菜油)를 등잔에 붓고 풀 심지를 늘어뜨려 불을 붙이면, 깜박깜박하며 빛을 냈다."[1] 실외 조명은 밖에 피지(皮紙)를 붙이고 안에 촛불을 태우는 등롱(燈籠)을 많이 사용했는데, 그 밝기가 아주 낮았다. 일단 밤이 되면 온 도시는 "거의 암흑의 세계와 같았"고, 주민들은 마치 농경시대에 살고 있는 것처럼 이른 시간부터 휴식을 취했다.

그러다가 조계(租界)가 생긴 뒤 조계 주민들은 석유등을 사용하기 시작했다. 그러나 석유등이 비록 그 밝기에서 기름등보다 위에 있었다고 하더라도, 도시 조명으로서 쓰임을 얘기하자면, 근본적으로 도시생활의 수요를 만족시킬 수는 없었다. 때문에 당시 조계에 거주하는 외국인 거류민과 상해를 찾는 외국인들은 상해의 생활을 매우 불편하게 느꼈다. 19세기 초 구미 선진국은 이미 가스 조명을 사용하기 시작했으므로 외국인들은 분분히 그 기술을 도입하여 상해에서 가스를 생산, 공급하고 생활 조명과 공업 수요에 사용할 것을 건의했다. 이런 까닭으로 가스는 중국에서도 상해에서 가장 먼저 조명 에너지로 사용되기에 이르렀다.

1865년 12월 18일 외국인 거류민들은 남경로[南京路, 하남로(河南路)에

---

1) 黃葦·夏林根 編, 《近代上海地區方志經濟史料選輯》, 上海 : 上海人民出版社, 1984, 343~344쪽.

서 외탄(外灘)에 이르는 구간]에서 가스등에 불을 붙였다. 이는 상해에서 가스 가로등 사용의 시작이었다. '지화(地火)' 또는 '자래화(自來火 ; 가스가 지하 관로를 통해서 공급되는 것을 가지고 상해인들은 '지화' 혹은 '자래화'라고 불렀다)'가 야간에 밝은 빛을 비추었을 때, 조계 지역은 찬란하게 아름다운 모습을 드러냈고, 남경로의 번화한 경관이 처음으로 나타났다.

당시의 한 목격자는 가스 조명이 처음 출현했을 때의 상황을 다음과 같이 기록하고 있다. "장대에 등을 달고 길을 밝히는 것은 모두 자래화로, 땅속에서 나와 눈부신 빛을 밤새도록 꺼뜨리지 않았다", "강관이 널리 깔리고 등불[銀花]이 뿜어져 나와, 전등이 아직 없던 당시 실로 불야성(不夜城)을 이루었다."[2] 상해를 불야성이라고 일컬은 것은 바로 여기서 기인했다. 당시 처음 상해에 왔던 저명한 문인 왕도(王韜)도 이 '기교'에 찬탄을 그치지 못했다. 그는 "서양 사람들은 거리 군데군데 등화(燈火)를 설치했다. 등은 모두 육각의 유리로 만든 것으로 멀리서 보면 별이 빛나는 듯하다. 나중에는 그것을 가스등으로 바꾸었는데, 더 밝고 환하다. 밤이 되면 대낮같이 밝은 빛을 비춘다. 그 인공(人工)의 교묘함은 불가사의하다"고 썼다.[3]

전등이 가스등을 대체하자 상해인들은 더욱 놀랐다. 상해의 밤의 장막 아래 서양인이 최초로 설치한 16개의 전등(아크등)이 조계 안 남경로에 밝은 불빛을 비추었을 때, 그 모습은 이랬다. "그들은 조계 거리에 전등을 사용한 것을 처음 보았다.…… 수천의 사람들이 매우 부러운 표정과 득의양양한 모습으로 달처럼 밝은 전등을 응시하고 있었다."[4] 그 뒤 "별이 늘어선 듯, 바둑돌이 널린 듯, 밝은 빛이 밤을 대낮처럼 비추

---

2) 胡祥翰, 《上海小志》, 上海 : 上海古籍出版社, 1989, 9쪽.
3) 王韜, 《瀛壖雜志》, 上海 : 上海古籍出版社, 1989, 125쪽.
4) 《字林西報》(英文) 1882. 7. 27.

어 주어 자못 행인을 편하게 했다." 그와 대조적으로, 상해인들은 "성안[남시(南市) 구현성(舊縣城) 지역을 가리킴]은 거의 암흑세계로, 조계와 비교되는 가운데 명암이 분명히 대비되고 상대적으로 그 모자람이 커져 보이는 것을 피할 수 없다"고 느꼈다.[5]

상수도 또한 도시생활에 필수적인 것으로서, 그것은 시민생활의 질이나 신체적 건강과 관계가 깊다. 상해의 수도 공급도 (조명과) 마찬가지로 영국조계에서 가장 먼저 채용되었다. 개항 전 상해에는 수도가 공급되지 않았으며 주민 대부분은 용수를 하천이나 우물에서 얻었다. 조계가 막 생겼을 때 상해의 외국인 거류민들은 각종 하천·도랑이나 황포강(黃浦江), 소주하(蘇州河) 어느 곳을 막론하고 수질이 깨끗지 않고 건강에 유해하다고 생각했다. "모래와 진창으로 우물 입구는 매번 불결한 냄새가 났다",[6] "비릿한 악취가 심했고 질병이 잘 발생했다",[7] 몇몇 서양 상점[洋行]은 스스로 조계 안에 우물을 깊이 파서 직원들에게 공급했다.

조계에 외국인 거류민이 끊임없이 증가함에 따라 식수문제가 날로 심각해지자 1883년 영국조계의 상수도회사[自來水公司]가 수돗물을 공급하기 시작하여, 마시기가 편리해졌으며 위생에도 유익했다. 또한 조계의 외국인 거류민에 식수를 공급하는 것 외에, 가로의 수돗물은 소방에도 사용할 수 있어서 공공 안전을 보장하는 데도 도움이 되었다. 그렇지만 중국인 거주지역[華界] 주민의 용수는 여전히 "견디기 힘들 정도로 더럽고 질병이 쉽게 발생했다."[8]

근대 공공사업은 근대 도시의 발전에 따라 생겨난 것이다. 조계 당국

---

5) 胡祥翰, 앞의 책, 106쪽.
6) 《申報》 1872. 5. 10.
7) 胡祥翰, 앞의 책, 9쪽.
8) 위의 책, 106쪽.

과 외국인 거류민들은 자신의 필요에서 출발하여, 자국의 선진적인 과학기술을 도입하여 상해의 영국·프랑스 조계에 가스·전기·수도 회사를 세우고 조명과 수도 등 공공사업을 시작했다. 이는 중국에서 가장 선진적인 것이었을 뿐만 아니라, 설사 당시 세계의 선진 수준과 비교하더라도 결코 손색이 없는 것이었다.

그와 대조적으로 화계의 낙후함은 더욱 뚜렷해져 그 차이는 실로 하늘과 땅 만큼이나 벌어졌다. 근대화된 조명시설과 상수도망이 상해 조계에 도입된 뒤 일부 상해인들이 그것을 두려워하고 배척하기도 했지만, 그보다 더 많은 상해인들은 그것들에 자극과 부러움을 느꼈고, 결국에는 그것들에 동화되어 갔다.

도시 조명시설과 상수도망이 조계에 도입 사용된 것이 상해인에게 자극이 되었다는 것은 물질적 차원뿐만 아니라 정신적 차원을 포함한다. 공공사업의 큰 성과가 도시 기반시설의 건설을 촉진하는 데 준 시범 효과, 곧 도시 시민생활에 대한 직접적 영향과 상해인들이 가지고 있던 민족적 자존심과 애국적 정서는 그들로 하여금 외국을 배우고 추격하려는 강력한 의지를 갖게 했다.

이평서(李平書)는 이렇게 자신의 느낌을 묘사했다. "나는 개항 이래 상해를 입에 올릴 때 부끄럽고 슬프다. 이 부끄러움이란 같은 땅덩어리에서 서양인들은 더욱 발전해 가는데 우리는 비루한 모습을 깨지 못하고 지지부진하고 있는 것을 부끄러워하는 것이고, 슬픔이란 같은 사람으로서 그들은 모든 것을 내려다보는데 우리는 그 아래에서 쪼그리고 있는 꼴을 슬퍼하는 것이다. 요컨대 '상해, 상해' 하며 사람들의 귀와 눈에 그 이름을 떨쳤던 것은 조계이지 내지(內地)가 아니었으며, 개항장이지 구현성이 아니었다. 어찌 손님이 와서 주인 자리를 차지한 꼴이 아니겠는가? 아니면 그들과 비교하여 우리의 모자람이 드러나 보이는 꼴이 아니겠는가?"[9] 당시 많은 사람들은 "조계의 방식을 따라잡아서",

"서양인의 웃음거리가 되지 않기를" 바랐던 것이다.[10]

바로 이와 같은 자극 아래 상해의 화계 지역은 조계의 조명시설과 상수도망 건설을 본보기로 하여 자신의 도시 기반시설을 근대화하기 시작했으며, 기술을 도입하여 상대적으로 낙후한 상황을 바꾸려고 했다. 그러나 그 초기 단계는 결코 순탄하지 않았다. 사람들은 처음으로 등장한 새로운 과학기술에 놀랐으며, 또한 일부 사람들은 설명할 수 없는 두려움을 갖게 되었다.

몇몇 중국인들은 수돗물의 질을 의심했으며, 심지어는 물 속에 독소가 있으므로 "중국인들은 사용하는 자가 매우 드물 것"으로 생각했다. 가스와 전등 조명에 대한 이해는 우스울 정도로 낮아서, 가스에 발을 데고 전등에 담뱃불을 붙이는 등의 갖가지 행동들은 "웃음이 나올 정도"였다.[11] 요컨대 당시 수많은 중국인 거주민들의 심리는 그것을 "서양인의 기이하고 방종한 기교"라고 생각했으며, 중국 전통의 문화적 규범을 기준으로 서구의 생활방식을 평가하려고 했다. 상해 지방정부도 한동안 조계의 중국인 거주민이 수도와 가스를 받아 쓰는 것을 금지했다.[12]

이러한 편향된 인식과 우매한 행동은 적지 않은 식자들의 논박을 받았다. 기름등을 석유등이 대신하고, 석유등을 가스등이 대신하고, 가스등을 전등이 대신해 갔다. 상해에서 이러한 과정은 조금씩 진전되어 갔고, 게다가 끊임없이 반복되어 갔다. 신구 관념의 충돌과 우승열패(優勝劣敗)의 진행과정에서는 종종 한차례 힘을 겨룬 뒤에 새 발명품들이 두각을 나타낼 수 있었다. 이것은 의심할 수 없는 객관적 규율이다.

그런 뜻에서 위와 같은 저항과 배척에 직면했던 것은 중국의 전통

---

9) 李平書,〈上海三論〉,《上海導游》, 上海 : 國光印書局, 1934, 268쪽.

10)《申報》1883. 3. 10.

11) 姚公鶴,《上海閑話》, 上海 : 上海古籍出版社, 1989, 16쪽.

12)《申報》1882. 12. 21.

문명이 뿌리가 깊어서 서구의 현대 문명과 어울리지 못한 부분이 많았기 때문이라고 할 수 있다. 전통 문명 가운데 시대조류와 맞지 않는 진부한 관념, 보수 사상, 풍수미신(風水迷信)은, 초기 단계에 조계에 도입된 비교적 선진적인 서구 물질문명에 대해 회의(懷疑), 배척, 저항하게 한 주요 원인이었다. 게다가 서구 물질문명은 '강력한 서양식 군사력[堅船利炮]'과 함께 중국에 도입되어, 중국의 관리와 인민들로 하여금 외래 침략에 항거하는 민족의식과 대항심리를 갖게 만들었다. 이러한 것들은 가스 조명과 상수도 시설이 화계에 곧바로 도입되어 신속히 발전하는 것을 막았다.

그러나 상대적으로 진보한 자본주의 문명은 필연적으로 봉건적이고 낙후한 것에 대하여 승리를 거둘 수밖에 없었다. 서구의 선진 물질문명은 인류의 재산이므로 인류가 함께 누려야 마땅했다. 문명의 한 큰 특징은, 교류를 통해 서로 영향을 주며, 그것을 통해서 사회의 각 차원에 확산되고 결국 사회의 보편적 인식으로 동화되고 사회화되는 데 이른다는 것이다.

조명시설과 수도망은 조계에서 일정 기간 '시범 운행'되는 과정에서 실용성·고효율·간편함·쾌적함과 같은 우월함을 크게 드러냈으며, 아울러 조계의 도시 기반시설을 발전시키고 지역 주거환경과 외국인 거류민의 생활의 질을 높이는 데 큰 영향을 주었다. 또한 한 사람 한 사람 체험을 하면서 점차 중국인 거주민의 인식도 동화되어, 처음의 배척하는 태도는 접촉 수용하는 방식으로 바뀌어 갔다. 이는 사람들의 사상·관념의 변화를 반영할 뿐 아니라 그 생활 습속과 소비 관념의 변화를 반영하는 것이기도 했다.

19세기 말 외국인들이 상해에서 발행한 수도·전기·가스 등 공공사업의 주식은 상해인들이 가장 활발히 구매했던 '상품'이었다. 공공사업의 도입·운영에 대한 화계 거주민들의 열렬한 반응은 정치·경제적 목적에서 고조되어서, 1920년대에 이르면 시민들의 심리 상태는 더욱 개방적으로 바뀌었다. 그들은 거주지역 안에 아직 수도·전기 공급이 없는 것에 대해, 정부의 관련 부서에 "우선 외국 상인의 수도·전기 회사로부터 공급받아 사용함으로써 당장의 수요에 대응할" 것을 요구하면서, 아울러 그로 말미암아 "받게 되는 모든 손실을 스스로 부담할 것이며 그렇지 않으면 그에 상당하는 처분도 감수할 것"을 보증했다.[13]

수돗물·전기를 사용하기 위해서 중국 당국이나 외국 조계 당국을 구별하지 않고, 심지어 거리낌 없이 '모든 손실을 스스로 부담한다', '상당하는 처분을 감수한다'고 보증하고 나섰는데, 이런 적극적 태도는 처음에 회의, 저항, 배척했던 태도와 선명히 대조된다. 상해의 외국인 거류민들이 공공사업을 운영한 뒤 상해인들이 보여준 심리상태 변화를 통해, 부국강병(富民强國)의 길에 대한 상해인의 인식이 피동(被動)에서 주동(主動)으로 끊임없이 심화되어 갔고, 상해 도시 근대화의 주류 의식을 이루어 갔음을 알 수 있다.

3. 경쟁, 간여와 업무 발전

1882년 상해전광공사(上海電光公司)가 설립된 뒤 상해에 전등(아크등) 조명이 시작되었다. 전등은 가스등과 비교해서 분명한 우위에 있었으며 발전 가능성이 컸던 것은 물론이다. 그러나 당시 가스 조명은 이미 상당 기간 사용되면서 기술이 안정적이고 비용이 상대적으로 저렴하여, 이미 상당한 공공·개인 사용자를 확보하고 있었다. 전등이 가스등이 장악하던 시장을 점령하려면 반드시 한차례 전쟁을 피할 수 없었다.

---

13) 上海市檔案館 藏,《上海市公用局檔案》, 檔案番號 Q5－3－2238.

때문에 쌍방은 상당히 오랜 시간 동안 줄곧 세력이 백중한 경쟁 상태에서 전력을 다해 양질의 서비스를 제공했고, 사용자는 그 가운데서 실리를 얻으면서 더 낮은 비용으로 조명이 가져다주는 갖가지 이익을 누릴 수 있었다. 동시에 가스·전기 회사는 경쟁을 통해서 자신의 효능을 극대로 발휘하면서 최대한 시장을 개척했고, 더 나아가 도시 조명시설의 범위를 확대했다.

전기 조명이 가스 조명 자리를 대체해 가는 과정에서 쌍방은 두 차례 격렬한 경쟁을 겪었고, 비록 마지막에는 전등이 우세해졌지만(1934년 가스 공공 조명은 전체 도시 가스 사용량의 3.1%를 차지했을 뿐이다),[14] 상해를 근대화된 도시의 대열에 오르게 하는 주요 지표 가운데 하나가 되었다. 또한 그 기간 가스회사나 전등회사가 보여준 서비스와 경쟁의식은 이 두 공공사업이 장족의 발전을 하도록 촉진했다.

주목할 것은 이 가스·전기의 경쟁, 그리고 얼마 뒤 영국조계와 프랑스조계 가스회사 사이의 경쟁이 전개되는 가운데, 관리기구로서 영국조계의 공부국(工部局)과 프랑스조계의 공동국(公董局)은 결코 자기 지역의 회사를 일방적으로 편들지 않았으며, 어떤 한 업종의 회사를 육성하려고 노력하지도 않았다는 것이다. 그들은 경제를 지렛대로 삼고 시장을 안내자로 삼아, 행정수단을 이용해 관련 회사들의 업무 발전을 지지하고 업무 범위를 넓히도록 했다. 이는 객관적으로도 상해 도시의 조명시설 발전을 촉진했다. 조계 수도망의 발전을 위해서 조계 당국은 수도회사와 사용자 사이의 이익 관계의 균형을 맞추는 데도 주의를 기울였으며, 가격통제 등의 수단을 통해 사용자를 끌어들이고, 빈곤 사용자의 이익을 돌보는 데도 주의를 기울였다. 조계 당국은 주로 다음과 같은 방법을 썼다.

---

14) 朱邦興 等編, 《上海産業與上海職工》, 上海 : 上海人民出版社, 1984, 237쪽.

1) 시대 발전에 순응하여, 경쟁과 우승열패의 과정을 지지했다

영국가스회사[英商煤气公司, 당시는 大英自來火房이라고 불리었음]는 업무 범위를 넓히기 위해서 일찍이 공동국에 프랑스조계에서 가스 조명 업무를 경영할 것을 제의하면서 독점 영업권을 요구했다. 이 요구는 규모가 비교적 작은 프랑스가스회사[法商煤气公司, 당시에는 法商自來火房이라고 불리었음]로서 볼 때 분명 몹시 큰 타격이었으므로 그들은 있는 힘을 다해 반대했다. 그러나 공동국은 심의 뒤에 그 타당성을 인정하고, 결국 공평한 결정을 위해 프랑스조계 공공 조명의 독점영업권을 공개경쟁 입찰에 부쳤다.

영국가스회사의 입찰가격이 프랑스가스회사보다 뚜렷이 낮자, 공동국은 단호하게 영국가스회사가 공급하는 가스를 사용하기로 결정하고, 아울러 해당 회사와 5년의 독점협정을 체결하고 동시에 영국가스회사가 영국조계에서 가스 판매가를 낮출 때는 프랑스조계에서도 똑같이 집행해야 한다고 규정했다. 프랑스가스회사는 이 일격을 받고 경영을 계속할 수 없어 전 자산을 은 3만 냥에 영국가스회사에 매각하고 파산을 선고했다.

영국가스회사는 프랑스조계에 들어온 뒤 영국·프랑스 두 조계의 공공[公] 사용자와 개인[私] 사용자를 모두 끌어들이면서 상당히 성공적으로 영업을 해 나갔다. 그러나 도시 근대화의 진전에 따라, 조계 당국은 전기 조명의 앞날이 밝은 것을 인식하고 "미래의 조명"이라며 적극적으로 "전기 조명의 장점을 칭찬"하면서 "만약 두 조명 수단의 원가 차이가 크지 않다면 공동국 이사회[董事會]는 가능한 한 전기를 공공의 용도에 사용할 책임이 있다"고 결정하였다.[15] 그들은 가스등을 전등으

---

15) 上海市檔案館 編,《工部局董事會會議錄》第17冊, 上海 : 上海古籍出版社, 2001, 573쪽.

로 대체하기로 계획하면서, 가스회사의 항의는 상관하지 않았다.

1897년 7월에 프랑스조계에 발전소가 완공된 뒤 프랑스조계의 가로 등은 전부 전등으로 바뀌었다. 1904년 전력이 부족하여 일부 지역에서 다시 가스등을 쓰기도 했지만, 1910년 가스등은 다시 전등으로 대체되고 43개만 예비로 남겨졌다. 1915년에 이르러 프랑스조계의 조명은 모두 전등을 채용했다.

한편 영국조계에서도 전등은 시종일관 점차 가스등을 대체해 갔다. 1892년 공부국 이사장[總董]이 된 바이툰(白敦)이 전등을 발전시키는 데 의욕을 보이지 않았던 것과 같이, 비록 그 동안에 정체된 시기도 있었지만, 조계 당국은 전반적으로 시대의 발전에 순응하면서 경쟁과 우승열패의 과정을 지지했다. 단지 경비·기술 등의 원인 때문에 20세기 초 장기간 전기와 가스 조명이 병존하는 '복합체제[複式體制]'가 유지되었는데, 심지어 한 가로 위에 전등과 가스등이 함께 어울려 빛나는 모습도 볼 수 있었다.16)

2) 회사와 사용자의 이익을 다 고려하면서, 비용을 낮추고 사용자를 확대했다

공공사업은 일반 상업과 다른 특수성이 있다. 일반 상업에서는 크게 이익을 내거나 크게 손해를 보는 부침(浮沈)이 나타나게 마련이지만, 공공사업은 그렇지 않다. 그 영향은 주민 전체가 받게 되는데, 이익이 지나치게 높으면 반드시 주민의 부담이 가중되며, 반면 손해를 보면 회사가 파산하지 않고 값이 올라간다. 그러므로 공공사업은 주민들의 부담을 낮추어 그것을 사용할 수 있도록 하고, 아울러 경영 회사에도 일정한 수익을 유지할 수 있도록 하기 위해서 합리적인 이윤율과 이용료

---

16) 上海市檔案館 編, 《工部局董事會會議錄》第16冊, 上海 : 上海古籍出版社, 2001, 646쪽.

수준을 정하는 것이 중요하다. 그를 통해 "납세인의 이익과 회사의 이익이 모두 각각 보장, 발전을 얻도록 해야 한다."[17] 이러한 차원에서 조계 당국의 통제는 비교적 유효했다.

조계 당국은 가스, 전기 또는 수도 회사와 계약을 체결할 때 독점영업권을 주면서 그 조건의 하나로 대개 8퍼센트 정도의 최고 수익률을 규정했다. 이는 비교적 합리적인 이윤율로, 그것이 지나치게 높으면 사용자의 부담 능력을 넘을 수 있었다. 게다가 회사는 조계 당국의 동의를 거치지 않고 사용자에게 받는 비용을 올릴 수 없으며, 필요할 경우 조계 당국은 관련 회사에 비용 인하를 독촉할 권한이 있었다.

프랑스가스회사가 영업을 시작한 뒤 공동국은 가스회사의 장부를 심사하여 회사의 실제 이익이 이미 8퍼센트를 넘어섰으며, 이익 부분이 주택 등 시설 건조에 사용되었음을 발견하고 협약을 고치기로 결정했다. 그 가운데는 사용자의 가스 이용료를 낮추어 회사의 이익 수준을 대폭 떨어뜨리고, 사용자의 사용 원가를 줄이는 내용이 포함되었다.[18] 이후 회사의 영업수익은 매년 떨어져, 1903년 말에 "벌어들인 순수익[紅利]은 평균 4, 5퍼센트 사이"였다. "매년 수입은 대략 3만 4천 냥 감소했다."[19] 그 뒤 조계 당국은 관련 수도·전기 회사에게 "현행 협의에 따라서 투입 자본과 이익을 명확히 숫자로 제시하고 공부국 회계사[審計員]를 통해 그것을 대조 검사"해야 함을 끊임없이 상기시켰으며, "그 비용은 해당 회사가 부담했다."[20]

---

17) 上海市檔案館 編,《工部局董事會會議錄》第15冊, 上海：上海古籍出版社, 2001, 667쪽.

18) 史梅定 主編, 上海租界志編纂委員會 編,《上海租界志》, 上海：上海社會科學院出版社, 2001, 379쪽.

19) 上海市檔案館 編,《工部局董事會會議錄》第15冊, 上海：上海古籍出版社, 2001, 667·674쪽.

20) 上海市檔案館 編,《工部局董事會會議錄》第15冊, 上海：上海古籍出版社, 2001, 577·574쪽.

1893년 9월 1일 공공조계 공부국 전기처(電氣處)가 설립된 뒤 조계의 모든 전기 사업은 이 기관이 경영 관리했다. 가스 조명과 경쟁에서 우세를 차지하기 위해서, 1912년 공부국 전기처는 조명용 전기요금을 23퍼센트 낮추고 킬로와트(kW)당 전기요금을 본래 0.13냥에서 0.10냥으로 내림으로써, 가스에 대한 절대적인 가격 우위를 차지하기 시작했다. 이때 전기처는 대량의 전기를 저가로 개인에게 도매하고, 다시 그것을 일반 요금으로 사용자에게 전매하는 방법을 채용하여, 중간상의 적극성을 동원했다.

이에 따라 가스회사도 어쩔 수 없이 값을 내렸다. 이 조치로 말미암아 가스회사의 영업수입은 격감했지만 수많은 사용자들에게는 아주 유리했다. 1905년 공부국은 다시 가스회사에 가스 가로등의 이용료를 25퍼센트 낮출 것을 요청했다. 가스회사는 공부국 전기처와의 경쟁에서 이미 불리한 위치에 있어 다시 값을 내리는 것이 어렵다고 생각했지만, 공부국의 압력에 눌려 그대로 집행하는 수밖에 없었다.

1909년부터 6개 정도의 전등을 사용하는 소규모 사용 고객이 늘어났다. 이는 전등이 이미 보통 사람들의 조명수단이 되었음을 보여준다. 조계 당국이 비록 전기처를 직접 관리했지만 가격 인하 조치는 기업 경영 개선의 표현으로, 그로 말미암은 전기 조명의 우세는 크게 비난할 거리가 아니었다. 또한 공부국도 될 수 있으면 "이러한 평가가 제기되는" 것을 피하려 하면서, "이러한 조처를 취했던 것은 단지 공부국 전기처의 이익을 위해서였다"고 주장했다.[21]

영국상수도회사[英商自來水公司]는 영국의 전통적인 비용 징수 방식에 따라, 사용자의 수도 요금을 일반적으로 집세에 따라 일정 비율을 정해 받고, 사용자의 물 사용량은 제한하지 않았다. 계량 징수에 견주어

---

21) 上海市檔案館 編,《工部局董事會會議錄》第16冊, 上海 : 上海古籍出版社, 2001, 602쪽.

집세의 비율에 따른 징수는 요금이 상대적으로 저렴했다. 그러나 업무가 늘어나면서 집세가 낮고 동거인 수가 많은 사용자가 늘어났기 때문에, 수도회사의 징수 수입은 상대적으로 줄어들었다. 이에 회사는 몇 차례 계량 징수를 주장했다. 비록 계량 징수 방식이 용수를 줄이는 구실을 할 것이 분명했지만, 공부국은 그것을 부결하였다. 이유는 계량기 장치 비용이 막대하며, "빈곤층 사용자의 징수 수입이 앞으로 증가한다"[22]는 것이었다.

그 뒤 수도 요금은 몇 번 인상되었다. 1927년 첫 번째 인상에서는 50퍼센트가 올랐다. 그렇지만 전반적으로 낮고 안정적인 요금이 유지되었다고 할 수 있다. 1931년 공부국은 비로소 계량 방식을 채용하는 데 동의했다. 그렇지만 아울러 양에 따라 등급을 나누어 징수하는 방법을 채용하기로 결정하여, 집세가 낮은 사용자에 대해서는 제조원가보다 낮게 징수했다. 이러한 방법은 객관적으로 사용자의 이익을 보호했다.

3) 회사의 설비 갱신과 품질 향상을 독려하여 사용자 수요를 만족시키도록 했다

전기·수도 회사가 설립된 뒤 그 업무가 끊임없이 발전함에 따라 본래의 설비로는 전기·수도를 충분히 공급하기에 부족하고 품질에도 문제가 생기는 것을 피할 수 없었다. 이에 대해 조계 당국은 관련 회사에다 각종 조치를 마련해 생산량과 공급량을 확보하여 사용자의 수요를 충족시킬 것을 요구하고, 협약에서 규정한 품질 표준을 시행하여 그것을 만족시키지 못할 경우 협약을 정지하고 아울러 회사는 막대한 배상금을 물도록 했다. 1882년에 설립된 전기회사는 뒤에 바로 이렇게 해서 문을 닫았다. 때문에 관련 수도·전기·가스 회사는 계속해서 설비를

---

22) 上海公用事業管理局 編, 《上海公用事業(1840~1986)》, 上海 : 上海人民出版社, 1991, 135쪽.

고치고 공장을 신설했다.

20세기 초 영국조계 전기처가 새로운 발전소에 장치했던 신형 수관식(水管式) 보일러는 당시 "동양 최대일 뿐만 아니라 베이크윌콕스회사(倍科克威爾考克司公司)가 전에 한 번도 만들지 않았던 최대의 보일러"였는데,[23] 1903년 공부국 전기처는 다시 세계에서 가장 선진적인 터빈엔진을 설치했다. 그 결과 1920년대 상해 공공조계 공부국 전기처는 비교적 강력한 전기 공급 능력을 가지고 있었다. 1921년의 조사에 따르면, 당시 영국 안에서도 맨체스터만이 상해와 견줄 수 있을 정도였다.[24]

4) 외국 상인의 민간자본 모집과 조계 당국의 재정 투입이 동시에 진행되면서 조명시설과 수도망 건설에 충분한 자금이 제공되었다

공공사업은 규모가 방대하고 설비 기술 수준이 높아 자연히 거액의 경비 투입을 필요로 한다. 조계 당국은 서구에서 통행되던 입찰방식을 운용하여 특허 경영권을 양도하여, 외국 자본회사를 통해 자본 모집과 경영을 진행하도록 하고, 자신은 정치적 특권을 이용하여 최후의 통제권을 유지하면서 그 가운데서 풍부한 경제적 이익을 누렸다. 그 밖에 조계 당국은 관련 세수 수입을 투입하고 도시개발공채[市政公債]를 발행하는 방법으로 조명시설과 상수도망 건설에 거액을 투입했다.

전기공채는 공부국이 발행한 공공사업 채권들 가운데 수량이 많은 편에 속한다. 1893년 공부국이 전기처를 설립한 뒤 그 해에 2만 6천 냥어치 공채를 발행하여 설비 추가에 썼으며, 1894년부터 1908년까지는 여덟 차례나 더 발행했다.[25] 그 뒤에도 계속 전기공채 발행으로 자금을

---

23) 汪敬虞, 《中國近代工業史資料》 第2輯, 北京 : 科學出版社, 1957, 258쪽.

24) 徐雪筠 等 編譯, 《上海近代社會經濟發展槪況(1882~1931)》, 上海 : 上海社會科學院 出版社, 1985, 208쪽.

모아 발전소 용량을 늘렸는데, 1928년까지 모두 열여섯 차례 발행하여 은 3,600여 만 냥을 모아, 발전소 규모를 확충하고 설비를 고치는 데 썼다.

1920년대 말 공부국 전기처의 연간 전기 공급량은 4억 5836만 킬로와트로, 같은 시기 영국의 맨체스터 · 버밍엄 · 리버풀 · 글래스고 · 스트랫퍼드 같은 도시들을 넘어섰다. 더구나 원가도 가장 낮았고, 전기요금도 가장 쌌다.[26]

상해 도시 공공사업의 근대화는, 그 큰 부분이 조계 당국과 관련 수도 · 전기 · 가스 회사 주도로 진행되었다. 그들이 취했던 모든 조치들은 정치적 이익과 경제적 이윤을 최대로 추구하기 위함이었다. 그러나 조계 당국과 외국 회사는 수도 · 전기 공급체계를 발전시키는 과정에서 기술의 근대화, 서비스의 대중화, 그리고 경영의 기업화에 커다란 주의를 기울였다. 이는 공공사업의 발전을 지원하는 조계 당국의 적극적인 전략으로 가능했던 것으로, 또한 외국 회사가 경쟁 속에서 빠르게 발전할 수 있었던 주요 원인이고, 최대의 경제적 이윤을 얻어낼 수 있었던 기초였다.

객관적으로 볼 때 그것이 상해 조명시설과 수도망의 건설을 크게 촉진시켰으며, 상해 도시의 근대화 정도를 높였다. 그것은 "상해라는 신흥 대도시의 생활환경을 개선하고, 동시에 상해가 자본주의 상공업의 중심이 되는 데 유리한 조건을 제공했다."[27] "상해의 번영이 전국에서 가장 앞섰던 까닭은 공공사업의 발달이 제일 큰 요소였음을 지나칠 수 없다."[28]

---

25) 王渭泉 等, 〈上海租界財稅考〉, 上海地方志辦公室 編, 《上海硏究論叢》第10輯, 32~36쪽.
26) 丁日初 主編, 《上海近代經濟史》第2卷, 上海 : 上海人民出版社, 1997, 377쪽.
27) 丁日初, 〈試談上海成爲近代中國經濟中心的條件〉, 《解放日報》 1988. 6. 22.
28) 趙曾鈺, 《上海的公用事業》, 上海 : 商務印書館, 1948, 78쪽.

4. 화계의 자영 공공사업

20세기 초 상해 화계에서 진행된 자치운동의 조류 가운데서, 화계의 사신(士紳)들은 스스로 공공사업을 시작하는 것이 중요하다는 인식을 하였다. 남의 것을 도입하려 비위나 맞추는 것보다 스스로 힘으로 꾸려 나가는 것이 낫다고 생각했다. 정치상의 자치는 반드시 공공사업 등을 포함한 경제적 독립으로 지지되어야 했다.

이에 상해의 몇몇 의식 있는 신상(紳商)들은 화계의 낙후한 시정(市政)을 변화시킬 목적으로 "조계의 번영을 나누자!", "조계의 이익을 빼앗아오자!"는 것을 명분으로 삼고,[29] 갖가지 진부한 관념과 무거운 장애를 극복하고 역사의 조류에 순응하여 자각적으로 서구의 선진 물질문명을 배우고 피동적인 근대화를 능동적인 근대화로 바꾸기 위해 노력하면서, 화계에서 조명시설과 상수도망을 직접 운영하기 시작했다. 비록 그런 과정에서 어려움과 고통이 많았지만 그 노력은 일정한 성공을 거두었다.

화계가 조명시설과 수도망을 직접 운영하기 전에, 몇몇 외국 회사들이 업무 범위를 확대하고 경제적 이윤을 더 늘리고자 일찍이 화계에 가스·전기·수도를 공급하려고 했다. 1900년 영국가스회사는 본래의 설비를 개량 확장하여 생산능력이 1865년 조업을 시작했을 때보다 거의 90배 정도 높아졌다. 생산능력의 확대는 필연적으로 업무 범위의 확대로 이어졌다. 영국가스회사는 조계의 가스 수요를 만족시킨 뒤에 남시(南市) 지역의 화계에 가스를 공급하려고 준비했는데, 프랑스조계의 경계를 넘어야 했기 때문에 프랑스 공동국의 반대에 부딪혀 중단할 수밖에 없었다.

---

29) 《申報》 1896. 12. 8.

또 다른 공공사업 회사인 상해수도회사(上海自來水公司)는 프랑스조계 공동국과, 프랑스조계 안에 수도관을 매설할 수 있고 상해 현성에 물을 공급할 수 있지만, 공동국 각 기관에 물을 먼저 공급해야 한다고 협의한 적이 있었다. 그 뒤 쌍방의 협의기간이 끝나고 후속 담판은 결렬되어, 1894년 공동국은 해당 회사가 길을 빌려 화계에 물을 공급하는 것을 거부하기로 결정했다. 상해상수도회사가 상해 도대(道臺)와 현성(縣城) 안 수돗물 공급 협정을 단독으로 체결하고, 아울러 프랑스조계를 통과해 현성에 수돗물을 공급할 것을 공동국과 협의했을 때도 똑같이 거부당했다. 결국 상당히 오랜 기간 동안 상해상수도회사는 중국인 대리인을 초빙하여 중국인 주민에게 물을 파는 수밖에 없었다. 방법은 도로의 소화전에서 물을 받아서 물꾼[水夫]이 지고가 중국인에게 파는 것이었다.

1897년(청 광서 23년)부터 상해 화계는 스스로 조명시설과 상수도망을 운영하기 시작했다. 이 해에 상해 남시마로(南市馬路) 공정선후국(工程善後局)은 십육포(十六鋪)에 남시발전소(南市電燈廠)를 만들었다. 처음에는 화재 위험을 우려하는 부근 주민들의 반대를 받았지만, 이평서(李平書) 등이 여러 차례 설득한 끝에 발전소는 비로소 조업을 할 수 있었다. 전기를 송출할 때 상해 현령(縣令) 황애당(黃愛棠)이 관원들을 대동하고 와서 친히 참관했다.

처음에는 전력이 매우 약해서 발전소 부근의 몇몇 거리 외에는 송전되지 못했다. 전등을 다는 사람의 수가 늘어남에 따라 발전소는 새 기계를 사들였고, 전기 공급능력도 커져서 남시의 밤에 칠흑같은 어둠이 사라졌다. 이 발전소는 1907년 이평서 등에 의해 접수, 민영화되면서 내지전기회사(內地電燈公司)로 이름이 바뀌었다. 1911년 공급된 전등 수는 이미 7천여 개에 이르렀다. 같은 해 이평서는 또 양강(兩江) 총독의 명을 받들어 갑북수력전기회사(閘北水電公司)를 개설하여, 10만 와

트의 발전 설비를 장치하고 백열등 2천 개를 밝혔다.

같은 해 조양(曹驤), 당영준(唐榮俊) 등은 자본을 모아 상해 최초의 중국 자본 상수도회사인 상해내지수도회사(上海內地自來水公司)를 세웠다. 회사의 이름에 '내지'라고 한 것은 조계와 구별하고 그에 맞서기 위함이었다. 회사 위치는 남시 고창묘(高昌廟) 부근(현 半淞園路)으로 수원(水源)은 황포강에서 얻었다. 1902년 상해내지상수도회사는 화계에 물을 공급하기 시작했는데, 수도망은 대형 기업인 강남제조국(江南制造局) 외에 대소동문(大小東門) 밖 강변의 번화한 지대까지 뻗어 나갔다. 이는 하천물이나 우물물을 직접 마시던 화계 주민들의 역사를 바꾸어 놓았다.

그러나 자금·설비·기술·관리 등의 문제, 그리고 상해 구현성 지역에 인구·주거가 밀집되어 있는 등의 제약으로 말미암아, "설치된 수도관이 많지 않고 판매도 제한적이었으며, 이익이 매우 낮아 뜻대로 되지 않았다. 기계 구입과 건물 건축은 모두 빌린 자금이었으며, 비록 자금을 다 투입하여 회사를 차렸지만 수입은 지출에 미치지 못했고 확장할 수 없었다. 본래 경영하던 상인도 잇따라 사망하고 부채는 점점 더 쌓여가 유지하기 어렵게 되었다." 결국 심각한 경영 악화로 부채가 산더미같이 증가하여 다시 한번 관영(官營)으로 접수되었다. 1915년 다시 민영화되어 이평서 등이 경영한 뒤 비로소 활기를 띠기 시작했다. 1932년 이 회사는 상해 시정부가 주는 제1호 영예상을 받았다.[30]

화계에서 공공사업을 자영하는 것이 얼마나 어려우며, 조계 당국이 어떻게 그것을 방해하고 파괴하려고 했는지를 보려면, 중국신갑수도회사(華商新閘自來水公司)를 하나의 전형적인 예로 들 수 있다. 1910년 상해 갑북의 관신(官紳)들은 신갑수도회사의 조직을 협의하면서 수도관

---

30) 上海市檔案館 藏, 《私營上海內地自來水公司沿革槪括》, 檔案番號 Q403-272.

을 연결해 영국 상인으로부터 물을 사서 매일 영국상해수도회사(英商上海自來水公司)의 물 12만 갤런을 제공하고 경찰세[巡捕捐] 납부를 면제받으려고 했다. 조계 당국의 규정에 따라 화계 주민이 외국 회사의 조명 전력 또는 수돗물을 받아 쓰려면 반드시 정해진 액수 외에 경찰세, 가옥세[房捐] 등과 같은 특별세[特別捐]를 내야 했다.

조계 당국의 반대에 부닥친 뒤 중국 상인들은 신갑수도회사를 직접 운영하기로 결정했다. 이는 양강 총독, 상해 도대의 지지를 받았다. 그들은 상부(商部)로부터 차관 10만 냥, 도서(道署)의 담보를 통한 은행 대출 10만 냥, 도서의 예산[存道庫] 6만 냥 등 모두 16만 냥의 자금을 모아 개설에 착수했다. 1911년 10월 완공되어 물을 내보내기 시작했는데, 하루 공급량은 9천여 입방미터(㎥)로 10만 주민의 용수 수요를 만족시킬 수 있어서 "주민 모두가 편리해졌다."31)

그러나 조계 당국과 영국상해수도회사는 확실히 위협을 느꼈으니, 그들은 "갑북(閘北) 정수장(自來水廠) 기계 설비의 특징은 중국인들이 조계의 범위 밖에서 (영국)상해수도회사와 경쟁을 결심하고 있음을 보여준다. 그러므로 조계를 확충하는 것만이 회사의 이익을 보증할 수 있다"고 보았다.32) 그들은 만약 화계 주민이 신갑정수장(新閘水廠)으로부터 직접 수돗물을 얻게 되면 영국상해수도회사가 손해를 볼 것이고 공부국도 조계 밖의 주민으로부터 특별세를 거둘 수 없게 되어, 결국 그 결과가 매우 우려된다고 판단했다. 따라서 그들은 갖은 방법으로 그것을 방해하려 했다.

화계에는 건물들이 밀집되어 있고 여러 관로망(管路網)이 무질서하게 엉켜 있어서 새로운 관로를 부설하기 어려웠다. 그래서 신갑정수장은 화계를 가로지르는, 공부국이 쓰는 배수구에 총수관(總水管)을 부설했

---

31) 上海特別市市政府秘書處編纂室 編, 《上海特別市公用局一覽》, 1927, 89쪽.
32) 上海市檔案館 編, 《工部局董事會會議錄》 第18冊, 上海 : 上海古籍出版社, 2001, 558쪽.

는데, 이는 예기치 않은 큰 파문을 일으켰다. 영국상해수도회사는 이 사건에 대해 바로 항의했다. 공부국과 상해 주재 영국 총영사는 협의 뒤에 공함(公函)을 통해 각국 영사단에 신갑정수장의 행위에 반대해 줄 것을 요청했다. 공부국은 갑북시정청(閘北市政廳)에 공함을 보내 해당 회사에 즉각 쟁의가 발생한 총수관을 옮기도록 통지할 것을 요구했다.[33]

그뿐 아니라 공부국의 동의를 거쳐 영국상해수도회사는 가격경쟁을 시작하기로 결정했다. 당시 신갑정수장은 중국인 사용자를 뺏기 위해서 수도요금을 가옥세의 4퍼센트까지 내렸다. 이는 당시 영국상해수도회사보다 약간 낮은 것이었다. 이에 영국 상인쪽도 수도요금을 3퍼센트까지 내리고, 아울러 중국인 사용자가 공부국에 납세(주로 가옥세)하지 않아도 된다고 하면서 신갑정수장을 압박하는 경쟁을 전개했다.

더욱 악질적인 것은, 갑북 부근의 북사천로(北四川路), 적사위로(狄思威路, 현 栗陽路), 시고탑로(施高塔路, 현 山陰路) 등은 조계가 노권(路權)을 독점하면서 양편의 중국 지역이 분할되어 있었기 때문에 신갑정수장은 수도관을 부설할 수 없어, 결국 해당 지역 주민들은 예전대로 외국 상인이 공급하는 물을 받아 쓰지 않을 수 없었다.

1926년 조계 위생처는 신갑정수장이 공급하는 수돗물이 콜레라에 감염되었다고 판단하고, 《공부국연보(工部局年報)》에 이 소식을 공포했다. 1931년 신갑정수장은 업무의 발전에 따라 영국상해수도회사와 어려운 담판을 거쳐 영국 상인 쪽 관로 등 설비를 보상하는 비용으로 규은(規銀) 2만 5067냥과 은원(銀元) 3만 냥을 지불하고 비로소 해당 지역에 대한 수도 공급권을 회수할 수 있었다. "이로써 상해 북부 지역[滬北]의 상수도 공급[越界供水] 문제는 비로소 완전히 해결되었다."[34]

---

33) 上海市檔案館 編,《工部局董事會會議錄》第18冊, 上海 : 上海古籍出版社, 2001, 640쪽.
34) 上海市公用局 編,《十年來上海市公用事業之演進》, 上海 : 上海市公用局, 1937.

황포강 동쪽 지역[浦東]은 원래 외진 곳이었고, 중국 상인이 경영하는 발전소(發電廠)는 규모가 작고 전력 공급 부족이 심각해 1919년 공부국 전기처에 일부 전력의 구매를 제의했다. 전기처는 처음에 그들이 "조계 바깥과 공부국 도로상에 없는 지역의 전력 공급에 동의하지 않았던 과거의 원칙"을 견지하면서, "포동에 전력을 공급하는 사안은 어찌 되었든 보장할 수 없다"고 밝혔지만, 나중에는 포동에 대한 전력 공급의 이윤이 조계 안보다 10퍼센트 높았기 때문에 포동발전소와 5년 동안 협정을 체결하여 최대 500만 와트의 전력을 공급하기로 하고, 아울러 이 때문에 "발전소를 더 확장하는 문제를 서두르지" 않기로 약속했다.[35]

포동의 수돗물 공급은 낙후하여 주민의 식수 사정은 아주 나빴다. 1927년 상해특별시 정부가 성립되고서 비로소 정수장을 계획하기 시작했다. 1937년 포동 난니도(爛泥渡) 도원택(桃園宅)에 포동정수장을 건설했다. 물 공급면적은 약 3평방킬로미터였다. 이 정수장은 상해 공용국(公用局)이 건설과 관리 책임을 맡았고, 그 뒤 상해시흥업신탁사(上海市興業信托社)에 감리를 위탁했다.

남시전기회사(南市電燈公司), 내지수도회사(內地自來水公司), 갑북전기회사와 포동수력발전소(浦東水電廠)가 잇따라 세워지고 전기·수도를 공급한 것은, 화계가 수도와 전기 공급에서 조계 당국의 통제를 벗어나 조계의 대외 확장 기도를 제한하기 시작했을 뿐만 아니라 상해 도시의 조명시설과 수도망 확장에 공헌했음을 말해 준다.

다른 한편, 상해의 조계와 화계에서 각자의 전기·수도 공급체계를 세워 신흥 도시의 편리하고 쾌적한 생활환경을 갖추기 시작했던 것은 "이미 근대화를 향한 추구가 시작되었던 것"으로 평가할 수 있으며,[36] 상해가 동서 문화가 모여들어 서로 만나는 중심이며 그 근대화 과정에

---

35) 上海市檔案館 編,《工部局董事會會議錄》第20冊, 上海：上海古籍出版社, 2001, 778쪽.
36) 上海通社 編,《上海研究資料》, 上海：上海書店, 1984, 80쪽.

서 우수한 외래문화를 흡수하여 그것을 본토화하는 노력이 진행되었다
는 사실을 분명하게 보여준다.

그러나 중국 회사들은 대개 기술·자금·관리 면에서 부족함이 있었
다. 기술이 낙후하고 규모가 작아 서비스 품질에서 뜻대로 다하지 못하
면, 때로 외국 회사의 도움에 기댈 수밖에 없었다. 예를 들어 남시와
신갑정수장의 물 공급량은 늘 부족했고, 수도관이 닿지 않은 일부 지역
주민들은 조계 정수장으로 공급처를 바꾸거나 스스로 우물을 파지 않
으면 안 되었다.[37] 전력 공급은 더욱 외국 상인의 적수가 되지 못했으
니, 민족자본이 경영하는 포동과 갑북, 남시의 중국 전기회사가 발전하
는 양은 모두 합쳐 봐야 외국 자본인 상해전력공사의 6분의 1에 지나지
않았다.

또 지적해야 할 것은, '삼방사계(三方四界)'라고 할 만큼 분할되어 있
는 근대 상해의 특수한 시정 구조와 조계 당국의 방해·파괴로 말미암
아, 상해의 도시 공공사업 건설이 통일성이 없는 특징을 지녔다는 사실
이다. 먼저 상해의 영국·프랑스 조계는 조명시설과 수도망 건설을 한
발 앞서 진행하여 자신의 세력범위 안에서 각기 나름대로 독자적인 체
계를 형성함으로써, 화계의 회사를 포함한 각 수도·전기회사는 그 영
업방식과 기술규범에서 차이가 생겼다. 이는 상해 공공사업의 발전을
오랜 기간 "부분적으로는 질서가 있지만 전반적으로는 무질서한" 상태
에 놓이게 했다.

예컨대 조명시설의 전압은 200볼트(V), 110볼트 등 저마다 표준이
달랐다.[38] 수도 관로망의 부설은 크게 불합리했다. 프랑스 상인의 정수
장[法商自來水廠]과 중국 상인이 경영하는 정수장[華商自來水廠]의 거리
는 600미터에 지나지 않았는데, 두 회사의 수도관은 서로 엇갈려 배열

---

37) 上海特別市公用局 編, 앞의 책, 1927, 35쪽.
38) 胡永鈁 主編, 《上海電力工業志》, 上海 : 上海社會科學院出版社, 1994, 100쪽.

되어 있었다. 프랑스 상인 쪽 수도관은 화계의 도로를 빌려 프랑스 조계를 향해 연결되어 있었지만, 화계 지역에서는 설사 수도관 양편에 거주하는 주민이라도 그 수도관 속의 수돗물을 사용할 수 없었다.

다음으로, 상해 조명시설과 수도망은 지역 분포에서 매우 불균형하여, 후속 발전에 장애가 되었다. 1950년대의 조사에 따르면, 역사적 원인으로 말미암아 상해의 "공공사업은 분포상태가 고르지 않고 한쪽에 치우쳐 있으며, 지상·지하의 관선(管線) 배치도 매우 문란하여, 서비스 구역은 서로 엇갈려 있고, 갖가지 관선이 앞뒤로 중첩되고 밀집 배열되어 시 한가운데를 길게 가로지르는 데다가 서로 교차하며 방해가 되었다."

"지상·지하 모두 관선이 가득하다. 그 가운데 양수포구(楊樹浦區)가 가장 심한데, 동장치로(東長治路)의 송반로(松潘路), 영무로(寧武路) 구간은 도로 폭이 23미터에 지나지 않지만 그 밑에 갖가지 관선 27개가 묻혀 있다."39)

이러한 것들은 모두 조계 당국이 도시 전체의 발전을 무시하고 화계의 공공사업 발전을 저지하는 데 진력했기 때문에 생긴 후유증들이다.

5. 수도·전기·가스 —조계의 편리한 도구

외국인이 경영하는 수도·전기·가스 회사의 실제 권력은 이사회에 집중되어 있으며, 이사회는 바로 막강한 권력을 가진 조계 당국이 장악하고 있었다. 따라서 상해에서 수도·전기·가스 등 공공사업의 발전은 사실상 조계 당국이 정치적 권리를 확장하는 도구가 되었다.

---

39) 上海市檔案館 藏, 《關于上海城市總体規劃的初步意見》, 檔案番號 54-2-718.

조계 당국이 주로 쓴 방법은 관련 외국 자본회사와 협정을 체결하거나, 일정 수량의 주식 지분을 보유하거나, 심지어 공부국 이사[董事]가 회사의 이사를 겸임하여, 그 가운데서 기업의 정책 결정이 그 정치적 의도에 따르도록 영향을 미치는 것이었다. 공부국은 자신이 마땅히 수도회사나 전화회사와 같은 중요한 공공기업의 지분을 상당 수량 보유하고, 가능한 많이 주식을 확보해야 한다"고 거듭 강조했다.[40]

심지어 아주 사소한 업무 문제도 반드시 통제를 받아야 했다. 예컨대 영국상해상수도회사 설립 뒤 "해당 회사의 모든 조치는 공부국으로부터 명령을 받아야 한다. 1905년 7월, 해당 회사는 공부국에 무상주 975주의 권리를 승인했다. 당연히 공부국이 소유하는 해당 회사의 지분은 계속 증가한다"[41]고 규정했고, 1911년 공부국은 영국상해상수도회사와 협정을 체결하여 공부국이 1년 전에 회사에 매수를 통고할 수 있으며, 만약 회사가 규정대로 수돗물을 공급하지 않으면 공부국에 벌금을 내야 한다고 규정했다.

공부국은 또 해당 회사와 회사의 모든 장부는 공부국이 파견한 회계사에게 조사를 받으며, 회사의 이사회에는 공부국 대표 2인이 포함되어야 하고, 공부국의 동의를 거치지 않고서는 회사가 주식·채권을 발행할 수 없다고 규정했다. 이 규정과 납세인회의 결의를 근거로 공부국은 영국상해상수도회사의 정책결정권을 확고히 장악했다.

공부국은 외국인이 경영하는 수도·전기·가스 회사와 한 협의를 이용하여 회사의 정책 결정에서 막강한 영향력을 행사하고, 아울러 그것을 통해 조계의 정치적 세력과 경제적 이익을 확대했다. 1904년 영국상해상수도회사와 한 협정에는 "금후 공공 목적으로 사용하는 수돗물의 증가는 조계의 확대와 정비례한다"고 규정하였다.[42] 조계 당국의 조계

---

40) 上海市檔案館 編,《工部局董事會會議錄》第19冊, 上海 : 上海古籍出版社, 2001, 686쪽.
41)《申報》 1920. 7. 25.

외부 도로[越界築路] 건설이 점점 더 맹렬해짐에 따라, 가스·전기·수
도 회사의 업무도 부단히 확대되었으며, 아울러 화계로 뻗어나가, 조계
당국은 조계 밖의 가로에서 징세하는 특권을 얻게 되었다.

1904년 영국상해상수도회사는 조계를 넘어 조계 이북의 갑북에 수도
관을 매설하기 시작했다. 조계 당국은 회사가 화계에 물을 공급하는 기
회를 이용하여, 조계 밖의 주민이 조계 주민과 같은 권리를 누리는 이
상 그와 똑같은 의무를 다해야 한다고 주장하면서, 조계 밖의 주민에
대해 징세를 강행했다. 조계 바깥 주민의 저항이 일자, 공부국은 회사
를 앞에 내세워 갑북 주민들에게 그들이 발행한 문패번호를 강제로 걸
게 하고 집세의 6퍼센트에 해당하는 경찰세를 거두었다. 조계 안 중국
인의 이용료도 집세에 비례하여 공부국 연무처(捐務處)를 통해 대신 거
두었다.

1905년 7월 1일 공부국은 영국상해상수도회사와 새로운 협정을 체결
하여, 공부국은 수시로 회사가 조계 안 또는 조계 밖의 공부국 관할 도
로와 토지에 수도관 부설 등의 공정을 진행하고, 공부국의 각 용수(用
水) 장소와 앞서 말한 지역 주민에 물을 공급하는 것을 허가할 수 있다
고 규정했다. 해당 협정은 또 회사와 수돗물 공급 협정을 체결하지 않
은 조계 밖의 주민에 대해서 회사는 물을 공급할 수 없으며, 다만 해당
지역 주민이 공부국에 가옥세 또는 토지세를 납부하면 수돗물을 쓸 권
리가 있다고 규정했다.

이권 회수를 위해 갑북의 중국 신상(紳商)들은 신갑수도회사를 만들
어 매일 영국상해상수도회사에 일정 수량의 수돗물을 돌려주고 경찰세
(대략 집세의 6%)를 면제받으려고 했다. 비록 영국상해상수도회사는 동
의했지만 공부국은 1905년 맺은 협정을 이유로 경찰세를 납부하지 않

---

42) 上海市檔案館 編,《工部局董事會會議錄》第15冊, 上海 : 上海古籍出版社, 2001, 688쪽.

으면 수도관을 부설하고 수돗물을 공급하는 것을 허용할 수 없다는 견해를 견지했다.

프랑스 조계에서는 공동국의 요구에 따라 사용자가 연세(捐稅)를 납부하지 않으면 수도·전기 회사가 당국의 통지에 따라 전기·수도 공급을 중지할 수 있었다. 1911년 4월 서가회(徐家滙) 부근 두 가옥이 공동국에 가옥세를 내지 않자 공동국은 전기회사에 가옥세를 납부할 때까지 전기 공급을 바로 중단하라고 명령했다.[43]

조계 당국의 이러한 불법행위에는 배경이 있다. 먼저 가장 큰 배경은 근대 중국의 국세가 심각히 쇠약해져 사분오열되어 있던 점이고, 그 위에 조계가 정치적 특권과 치외법권에 기대어 제멋대로 행동하며 '삼방사계'의 분열구조를 형성했던 것이다. 그에 대해 상해에는 앞에 나서 교섭하고 저항을 지도할 강력한 지방정부가 없었으며, 더욱이 전체 화계의 공공사업을 주관할 기구가 없었다. 이런 배경 아래 조계 당국은 계속해서 목적을 달성하기 위해 행동할 수 있었던 것이다.

북벌군의 상해 점령 이후 민족적 의분과 경제적 원인에 자극을 받아, 상해 지방정부는 월계축로 지역 주민들이 조계에 대한 특별세 납부에 저항하도록 선동했다. 그러나 조계 당국이 "수도·전기의 공급을 끊어 이들 가옥의 세입자들이 약속을 이행하도록 압박"한[44] 뒤 모든 것은 다시 원상으로 돌아갔다.

1927년 남경 국민정부 성립 뒤 상해특별시 정부는 공용국을 설립하여 공공사업에 대해 계통적이고 규범화된 관리를 진행하고, 시민생활에 필요한 수도·전기·가스의 공급을 보증하는 데 진력하면서, 새로운 차원의 공공사업 건설을 시작하고 피동적 근대화의 국면을 바꾸려고 노력했다. 그러나 기세등등한 조계 당국과 외국 상인 회사에 대응하

---

43) 上海市檔案館 編,《工部局董事會會議錄》第18冊, 上海 : 上海古籍出版社, 2001, 538쪽.
44) 上海市檔案館 編,《工部局董事會會議錄》第23冊, 上海 : 上海古籍出版社, 2001, 645쪽.

기에는 아직 힘이 모자랐다.

전술한 신갑정수장을 거듭 예로 들자면, 1927년 해당 회사는 이권 회수를 위해 시장이 나서서 공부국과 교섭하여 조계의 북사천로(北四川路) 일대 월계축로 지역의 수도·전기 가설권을 회수할 것을 상해시 공용국에 요구했다.[45] 결과는 마찬가지로 요지부동이었다. 결국 해당 구역에 있던 본래 영국 상인의 관로 설비 일부를 거금을 들여 사들이는 것으로 일단락되었다.

조계 당국의 정치적 획책과 경제적 약탈에 대해서 화계 주민은 일찍이 여러 차례 자발적인 투쟁을 전개했다. 1906년 신강로(新疆路) 남림리(南林里), 천보리(天寶里) 주민들은 조계의 수돗물을 받아 쓰는 것 때문에 조계 문패를 달아야 한다는 고지를 받고 들고 일어나 분규가 생겼는데, 상해 도대가 나서서 교섭을 진행하여 조계 문패를 취소하고 대신 수전(水電) 문패를 달도록 했다. 그렇지만 기실 이는 약탕기만 바꾸고 약은 바꾸지 않은 격으로, 이 수전 문패는 수도회사가 다는 것이 아니라 여전히 조계 공부국 연무처가 만들어 단 것이었다.

조계 당국과 외국 회사가 빠르지만 무질서하게 공공사업을 발전시켜 가는 것을 저지하기 어려웠던 큰 원인은, 이와 같이 화계의 정치적 지위가 취약했고, 조계가 공공사업 발전에서 주도적 지위를 차지하였던 데 있다. 이에 따라 상해의 조명시설과 수도망 발전에 총체적 계획이 결여되었으며, 그 악영향은 지금까지도 남아 있다.

조계 당국은 외국 상인의 공공사업 회사에 대한 통제와 자영(自營)을 통해서 막대한 경제적 이익을 거두었다. 1893년 공부국은 신신전기회사를 사들여 전기처를 설립하고, 조계의 전력사업을 통일하여 경영 관리했다. 실제로 그것은 공부국이 일정 경영권을 보유한 기업이었다. 이

---

45) 上海特別市公用局 編, 앞의 책, 1927, 36쪽.

렇게 행정과 경영이 일체화된 관리체제로 공부국은 직접 자금을 확보할 수 있었다.

"1913년을 앞뒤로 공부국은 매년 전기처로부터 26만 냥의 수익을 얻었다." "순이윤은 1893년 6,018냥에서 1924년 146만 냥으로 늘어났다. 1914년부터 전기처는 6퍼센트의 이윤을 공부국의 공공기금으로 상납했는데, 1924년에 이미 466만 냥을 상납했다."[46] 1924년 11월 28일 전기위원회는 더욱 낙관적으로 "지금부터 3년 동안 전기처는 공부국에 매년 초 90만 냥의 수익을 상납할 수 있다"[47]고 예측했다. 그 밖에 조계 당국은 유관 회사에 독점영업권을 주면서 일정 액수의 기부금을 대가로 받아 경제적 이익을 거두었다. 예컨대, 미국상해전기회사는 공부국에 전기료의 5퍼센트를 납부했다.

만약 쌍방 사이에 분쟁이 발생하면 조계 당국은 때때로 독점영업권을 취소한다고 위협했다. 상해가스회사(上海煤氣公司)는 특허권을 얻는 조건의 하나는 조계의 도로 조명에 쓰이는 가스 가격을 25퍼센트 낮추었다. 1916년 공부국은 상해가스회사와 새로운 협정을 맺어 가스회사가 매년 공부국에 1천 냥의 독점 영업비를 지불해야 한다고 고치고, 아울러 이 독점 영업비는 공부국이 수시로 수정할 수 있다고 규정했다.[48] 1935년 공동국은 상해가스회사가 프랑스 조계에서 40년 동안 독점 영업권을 누리는 데 동의하면서, 회사는 수입의 5퍼센트를 공동국에 내야 하며, 조계 안에 관로를 부설할 때 또 공사비(일반적으로 10% 안팎)를 내야 한다고 규정했다. 이는 조계 당국으로서 거액의 수입이었다.

이 밖에 공부국은 월계축로 지역에서 특별 가옥세를 징수하는 방식으로 적지 않게 수입을 늘렸다. 예를 들어, 1906년 공부국은 영국상해상

---

46) 史梅定 主編, 上海租界志編纂委員會 編, 앞의 책, 393 · 391쪽.

47) 上海市檔案館 編,《工部局董事會會議錄》第22冊, 上海 : 上海古籍出版社, 2001, 706쪽.

48) 上海公共租界工部局 編,《上海公共租界公用事業手冊》, 1933, 25쪽, 28~33쪽.

수도회사에 조계 밖의 가로에 대한 수도 공급의 독점영업권을 주면서 월계축로 양쪽의 수돗물 사용자에게 특별 가옥세를 거두었는데, 그해 특별 가옥세 수입은 80만 냥을 넘었다.

최대의 경제적 이익을 얻어내려는 것은 조계 당국과 각 외자회사들이 공통으로 추구하던 바다. 관련 회사들은 조계 당국과 협력하면서 적지 않은 이익을 거두었고 빠르게 발전했다. 공공조계 전기처 부속 양수포발전소(楊樹浦電廠)는 1913년 건설되어 1923년에 설비 용량이 이미 121만 킬로와트에 이르렀다. 그것은 동아시아 최대며 세계적으로도 첫손 꼽히는 화력발전소였다.

공공조계 전기처는 1929년 매각된 뒤 미국상해전기회사(美商上海電力公司)로 개조되었다. 협의에 따라서, "해당 회사는 1천 달러의 자본을 보유하고 곧 영업을 전개할 수 있다. 조건은 매우 여유가 있었다."[49] 회사는 조계에서 40년 동안의 전기 독점영업권을 따냈다. 그 조항 가운데는 조계 범위를 넘어서 전력을 공급하는 독점영업권도 포함되어 있었다. 이는 중국의 주권에 대한 명백한 침입이었다. 주식과 채권을 발행하여 회사는 모두 1억 584만여 냥의 자금을 모았다. 1929년에서 1933년까지 회사의 순이익은 은 3,561만여 냥이었다. 둘을 합치면 미국상해전기회사가 거둔 수익은 매우 놀라운 것으로, "생산비와 증축 공사비를 빼고는 모두 미국으로 송금되었다."[50]

1928년 영국상해상수도회사는 등록된 자금이 100만 파운드에 달했다. 같은 해 공부국과 독점영업권 계약을 맺어 상해 서부 지역[滬西]의 조계 바깥 지역에 물을 공급할 권리를 얻었다. 공급되는 지역은 동쪽으로 양수포 밑까지, 서쪽으로는 수령로(綏寧路)까지 확장되었다. 1931년 해당 회사는 하루 평균 물 공급량이 이미 20만 입방미터를 넘어서 동아

---

49) 胡永鈁 主編, 앞의 책, 464쪽.
50) 위와 같음

시아 최대의 정수장이 되었다.

조계의 시정 관리기구로서 공공조계 공부국과 프랑스 조계 공동국은 상해의 조명시설과 수도망 건설에서 매우 적극적인 구실을 맡았다. 동시에 조계 당국은 도시의 조명시설과 수도망을 적극적으로 지지하고 발전시키는 과정에서 정치적 특권을 이용하여 독점영업권을 주는 등의 방식으로 관련 회사의 정책 결정과 경영을 통제하고 세금을 거두는 한편, 그것을 통해 정치적 영향을 확대하고 조계의 세력범위를 확장하며 거대한 경제적 이익을 함께 누린다는 목적을 달성했다. 물론 외국 자본 회사도 조계 당국의 정치적 비호에 의지하여 적지 않은 이익을 얻었다.

서구 식민주의자는 비록 객관적으로 상해의 일부 도시 공공사업을 근대화시켰지만, 그것은 분명 기형적 근대화였으며 거대한 약탈성을 동반하고 있었다고 하겠다. 이것은 상해 도시 공공사업의 진행 과정에서 드러난 하나의 특징이었다. 반(半)봉건, 반(半)식민지의 중국에서—물론 상해를 포함해서—민족적 독립을 실현하고 식민주의의 속박에서 벗어남으로써만 비로소 진정으로 상해 도시 공공사업의 근대화를 전개하고 실현할 수 있었던 것이다.

1920, 1930년대 상해의 위생

위생의 법제화와 과학화

| 배경한 裵京漢 |

1. 머리말

1928년 6월 국민혁명군(國民革命軍)의 북경 입성과 뒤이은 동북역치(東北易幟)로 이루어진 북벌 완성, 곧 통일은 비록 많은 한계를 안고 있기는 했으나,[1] 중앙집권적 통일국가 성립의 기반을 제공할 수 있었다는 점에서 그 의의가 결코 작지 않다. 이 통일의 기초 위에서 1929년 1월에 만들어진 새로운 중앙정부인 남경 국민정부는 중일전쟁이 본격화되는 1937년까지의 시기 동안 이른바 근대적 국민국가의 기틀을 만드는 데 상당한 성과를 거두었다는 평가를 받고 있거니와, 정치적인 측면에서 그것은 곧 법치를 근간으로 하는 인민에 대한 국가적 지배체제의 정비로 나타나고 있었다. 1920년대 말과 1930년대에 걸쳐서 정치·경제·사회 등 많은 분야에서 관련 법규가 제정되면서 정치적 지배와 사회적 통제를 위한 제도가 마련되었던 것은 바로 중앙집권적 국가 지

---

1) 배경한, 《蔣介石研究 — 國民革命時期의 軍事政治的 擡頭過程》, 일조각, 1995, 280쪽.

배체제의 정비를 잘 보여주는 대목이다.2)

이 글은 이러한 중앙집권적 국민국가의 지배체제 형성과정을, 근대적 도시행정 가운데 가장 중심적인 대목의 하나라고 할 이른바 공공위생(公共衛生)의3) 정비라는 측면에서 살펴봄으로써, 거기에서 드러나는 이른바 '근대성'의 실체에 접근해 보고자 한다. 이를 위하여 이 글은, 규모 면에서나 도시화의 정도 면에서 중국의 가장 대표적인 근대적 도시라고 할 수 있는 상해 지역에서 공공위생이 어떻게 제도적(법률적) 정비를 거치게 되었으며, 실제로 그러한 법제화가 어떠한 내용으로 실현되고 있었는지 추적해 보려고 한다. 이 글에서 다루려는 구체적인 시기는 북벌군의 상해 점령 직후 상해특별시 정부가 성립된 1927년 7월 무렵부터 중일전쟁이 발발하는 1937년 7월 이전까지의 시기에 해당하는, 이른바 '황금십년(黃金十年)'이다.

그간에 근대적 국민국가의 형성 과정과 관련하여 공공위생의 제도화 또는 법제화 문제를 다룬 연구들이 몇 편 있었다.4) 그러나 대부분이 공공위생의 법제화 자체만을 문제삼고 있고, 이 글이 주목하고자 하는 '법제화의 내용'은 아직 천착되지 못하였으며, 무엇보다 그러한 관점에서 상해 지역을 대상으로 삼은 연구도 거의 없었다. 이러한 점은, 초보적인

---

2) 何一民, 〈簡論民國時期城市行政民主化與法制化的發展趨勢〉, 中華民國史(1912~ 1949) 國際學術討論會(2002. 8., 北京) 발표 논문, 9~11쪽 참조.

3) 공공위생의 범위는 매우 넓어서 명확하게 정의하기는 어려우나, 대체로 상수도, 하수도, 분뇨 처리, 도로 청소 등의 이른바 환경위생과 전염병 예방을 중심으로 하는 방역위생, 의료 시설이나 의약품에 대한 관리에 해당하는 보건위생, 위생의 중요성과 방법을 교육하는 위생교육, 각종 위생 관련 통계를 작성하는 위생통계 등을 포괄하는 개념으로 볼 수 있겠다.(李廷安, 〈上海市之公共衛生行政〉, 《衛生月刊》 4-1, 1934, 20~24쪽)

4) 대표적인 것으로는 飯島涉, 《ペストと近代中國》, 東京 : 研文出版, 2000 ; Ka-che Yip, *Health and National Reconstruction in Nationalist China : The Development of Modern Health Services, 1928~1937*, Ann Arbor : Association for Asian Studies, 1995를 들 수 있다. 이 가운데 특히 이이지마(飯島)의 연구는 국민국가의 국민 지배수단으로서 위생이 어떻게 국가화 또는 제도화되는지 자세하게 추적하고 있는 주목할 만한 것이다.

시도임에도 이 글이 나름대로 의미를 가질 수 있는 이유가 될 것이다.

2. 상해시 위생국의 성립과 조직 확대

1927년 3월 북벌군의 상해 점령 직후 (무한 국민정부와 대립하여) 남경에 국민정부가 수립되자 상해에는 4월 초에 임시 시정부가 만들어졌다가 7월 7일에 특별시 정부로 개편되었다.5) 상해에 위생국이 만들어진 것은 1926년에 송호상부독판공서(淞滬商埠督辦公署)가 만들어지면서부터지만,6) 본격적인 위생행정 기구인 상해시 위생국은 상해특별시로의 개편과 동시에 성립되었다.

따라서 1928년 2월에 중앙정부로서 남경 국민정부가 조직된 이후 그 직할 부서인 위생사(衛生司)7)보다 상해에 위생국이 먼저 설치되었던 것이다. 이것은 무한정부와 남경정부 사이의 통합을 통한 중앙정부의 조직·구성이 지연되고 있던 상황에서, 각 성(省) 또는 각 도시의 행정조직이 먼저 정비될 수밖에 없는 상황을 반영한 것이라고 보이는데,8) 초창기 상해시 위생국에서 통일된 전국적 위생행정 체제의 수립이 먼저 이루어져야 한다는 점을 지적하고 있었던 것은 바로 이런 이유에서였

---

5) 《民國職官年表》, 北京 : 中華書局, 357쪽.

6) 吳利國, 〈上海市傳染病醫院成立之經過〉, 《衛生月刊》 5-3, 1935, 111쪽.

7) 〈中華民國國民政府組織法(1928. 2. 4.)〉, 中國第二歷史檔案館 編, 《國民黨政府政治制度檔案史料選編》 上冊, 1994, 合肥 : 安徽教育出版社, 77~78쪽. 남경정부 안의 위생 관련 부서는 처음에 내정부(內政部) 위생사로 만들어졌다가 1928년 10월에 가서 위생부(衛生部)로 확대되었고, 1931년 4월 다시 위생서(衛生署)로 축소되는 등 부침을 거듭하였다.(韓文昌 主編, 《民國時期中央國家機關組織概述》, 1994, 北京 : 中國檔案出版社, 96~97쪽)

8) 항주(杭州)의 경우에도 위생국이 1927년 7월 1일에 만들어졌다.(〈記杭州二個月之衛生工作〉, 上海市衛生局 編, 《衛生》1-3, 1928, 25쪽)

다.9)

　상해시 위생국은 1927년 성립 당초에 직원의 수가 38명이던 것이 1928년에는 55명으로, 1930년에는 100명, 1932년에는 120명으로 늘어났으며,10) 조직체계도 1935년 말에 가서는 3과(課) 14고(股)의 체계를 갖추는 수준으로 확대되었다. 1935년 말에 만들어진 위생국의 조직표에는 국장 아래에 문서·서무·회계·의약관리·위생교육·생명통계의 6개 고(股)로 구성된 제1과와, 청도청결(淸道淸潔)·보통위생·육품검사(育品檢驗)의 3개고로 구성된 제2과, 그리고 산부영아(産婦嬰兒)위생·학교위생·노공(勞工)위생·방역·진료의 5개 고로 구성된 제3과를 각각 설치하는 것으로 되어 있었다.11)

　이러한 조직의 확대는 곧 상당한 예산의 증대를 조건으로 하는 것이었다. 위생국의 예산은 1927년도에 20만 4842원[銀元]이던 것이 1929년도에는 26만 9475원으로, 1931년도에는 28만 9884원으로, 그리고 1933년도에 가서는 32만 9378원으로, 1935년도에는 39만 9312원으로 늘어난 것으로 확인된다.12) 그러나 이러한 위생국의 예산규모로는, 상해 시 정부의 전체 예산규모가 1927년도에 336만여 원에서 1929년도에 600만여 원으로, 그리고 1933년도에는 904만여 원으로, 1935년도에는 970만여 원으로 늘어난 것을13) 감안한다면 단순한 총액 증가에 의미를 부여

---

9) 〈國民政府應建設衛生部之建議〉,《衛生周刊》第2期, 1927. 8. 6. 이《위생주간》은 상해특별시 위생국과 중화위생교육회(中華衛生敎育會)의 합집(合輯)으로《상해민국일보(上海民國日報)》의 부간(附刊) 형태로 간행된 것이다.

10) 李廷安, 앞의 글, 25쪽의 '上海市衛生局六年工作簡表－民國十六年度至民國二十一年度' 참조.

11) 楊祖炯, 〈就過去一年中之上海衛生行政加以成績上與經費上的檢討〉,《衛生月刊》 5-12, 1935, 598쪽의 '上海市衛生局組織系統表' 참조.

12) 주 10)의 '上海市衛生局六年工作簡表－民國十六年度至民國二十一年度'; 楊祖炯, 위의 글 참조.

13) 〈上海市政府暨隸屬各局支出統計表(十七年度至十九年度)〉, 上海市地方協會 編,《上海

하기는 어렵다.

실제로 시정부의 전체 연간 예산 가운데 위생국 예산이 차지하는 비율이 1927년도에 6.09퍼센트에서 1929년도에 4.49퍼센트로, 1933년도에 3.64퍼센트로 그리고 1935년도에 가서는 4.12퍼센트로 오히려 줄어들었다. 또 이러한 예산규모는 전체 시정(市政) 가운데 주요 지출 부분을 차지하고 있는 공무(工務)·공안(公安)·교육국의 예산규모에 견주어 상대적으로 매우 낮은 수준이었다고 할 수 있다.[14] 또 같은 시기에 상해시의 인구가 빠르게 늘어나고 있었던 점에[15] 비추어 본다면, 위생행정의 질적 수준을 뜻하는 1인당 위생행정 예산액은 오히려 줄었다고 할 수 있다. 그러나 후술할 것처럼 위생행정의 체계화가 시도되는 단계에서 위생행정 경비의 총액이 꾸준히 늘어난 것은 나름대로 의미를 가진다고 하겠다.

위생국의 성립 이후 이러한 위생행정의 실현을 위해서 가장 먼저 요구되는 것은 제도적 정비, 곧 관련 법규의 제정 문제였다. 중앙정부에서 특별시의 행정조직으로 위생국을 두는 특별시조직법을 제정한 것이 1928년 6월의 일이므로,[16] 본격적인 위생 관련 법규의 제정은 그 이후에 가서야 진전을 보게 되지만, 그 이전에도 몇 가지 기본적 법규를 제정하는 것이 필요했던 것이다.

市統計》, 上海：上海市地方協會, 1933, 1쪽 ; 〈二十一至二十四年度市各機關經常費比較表〉, 上海市檔案館 所藏 檔案資料 참조.

14) 1929년을 기준으로 할 때 공무국 예산이 전체 예산의 15.6%, 公安局이 28.5%, 교육국이 22.2%를 각각 차지하였다.(앞의 〈上海市政府曁隷屬各局支出統計表(十七年度至十九年度)〉 참조)

15) 1928년도에 전 시(市) 인구가 약 270만 명이던 것이 1933년 7월에 가서는 320만여 명으로, 그리고 1935년 6월에 가서는 350만여 명으로 빠르게 늘어나고 있다.(楊祖炯, 앞의 글, 600쪽)

16) 〈特別市組織法(1928. 6. 20. 制定)〉, 中國第二歷史檔案館 編,《中華民國史檔案資料滙編》第5卷 第1編 政治(一), 南京：江蘇古籍出版社, 1994, 125~130쪽.

예컨대 상해시 위생국에서는 설립 직후부터 〈위생국장정(衛生局章
程)〉, 〈위생검사소검사비징수규칙〉, 〈도로청소판법(辦法)〉, 〈도로청소
위반징벌규칙〉, 〈채소시장단속규칙〉, 〈도축(屠宰)검사장정〉, 〈조산원
임시관리규정(管理助産女士暫行規程)〉, 〈의사임시관리규정(管理醫師暫
行規程)〉, 〈의약단체등록규정(辦理醫藥團體註冊規程)〉, 〈들개단속규정
(取締野狗規程)〉, 〈치과의사등록임시규정(牙科醫師登記暫行規程)〉, 〈음
식점관리규칙(管理飲食店規則)〉, 〈외국인의사단속규칙(外國國籍醫師取
締規則)〉, 〈쓰레기단속청결규칙(垃圾取締清潔規則)〉 등 갖가지 크고 작
은 위생 관련 법규들을 제정 공포하고 있었던 것이다.[17] 이들 법규 가
운데 일부는 이미 있었던 것을 재정리한 것이기는 하지만, 전반적으로
지나칠 만큼 자세한 위생 관련 규정들을 매우 짧은 기간에 제정하고
있는 것은 위생행정 전반의 체계화와 제도화 과정을 단적으로 보여주
는 대목으로 주목된다.

3. 각 구(區) 위생사무소 및 부속 의료기관의 설치와 '과학위생'의 실시

상해시 위생국 성립 직후인 1928년 초에 상해특별시 시정설계위원회
위생조(衛生組)에서 작성한 위생행정 계획안(設計大綱)에서는 준비 단
계로서 전 시(市) 인구통계, 사망률과 출생률, 전염병(발생) 통계, 전 시

---

17) 〈上海特別市衛生局清道辦法(1927. 7. 15. 施行)〉; 〈清道清潔違章懲罰規則(1927. 8.
14.)〉; 〈上海特別市市政府財政工務公安衛生局會訂小菜場及指定菜市攤戶取締規則
(1927. 9. 6.)〉; 〈上海特別市衛生局取締垃圾清潔規則(1927. 10. 28.)〉; 〈衛生巡長辦事
細則(1927. 11. 5.)〉; 〈上海特別市衛生局宰猪檢驗章程〉, 《衛生》第1卷 第3期, 1928, 31~
37쪽; 上海特別市衛生局 編, 《上海特別市衛生局法規初集》, 上海, 1930; 上海特別市衛
生局 編, 《上海特別市衛生局法規二集》, 上海, 1930 참조. 《上海特別市衛生局法規初集》
과 《上海特別市衛生局法規二集》에 들어 있는 위생 관련 법규의 수는 27개에 이른다.

의사·산파 통계를 제시하고, 도로 청소, 의원(醫院), 도축, 공중변소 등 현재 진행되고 있는 위생사업에 대해서는 재정비하며 하수도·상수도·도축장·쓰레기장의 설치, 음식점·여관·이발관에 대한 단속 등 기존 위생계획에 대해서는 개량의 방법을 취하며 항만검역소·시립의원·전염병의원·위생시험소·위생사무분소(衛生辦事分處)·폐결핵요양원·소아진료소·산과의원·쓰레기소각장·이동진료소의 설치와 학교위생, 공장위생의 실시 등으로 이루어진 대상해(大上海) 위생 계획을 다음의 추진계획으로 제시하였다.[18]

이러한 위생행정계획은 초대 위생국장을 맡았던 호홍기(胡鴻基)가 제출한 향후 10년을 전망한 위생행정계획안과 대동소이한 것으로,[19] 물론 상해특별시 성립 이후에 와서 처음으로 제기되었던 것만은 아니었다. 상해특별시 위생국의 성립 이전에도 송호(淞滬)경찰청 위생과와 상해시공소(上海市公所) 위생처 등이 설치되어 있었고, 항만검역소나 전염병의원도 운영되고 있었음을 확인할 수 있다.[20] 특히 공공조계를 비롯한 각국 조계의 발전된 위생행정의 영향 아래[21] 종두(種痘)를 비롯한

---

18) 〈上海特別市市政府市政設計委員會衛生組設計大綱〉, 《衛生》 1-1, 1928, 23~24쪽.

19) 호홍기(胡鴻基)가 제출한 위생행정 계획안의 내용은 항만검역소와 시립도축장(屠宰場), 시립병원(總醫院)의 설치와 위생 전문 인력의 양성, 보편적 위생교육 등을 2년 안에 실시하고 시립전염병의원·위생검사소(衛生化驗所)·아동건강진료소·순회진료소의 설립 및 위생국의 조직 확충을 4년 안에, 체계적인 위생 관련 통계와 체계적인 학교위생의 실시, 시립성병의원·시립산부인과의원·조산학교, (각 구)위생판사처의 설치를 6년 안에, 시립정신병원·영아보육원(育嬰院)의 설치를 8년 안에, 그리고 쓰레기소각장(焚燬垃圾廠)과 체계적인 하수도망 건설, 공장위생 실시를 10년 안에 하는 것으로 계획되어 있었다.(胡鴻基, 〈大上海衛生設計意見書〉, 《衛生》 1-3, 1928, 5~12쪽)

20) 〈上海特別市衛生局應否裁倂之硏究(續)〉, 《衛生週刊》 第11期, 1927. 10. 8.

21) 당시 상해시의 위생 상황을 말할 때 공공조계를 비롯한 조계 지역의 위생 상황과 비교하여 말하는 것이 일반적이었는데(胡鴻基, 〈大上海衛生設計意見書〉, 《衛生》 1-3, 1928, 6쪽) 공공조계의 위생행정은 기본적으로 영국의 영향을 받아서 만들진 것이었다.(陸文雪, 〈近代食品衛生管理的一個範例－上海工部局個案(1894~1943)〉, 張仲禮 等編, 《中國近代城市發展與社會經濟》, 上海 : 上海社會科學院出版社, 1999, 263~264쪽)

근대적 위생행정이 부분적이나마 시행되었음을 알 수 있기 때문이다. 그러나 이러한 위생행정계획이 이전 시기에 견주어 통합적이고 전반적인 위생행정체제의 수립을 공식적으로 제안하고 있다는 점은 주목받을 만한 대목이다.

물론 이러한 안이 계획대로 추진되기는 어려웠을 것임은 쉽게 짐작이 가는데, 그 이유는 무엇보다도 재정적 뒷받침이 어려웠다는 점과 전문인력의 확보 또한 쉽지 않았다는[22] 점에 있었다고 보인다. 그러나 이러한 난관에도 1935년 말 무렵까지의 성과로 보자면 상당한 정도로 위생계획이 실현되어 갔음을 확인할 수 있다. 1928년 무렵부터 1935년에 이르는 대략 8년 정도의 기간 동안에 상해 지역 위생행정의 가장 큰 변화라면 주요한 구(區)에 위생사무소(衛生分處)나 위생위원회가 생겼다는 것과, 위생국 아래에 부속 의료기관들이 상당수 생겼다는 점이다.

먼저 1935년 말까지 구 단위로 위생사무소가 생긴 곳은 호남구(滬南區)와 고교구(高橋區)·오송구(吳淞區)·강만구(江灣區)의 네 군데로서, 각각 그 아래 진료소나 (부속)의원을 두고 있었다.[23] 구 위생사무소의 설치 과정과 기능을 살펴보자면, 예컨대 강만구 위생사무소의 경우, 원래 있던 강만전염병의원(江灣時疫醫院)을 개조하여 1933년 11월에 위생사무소로 만들었다. 동시에 그 감독기구로서 강만구 위생위원회를 두었는데, 위생국 대표와 위생사무소 소장, 2명의 시정위원(市政委員)으로 구성되는 4명의 당연직 위원 이외에 위생사업에 적극적으로 기부하거

---

22) 李廷安, 〈上海市之公共衛生行政〉, 《衛生月刊》 4-1, 1934. 1, 24쪽.

23) 호남구와 고교구에는 진료소가, 오송구와 강만구에는 (부속)의원이 각각 설치되었는데, 그 가운데서도 고교구에는 3개의 진료소가 설치되었다. 앞의 〈上海市衛生局組織系統表〉; 〈各市衛生機關附屬機關〉, 內政部 編, 《衛生統計》, 重慶(?), 1938, 16~18쪽 참조. 이 밖에 1936년에는 호북구와 양경구(洋經區)의 두 구에 위생사무소를 설치하도록 계획되었다.(〈上海市衛生行政二十五年度行政計劃〉, 《衛生月刊》 6-9, 1936, 456~457쪽)

나 참여하는 일반 인사들을 위원으로 초빙하여 위생위원회를 구성함으로써 말하자면 관민협동[官民合辦]의 관리체제를 갖추었다고 할 수 있다.[24]

그리고 위생사무소 아래 1개소의 부설 의원과 4개의 과를 설치하도록 했는데, 제1과는 문서, 회계, 서무, 위생교육, 의약 직업을 다루고, 제2과는 도로 청소, 일반 위생, 육류 검역을, 제3과에서는 부녀·영아 위생, 학교위생, 노동자위생을, 그리고 제4과에서는 생명통계, 방역, 진료사무를 보는 것으로 되어 있었다. 쟝완구 위생사무소의 1년 경비는 1만 6천여 원 정도로, 상해시 위생국과 위생위원들의 기부금을 합하여 충당하는 방식이었다.[25] 이 밖에 다른 구의 위생사무소나 부속 진료소의 성립 경과와 운영 실태도 거의 대동소이하다고 볼 수 있다.[26]

구 위생사무소에 소속된 의원 이외에 상해시 위생국에 직속된 부속병원으로는   시립상해의원·시립전염병의원·시립호남계연의원(市立滬南戒煙醫院)·시립호북계연의원(市立滬北戒煙醫院)·시립임시계독소(市立臨時戒毒所) 등이 설치되었다. 이들 부속병원들은 기본적으로 법정전염병 감염자나[27] 아편 중독자들을 격리하거나 치료하기 위한 정책적 필요에서 만들어진 것으로, 위생국의 가장 중요한 임무를 수행하는

---

24) 〈上海市衛生局分區設置衛生機關組織通則(1933. 10. 6.)〉,《衛生月刊》 4-2, 1934, 92~93쪽.

25) 이상 강만구 위생사무소의 운영상황에 대해서는 〈上海市衛生局江灣區衛生事務所業務報告－自民國二十三年七月至二十四年六月止〉,《衛生月刊》 6-2, 1936, 82~103 ; 〈江灣區衛生事務所最近之設施〉,《衛生月刊》 5-2, 1935 참조.

26) 오송구 위생사무소(1933년 7월 설립)의 성립 경과와 운영 실태에 대해서는 〈上海市衛生局吳淞區衛生事務所成立之經過〉,《衛生月刊》 4-4, 1934, 139~160쪽 ; 〈上海市衛生局市南診療所開辦及經過〉,《衛生月刊》 4-8, 1934, 314~316쪽 참조.

27) 전염병예방조례에 규정된 법정전염병은 일곱 가지로 디프테리아(白喉)·천연두(天花)·성홍열·뇌막염·콜레라(霍亂)·발진티푸스(斑疹傷寒)·페스트(鼠疫)였다.(吳利國, 앞의 글, 382쪽 '上海市立傳染病醫院半年來之槪況')

부속기관이었다.

시립전염병의원의 경우를 보자면 원래 갑북중국공립의원(閘北中國公立醫院)이던 건물을 개조하여 위생국에 소속시켜 1934년 3월에 만들어진 것으로,[28] 의사 3명, 간호원 12명, 사무원 4명의 인력으로 개원한 이래 6개월 만에 진료자 총수가 1,186명, 입원환자 315명에 치료 뒤 퇴원자는 233명에 이르렀다.[29]

또 계연의원의 경우, 1935년 7월부터 중독자등록(煙民登記) 제도를 적극 실행하여 1935년 말까지 3만여 명 이상이 등록하였고, 이들에 대한 집중적인 관리와 중독 치료를 시도하였던 것이다.[30] 그 밖에 임시계독소의 경우에는 송호경비사령부의 개설 비용 지원 아래 위생국의 주도로 1934년 6월에 만들어졌는데, 홍환(紅丸)이나 모르핀(嗎啡) 등 마약 중독자들을 색출 격리시켜 치료하는 기관으로서, 문을 연 이후 두 달여 만에 732명의 마약 중독자를 치료하고 있었다.[31]

한편으로 각 구 위생사무소 소속 진료소나 위생국 직속 부속의원이 설립된 이후, 위생국 성립 당초의 도로 청소 위주의 위생행정에서부터[32] 벗어나 법정전염병을 비롯한 각종 질병의 예방이나 치료와 같은 더 적극적이고 과학적인 위생행정으로 그 활동 중심이 옮겨가고 있음을 확인할 수 있다. 예컨대 강만구 위생사무소의 경우, 1934년 1년 동안 (학생 포함) 3만 4500여 명이 우두를 접종하였고 3만 800여 명이 콜레라

---

28) 〈上海市市立傳染病醫院開診多日〉,《衛生月刊》 4-4, 1934, 177쪽.

29) 〈上海市市立傳染病醫院半年來之槪況〉,《衛生月刊》 4-10, 1934, 382~389쪽 ; 吳利國, 앞의 글, 111~121쪽.

30) 蔡勁軍, 〈過去半年內本局辦理禁煙之槪況〉,《衛生月刊》 6-4, 1936, 177~181쪽.

31) 楊延年, 〈上海市臨時戒毒所之槪況〉,《衛生月刊》 4-10, 1934, 386~389쪽. 상해시계독소의 경우와 마찬가지로 각지 계독소들은 중앙군사위원회 위원장(장개석)의 명령으로 각지의 군 사령부에서 설립을 독려하여 만들어졌다.(〈上海市衛生局市立臨時戒毒所收容市民自願來所留院戒毒規則〉,《衛生月刊》 4-9, 1934, 380쪽)

32) 〈記上海特別市衛生局的淸道新猷〉,《衛生週刊》 第14期, 1927. 10. 29.

예방접종을 받고 있었으며, 2만 8500여 명이 기타 질병으로 진료를 받은 것으로[33] 나타났다. 이런 숫자는 강만구의 당시 인구가 대략 3만 2천여 명이었던 것을[34] 감안한다면 상당한 규모라고 할 수 있다.

또 1935년의 경우에는 고교·오송·강만·호남의 4개 구 위생사무소를 합하여 1년 동안 20만 1871명에게 우두를 접종하였고, 콜레라 예방주사는 46만 7112명에게 접종한 것으로[35] 나타난다. 이런 수치는 위생국 성립 직후인 1927년 10월부터 1928년 5월까지 8개월 동안 우두 접종자가 6만 7131명이고, 콜레라 예방주사 접종자가 4만 8906명에 지나지 않았던 것에[36] 견주면, 과학위생의 실시에 커다란 진전이 있었다고 하겠다.

4. 학교위생 및 위생교육의 정비와 초보적 위생통계의 출현

상해시 위생국의 성립 이후 나타난 변화 가운데 주목할 만한 것으로 학생들을 대상으로 한 학교위생의 실시 및 위생교육의 체계화와 함께 출생률, 사망률, 전염병 발생 수, 질병 발생 수 등 기초적인 위생 관련 통계가 작성되기 시작했다는 점을 들 수 있다.

먼저 학교위생의 경우 위생국 성립 직후인 1928년 가을학기부터 위

---

33) 楊玉階, 〈辦理江灣區衛生工作一年中之回顧〉, 《衛生月刊》 5-1, 1935, 10~17쪽 ; 〈上海市衛生局江灣衛生事務所二十三年度工作摘要〉, 《衛生月刊》 6-2, 1936, 102~103쪽.

34) 〈上海市衛生局江灣區衛生事務所業務報告－自民國二十三年七月至二十四年六月止〉, 《衛生月刊》 6-2, 1936, 82쪽.

35) 李廷安, 〈衛生局及各區衛生事務所之組織及工作－二十五年九月七日在上海市政府聯合紀念週報告〉, 《衛生月刊》 6-10, 1936, 462쪽.

36) 〈上海特別市政府衛生局十六年度佈種牛痘人數統計表(十六年十月開始至十七年五月結束)〉 및 〈上海特別市政府衛生局十六年度注射豫防霍亂疫苗人數統計表〉, 上海市政府秘書處 編, 《上海特別市市政統計概要》, 上海 : 上海市政府秘書處, 1928, 143쪽.

생국의 주도 아래 교육국의 협조를 얻어서 시내 20개 소학교 5,669명의 학생들에 대한 신체검사를 실시하기 시작하면서 본격화되었다. 이는 북경에서 소규모로 시험 실시되었던 학생 대상의 신체검사 이후에 이루어진 최초의 본격적인 학교위생 실시였다. 이 검사에서 충치 환자가 전체 검사 학생의 98퍼센트에 이르고, 드라코마(砂眼) 환자가 32퍼센트를 넘는 등 열악한 위생 상태를 보여주고 있다.

1929년 4월부터는 미국 만국위생사(萬國衛生社)의 재정 지원을 얻어 순회진료소를 만들고, 여러 학교를 순회하면서 검사와 진료를 하게 되었으며, 1934년 4월부터는 위생국 자체의 경비만으로 순회진료소를 운영하기에 이르렀다.[37] 또 얼마나 제대로 시행되었는지는 의문이지만, 신체검사 결과 질환이 판명된 경우 진료소 의사와 간호사의 도움으로 1차 치료를 받게 하고, 필요한 경우 큰 병원으로 옮겨서 치료를 받도록 조치하였다고 한다. 그 밖에 신체검사 이외에 학교 및 학생과 관련된 각종 위생 문제, 곧 교실·화장실·주방·음식·식수 등 학교시설이나 환경에 대한 표준을 각각 정하여 관리 감독하는 제도를 정비하였다.[38]

한편으로 위생의 중요성과 그 실제적 방안을 교육하는 이른바 위생교육은, 학생들의 교과 가운데 '위생'을 포함시켜 가르치는 것과 함께 일반 시민들을 대상으로 하는 위생 강연과 같은 위생운동으로 나누어 볼 수 있다. 먼저 학생들에 대한 위생교육은 소학교와 초급중학을 대상으로 이루어졌는데,[39] 소학교의 경우 기존의 사회과나 자연과 또는 상식과(常識科)에 포함시켜 가르치거나, 위생과(衛生科)를 따로 두어 가르치는 경우도 일부 있었지만, 체육 교사가 담당하는 경우도 있었던 것

---

37) 孫家齊, 〈上海市衛生局學校衛生史〉, 《衛生月刊》 4-6, 1934, 241~242쪽.

38) 〈上海市衛生局學校衛生股工作系統表〉, 《衛生月刊》 4-6, 1934, 245~246쪽.

39) 〈教育部公布修正小學規程(1936. 7.)〉, 《中華民國史檔案資料滙編》 第5輯 第1編 教育
(一), 南京 : 江蘇古籍出版社, 1991, 543쪽.

같다.[40)

소학교에서는 위생교육의 기본 목표를 위생적 생활습관을 기르는 데 두었는데,[41)] 위생과를 따로 두어 가르치는 경우 교과 내용은 저학년에서는 청결한 생활습관이나 의식주와 교통[衣食住行]에 따른 위생 문제, 순환기・소화기・호흡기 등 신체의 기능에 대한 초보적 지식을 가르치는 것으로 되어 있었고,[42)] 고학년에서는 순환기・소화기・호흡기 등 신체 부위별 기능과 영양, 질병 예방법, 구급법 등을 가르치는 것으로 구성되어 있었다.[43)] 그리고 1935년부터는 학교위생의 총체적 감독 기구로서 상해시 건강교육위원회를 설치하고 그 아래에 각 구 위생사무소를 배치해 각 학교의 위생교육을 실시 감독하도록 하였다.[44)]

다음으로 학생과 함께 일반 시민들을 대상으로 위생의 중요성을 교육 선전하는 위생운동은 여러 가지 형태로 나타나고 있었지만, 그 가운데에서도 특히 매년 한 차례씩 열리는 '위생운동대회'를 통하여 주로 이루어지고 있었다. 위생운동대회는 위생국 성립 직후인 1927년 7월에 계획되었으나 연기되었던 것을[45)] 다시 시정부가 주도하여 1928년 4월에 제1회 대회를 개최하였는데, 그 뒤 매년 두 차례씩 열렸다.

위생운동대회는 주로 위생 관련 강연회와 전람회 등으로 진행되었는데, 매년 목표가 약간씩 달라지기는 했지만 도로 청소라든지 전염병 예방과 같은 기본적인 공공위생의 항목들을 선전함으로써 시민들에게 위

40) 〈上海市衛生局學校衛生各校狀況調査表〉, 《衛生月刊》 4-9, 1934, 356쪽.

41) 潘泰馥, 〈敎師對於學校衛生工作應有之認識〉, 《衛生月刊》 4-3, 1934, 112~115쪽 ; 申惠文, 〈今日城市小學衛生敎學法的商討〉, 《衛生月刊》 6-10, 1936, 464~466쪽.

42) 華軼歐 編, 《小學衛生課本(初級用)》 全8冊, 上海(中華書局本), 1933 참조.

43) 華軼歐 編, 《小學衛生課本(高級用)》 全4冊, 上海(中華書局本), 1933.

44) 鄒烈光, 〈上海市健康敎育委員會二十五年度工作實施計劃大綱〉, 《衛生月刊》 7-1, 1937, 44~45쪽 ; 〈上海市健康敎育委員會二十六年二月至六月工作計劃大綱〉, 《衛生月刊》 7-4, 1937, 40쪽.

45) 〈上海市衛生運動大會籌備會結束委員報告書〉, 《衛生周刊》 第40期, 1928. 5. 12.

생 관념을 심어 주는 데 기본 목표를 두었다. 예컨대 제1회 대회의 경우 '도로 청결', '학교·공장·가정의 청결', '개인 위생의 강조', '여름 전염병의 예방'을 목표로 내세우고 있었고,[46) 1934년 10월에 열린 제13회 대회의 경우에는 '가래 뱉기 금지', '거리에서 소변 금지', '쓰레기통에 쓰레기 버리기', '물 끓여 먹기', '예방접종 받기'를 목표로 삼았다.[47)

이러한 위생운동은 종종 민족적 위기를 극복하기 위한 실제적인 방안으로서 강조되기도 하였다. 예컨대 위생의 중요성을 인식해야 중국의 약점을 바르게 알고 민족적 부흥을 도모할 수 있다고 한다거나[48), 생사의 긴박한 처지에 서 있는 현재의 중국을 구하기 위해서는 사망률이 낮은 강한 국민을 만들어야 하는데, 그 방안 가운데 가장 중요하면서도 가장 실제적인 것은 바로 위생이라고 주장하는 것[49) 등이다. 또 1934년 초에 장개석(蔣介石)에 의하여 이른바 '신생활운동'이 제기된 이후에 가서는 그 일환으로서 위생운동이 강조되기도 하는 등 정치적 색채를 나타내는 경우도 있었다.[50) 이러한 인식들은 위생 문제가 민족주의의 고양과 밀접한 관계가 있음을 보여준다는 점에서 주목받을 수도 있을 것이다.[51)

한편으로 위생국 성립 이후 상해의 위생행정 가운데 또 한 가지 눈에

---

46) 〈上海特別市衛生運動大會計劃大綱〉, 《衛生周刊》 第38期, 1928. 4. 28.

47) 〈上海市第十三屆衛生運動報告書〉, 《衛生月刊》 4-10, 1934, 405쪽.

48) 吳鐵城, 〈我國公共衛生之使命〉, 《衛生月刊》 4-7, 1934, 266쪽 ; 童行白, 〈衛生運動與民族復興〉, 《衛生月刊》 4-7, 1934, 272쪽 ; 陸京士, 〈衛生運動與民族復興〉, 《衛生月刊》 5-7, 1935, 349쪽.

49) 翁之龍, 〈謀民族健康的一條路線－衛生教育〉, 〈衛生月刊〉 4-2, 1934, 56~57쪽 ; 吳開先, 〈衛生與救國〉, 《衛生月刊》 4-7, 1934, 274쪽 ; 胡叔異, 〈衛生運動與今日之中國〉, 《衛生月刊》 5-7, 1937, 349~350쪽.

50) 李廷安, 〈新生活運動與衛生〉, 《衛生月刊》 6-12, 1936, 541~544쪽.

51) 飯島涉, 〈鼠疫, 衛生, 民族主義〉, '檔案與上海史' 國際學術討論會(上海, 1999) 발표 논문 참조.

띠는 것은 사망률, 출생률, 전염병과 기타 질병 발생률, 학생의 체격검사 결과 등 초보적인 위생통계가 이루어지기 시작했다는 점이다. 이러한 위생통계는 위생국의 성립 단계에서부터 필요성이나 시급성이 제기되었던 것이나,[52] 대부분의 분야별 통계가 1929년 이후의 것부터 나타나는 것으로 보아서 구체적인 성과는 각 구 위생사무소들이 만들어지고 각 구 단위로 통계작업이 이루어지면서부터 나왔던 것 같다.

1933년에 출판된, 상해 시정 전반에 걸친 통계를 수집 편찬한 자료에는 위생 분야의 통계로서 31가지 자료를 싣고 있는데, 그 가운데 1929년 이전의 자료를 담고 있는 것은 공공조계의 통계를 인용한 것뿐이다. 이 31가지 통계자료에는 출생·사망, 사망 원인 분류, 질병별 발병인 수, 법정전염병 환자 발생 및 사망, 각 전염병별 예방접종, 병원·약국, 소학교 신체검사 결과, 상수도 화학검사 결과, 도축검사, 항만검역처소 선박검사 등 중요한 위생 관련 통계자료들이 망라되고 있다.[53] 이들 통계자료의 신빙성에 대해서는 여러 가지 문제가 제기될 여지가 많다고 보지만, 초보 수준에서라도 이러한 위생 관련 통계가 만들어지고, 이것을 근거로 위생정책을 수립 시행하려고 한 노력은, 시정부로 대표되는 국가권력이 위생행정을 통하여 시민의 생활 속에 얼마나 깊숙이 개입하기 시작했는지를 잘 보여준다.

그리고 확인 가능한 몇 년 동안의 짧은 통계자료만을 가지고 그 변화 양상을 논의하기는 어렵지만, 이 몇 년 동안의 통계 가운데에서도 예방접종을 받은 시민의 수가 크게 늘어난 반면에 사망률은 크게 낮아진 것과 같은 일단의 변화를 확인할 수는 있다. 즉 우두 접종자 수가 1927년도에는 1만 2629명(공공조계 지역 제외)이던 것이 1929년도에는 12만 9263명으로, 그리고 1931년도에 가서는 23만 8264명으로 증가하고, 사

---

52) 〈上海特別市市政府市政設計委員會衛生組設計大綱〉, 《衛生》 1-1, 1928, 23~24쪽.
53) 〈衛生統計〉, 上海市地方協會 編, 《上海市統計》, 上海 : 上海市地方協會, 1933, 1~24쪽.

망률(인구 1천 명당 사망자 수)의 경우 1929년도 13.4에서 1930년도에 13.2로, 1931년도에는 12.7로, 그리고 1932년도에는 8.6으로 낮아졌다.[54] 이러한 변화는 앞에서 논의한바, 과학적 위생행정의 보급과 위생교육의 실시, 그리고 대중적 위생운동의 추진 등과 무관하다고 볼 수는 없을 것이다.

5. 맺음말

이상의 논의를 요약하자면 다음과 같다. 1927년 7월 상해특별시 정부가 출범하면서 만들어진 상해시 위생국은 성립 직후부터 체계적인 위생행정의 실현을 위하여 조직을 확대 개편해 나가고 예산을 증액해 갔으며, 각종 관련 규정을 제정하거나 재정비하여 법제화를 이루어 나갔다. 그리고 이어서 주요 구에 위생사무소와 진료소를 만들고, 시립의원이나 계연의원·계독소 등 위생국 부속의 의료기관들을 만듦으로써 도로 청소와 같은 단순한 환경위생으로부터 벗어나 각종 전염병의 예방이나 그에 대한 통계, 그리고 질병의 치료와 같은 좀더 적극적이고 과학적인 위생행정의 실시로 나아가는 계기를 만들었다.

또 학생들을 대상으로 하는 학교위생을 강조하여 소학교 학생들에 대한 정기적인 신체검사와 치료가 시작되었고, 위생의 중요성과 그 실현방안을 교과목으로 가르치는 위생교육도 이루어지기 시작하였다. 이와 아울러 학생들과 일반 시민들을 대상으로 하는 위생운동도 위생국의 주도 아래 전개되었다. 이것을 통하여 청결이나 질병 예방과 같은 기본적인 공공위생을 교육 선전해 나갔는데, 거기에는 '구국(救國)'이라

---

54) 위와 같음.

는 민족주의적 주장도 포함되어 나타났다. 1928년 이후부터 본격화된 사망률, 출생률, 전염병 발생률 등 기초적인 위생통계의 작성도 1920, 1930년대 상해의 위생행정 변화를 보여주는 주요한 대목으로, 더 체계적이고 과학적인 위생행정의 실현을 위해서는 필수적인 작업이었다.

위생의 법제화와 과학화라고 부를 만한 1920, 1930년대 상해의 이러한 변화상은, 근대적 국민국가의 국민에 대한 지배체제의 확립이라는 과정에서, 시정부로 대표되는 국가권력이 위생행정을 통하여 시민의 생활 속에 얼마나 깊숙이 개입하기 시작했는지를 잘 보여준다. 물론 각 구 위생위원회의 구조에서 나타나듯이 기존의 공적 통제영역이 여전히 존재하는 부분도 있지만, 전반적으로는 위생과 의료가 국가권력의 통제 아래 들어간다는 점에서, 바꾸어 말하여 위생을 통치의 도구로 끌어들였다는 점에서 상해 사회의 근대적 재편 과정을 잘 보여준다.

그런 한편으로 서구 자연과학 발전의 산물로서, 그리고 이른바 근대적 생활양식으로서 과학적 방역이나 치료법, 그리고 위생에 대한 통계 작성과 같은 것들이 나타나면서 시민들의 생활상 자체가 크게 변화되었음을 확인할 수 있을 것이다. 물론 이러한 위생의 과학화가 전통적 위생이나 의료와 대립적인 것으로 받아들여졌는지에 대해서는, 위생행정에 대한 중의(中醫) 단체들의 적극적인 개입 노력에서 드러나는 것처럼[55] 한마디로 단정하기는 어렵다. 그러나 전통과의 연속성 여부와 상관없이, 도시환경과 시민 생활상의 커다란 변화 속에서 과학의 생활화 또는 보편화라고 하는 근대성의 한 측면을 확인할 수 있다.

---

55) 서양의학 중심의 위생행정 실시에 반발하여 일부 중의(中醫) 단체들에서는 '중의도 과학적이지 않은 것이 아니고 위생행정에 기여할 수 있다'는 점을 적극 주장하였다. (門雪, 〈中醫的衛生學〉, 《衛生報》 第2期, 1927. 12. 17., 4쪽 ; 許半龍, 〈國民革命與中醫〉, 《衛生報》 第11期, 1928. 3. 3., 85쪽)

2부

상공업과 시민

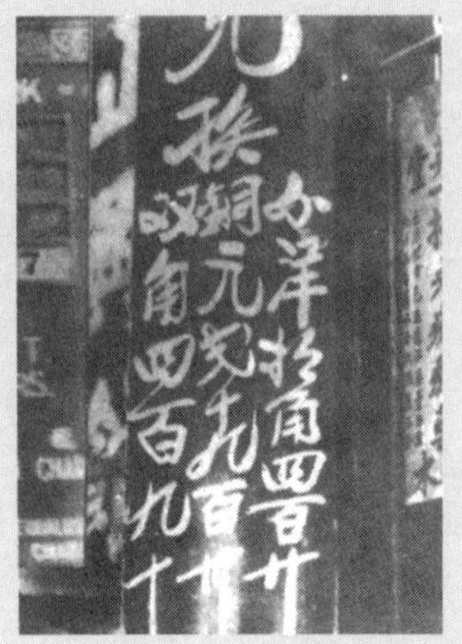

사진설명
첫째줄 소전장(小錢庄)의 은원(銀元) 환율표시판
　　　　상해 증권거래소(내부)
둘째줄 신식 은행들
　　　　증권거래소에 모인 사람들
셋째줄 상해 전업공회(錢業公會)
옆면 위 망평가(望平街) 신문사 밀집지역
　　　　아래 복민로(福民路) 상가

20세기 초 상해의 상업 관행

금융업의 어음 결산 관행을 중심으로

| 김승욱 金承郁 |

1. 머리말

1980년대 이후 중국 근현대사 연구의 중심 주제는 반제(反帝)에서 점차 근대화로 옮겨 갔다. 그 과정에서 그동안 반제적 관점에서 의도적으로 폄하되었던 대상들에 대해 재평가하는 작업이 진행되었다. 중국 경제의 중심인 상해의 발전 경로와 도시 공간의 성격에 관한 재평가는 그러한 전환 가운데 두드러진 일례일 것이다. 조계(租界)를 중심으로 했던 상해의 발전에 대해 제국주의 세력의 거점 구실을 강조해 왔던 시각은 자취를 감추고, 그 도시 공간 속에서 진행된 중국 민족주의의 성장을 주목하는 등 그에 대해 긍정·부정의 이중적 작용을 인정하는 논리가 출현했으며,[1] 더 나아가 이 지역을 중심으로 대외적 연관이 확대되었던 것에 대해 적극적인 의미를 부여하려는 시도들이 이어져 왔다.[2]

그와 동시에 근대화 또는 근대성의 형성 과정에 대해서도 기존의 서

---

1) 맨 처음 논의의 하나로 熊月之, 〈論上海租界的雙重影響〉, 《史林》 1987-3을 들 수 있다.
2) 1990년대 초반에 출간된 《上海硏究論叢》에 실린 경제사 관련 논문들은 대체로 그러한 경향을 반영하고 있다.

구 편향적 관점을 벗어나 중국적 특수성을 고려하는 독자적인 관점들이 나타났다. 그러한 관점들은 그 구체적인 표현이나 시각은 차이가 있지만, 대체로 근대 이래 상해 지역에 형성된 도시 공간 속에서 서구적 영향이 일방적으로 확대되었던 것은 아니고, 서구적 요소가 중국적 요소와 서로 갈등, 융합하면서 제3의 지대가 형성되었다는 점을 지적하고 있는 듯하다.[3] 이러한 연구 시각의 변화는 상해 사회뿐만 아니라 중국 사회에서 근대화 또는 근대성의 형성 과정을 더 개방적인 관점에서 이해하도록 도와준다는 점에서 의미가 있다.[4]

이러한 관점은 물론 경제 부문에 적용해도 그 실례들을 발견할 수 있다. 말하자면, 근대 이래 중국 경제는 서구적 요소를 흡수하고 아울러 서구적 표준에 자신을 맞추어 가는 과정에 있었지만, 그렇다고 해서 새로운 경제구조가 형성되는 과정에서 전통적 요소가 일방적으로 배제되어 갔던 것은 아니다. 다시 말하자면, 상해 사회에서 전반적으로 중국적 요소와 서구적 요소가 서로 갈등 융합했던 것과 같이, 경제 부문에서도 그러한 현상이 또한 존재했던 것이다.

이와 관련해서, 필자는 상해의 상업 관행이 의미 있는 주제로 논의될 수 있다고 생각한다. 관행이란 버릇처럼 관습에 따라 하는 일을 말하며, 상업 관행이란 곧 상업 거래에서 이루어져 온 관행이다. 그것이 일단

---

3) 이와 관련해서 일본 상해사연구회는 근대 상해 사회가 중국적 요소와 서구적 요소가 혼혈된 '크리올(Creole)' 상해라는 표현을 쓴 적이 있다.(高橋孝助·古厩忠夫 編, 《上海史 ─ 巨大都市の形成と人々營み》, 東京 : 東方書店, 1995, 18~19쪽) 이 크리올이라는 개념은 서인도 지역의 백인과 흑인 사이의 문화융합현상을 가리키는 것으로, 상해 사회의 경우에 적용하기 어렵다는 지적도 있다. 그것을 대체하는 개념으로 '모자이크', '다문화' 같은 용어들이 상정되기도 하는데, 이에 관해서는 앞으로 검토가 필요하리라고 생각된다.

4) Marie Clair Bergere, "Civil Society and Urban Change in Republican China", Frederic Wakeman Jr. and Richard Louis Edimonds ed., *Reappraising Republican China*, Oxford Univ. Press, 2000.

형성되면 거래 당사자들은 비록 명시된 규정이 없더라도 그것을 보편적으로 따르게 된다. 때문에 상업 관행은 경제적 구조와 질서를 유지하는 중요한 원리로 상정할 수 있다. 그렇지만 상업 관행은 명시된 규정이 아니기 때문에 그 규제의 효율은 상당히 제한적이며, 따라서 규제의 효율을 위해서는 점차 그것을 하나의 제도로 명시하는 방향으로 나아가게 된다. 특히 경제 규모의 양적 팽창을 특징으로 하는 근대에서 그러한 진행은 어느 정도 불가피하다고 할 수 있다. 그러므로 관행의 구실이 크게 작용하던 질서는 제도의 구실이 크게 작용하는 질서로 자연스럽게 이행하게 된다. 이는 매우 장기적이고 연속적인 변화 과정이다.

그런데 중국의 경우 근대적 경제구조의 수립 과정에서 서구적 요소의 이식 측면이 강하여, 위와 같은 이행 과정이 단기적이고 단절적이었다고 판단된다. 때문에 전통적 경제구조 속에서 역량을 발휘하던 상업 관행들은 새로운(근대적) 구조가 형성되는 과정에서 인위적으로 배제될 대상으로 다루어졌다. 이는 경제구조 속에서 서구적 요소와 중국적 요소의 갈등을 상대적으로 부각하기 쉬웠다.

그렇지만 관행은 그 본질에서 근대성과 대비되는 개념이 아니다. 그것은 기본적으로 효율을 기반으로 하며, 그것이 근대 사회에서 존속할지 소멸할지는 그 관행의 효율이 유지될 수 있는지에 달려 있다.[5] 이런 측면에서 중국 경제구조에 존재했던 상업 관행들이 제도화의 진행 과정에서 어느 정도 그 규제의 구실을 지속할 수 있었는지 좀더 객관적으로 검토해 보아야 할 것이다. 그것을 통해 근대 중국 경제의 구조를 더 깊이 이해할 수 있을 것이다.

---

5) 이와 관련해서 근래 서구의 정치학·사회학 일각에서는 상호 관계에 작용하여 협력을 촉진하는 명시되지 않은 규범이 사회 발전에 작용하는 구실에 주목하면서 그것을 사회 자본(social capital)이라고 부르는 경우가 있는데, 그 개념을 빌리자면 상업 관행의 그러한 사회 자본으로서의 구실을 상정할 수 있을 것이다.(李惠斌·楊雪冬, 《社會資本與社會發展》, 社會科學文獻出版社, 2000 참조)

그런데 상업 관행의 범위는 매우 광범위하기 때문에 그것을 단편의 논문에서 모두 살펴보기는 어렵다. 이에 이 글에서는 앞으로 연구를 진행하기 위한 초석 삼아, 상업 관행의 한 사례로서 금융업의 어음 결산 관행에 초점을 두고 정리해 보려고 한다. 서술 시기는 20세기 초로 설정했는데, 구체적으로는 주로 민국 성립 전후부터 1930년대 중반 중일 전쟁 이전까지가 주로 다루어질 것이다.

금융업의 어음 결산 관행을 우선 분석 대상으로 하게 된 것은, 근래 진행해 온 금융업 관련 연구를 계속하는 뜻도 있다. 본인은 몇 편의 논문을 통해서 민국시기 상해 금융업에서 신식 은행을 중심으로 금융 구조의 근대적 재편을 위한 노력이 적극적으로 진행되어 왔음을 논한 바 있다.[6] 그렇지만 그 과정에서 신식 은행이 근대적 지향과 상당한 성취를 이루었음에도 기존 질서의 장벽에 직면하고 있었으며, 그 점에서 전장(錢莊)을 중심으로 한 금융업의 전통적 요소의 작용을 객관적으로 검토해 볼 필요성을 인식하게 되었다. 특히 전장 영업의 중요 기반이라고 할 수 있는 장표(莊票) 등 어음의 유통과 그것을 둘러싼 관행에 관해서 주목하게 되었다. 그에 대한 검토를 통해서 금융업의 근대적 이행 과정에서 전통적 요소의 작용에 대해 객관적으로 검토할 기회를 가질 수 있을 것으로 기대한다.

2. 상해의 어음 유통체계와 회획총회

어음은 재화가 매매될 때 사용되는 결제 수단의 하나로, 비록 그 자체

---

6) 金承郁, 〈北京政府時期 上海銀行業의 制度的 志向〉, 《中國現代史硏究》 제11집, 200 1 ; 金承郁, 〈上海銀行公會(1918~1927)－近代銀行의 同業組織과 志向〉, 《中國史硏究》 제17집, 2002.

가 현금은 아니지만 기능상 현금을 대신하여 쓰인다. 민국시기 상해에서 사용되던 어음은 대략 본표(本票)·지표(支票)·회표(滙票) 3종류로 나눌 수 있다. 본표는 고객의 요구에 응해 은행이 발행하는 어음이다. 전장의 장표는 그 성격상 본표와 같다고 할 수 있다. 지표는 거래 고객이 예금을 근거로 발행하는 어음이다. 회표는 지역 간에 송금할 때 사용하는 어음이다.

각각의 형식은 대체로 다음과 같다. 먼저 은행 본표는 대개 2연식(二聯式)으로 되어 있는데, 1연은 본표이고 2연은 존근(存根) 부분이다. 본표 부분에는 '○○은행본표'와 같은 형식으로 본표임을 표시하는 글자가 씌어 있고, 금액과 발행일이 새겨 있다. 그 밖에 무조건 지불을 보증한다는 뜻으로 "본표에 따라 즉시 지급함[憑票卽付]" 등과 같은 글자가 새겨 있다. 존근 부분에는 발행 청구인, 수취인, 순번, 발행일, 현금 지급일, 담당자 도장 등 발행 과정에 대한 자세한 정보가 기록되어 있다. 또한 본표와 존근 사이에는 순번이 크게 써 있고 그 위에 기봉(騎縫) 도장을 찍어 이후 현금 지급 때 대조 확인할 수 있도록 되어 있다. 대체로 은행 본표는 외견상 전장 장표보다 섬세하게 만들어져 위조가 쉽지 않도록 되어 있다.[7]

반면 전장 장표는 더 간단하다. 길이 4촌(寸), 너비 3촌 정도 되는 위아래로 긴 두꺼운 종이에, 가운데는 은량(銀兩) 또는 은원(銀元)으로 된 액수, 오른쪽에는 장표 번호, 왼쪽에는 송금 일시가 적혀 있다. 그 위에 찍는 도장으로는, 장표 원본과 장부의 기봉에 찍어서 송금 때 대조 확인하는 데 사용하는 겸구인(箝口印), 대개 좌상부 모서리에 찍는 연빈화장(年份花章), 액수 위에 찍어서 도개(涂改) 또는 가모(假冒)를 방지하는 장장(莊章) 등이 있다. 그 밖에 '회획(滙劃)', '쌍력(雙力)', '양점종후명일

---

7) 楊蔭溥, 《楊著中國金融論》, 上海 : 商務印書館, 1930a, 241~243쪽.

조해(兩点鐘後明日照解)' 등과 같은 글자가 찍혀 있다. 장표에는 본표와 달리, 어음의 준비금인 존근에 대한 정보가 따로 없는 것이 눈에 띈다.[8]

은행의 지표는 대개 존근·지표의 2연식으로 되어 있다. 반면 전장의 지표는 대부분 3연식이며 4연식도 있다. 좌근(座根) 지표의 경우는 거의 3연식이고 행근(行根) 지표의 경우는 3연·4연식이 섞여 있다.[9] 은행 지표의 형식이 간단한 것은, 그 발행이 준비금[存底]이 확실한 경우에만 이루어지고 즉기(卽期)만 있기 때문이다. 반면 전장 지표의 경우는 그 발행이 준비금이 불확실한 경우에도 이루어지고 원기(遠期) 지표가 많았기 때문에, 준비금을 확보하기 위해 더 많은 정보가 지표에 포함되어 복잡한 구성을 갖고 있다. 전장의 경우, 3연식 좌근 지표는 존저(存底)·지표·좌근(또는 행근)으로 구성되며, 4연식 행근 지표는 존저·지표·행근·존근으로 구성되었다.[10]

회표는 은행, 전장 모두 대개 3연식으로 되어 있다. 은행의 경우 3연은 근표(根票)·회표(滙票)·존근으로 구성되어 있는데, 근표는 지불 은행에게 보내는 부분이고, 회표는 송금인이 수금인에게 보내 자금을 수취하도록 하는 부분이며, 존근은 발행 은행이 보관하는 부분이다. 전장의 경우 상근(上根)·정표(正票)·하근(下根)으로 되어 있는데, 각기 은행 회표의 존근·회표·근표에 해당한다.[11]

현금을 대신하는 결제 수단이라는 어음의 속성으로 볼 때, 은행의 어

---

8) 楊蔭溥, 위의 책, 1930a, 228~230쪽. 반자호(潘子豪)는 장표와 본표의 다른 점으로 ① 태환 시기, ② 발행권, ③ 발행 조건, ④ 발행 지위, ⑤ 권리, ⑥ 액수, ⑦ 기한, ⑧ 현금 지불 때 상황, ⑨ 어음 소지인의 권한 등을 지적하고 있다.(潘子豪, 《中國錢莊概要》, 上海 : 中華書局, 1931, 109~121쪽)

9) 지표의 존근이 전장에 예치되어 있는 것을 좌근이라고 하여, 발행인이 지표를 발행하고 뒤에 입금하는 것은 존근이 지표와 함께 다닌다고 해서 행근이라고 한다.

10) 楊蔭溥, 앞의 책, 1930a, 233~237, 244~246쪽 ; 潘子豪, 앞의 책, 94~95, 136~142쪽.

11) 楊蔭溥, 위의 책, 1930a, 239~241, 248~250쪽 ; 潘子豪, 위의 책, 93~94, 121~131쪽.

음은 현금 태환을 보장한다는 원칙에 더 충실히 조건을 갖추었다고 할 수 있다. 그 형식만 가지고 보더라도, 은행의 어음은 외형이 정밀했을 뿐 아니라 준비금에 관한 정보를 상대적으로 분명히 담고 있는 데 반해, 전장의 어음은 준비금에 관한 정보가 불분명했다. 실제로 은행은 대체로 준비금을 확보한 상태에서 어음을 발행했던 데 반해서, 전장은 일부 준비금을 확보하지만 준비금 없이 '신용'에만 근거해서 발행하는 경우도 많았다고 지적된다.12)

또한 전장의 어음은 준비금이 확보되지 않은 상태에서 발행하면서도, 그 태환 기한을 은행보다 멀리까지 허용하는 경향이 있었다. 두 업계는 공식적으로 단기·장기 어음을 모두 취급한다고 규정하고 있지만,13) 은행의 경우 특기한 내용이 없을 경우 단기를 원칙으로 하는 데 반해서 전장의 경우는 장기 어음을 허용하는 비중이 상대적으로 높았다. 전장은 각 업계의 요구를 수용하여 장기 어음을 유연하게 운영했는데, 당(糖)·미(米)·유(油)·잡량(雜糧) 및 잡화방(雜貨帮)은 최장기 10일, 오금(五金)·매(煤)·목방(木帮)은 최장기 7일, 양화방(洋貨帮)은 최장기 5일 정도였다고 하며, 심지어는 그 기한을 반년까지 늘린 경우도 있었다고 한다.14)

이와 같이 전장이 위험을 상당히 담보하면서까지 어음을 발행할 수 있었던 것은, 그들이 사회적 관계에서 공상업자들과 밀접한 연관을 유지해 왔으며, 그에 따라 공상업자들의 '신용' 정보에 상대적으로 밝았기 때문이다. 말하자면 전장은 공상업자들과 그 사회관계에서 상대적으로

---

12) 楊蔭溥, 위의 책, 1930a, 228쪽 ; 潘子豪, 위의 책, 26~27쪽.

13) 은전업(銀錢業)의 동업공회(同業公會)는 그 영업 규칙에서 장기 어음의 기한은 10일을 넘길 수 없다고 규정하고 있다.[徐滄水 編述, 《上海銀行公會事業史》, 銀行週報社, 1925, 77~84쪽 ; 中國人民銀行上海市分行 編, 《上海錢莊史料》, 上海 : 上海人民出版社, 1978(이하 《上海錢莊史料》), 687~693쪽]

14) 楊蔭溥, 앞의 책, 1930a, 233쪽.

밀접히 결합되어 있었다는 것이다. 이 점은 전장이 은행보다 우월한 이
유로 자주 지적되는 것이다.[15] 지연(地緣)·혈연적 결합 원리가 크게
영향력을 발휘하고 있는 상해 사회에서, 전장업의 영업 또한 그러한 사
회관계의 영향을 받고 있었다는 지적이다. 이러한 '대인(對人) 신용'은
은행과 전장의 본질적인 차이며, 아울러 전장의 '봉건적' 성격을 설명해
주는 요소로 일찍부터 지적되어 왔다.[16]

그렇지만 어음 자체의 신용을 고려할 때, 전장의 어음 발행 형식은
상당한 위험을 안고 있는 영업방식이라고 보인다. 특히 경제규모가 점
점 더 양적으로 팽창해 가는 과정에서, 그와 같은 사회관계에 근거한
규제는 점점 더 그 힘을 발휘하기 어려웠다. 준비금이 완전히 확보되지
않은 상황에서 유통이 이루어지는 동안 전장의 어음은 상대적으로 많
은 위험에 노출될 가능성이 있었다. 전장이 비록 공상업자들의 '신용'에
대한 정보를 잘 파악하고 있었다고 해도, 예기치 못한 금융 사고가 발
생할 경우 그에 대한 대책이 쉽지 않았다.

실제로 공상업자들은 자금을 융통하기 위해서 시장에서 신용을 인정
받는 장표를 적극 활용했다. 장표의 첩현(帖現)을 통한 자금 융통은 일
반적인 것이었다. 심지어 예금을 근거로 발행되어 준비금이 상대적으
로 확실한 지표의 경우도, 이른바 도표(掉票)를 통해 자금 융통의 수단
으로 이용되었다.[17] 그런 상황에서 어음을 발행할 때의 낙관적인 '기대'

---

15) 楊蔭溥,《上海金融組織概要》, 上海 : 商務印書館, 1930b. 이와 관련해서 일반적으로
  전장의 절대책임 관행이 공상업자들의 지지를 얻었다는 점을 지적한다. 그렇지만 무
  한책임 관행은 결국 위험성이 큰 영업 방식임이 분명했다.(潘子豪, 앞의 책, 162쪽 ; 施
  伯珩,《錢莊學》, 上海 : 商業珠算學社, 1931, 17쪽)
16) 香川峻一郎,《錢莊資本論》, 東京 : 實業之日本社, 1948, 83~92쪽.
17) 지표를 발행한 고객이 발행 지표가 신용을 얻지 못할 것을 우려해 전장에서 장표와
  교환하는 것을 도표(掉票)라고 한다. 예를 들어, 갑 상인이 신용이 좋지 않아 자신이
  발행한 지표가 타인의 신용을 얻지 못하게 되어 을 상인에게 의뢰해 같은 액수의 지표
  를 얻어내고, 다시 을 지표를 가지고 전장에서 장표로 바꾸어 유통시켰는데, 불행하게

와 달리 준비금이 확보되지 못하여 분규가 일어나는 경우를 피하기 어려웠다.

그렇지만 그 같은 위험성이 금융업에서 전장 어음의 구실을 실제로 크게 위축시키지는 않았던 것으로 보인다. 예컨대 1910년 '고무주식파동[象皮股票風潮]'은 앞에서 말한 것과 같은 '신용'에 근거한 전장 영업의 취약점을 단적으로 드러낸 사건이었다. 당시 외국 은행들은 장표 수수 거절을 주장했지만, 중국 상인들의 반대에 직면하여 실현되지 못했다.[18] 또한 1927년 가을, 국민정부가 현금 수출을 금지하는 명령을 내린 데 대해 외국 은행들이 8월 1일부터 전장의 장기 장표를 일률적으로 받지 않기로 의결했지만, 역시 수입상들의 반대로 철회할 수밖에 없었다.[19]

이처럼 전장 어음이 어느 정도 취약한 부분이 있었는데도 공상업자들에게 꾸준히 수용되었던 것을 공상업자들과의 사회관계에 부합하는 영업 방식을 가지고서만 설명하는 것은 부족하다. 사회관계에 바탕을 둔 신용은 경제규모의 양적 팽창과 함께 자주 그 위험이 노출되어 가고 있었다. 그러므로 전장 어음이 취약점이 있었음에도 꾸준히 지속되었던 이유로, 그것을 유지시키는 경제적 수요가 지속되었다는 점을 간과할 수 없다. 즉 결제 수단으로서 전장 어음이 갖고 있던 경제적 효용을 주목하지 않을 수 없다.

실제로 당시 전장은 어음을 수단으로 하여 근대 이래 상해를 결절점으로, 꾸준히 늘어가는 국내·국외 무역에 효과적으로 개입하여 그 입지를 굳혀 왔다. 중국 공상업자들이 근대 이래 지속적으로 증가하는 국

을 지표가 지불 정지되는 상황이 발생한다면 중대한 분규가 생길 수 있다.

18) 盛丕華, 〈上海錢莊亟宜改良圖存私議〉, 《新聞報》 1911. 9. 11~13.

19) 子明, 〈再論外國銀行拒收莊票事〉, 《銀行周報》 第11卷 第31號, 1927. 8. 16. 단 수수 장표를 신용이 있는 70여 회획전장으로 제한하게 되었다.

내·국외 무역에 참여하여 무역 결제 수요가 점차 늘어났지만, 그들 대부분은 그러한 결제 수요를 자체 해결할 만한 자금력을 확보하지 못했다. 전장은 그러한 공상업자들의 금융 수용에 대응하여 어음을 발행해 왔다. 한편 외국 상인, 외국 은행에서도 신용에 확신을 가질 수 없는 중국 공상업자들을 직접 상대하는 것보다 상대적으로 신용을 인정할 수 있는 전장을 상대하는 것을 선호했다.[20]

그러한 가운데 전장의 어음은 이 둘의 금융 결제를 매개하는 구실을 수행했다. 전장이 발행한 어음의 액수가 얼마나 되는지는 그 영업의 비밀주의와 장부상의 문제 때문에 직접적인 통계를 제시하기 어렵지만,[21] 전장 어음의 유통액이 국내외 무역의 증가와 함께 꾸준히 늘어났음은 분명하다. 반면 은행의 어음은 유통액이 상대적으로 매우 적었다고 파악된다.[22]

이렇게 전장의 어음이 결제수단으로서 경제적 효용을 발휘할 수 있었던 것은, 전장업을 중심으로 형성되어 있던 어음 결산의 질서가 나름대로 안정적으로 유지되었기 때문이라 하겠다. 전장업은 어음 결산을 원활히 하기 위한 좀더 효율적인 방식을 꾸준히 모색해 왔는데, 전장시장의 회획총회는 그 핵심 구실을 맡았다. 그것은 훗날 은행업의 어음 교환소와 같이 완전히 제도화된 기구는 아니었지만, 전장들은 그것을

---

20) Srinivas R. Wagel, *Finance in China*, Shanghai : North-China Daily News & Herald, Ltd., 1914, 238쪽 ; 王烈望, 〈戰前之上海金融市場〉, 《金融市場論》, 交通銀行, 1945, 62~63쪽(《上海錢莊史料》, 18~20쪽).

21) 1919년 《銀行週報》의 한 논설에는, 전장이 발행한 장표가 매년 80만 매에 각 전장의 평균 금액이 2천만 냥이라고 평가하여 총액 16억~17억 냥 정도로 추산하였다.(陸兆麟, 〈上海銀行辦理匯劃情形之正誤〉, 《銀行週報》 第3卷 第37號, 1919. 10. 7., 36~37쪽) 1930년대 또 다른 논설은 그 발행 총액이 34억 냥에 이른다고 추산하였다.(陳光甫, 〈戰事停止後銀行界之新使命〉, 《銀行週報》 第14卷 第15號, 1930. 4. 21.) 그렇지만 그것은 어디까지나 추산일 뿐이다.

22) 楊蔭溥, 앞의 책, 1930a, 253~255쪽.

중심으로 나름대로 효율적으로 어음을 결산함으로써 전장 어음의 경제적 위상을 유지할 수 있었다.

앞서 살펴보았듯이 전장의 어음에는 대개 '회획'이라는 글자가 찍혀 있었는데, 그러한 어음은 회획총회를 통한 결산 절차를 거쳐야 했기 때문에 대체로 하루 늦게 현금을 지급받을 수 있었다. 또 '양점종후명일조해(兩點鐘後明日照解)'라는 도장도 볼 수 있는데, 그것은 오후 2시가 지나면 그날 회획 절차를 거칠 수 없으므로 하루 더 기다려야 한다는 뜻이었다. 이러한 어음은 도기일(到期日) 당일에 현금을 지급받을 수 있는 일부 은행의 어음, 즉 획두어음(劃頭票據)과 구별하여 회획어음(滙劃票據)이라고 불렀다.[23]

회획어음은 결산구조상 전장업의 회획총회를 중심으로 결산이 이루어지는 어음을 뜻한다. 회획총회에서 진행된 어음의 결산과정은 공단(公單)의 영취(領取)와 알산(軋算) 두 단계로 진행되었다. 먼저 결산해야 할 다른 전장의 어음이 있는 전장은 매일 오후 2시 이후에 그 어음을 해당 전장에 보내 조표(照票)하고 공단을 수령한다. 공단은 현금을 치러야 할 전장이 받아야 할 전장에게 주는 일종의 영수증으로, 저녁에 회획총회에서 알산을 하는 데 쓰인다. 그 과정이 끝나면 매일 7시 각 전장은 수령한 공단을 가지고 모이는데, 회획총회는 그것을 바탕으로 전장 사이에 주고받아야 할 금액을 계산하여 획조(劃條)를 내게 된다. 그렇게 하여 전장은 현금 운송을 일일이 하는 번거로움을 최소화하면서 장표 거래를 원활히 진행할 수 있었다.[24] 이러한 어음 청산 방식은, 전장의 어음이 다른 취약점이 있음에도 늘어나는 막대한 금융 수요를

---

23) 전자는 전장업에서 시작되었기 때문에 전장은자(錢莊銀子)·동업은자(同業銀子) 등으로 불리기도 하며, 후자는 주로 외국 은행의 방식이라는 뜻으로 은행은자(銀行銀子)·외탄은자(外灘銀子) 등으로 불리기도 한다.

24) 孫新庠, 〈從公單創設說到公單廢除〉, 《金源經濟簡報》 1941. 9. 2., 17~21쪽(《上海錢莊史料》, 493~495쪽) ; 潘子豪, 앞의 책, 203~210쪽 ; 施伯珩, 앞의 책, 139~144쪽.

감당하면서 신용 있는 결제수단으로서 지위를 유지할 수 있었던 배경이 되었다.

1920년대 중반 회획어음의 청산에 약간의 추가적 개선이 있었다. 공단을 발행하는 최저액은 500냥(兩) 또는 500원(元)이고, 500냥(원)에 미치지 못하는 액수는 미수은(尾數銀)으로 관련, 두 전장이 스스로 청산해야 했다. 때문에 현금 운송의 번거로움과 위험은 여전하였다.[25]

1924년 후풍전장(厚豊錢莊)의 잔사(棧司)가 현금 운송 도중 강도에게 피살된 사건을 계기로, 상해전업공회(上海錢業公會)는 87개 회획 및 원자호(元字號) 전장으로부터 각기 1만 냥씩 거두어 87만 냥의 표현기금(票現基金)을 조성하여 미수은을 단순한 수속만으로 해결하도록 하는 방법을 시험 운영했다. 그것은 전장업계의 큰 환영을 받았으며, 결국 1925년 7월 22일 만장일치로 표현기금위원회를 정식 설치할 것을 결정했다.[26] 이후 기금은 꾸준히 늘어나, 1928년에 이미 전장 당 3만 원, 총액은 249만 냥에 이르렀다. 이러한 공단제도는 1941년 차액(差額) 보고서가 그것을 대체할 때까지 계속되었다.[27]

반면 획두어음의 결산은 다른 방법으로 이루어졌다. 회획어음만을 취급하는 전장과 은행이 그 밖의 은행에다 지불해야 할 획두는 따로 두친(頭襯)을 준비하여 대비해야 했다. 그 방식은 대개 획두어음을 거래하는 은행에 계좌를 개설하여 현금을 예치하고 획두를 치러야 할 때 획조를 내어 두친에서 지불하도록 했다. 이 경우에도 현금을 주고받는 것이 원칙이기는 해도, 실제로는 치러야 할 쪽과 받아야 할 쪽이 액수

---

25) 미수은의 처리는 세 단계의 수속을 거쳤다. 40냥 이상은 당일 현금을 보내 처리하고 40냥에 미치지 못하는 것은 다음날 아침에 지불하며, 1원에 미치지 못하는 것은 일주일에 한 번[禮拜找]씩 지불했다. 현금 운송은 잔사(棧司)를 통해 이루어졌는데, 그 과정에서 강도를 당하거나 계산상의 착오가 발생하는 것을 피하기 어려웠다.

26) 〈本會(錢業公會)議事錄(1924. 8.~1927. 12.)〉(上海市檔案館 所藏, 全宗號 S174-1-2).

27) 朱斯煌, 《銀行經營論》, 長沙 : 商務印書館, 1939, 274~281쪽.

를 대조하여 소획조(小劃條)를 발행하고 동시에 그것을 회풍은행(滙豐銀行)의 획조로 바꾼 뒤에, 마지막으로 회풍은행이 그것을 모아 알평(軋平)했다.28) 요컨대 회획어음은 회획총회를 중심으로 결산이 이루어졌던 반면, 획두어음은 회풍은행을 중심으로 결산을 진행했다.

회획총회는 결코 규모가 갖추어진 어음교환소는 아니었다. 그것은 영파로(寧波路)의 전업공회 한 모퉁이에 위치하면서, 그 업무를 처리하기 위한 고정된 공간이나 전문적인 인력을 따로 갖고 있지도 않았다. 전업공회의 사무원 4, 5명이 매일 저녁 공회 사무의 일부로서 업무를 처리했다.29) 그것은 전장들이 장표의 청산을 원활히 처리하기 위해 고안한 하나의 장치였을 뿐, 결코 일정한 이론적 기반이나 지향을 근거로 형성된 제도는 아니었다. 그것은 명문화된 규정에 따라 유지되었던 것이 아니며, 단지 전업공회와 전장 상호간의 신용을 기반으로 운영되었다.

전장업의 회획총회는 그동안 개별·분산적으로 행해 온 어음의 결산을 통합해서 관리함으로써 어음 결산 수요의 양적 증가에 효과적으로 대응하여, 결과적으로 그 어음의 신용을 안정적으로 유지하는 데 큰 도움을 주었다. 그런 측면에서 그것은 전통적 금융업이 새로운 시장 환경에 적응하여 구조의 효율성을 확보해 가는 과정으로 주목된다. 그렇지만 그것을 하나의 제도로 보기는 어려운데, 비록 그것은 어음 결산방식의 제도화 과정에 놓여 있었다고 할 수 있지만 아직 많은 부분이 관행의 범주 속에서 유지되고 있었다. 말하자면 상해 전장들의 다수는 점차 회획총회를 통한 어음 결산방식을 효율적인 것으로 인식하고 유지해 갔으며, 상해의 금융기관들도 그러한 어음 결산방식을 관행으로 수용하고 있는 상황이었다.

그와 같은 전장업의 어음 결산 관행이 근대적인 어음 결산제도로 순

---

28) 楊蔭溥, 앞의 책, 1930a, 263~265쪽.
29) 위의 책, 1930a, 257쪽.

조롭게 이행해 갈 수 있었는지는 의문이다. 왜냐하면 당시 중국 경제계 내부에는 중국 경제의 장래 진행과 관련해서 서로 상반된 전망 또는 지향이 존재하였기 때문이다. 금융업의 경우, 특히 신식 은행들은 금융업의 구조를 전통 영역으로부터 진화시키기보다 서구적 모형의 이식을 통해 세우려는 지향이 강했다고 판단되는데, 그들이 근대적인 어음 결산제도를 구축해 가는 과정에서 전장업을 중심으로 한 회획총회의 어음 결산방식을 그 토대로 수용할 수 있었을지는 알 수 없다.

3. 은행업의 어음교환소설립안과 한계

전장업의 회획총회를 통한 어음 결산 관행은 회획총회 회원이 아닌 신식 은행들에 대해 현실적으로 적지 않은 불리를 감수하지 않을 수 없게 했다. 독립적인 어음교환소를 갖고 있지 못한 은행들은 거래 고객으로부터 불가피하게 받는 전장 어음을 결산하려면 전장 쪽에 업무 협조를 구하지 않을 수 없었다. 은행들은 회획 전장에 결산을 위탁하는 경우가 대부분이었는데, 이때 전장 쪽의 협조를 얻어내려면 상당한 양보를 하지 않을 수 없었다.[30]

예컨대, 은행들은 전장에 큰 규모의 자금[存出金]을 예치하여 그 운영자금으로 삼도록 했다.[31] 또한 그 과정에서 은행들은 전장과의 관계에서 전장업 안에 존재하는 여러 관행들을 받아들이지 않을 수 없었는데,

---

30) 盧孟宇, 〈我國之錢莊〉, 《海光》 第1卷 第9期, 1929. 9., 17~19쪽 ; 潘子豪, 위의 책, 211~217쪽 ; 施伯珩, 앞의 책, 132~138쪽.

31) 존출금(存出金)의 규모는 매우 커서, 예컨대 100만 원 자본의 은행일 경우 그 가운데 수십만 원을 전장에 예치해 두어야 했다고 하며, 그렇지 않은 경우 영업을 원활히 진행할 수 없었다고 한다.[馬寅初, 〈上海之銀洋幷用問題〉, 《總商會月報》 4-2, 1924, 10~11쪽(《東方雜誌》 第21卷 記念號에도 수록) ; 楊蔭溥, 앞의 책, 1930b, 43~44쪽]

장표 매출 때 일정 금액을 할인하여 징수하는 표첩(票帖)의 관행,32) 현금 운송 직원에게 지불하는 수수료인 표력(票力)·쌍력(雙力) 징수의 관행,33) 장부 기재 때 일정 소액분을 누락시키는 일이오(一二五)의 관행34) 등 다양한 관행들이 적용되었다.

이에 대해 은행업은 일찍이 청말(淸末)부터 서구적 어음 결산제도를 이식하려는 시도를 해왔다. 청조는 일본인 지전갑대랑(志田鉀大郎)을 상률기초위원(商律基礎委員)으로 초빙하여 3편(編) 13장 94조로 된 〈표거법(票據法)〉을 기초한 바 있었지만, 그것이 반포 실행되지는 못했다.35) 그 뒤 1920년대 신식 은행 인사들이 그 필요성을 적극 제기하면서부터 은행업의 어음 결산제도 구축을 위한 노력은 본격적으로 진행되었다.

1920년 12월 상해은행공회(上海銀行公會)의 기관지인 《은행주보(銀行周報)》는 상해전업공회가 보내온 공개서한과 그 속에서 언급된 쟁점들에 대한 논평을 차례로 싣고 있는데, 전장업의 회획 관행이 핵심 쟁점으로 제기되었다.36) 그들은 회획어음의 결산 때 수용해 온 전장업의 여러 관행에 대해 비판하면서, 전업시장의 영향력을 벗어나 독자적인 어

---

32) 표첩은 많은 경우 천 냥 당 3전, 적으면 1전이 부과되었다고 하는데, 그것을 통해 전장들은 매월 1천 냥 이상의 수익을 챙길 수 있었다고 한다.(李權時·趙渭安, 《上海之錢莊》, 華世出版社, 1929, 64~65쪽 ; 郭孝先, 〈上海的錢莊〉, 《上海市通志館期刊》 1, 1933, 819~820쪽)

33) 《上海錢莊史料》(488~490쪽)의 전장의 전사(棧司) 제도 부분.

34) 전장의 장부는 은량을 기장 본위로 하는 장부[銀帳]밖에 없고 은원을 기장 본위로 하는 장부[洋帳]가 따로 없었기 때문에, 은원을 거래할 때는 장부상으로 누락되는 손실분이 발생했다. 왜냐하면 은원의 거래는 당일 전업시장에서 결정, 고시되는 양리(洋釐)를 기준으로 환산되어 기재되는데, 이때 이(釐) 이하의 세 단위 수치는 탈루(脫漏)하는 관행이 있었기 때문이다.(李權時·趙渭安, 앞의 책, 66~67쪽)

35) 楊蔭溥, 앞의 책, 1930a, 250쪽 ; 張輯顏, 《中國金融論》, 黎明書店, 1936, 163쪽.

36) 醇修, 〈廢除滙劃銀之理由及其辦法〉, 《銀行週報》 第4卷 第47號, 1920. 12. 14. ; 陸兆麟, 〈駁醇修'廢除滙劃銀之理由及其辦法'〉, 《銀行週報》 第4卷 第48號, 1920. 12. 21.

음교환소를 설립하기 위한 논의를 적극 전개했다. 당시 그들의 주장은 당장의 실행을 꾀하는 매우 구체적인 것이었는데, 상해은행공회는 1921년 5월 1일 천진에서 열린 은행공회 제2차 연합회의에서 어음교환소[票據交換所] 설립을 공식 발의하면서, 만일 전국적 시행이 어렵다면 상해만이라도 먼저 하겠다고 주장하였다.[37]

어음교환소 설립의 구체적인 초안 작성은 1922년 6월 조직된 어음교환소 주비위원회를 통해서 이루어졌다. 그 결과 〈상해어음교환소 장정 초안〉(11장 33조)이라는 최초의 안이 의정(議定)되었다. 그 내용은 《은행주보》를 통해 공개되었고, 토론 내용은 《어음교환소연구[票據交換所研究]》라는 제목으로 출판되었다.[38] 주요 내용은 상해은행공회를 중심으로 먼저 어음교환소를 세우고 그것을 상해 어음 결산의 중심으로 만들어 간다는 것이었다. 요컨대 그것은 회획총회로부터 어음 결산의 주도권을 뺏는다는 방침을 공식적으로 제기했다는 데 의미를 부여할 수 있는 초안이었다.

이후 상해은행공회는 여러 번에 걸쳐 초안 수정 작업을 진행했다. 두 번째 초안은 1924년 의정된 〈상해은행공회 어음교환소 임시 교환 방법〉(13조)이다. 그 요점은 정식 어음교환소의 성립에 앞서 일단 중국은행에 그 구실을 맡긴다는 것이었다. 그렇지만 그것은 중국은행과 동등한 권리를 요구하는 교통은행(交通銀行)이 견해 차이를 드러내어 무산되었다고 평해진다.[39]

---

37) 姚仲撥, 〈籌設上海銀行交換所之提議〉, 徐滄水 編述, 앞의 책, 47~48쪽.

38) 姚仲撥·徐寄搔·徐滄水, 〈擬訂上海票據交換所章程草案之經過〉, 《銀行週報》 第6卷 第21號, 1922. 6. 6. 8월 은행공회는 참여 인원을 22명으로 확대한 표거법연구위원회를 조직하여 표거법 개정에 착수했다. 그 연구 모임은 8월 12일부터 매주 토요일마다 진행되었는데, 그 결과는 은행주보사를 통해 《표거법연구초편(票據法研究初編)》이라는 책자로 간행되었다.(〈上海銀行公會會務紀要〉, 徐滄水 編述, 위의 책, 10~11쪽)

39) 楊蔭溥, 앞의 책, 1930b, 393~394쪽, 부록 44.

세 번째 초안은 1925년 상해은행공회의 신사옥을 완공하면서 그 안에 어음교환소 설치를 준비하는 가운데 이루어졌다. 왕보륜(王寶崙)을 경리로 하여 〈상해어음교환소 장정 초안〉(20조), 〈상해어음교환소 판사 세칙 초안〉(28조), 〈상해어음교환소 영업규칙 초안〉(24조) 등 세 가지 초안이 마련되었다. 이 초안은 어음교환소의 설립·운영·영업규칙 등 모든 측면에서 상당히 완비된 형태를 갖추었다고 평가할 수 있다.[40]

네 번째 초안은 이듬해인 1926년 2월 의정된 〈상해은행공회 회원은행 표거교환 잠행판법(暫行辦法)〉(18조)이었다. 그 요점은 중국·교통 두 은행이 어음교환소를 함께 조직하고, 회원 은행 등은 그것을 통해 어음 결산을 진행한다는 것이다.[41]

위의 4차에 걸친 초안 작성 가운데 2·4차 초안은 정식 어음교환소가 성립되기 앞서 적용되는 일종의 임시 규칙이라고 할 수 있고, 1·3차 초안은 독립적 어음교환소의 성립을 목표로 작성된 초안으로 비교적 완성된 형태를 갖추고 있다.[42] 특히 1925년의 3차 초안은 새로운 사옥이 낙성되면서 어음교환소의 구체적 장소가 마련된 상태에서 준비된 것으로, 매우 전면적인 것이었다고 평가할 수 있다.

그렇지만 어음교환소 설립을 위한 이러한 노력들은 결과적으로 결실을 보지는 못했다. 사실 당시의 은행들은 전장이나 외국 은행의 협력을 이끌어 내는 것은 그만두더라도, 국내 은행들의 일치된 행동을 이끌어 내기도 쉽지 않았다. 특히 어음 결산에서 많은 은행들이 전장업의 회획 총회와 연관을 끊기 어려운 상황에서, 회획어음의 유통 관행을 근본적으로 대체하기는 어려웠다. 이에 대해 '폐량개원(廢兩改元)'의 폐제(幣

---

40) 위의 책, 1930b, 395~396쪽, 부록 45~48.

41) 위의 책, 1930b, 396~398쪽, 부록 49.

42) 그 밖에 공포되지 않은 정부 초안과 개별적 차원의 초안들이 더 있었다.(張輯顏, 앞의 책, 164쪽)

制) 개혁으로 접근하는 과정이란 의의를 강조하며 회획어음의 일률 배제를 제기하는 주장도 있었지만,43) 현실적으로 그러한 주장은 은행들의 일치된 행동을 이끌어 내기 어려웠다.

사실 상해 중국은행은 1917년 5월 1일부터 회획어음을 폐지하고 일률적으로 획두어음을 사용하기로 결정하는 등44) 은행업은 획두어음의 사용을 확대하려고 노력했지만 회획어음을 사용해 온 관행은 쉽게 변하지 않았다. 〈상해은행영업규정〉 제8조에도 "모든 자금의 수해(收解)는 획두은(劃頭銀)과 회획은(滙劃銀)으로 나뉜다. 만약 어음 위에 '회획'이라는 글자의 도장이 찍혀 있으면 회획은으로 수수하고, 아니면 획두은으로 수수한다. 은원의 출입은 은량과 같다"고 규정되었다.45) 또한 상해 금융기관들의 회획어음·획두어음 사용 실태에 관한 1920년의 조사 보고에 따르면, 회풍은행(Hongkong & Shanghai Banking Co. Ltd., 滙豊銀行), 맥가리은행(Chartered Bank of India, Australia & China, 麥加利銀行), 화기은행(National City Bank of New York, 花旗銀行), 횡빈정금은행(橫濱正金銀行), 화아도은행(Russo-Chinese Bank, 華俄道勝銀行), 하란은행(Nederlandsche Handle Mastschappi Bank, 荷蘭銀行), 중법실업은행(Banque Franc-Chinois pour le Commerse et L'Industrie, 中法實業銀行), 동방회리은행(Banque de L'Indo-Chine, 東方滙理銀行), 화비은행(Banque Belge Pour L'Etranger, 華比銀行), 대만은행, 통상은행(通商銀行), 중국은행, 강소은행(江蘇銀行) 등은 획두어음만을 사용했고, 교통은행, 절강흥업은행(浙江興業銀行), 절강실업은행(浙江實業銀行), 상해상업저축은행(上海商業儲蓄銀行), 중부은행(中孚銀行), 광동은행(廣東銀行), 동아은행(東亞銀行), 중화회업은행(中華滙業銀行) 등은 획두어음과 회획어음을 겸용했으며, 그 밖에 많은 은행들은

---

43) 徐寄搰, 〈廢兩改元當先自廢滙劃銀始〉, 《銀行週報》 第4卷 第44號, 1920. 11. 23.

44) 徐滄水, 〈廢除滙劃銀之管見〉, 《銀行週報》 第4卷 第44號, 1920. 11. 23.

45) 〈上海銀行營業規程〉, 徐滄水 編述, 앞의 책, 80쪽.

전장과 함께 회획어음만 전용했다.

은행들은 대부분 회획어음을 취급하고 있었다.[46] 또한 획두어음만 사용하는 외국 은행의 경우에도 장표 청산을 위해서는 전장업의 어음 청산 관행을 인정하지 않을 수 없었다.[47] 이러한 상황에서 마련된 위의 초안에서도, 은행업은 회획어음 사용을 기정사실로 받아들이고, 새로운 어음교환소에서도 그것을 취급하는 것으로 규정하고 있다. 이렇게 볼 때 은행업이 독자적으로 어음교환소를 설립하려고 노력하였지만 회획어음은 전장업이, 획두어음은 외국 은행이 각기 그 결산을 주도하는 기존의 어음 결산구조는 크게 변하지 않았다.

남경정부시기는 어음 제도 형성에 하나의 전기가 되었다. 북경정부에 견주어 중앙정부의 지배력이 강하게 발휘되었다고 여겨지는 이 시기에, 어음제도에서도 큰 진전이 있었다. 실제로 남경정부 성립 이후 몇 개월에 걸친 초안 수정 작업을 거쳐 〈표거법〉이 1929년 9월 28일 입법원을 정식 통과하여 공포 시행되었다. 〈표거법〉은 각종 어음의 형식, 시효, 책임 소재 등을 광범위하게 규정하고 있는데, 이로써 중국의 어음 유통은 비로소 법률적인 준거를 갖게 되었다.[48]

그로부터 몇 년 뒤인 1933년에 은행업계가 정식으로 어음교환소를 개설했다. 은행업동업공회(銀行業同業公會)는 1932년 6월 어음교환소설립안을 다시 고쳐 11월에는 장정 37조를 의정했다. 그리고 1933년 1월 10일 은행업계의 독자적인 어음교환소가 정식으로 문을 열었다.[49] 이

---

46) 徐寄頤, 〈廢兩改元當先自廢滙劃銀始〉, 《銀行週報》 第4卷 第44號, 1920. 11. 23. ; 李權時·趙渭安, 《上海之錢莊》, 앞의 책, 54~55쪽.

47) 청말 전업(錢業)의 이사[董事]인 원련청(袁聯淸), 사륜휘(謝綸輝)와 화명상회(和明商會) 사이의 담판 결과, 외국 은행도 이 관행을 수용하기 시작했다.(秦潤卿, 〈遠期莊票考〉, 《錢業月報》 第7卷 第9號, 1927. 10. 10.) 이는 은행업쪽의 회획 관행에 대한 비판을 반박하는 중요 논거가 되었다.(《銀行週報》 第4卷 第49號, 1920. 12. 28.)

48) 張輯顔, 앞의 책, 164~196쪽.

과정에서 전장업과 협조가 이루어졌는데, 두 업계가 더 밀접한 협력 관계를 구축해 갔음을 알 수 있다. 따라서 상해어음교환소의 설립은 은전업을 함께 포괄하는 상해 금융업의 중추적 어음 청산 기구의 구축이라는 뜻을 갖는다.50)

그렇지만 이 어음교환소가 비록 은행업의 주도로 세워졌다고 해도 그것을 통해 전장업의 어음 결산구조가 완전히 대체되었던 것은 아니다. 그곳에서 교환되는 어음은 여전히 회획어음으로 제한되어 있었으며, 은행은 전장에 위탁하여 회획어음을 발행했다. 중일전쟁 이후에도 은행은 회획어음을 발행했다.51) 물론 이때 회획어음은 전장의 어음이라는 고유한 뜻을 떠나서, 금융기관의 어음이라는 보편적 뜻으로 변해 갔지만, 은행업의 어음교환소가 세워지는 과정에서 전장업의 어음 교환 형식이 상당 부분 수용되었다고 판단된다.

실제로 회획총회를 중심으로 한 전장업의 결산방식은 이 시기에도 계속 영향력을 발휘하였음을 확인할 수 있다. 1933년 2월 엄악성(嚴諤聲) 주편(主編)으로 출판된 《상해상사관례(上海商事慣例)》는 민국시기 상해의 상업 관행을 실제 일어난 사례를 중심으로 조사 정리한 보고서인데, 그 가운데 어음 유통 때 일어나는 각종 분규가 처리되는 과정에서 여전히 전장업의 전업 영업규칙에서 규정하는 관행들이 중요한 준거가 되었음을 알 수 있다.52) 이를 보면, 금융업 안에 은행업 주도로 서구적 제도를 이식하는 인위적인 노력이 진행되는 과정에서 전통적인

---

49) 朱斯煌, 《銀行經營論》, 長沙 : 商務印書館, 1939 ; 郭孝先, 《上海的銀行》, 上海 : 上海市通志館, 1935 ; 宮下忠雄, 《支那銀行制度論》, 東京 : 嚴松堂書店, 1941, 283～302쪽 ; 朱博川, 《上海銀錢業票據淸算方法之演進》, 6～8쪽.

50) 〈上海淸算之硏究〉, 崔曉岑, 《中央銀行論》, 上海 : 商務印書館, 1935, 1～73쪽 ; 《上海錢莊史料》, 521～542쪽.

51) 香川峻一郞, 앞의 책, 94～99쪽.

52) 嚴諤聲, 《上海商事慣例》, 上海 : 新聲通訊社, 1933, 87～120쪽.

구조와 질서가 일시에 소멸되었던 것은 아니라는 생각을 갖게 한다.

　새로운 제도가 기존 질서를 완전히 대체하기까지는 더 근본적인 변화를 기다려야 했다. 은행업의 어음교환소가 자리를 잡는 과정에서 상해 전장업의 어음은 완만하지만 점차 줄어갔다. 1925년에서 1936년 사이 전장업의 공단(公單) 수수액이 1931년을 정점으로 점점 하락하는 추세를 보인다 : 1925년 112억원, 1926년 152억원, 1927년 128억원, 1928년 150억원, 1929년 169억원, 1930년 216억원, 1931년 273억원, 1932년 175억원, 1933년 138억원, 1934년 145억원, 1935년 135억원, 1936년 164억.[53] 이러한 추세는 1930년대 중반 백은파동(白銀風潮)의 영향 아래 은행 본표의 유통량이 상대적으로 확대되는 가운데 진행되어 갔던 것이다. 1925년 상해 전장의 어음은 전체 시장의 어음 유통량 가운데 85퍼센트를 차지했지만, 1931년에는 50퍼센트, 1936년에는 20퍼센트로 줄어들었다.[54] 이러한 과정에서 전장업 어음의 경제적 효용이 점차 약화되고 그 자리에 은행업이 주도하는 새로운 제도가 자리 잡아 갔다.

---

53) 〈上海錢業公單收解數〉, 《中央銀行月刊》 2-8, 1276쪽(이하 호수와 쪽수만 기재) ; 2-9, 1536쪽 ; 2-10, 1772쪽 ; 2-11, 2088쪽 ; 2-12, 2340쪽 ; 3-1, 218쪽 ; 3-2, 422쪽 ; 3-3, 666쪽 ; 3-4, 900쪽 ; 3-5, 1168쪽 ; 3-6, 1426쪽 ; 3-7, 1622쪽 ; 3-8, 1852쪽 ; 3-9, 2065쪽 ; 3-10, 2299쪽 ; 3-11, 2539쪽 ; 3-12, 2789쪽 ; 4-1, 183쪽 ; 4-2, 451쪽 ; 4-3, 703쪽 ; 4-4, 919쪽 ; 4-5, 1149쪽 ; 4-6, 1385쪽 ; 4-7, 1603쪽 ; 4-8, 1817쪽 ; 4-9, 2109쪽 ; 4-10, 2345쪽 ; 4-11, 2639쪽 ; 4-12, 2893쪽 ; 5-1, 355쪽 ; 5-2, 661쪽 ; 5-3, 1104쪽 ; 5-4, 1349쪽 ; 5-5, 1611쪽 ; 5-6, 1833쪽 ; 5-7, 2057쪽 ; 5-8, 2279쪽 ; 5-9, 2537쪽 ; 5-10, 2741쪽 ; 5-11, 2961쪽 ; 5-12, 3131쪽 ; 6-1, 149쪽 ; 6-2, 325쪽 ; 6-3, 529쪽 ; 6-4, 751쪽 ; 6-5, 947쪽 ; 6-6, 1203쪽 ; 6-7, 1445쪽 ; 6-8, 1612쪽 ; 6-9·10, 1805쪽 ; 6-11, 1985쪽 ; 6-12, 2137쪽.

54) 宮下忠雄, 《中國銀行制度史》, 東京, 1943, 70쪽.

4. 맺음말

이상 금융업의 어음 결산 관행을 중심으로 20세기 초 상해 지역의 상업 관행 가운데 일단을 살펴보았다. 상업 각 부문의 관행을 전반적으로 다루지 못하고 국한된 범위의 논의만 진행했기 때문에 이를 가지고 결론을 내리기는 어렵지만, 이후 범위를 확대하여 논의를 진행해 가는 데 제한적인 의의나마 갖도록 위의 논의를 정리하면 다음과 같다.

민국시기 상해 금융업의 어음 결산체계는 크게 둘로 나누어진다. 하나는 회획어음 체계고 다른 하나는 획두어음 체계였다. 전자는 전장업, 후자는 은행업을 중심으로 한 결산체계였다. 그 가운데 중심적 지위를 차지한 것은 전자라고 할 수 있다. 전자에는 결산 절차를 효율적으로 진행하기 위한 독립 기구로 회획총회가 있었는 데 반해, 후자는 회풍은행 등이 실질적으로 중심 구실을 담당하고 있었지만 회획총회와 같은 독립 기구를 갖고 있지 않았다는 데 주요한 원인이 있었다. 회획총회를 통한 결산체계는 비록 완비된 것이었다고 하기는 어렵지만, 신용의 위험을 다분히 안고 있던 전장의 어음이 안정적으로 유통되는 데 도움을 주었다.

회획총회는 본래 전장업 내부에서 어음 청산을 원활히 하기 위해 고안한 하나의 장치였다. 그것은 일정한 이론적 기반이나 완성된 체계를 갖춘 것은 아니었다. 그렇지만 대부분의 전장이 그것을 따르자 하나의 관행이 되었으며, 점차 하나의 제도로 확립되어 가는 과정을 겪었다고 할 수 있다. 그 점에서 그것은 관행적 질서가 제도적 질서로 이행해 가는 길 위에 자리했다고 볼 수 있을 것이다. 그것은 전통적 영역 내부에서 진행된 근대적 이행의 일례라고 볼 수 있다.

그렇지만 기본적으로 서구적 금융 원리에 바탕을 두고 있었던 은행업이 그와 같이 전통 영역으로부터 형성되어 온 관행적 질서 속에 자연스럽게 융합되기는 쉽지 않았다. 때문에 그들은 서구적 모델을 기반으로 한 독자적인 결산체계를 만들려는 지향을 갖고, 실제로 독립적인 어음교환소를 세우기 위해 노력했다.

그리하여 금융업 안에는 어음 결산체계의 근대적 이행을 둘러싼 서로 상반되는 두 가지 지향이 있었다. 말하자면 전통적 관행을 유지하면서 새로운 체계로 점차 이행해 가려는, 연속성을 중시하는 전장업의 지향과 서구 제도의 모방·이식을 통해 새로운 체계를 구축하려는, 은행업의 단절적 이행 지향이 대립하게 되었다고 할 수 있다.

중국 경제가 외부와 접촉해 나가면서 후자의 지향이 점차 설득력을 얻어 갔다고 볼 수 있다. 그렇지만 그런 가운데 전통적인 관행이 일방적으로 약화되었던 것은 아니다. 은행업이 어음교환소를 준비하는 가운데서도 은행들로부터 회획어음을 일시에 배제하는 것은 불가능했으며, 표거법이 정식 반포된 뒤에도 기존 질서는 여전히 존중되었다. 이러한 사실은, 크게 보면 근대성의 형성이라는 것이 결국 전통적 요소의 현실적 효용을 무시하고 인위적으로 이루어지는 것은 아니라는 사실을 새삼 주목하게 한다. 앞으로 전통적인 상업 관행들이 중국 경제의 근대적 이행과정에서 어떤 작용을 했는지에 관해 더 폭넓게 분석하면서, 이 점을 다시 확인할 수 있을 것으로 기대한다.

1930년대 상해의 상권과 지역사회

| 이병인 李丙仁 |

1. 머리말

돈 있는 사람에게는 낙원과 같은 곳이고, 돈이 없는 사람에게는 지옥이나 다름없었던 '근대' 도시 상해. 황포탄로(黃浦灘路)의 은행에서 양복을 입고 사무를 보다 점심시간이면 사천로(四川路)의 양식점에서 점심을 먹는 은행직원이 있었던 반면에, 길거리에서 값싼 음식을 팔다가 저녁이 되면 꺼질 듯 말 듯한 가로등을 뒤로하고 다 쓰러져 가는 판잣집[棚戶]을 찾아가는 사람이 있었다. 이들은 서로 다른 공간에서 일을 했고, 그 공간이 주는 혜택도 차이가 있었다. 상해는 '근대화된 도시', '상업 도시'라는 단일한 이미지로 표상되지만, 그 내부의 상업 공간이 주는 이미지는 달랐다.

남경로(南京路)가 상업 번성의 최첨단을 달렸다면 공공조계(公共租界)의 양쪽 끝에 있던 공장지대와 조계 지역을 둘러싸고 형성된 판자촌이나 절인 생선을 파는 가게 등이 많았던 남시(南市)는 저마다 다른 이미지를 우리에게 전해 준다. 이처럼 다양한 모양의 상권이 여기저기 형성되면서 상해라는 새로운 도시를 구성해 갔다. 그렇다면 상업의 발달에 따른 공간 구성의 변화는 상해인의 생활에 어떤 영향을 끼쳤는지, 상권은 지역사회에 어떤 특징을 부여했고 지역사회는 상권의 형성에 어떤 영향을 끼쳤는지를 해명하는 것이 이 글의 주목적이다.

이 목적을 달성하기 위해, 먼저 상해의 상점을 지리적 위치에 따라 분류하여 상권이 형성된 지역을 찾아내려고 한다. 다음으로 각 상권을 구성하고 있는 상점을 영업 특성에 따라 분류하여 그 상권이 어떤 성격을 지닌 것이었는지를 파악하여 도시 공간 배치가[1] 갖는 특징을 해명하려고 한다.

상권의 성격은 그 상권을 구성하는 상점, 고객의 사회적 위치, 고객의 소비 취향 등이 어울려서 만들어진다. 각 상권에 어느 정도의 상점이 있었으며, 그 상점들은 주로 무엇을 팔았는지를 안다면 우리는 비교적 쉽게 그 상권의 특색에 접근할 수 있다. 그리고 그 과정에서 상해인의 소비생활의 한 단면도 간접적이긴 하지만 확인할 수 있다. 상점이 판매하는 물품은 곧 상해 시민의 소비품일 가능성이 많기 때문이다. 따라서 상권이 어떻게 구성되었는지를 분석하는 과정에서 상해인의 소비 취향 변화도 살펴보려고 한다.

상권의 형성과 분화는 공간을 구성하는 내용의 변화이며, 동시에 공간 이용의 변화를 뜻한다. 그렇다면 상권의 발달에 따른 공간 배치의 변화는 상해인들의 공간 이용 방식과 생활에 어떤 변화를 주었는지, 상권은 인접한 지역사회와 어떤 상응 관계를 형성하였는지 살펴보는 것을 이 글의 세 번째 과제로 하려고 한다.

---

1) 상해의 공간 문제를 다룬 주목할 만한 연구로는 羅蘇文, 〈路·里·樓 — 近代上海商業空間的拓展〉, 張仲禮等 主編, 《中國近代城市 — 企業·社會·空間》, 上海 : 上海社會科學院出版社, 1998이 있다. 이 연구는 도로와 건축물의 변화를 통해 상해 도시 공간의 내적 구조가 변화되는 과정에서 상해가 근대적인 상업도시로 모습을 갖추어 가는 것을 해명하고 있다. 하지만 필자는 이런 내적 공간 구성의 집적으로 나타나는 상권의 공간 배치와 특성, 그리고 상권과 지역사회의 상호 연관관계를 해명하려 한다.

2. 1930년 상해 상권의 공간 배치

1909년에 처음 발행된 《상해지남(上海指南)》은 이후 해마다 발행되면서 상해에 관련된 사항들을 종합하여 제공하는 상해 종합 안내서라고 할 수 있다. 1930년판 《상해지남》은2) 맨 앞부분에 황포탄공원·중앙은행·상해상회 등의 사진을 싣고, 이어서 상해의 지역 구분과 그 특색을 기록한 것을 시작으로 지방행정·공공사업·교통·식숙유람(食宿遊覽) 등 모두 9권과 보론(補論)으로 구성되어 있다.

이 가운데 제6권 '실업'은 모두 18개 항목 아래 179개 업종으로 나누어 각 업종별로 상점을 기록하고 있다. 그리고 제5권 '식숙유람', 즉 '음식, 숙박과 유람'은 모두 3개 항목에 37개의 업종을 정리하고 있다. 그런데 음식·유람 부분 가운데 음식점이 요릿집과 식당으로 중복 설명되어 있고, 오락거리를 소개하는 유람처의 각종 기예 항목에서는 기예를 지니고 있는 사람 이름과 주소를 기록하고 있는데, 각 지방의 설창(說唱)이 주를 이루었다. 이는 상권의 모습을 형상화하는 것과 거리가 있다. 따라서 이 2개 업종을 제외한 모두 21개 항목 214개의 업종에 따라 기록된 7,001개의 상점·사무실·공장의 위치를 각 업종별·도로별로 분류하여3) 상해 도시 상권의 모습을 살펴보자.

---

2) 《上海指南》, 上海 : 商務印書館, 1930.

3) 《상해지남》에 표시된 도로명을 중심으로 각 상점들을 분류했기 때문에 정확하게 어느 지역에 상점이 몰려 있었는지를 알기는 힘들다. 즉 주소로는 각기 다른 도로에 있어도 각 도로의 교차지점이나 특정 번성지역과 인접하여 하나의 상업 번영지역을 이룰 수도 있기 때문이다. 또한 죽가게[粥店]는 시내 곳곳에 설치되어 있지만 《상해지남》에는 유명한 몇 곳만 표기하고 있고 커피점[咖啡]이나 빙과점[冰店] 등도 마찬가지여서, 이런 가게의 수치는 실제 수치와 상당한 오차가 있다. 또한 도로에 따라 분류를 하긴 했지만 도로가 각 행정구역을 넘어서서 연장되는 경우도 있어 각 지역별 분류에서도 오차는 있었다. 예를 들면 북사천로의 경우 대표적인 월계축로(越界築路)로서 공공조계와 갑북(閘北)에 걸쳐 있으며, 적사위로(狄思威路) 역시 공공조계와 갑북에 걸쳐 있는 등 정확하게 각 지역별로 분류를 하는 데는 한계가 있었다. 이런 여러 가지

1) 특정 지역에 집중된 업종

황포탄로를 따라 내려가면 대영은행(大英銀行, 황포탄로 6호), 중국통상은행(7호), 회풍은행(匯豐銀行, 12호), 교통은행(交通銀行, 14호), 맥가리은행(麥加利銀行, 18호), 중국은행(22호) 등을 만난다. 그리고 황포탄로와 연결되어 동서로 늘어서 있는 도로로 들어서면 먼저 만나는 것도 바로 이들 은행이었다. 그리고 황포탄로에서 약간 떨어져서 북경로(北京路)와 남경로 사이에 있던 영파로(寧波路)에는 전장(錢莊)이 29개, 천진로(天津路)에도 전장이 24개가 있어 전체의 46.09퍼센트가 이 지역에 집중되어 있었다.

당시 상해의 금융업은 황포탄로와 그 인접한 지역에 집중적으로 몰려 있었는데, 강서로(江西路)·구강로(九江路)·남경로·북경로·영파로·하남로(河南路)·천진로 등에 집중되어 있어 황포탄로를 기점으로 남북과 동서로 퍼져 나가는 모습이었다. 이 지역은 '근대' 은행에다 전통 금융업인 전장이 가세하여 명실상부한 금융 중심지로서 모습을 갖추었다. 그리고 보험업도 마찬가지로 황포탄로를 중심으로 발전했다.

은행 집중지역을 약간 거슬러 북경로에서 소주하(蘇州河)까지 가다보면 수출입과 관련된 수많은 상점이나 사무실이 집중된 지역을 만나게 된다. 동으로 황포탄로에서 시작하여 서쪽으로 사천로를 거쳐 강서로에 이르는 이 구역에는 수출입 업종이 집중적으로 배치되었음이 확인된다. 박물원로(博物院路, 30개), 북경로(66), 사천로(78), 원명원로(圓明

한계에도 불구하고, 각 지역별 상권의 발달 대세를 파악하는 데는 그다지 큰 무리가 없을 것으로 생각한다. 왜냐하면 행정구역을 넘나드는 도로는 몇 개 안 되었고, 죽가게와 같이 상점이 너무 많고 그 규모가 노점상적인 성격을 띤 것은 전체적으로 발견될 수 있어 상권의 특성에 그다지 영향이 없기 때문이다. 설혹 이런 노점상들이 특정 지역에 집중하여 있었다고 할지라도 이는 특정 지역의 상권 특색과 연관하여 발전했을 가능성이 짙기 때문이다.

園路, 19), 강서로(90)가 서로 인접하여 수출입 업종의 집중구역을 이루었다. 그리고 이는 은행·보험사와 인접하여 수출입 업무와 신용보증 등에서 상호 보완적인 기능을 했다.

〈표 1〉 특정 지역에 집중된 업종과 업체 수 (단위 : 개)

업종	총 업체 수	집중지역의 점유율(%)	집중지역
은행	83	72.29	강서로(7), 구강로(9), 남경로(6), 북경로(9), 영파로(9), 하남루(6), 황포탄로(9), 천진로(5)
전장	115	66.96	남시리마로(南市裏馬路, 6), 영파로(29), 천진로(24), 하남로(18)
보험	74	51.35	강서로(7), 광동로(13), 황포탄로(18)
수출입류	610	79.02	강서로(90), 광동로(48), 구강로(29), 박물원로(30), 북경로(66), 사천로(78), 원명원로(19), 인기로(仁記路, 40), 한구로(漢口路, 21), 황포탄로(33), 애다아로(愛多亞路, 28)
여관	145	49.66	복건로(18), 복주로(19), 산동로(10), 산서로(9), 한구로(16)
방적공장	32	59.38	동부 공장지대(8), 서부 공장지대(11)
옷가게 (衣莊)	54	79.63	남시리마로(11), 대동문내대가(大東門內大街, 5), 복건로(27)

자료 : 《上海指南》, 商務印書館, 1930, 제5·6권에 기재된 상점 주소에 따라 작성.

숙박업의 경우, 복건로(福建路)와 복주로(福州路) 일대에 집중적으로 몰려 있었다. 복주로(19개)를 중심으로 수직으로 교차하는 산동로(山東路, 10), 산서로(山西路, 9), 그리고 복건로(18) 지역은 여관업이 집중적으로 발전하면서 상해 전체 여관 가운데 약 50퍼센트 정도가 이 지역에 집중된 기이한 현상을 나타냈다. 한편으로 방적공장[紗廠] 등은 공공조계 동부 지역과 서북 지역의 한적한 곳에 집중적으로 몰려 있었다. 1930년 당시 상해에는 업종에 따른 집중과 분화 현상이 나타났고, 기능에 따라 공간배치가 달랐던 측면을 확인할 수 있다.

2) 시 전역에 분포한 업종

금융업의 은행·전장·보험사 등이 이처럼 공공조계의 특정 지역을 중심으로 번성한 것과는 대조적으로 일반 서민을 상대로 돈을 유통시 켰던 전질(典質), 즉 전당포의 경우는 시 전역에 골고루 분포하는 특징을 보이고 있다. 《상해지남》에 기록된 85개의 전질 가운데 공공조계에 50개, 프랑스조계에 10개, 갑북에 6개 그리고 남시 지역(성내 포함)에 18개가 개설되어 있었다. 전질도 다른 지역에 견주어 공공조계에 많이 개설되어 있었지만 하나의 도로에 하나나 둘 정도의 전질만 있어서 다른 업종과는 확연하게 다른 특징을 드러냈다. 이는 전질이 일반 서민을 상대로 물품을 저당잡고 돈을 빌려주던 서민 금융 구실을 한 것과 밀접한 관련이 있었다.

당시 일반 노동자의 근로소득은 지출을 따라잡지 못했다. 국민정부 공상부(工商部)가 1931년에 조사한 바에 따르면 최저 생계비용이 27.2원(元)이었는데, 상해의 30개 업종 가운데 27개 업종이 모두 이 기준에 미치지 못했다.[4] 그리고 상해시에서 조사한 노동자 305가구의 연평균 수입은 416.51원이었으나 지출이 454.38원으로 수지 균형이 맞지 않았다. 항상 소비가 지출을 앞서고 있던 상태였다.

이런 상태에서 각 가정에서 할 수 있는 방법은 돈을 빌리거나 전질 이용하여 수입 부족분을 메우는 것이었다. 305가구 가운데 빚이 있는 가구가 269가구로서 전체의 88.2퍼센트였고, 동시에 전질을 이용한 가구도 238가구로서 전체의 78.0퍼센트를 차지했다. 노동자 가정은 빚을 얻기도 하고 전질을 이용하기도 하면서 수입 부족분을 메워 나가고 있었다. 당시 노동자들의 전질에 의한 수입은 1년에 18.35원으로 연 수입

---

4) 忻平, 《從上海發現歷史 — 現代化進程中的上海人及其社會生活(1927~1937)》, 上海 : 上海人民出版社, 1996, 325쪽.

의 3.2퍼센트를 차지했다.[5] 이런 상황을 볼 때, 일반 노동자 가정이 자주 이용했던 것은 전질이었고, 따라서 전질업은 지역을 가릴 것 없이 산재할 수 있었던 것이다.

전질업뿐만 아니라 시 전역에 골고루 분포한 업종도 적지 않았는데, 곡물·석탄[煤炭]·포목[布] 업종 등도 시 전역에 골고루 분포되어 있었다. 석탄 업종의 경우도 공공조계에서 영업을 했던 상점이 압도적으로 많았지만, 이 또한 각 도로에 분산되어 도로마다 한두 개씩 있었다.

〈표 2〉 시 전역에 분포한 업종과 업체 수(단위 : 개)

업종	갑북	공공조계	프랑스조계	남시	기타	계
전질	6	50	10	18	1	85
곡물	28	75	17	59	1	180
석탄	5	99	5	12	0	121
포목	8	37	11	17	1	74

자료 :《上海指南》, 商務印書館, 1930, 제5·6권에 기재된 상점 주소에 따라 작성.

위의 표에 나타난 바와 같이 시 전역에 골고루 분포한 업종은 주로 의식주의 생계형 소비와 관련된 것이었다. 이 가운데 옷가게가 복건로, 남시리마로와 그에 인접한 대동문내대가에 집중적으로 있었던 반면에 포목점이 시 전역에 골고루 분포해 있었다는 점은 눈여겨볼 만하다. 포목점이 옷가게보다 많았던 이유는 무엇일까. 노동자 305가구 조사에 따르면 노동자들의 1년 의복비 지출에서 옷감이 54퍼센트를 차지했던 반면에 의복비는 11.4퍼센트에 지나지 않았다.[6] 이는 가난한 노동자들이 옷을 사서 입기 힘들었고, 따라서 대다수의 경우가 값싼 면포를 구입하여 재봉을 맡기거나 스스로 만들어 입었음을 뜻한다. 그러므로 일반 서

---

5) 上海市政府社會局,《上海市工人生活程度》, 上海 : 中華書局, 1934, 21~24쪽.
6) 上海市政府社會局, 앞의 책, 83쪽.

민들의 옷감에 대한 수요가 많았고, 그에 따라 상점이 시 전역에 발달
했다.

3) 행정구역별 상권의 공간적 배치

일반적으로 상업이 가장 번성했던 지역은 공공조계 중구(中區)의 '바
둑판거리(棋盤街)'로[7] 알려져 있다. 대마로(大馬路), 즉 남경로를 중심으
로 그 북쪽으로는 천진로·영파로·북경로가 있고, 그 남쪽으로는 순
서대로 이마로(二馬路, 구강로)·삼마로(三馬路, 한구로)·사마로(四馬路,
복주로)가 동서로 달리고 있으며, 그를 종단하여 사천로·강서로·하
남로·산동로·산서로·복건로·절강로 등이 일정한 간격으로 늘어
서 있어 마치 하나의 바둑판을 연상시키는 이 구역이 상업 번성의 중심
지역으로 알려져 있다.

한편 중국인 거주지역의 상업은 어느 정도 발달했을까. 상해 현성(縣
城)은 명나라 가정(嘉靖) 32년에 설립되어 그 둘레가 약 3.6킬로미터 정
도인데, 이 성벽은 신해혁명(辛亥革命) 당시 철거되어 법화민국로(法華
民國路)로 명명되었다. 그리고 남쪽의 나머지 반은 중화로(中華路)가 되
었다. 이 성내의 상업은 성황묘(城隍廟)가 중심지역이었다. 그리고 남시
의 경우는 외마로(外馬路)와 이마로(裏馬路)가 상업의 중심지였으며, 내
함과가(內鹹瓜街)와 외함과가(外鹹瓜街)에는 삼, 약재, 계원(桂圓), 과일,
절인 음식 등을 파는 점포가 있었다.[8] 그리고 바로 이 거리의 명칭은
이 절인 음식[鹹貨, 鹹魚]에서 유래했다. 그렇다면 좀더 구체적으로 각

---

7) '바둑판거리'는 남경로를 중심으로 동서남북을 가로지르는 가장 번화한 상권을 이르
   거나 또는 하남로만을 가리키기도 했는데(薛理勇 主編, 《上海掌故辭典》, 上海: 上海
   辭書出版社, 1999, 54쪽), 여기서는 남경로를 중심으로 한 번화한 상권을 가리키는 것
   으로 쓰려고 한다.
8) 《上海指南》, 商務印書館, 1930, 第1卷總綱 甲, 疆域, 2~4쪽.

도로에는 어느 정도의 점포가 들어서 있었으며, 그 거래물품의 중심은 무엇이었는지를 관련 수치를 통해서 살펴보자.

《상해지남》에 기록된 7,001개의 상점 등을 주소지에 따라 분류한 결과 대략 572개 도로에 분산 배치되어 도로마다 평균 12.2개가 있었다.[9] 하지만 이를 지역별로 분류하면 각 지역 상권의 발달이 확연하게 드러나는데, 공공조계의 경우 모두 4,952개의 상점 등이 185개 도로에 흩어져 있어 평균 26.8개가 있으며, 갑북의 경우 78개 도로에 307개, 프랑스조계는 70개 도로에 693개, 성내에는 75개 도로에 293개, 그리고 남시에는 134개 도로에 690개가 있고, 나머지는 그 밖의 외곽지역이거나 필자가 정확한 위치를 확인하지 못한 것이다. 이를 평균으로 말하자면 공공조계가 26.8개, 프랑스조계가 9.9개, 남시가 5.1개, 그리고 갑북과 성내가 각각 3.9개로서, 각 지역의 상업 발달 정도를 한눈에 알 수 있다. 각 행정구역에서 수위에 있는 각 도로와 상점 분포를 표시하면 다음 쪽의 〈표 3〉과 같다.

표에 나타난 상점의 수로 판단할 때, 상업은 공공조계가 가장 번성했고, 그 다음 프랑스조계와 남시 그리고 갑북의 순으로 이어지고 있다. 업종의 구성을 볼 때, 공공조계는 모든 업종이 골고루 발달한 모습을 한눈에 볼 수 있으며, 프랑스조계 또한 비록 상점 수에서는 뒤지지만 전 업종이 골고루 발달하고 있다. 하지만 갑북이나 남시의 경우에는 금융류, 수출입류, 그리고 잡화류와 교육품류에서는 상당히 저조한 양상을 드러내며, 남시의 경우 음식품류에서 상당한 강세를 나타낸다.

---

9) 당시 상해에는 약 7만여 개의 상점이 있었다고 한다. 그러나 《상해지남》에 기록된 것은 그 1/10에 지나지 않는 7천 개였고, 따라서 상해시의 각 구역 또는 지역별 상권의 모습과 약간 다른 모습으로 드러날 가능성을 피할 수는 없다. 하지만 《상해지남》이란 책의 성격을 생각할 때 그 기본적인 특색에는 큰 차이가 없었을 것이라 생각되고, 따라서 좀 단순한 방법이긴 하지만 약 10배 정도로 하여 상권의 규모를 파악하는 것이 좀더 상업의 발달 정도를 측정하는 데 도움이 될 것이라 생각한다.

〈표 3〉 행정구역별 상업 번성 도로의 영업 구성(단위 : 개)

구분	①요식업	②숙박업	③유흥업	④금융류	⑤소개업류	⑥수출입류	⑦잡화류	⑧교육품류	⑨미술품류	⑩금속류	⑪건축류	⑫염직류	⑬옷감류	⑭의류	⑮장식품류	⑯일용품류	⑰연료류	⑱음식품류	⑲농목축업류	⑳약품류	㉑포장업류	계
공공조계	189	189	57	436	57	586	130	348	150	305	275	308	434	233	106	140	213	584	50	155	7	4,952
남경로	18	9	5	24	3	19	18	19	16	4	8	16	42	32	32	25	11	39	2	14		356
북경로	3	1	1	45	4	66		6	5	9	21	8	22			8	12	17	2	1		231
강서로	1			25	2	90	5	12	3	9	10	13	2	1	3	2	4	15	3		2	202
하남로	6	1		25		2	12	35	9	4	5	7	15	26	7	5	2	17		21		199
복주로	35	20	2	5	3	22	2	35	10	2	10	6	10	6	1	1	7	9	2	10		198
광동로	7	6		17		48	22	7	5	1	8	6	10	17	1	6	17	8		7		193
사천로	3	3		16	5	78	3	9	3	3	12	7	3	6	1	9	8	16		4		189
복건로	8	20		3			6	2		6	5	9	43	30	2	9	3	33		3		182
한구로	16	20	1	10	2	21		8	4	4	4	6	33	4	12	1		3	2	11		162
애다아로	4	9	3	23	6	28	7	12	3	14	22	13	4	7		11	10	14	4	4	1	199
프랑스조계	31	25	12	20	1	22	29	45	28	26	24	49	59	25	15	28	24	204	5	13	8	693
공관마로	14	4		6		14	14	5	5	6	4	3	24	3	8	4	3	35	1	5		
길상가		3	1					9	2	1	4	3		4		7				1		
소동문대가	5			1			1		1		1	2		1			1	17		1		
하비로	1	4	3	1		2		1	3	2		7		2	1	1	3	12		1		
법화민국로				1				7	6	1	3	2	3				6	45				
갑북	10	2	10	8	1	2	3	30	14	8	35	60	13	4	10	11	7	56	7	15	1	307
광복로											10	8				1		13				
보산로	7			1	1			2	1	1	1		3	1	1		1	3	3	2		
장안로											1	6				1		8				
항풍로	1		1	1			1	1			1	3				1		5				
교통로							2	10	6			3		1						2		
성내	11	2	5	13	0	0	7	31	36	13	16	14	30	19	27	12	5	33	2	13	4	293
대동문내 조가로								2		1	5		3	1	2		1	6		4		
민국로		1		5				6	10	7	7	5	1	3		4		4		2	3	
소동문내 방빈로				1				5					3	4	3			6		1		
예원로	3						2	1	13							6	1	1				
남시	9	7	3	33	0	0	14	33	1	25	68	34	25	19	7	24	30	262	38	38	20	690
내함과가								3		1								8	3			
대마두				2			3	2		1	7	1	3	3	1	5	1	6	11			
두시가				7				3										33	1	2		
리마로	1	2		4		8	6			11	5	10	11	14	1	4	8	80	11	3	3	
외마로	2	2								1	30		2				4	9				
외함과가			1				3							1				8		26	3	
기타	1	1	7	3	1	0	0	4	0	5	6	8	2	6	0	1	1	19	1	0	0	66

자료 : 《上海指南》, 商務印書館, 1930, 제5·6권에 기재된 상점 주소에 따라 작성.

또 한 가지, 상업이 발달한 도로들은 와이탄(外灘)에서 경마장 사이의 구역처럼 대부분 상해시의 동쪽에 있었는데, 이는 상해 조계가 확장되어 온 역사, 그리고 남시의 발달 과정과 그 맥락을 같이하고 있다. 즉 황포강 연안에서 시작한 조계는 대외무역이 중심 업무였고,[10] 그 때문에 외탄과 가까운 지역에 수출입 전문 상권이 형성되었다. 그리고 외국인들이 처음에 자리를 잡았던 동쪽 지역이 개발되면서 가장 발달한 상업지역으로 자리를 잡게 된 것이다.

조계의 확장과 그 경제적 성장에 영향을 받으면서 도시가 확대된 모습은 갑북의 상업 번성 지역에서도 간접적으로 추론할 수 있다. 《상해지남》에 기록된 상점 수에 따르면, 갑북 지역은 대체로 상업 발달이 상당히 지체되어 있었다. 하지만 조계와 인접하여 있거나 또는 조계 도로가 갑북으로 연장되면서 이어진 도로에서 갑북의 상업이 발달했다. 갑북에서 상업이 가장 발달했다고 하는 보산로(寶山路)는 공공조계의 북하남로와 연결되어 북쪽으로 뻗어나가고 있으며, 규강로(虯江路)·적사위로(狄思威路)·북사천로 또한 조계지역과 인접했고, 일본인 거류민이 인근 지역에 집중적으로 거주했던 것도 이들 지역의 상업 발달에 영향을 끼쳤다.[11] 북사천로는 조계가 그 경계를 넘어 도로를 건설하여 관리권의 일부를 가지고 있던 지역으로 조계의 연장이나 마찬가지였다. 한편 광복로·장안로·항풍로(恒豊路)는 소주하를 경계로 갑북에 속했지만, 조계와 인접했기 때문에 조계와 연관을 가지면서 발달했다는 추론을 가능하게 한다.

---

10) 상해의 대내외 무역에 관해서는 이병인, 〈中華民國時期 上海의 交易 네트워크과 物流〉, 《中國史硏究》 28, 2004 참조.

11) 일본인 거류지역에 관해서는 高綱博文, 〈在上海的日本人〉, 《上海硏究論叢》 8, 1993 등을 참조.

3. 상권의 특색과 소비생활

기능적인 분화에 따라 특정 업종이 한곳에 집중하여 하나의 전문 상권을 이루고, 기타 여러 상점들이 주변에 들어섬으로써 하나의 독특한 거리상권이 만들어진다. 각 업종 사이의 상호 연관성, 그리고 그 도로에서 일하는 사람들, 그리고 주변 거주민들의 성향이 어우러지면서 각 도로마다 각기 다른 종류의 상점이 집적될 가능성은 늘 존재한다. 그리고 상점의 종류에 따른 특색이 그곳에 독특한 거리문화를 만들 가능성도 배제할 수 없다. 각 상권의 개설 상점 종류와 규모 등을 분석하여 그 상권의 특색을 살펴보고, 그 상권이 가진 특색을 분석함으로써 그 상권에서 제공했던 소비물품의 특색과 소비생활을 간접적으로 살펴보려고 한다.

먼저 갑북 지역에서 가장 상업이 발달했던 보산로 상점의 구체적인 모습을 살펴보자. 보산로에는 요릿집 6개, 주점 1개, 전질 1개 등이 있고, 장안로와 항풍로에는 염직류와 식품류가 다수를 차지하는 영세산업이 주로서 눈에 띌 만한 값비싼 소비물품을 취급하는 상점을 발견할 수 없다. 상권이 형성되었다고 말하기조차 힘든 상황으로, 규모가 큰 금융업이나 금은방 등은 존재하지도 않았으며 주로 일상적인 용품을 거래하는 데에 그치고 있다. 광복로의 경우는 제사공장[絲廠]을 비롯하

〈표 4〉 보산로의 상점 구성(단위 : 개)

업종	상점	업종	상점	업종	상점	업종	상점	업종	상점	업종	상점
요릿집	6	서점	1	기기 (機器)	1	양말 [襪]	1	차(茶)	1	고무	1
주점	1	필묵	1	목재상	1	석탄	1	담배종이 [煙紙]	1	약재	2
전질	1	영화필름	1	수입 면포 [洋布]	3	남북화 (南北貨)	1	모피, 가죽	2	화장분 [香粉]	1

자료 : 《上海指南》, 商務印書館, 1930, 제5・6권에 기재된 상점 주소에 따라 작성.

〈표 5〉 광복로의 상점 구성(단위 : 개)

업종	상점	업종	상점	업종	상점	업종	상점	업종	상점
목재상	8	제사공장	5	방적공장	1	목상 (木箱)	1	기름 [油]	1
대나무 재료상	2	면화	1	염직	1	곡물	11		

자료 :《上海指南》, 商務印書館, 1930, 제5·6권에 기재된 상점 주소에 따라 작성.

〈표 6〉 이마로의 상점 구성(단위: 개)

업종	상점	업종	상점	업종	상점	업종	상점	업종	상점	업종	상점
요릿집	1	종이	5	포목	4	석탄	5	장가게 [醬園]	2	약재	1
여관	1	철물	1	수입 면포	6	은박 [錫箔]	1	설탕	2	약방	2
목욕탕	1	강철	5	견사· 댕기	1	과일	22	소금	1	부들 꾸러미 [蒲包]	1
은행	1	기기	1	옷가게	11	곡물	7	차	7	마대 (麻袋)	2
전장	2	칠(漆)	1	모자· 신발	3	야채 [菜筍]	4	주류상	3	소다 (鹼)	1
전질	1	목재상	4	도기	3	생선	2	담배	6		
잡화	5	면화	6	등·죽 공예품 [藤竹器]	1	절인 생선 [醃臘]	14	담배종이	2		
수입 잡화	1	염방 (染坊)	2	석유	1	해산물	1	모피· 가죽	3		
서점	1	안료	2	향·초 ·폭죽	1	남북화	7	모시기름 [油苧麻]	8		

자료 :《上海指南》, 商務印書館, 1930, 제5·6권에 기재된 상점 주소에 따라 작성.

여 목재상[木行]이나 대나무 재료상[竹行]과 같은 소규모 상점들이 주를
이루고 있었다.

　남시의 경우 외마로와 이마로, 그리고 내, 외함과가가 중심지역을 형

〈표 7〉 공관마로의 상점 구성(단위: 개)

업종	상점	업종	상점	업종	상점	업종	상점	업종	상점	업종	상점
요릿집	3	종이	4	세염 (洗染)	1	보석상	1	절인 생선	1	담배	3
야식당 [宵夜館]	4	골동품	1	안료	1	수입 장신구	2	햄[火腿]	2	궐련 · 시가	2
주점	6	사진	4	포목	3	시계	1	남북화	4	담배 종이	1
찻집	1	철물	2	수입 면포	15	물담뱃대 [水煙袋]	1	장가게	4	고무	1
여관	4	구리 · 주석	2	털실 [毛冷]	3	자리[席]	2	장아찌 [醬菜]	2	약재	4
전장	2	기기	1	수건	1	안경	1	통조림	1	약방	1
전질	3	상수도	1	견사 · 댕기	2	전기 기재	2	다과 · 설탕에 잰 과일	4		
저축	1	부동산	1	양복	1	향·초· 폭죽	1	수입 식품	1		
수출 입류	14	유리 [玻璃]	2	모자 · 신발	1	과일	1	사탕 [糖果]	1		
수입 잡화	14	목재상	1	양말	1	곡물	2	차	4		
인쇄	1	면사	1	금은방	4	주류상	1	설탕	1		

자료 :《上海指南》, 商務印書館, 1930, 제5·6권에 기재된 상점 주소에 따라 작성.

성했는데, 이 지역은 일상적인 식생활용품이 주를 이루었다. 이마로에 있던 182개의 상점 가운데 식품류를 다루는 상점이 80여 개를 차지했다. 동양의 파리, 그리고 대외무역의 중심지로서 많은 외국인들이 드나들던 상해의 모습과는 다르게 이마로는 여전히 전통 시장을 연상시킬 정도로 야채와 과일, 해산물 상점 등이 중심을 이루고 있었으며, 서양 물품을 다루는 상점은 거의 눈에 띄지 않았다.

그렇다면 조계의 상점들은 어떻게 구성되어 있었을까. 먼저 프랑스 조계에서 상점이 가장 많았던 공관마로(公館馬路, 현재의 金陵路)의 상점 구성과 그 특색을 살펴보자.

공관마로의 경우 비교적 종합 상권의 모습에 가까웠다. 그리고 남시의 이마로와 달리 수입 잡화점, 수출입류, 그리고 수입 면포, 양복, 보석상, 수입 장신구, 보석, 식품 등 서양 제품을 취급하는 상점이 눈에 많이 띄며, 값비싼 물품을 취급하는 업종이 비교적 많이 발견된다. 공관마로는 남시의 이마로보다는 아래에 제시할 남경로와 업종에서 상당히 유사한 특징을 보이고 있다. 하지만 남경로보다 고급 상점의 숫자가 적고, 신신(新新)과 같은 대형 백화점이 눈에 띄지 않는 점에서 차이가 난다. 대신에 식품류와 같은 일용품류가 남경로에 견주어 더 많이 나타나는 특색을 보이고 있다. 즉 공관마로의 경우는 프랑스조계의 중심지로서 종합 상권으로 발전하였지만 남경로에 견주면 고급 상점이 상대적으로 적었던 '중저가 종합상권'의 특색을 띄었던 것으로 판단된다.

그러나 이른바 '바둑판거리'의 상권은 위의 남시나 갑북의 경우와 확실히 달랐다. 먼저 대표적인 번화가라고 할 만한 남경로의 경우, 각종 산업이 발달하여 종합 상권의 모습을 확실히 갖추고 있었다.

남경로에는 없는 물건이 거의 없었다. 금융업에서부터 일용품 상점에 이르기까지 모든 업종이 들어서 있어 종합 상권으로서 손색이 없었다. 각 업종이 특별한 편중 없이 골고루 분포해 있는 것도 제일 먼저 눈에 띄는 특색이었다. 더욱이 남경로의 상점은 규모와 취급물품에서도 다른 지역과 차이가 났다. 백화업의 경우 단순히 7개의 '상점'으로 기록되어 있기는 하지만 규모는 보통 상점이 아니었는데, 대표적으로 지구촌의 상품을 모두 취급한다고 하는 신신·선시(先施)·영안(永安) 백화점과 여화공사(麗華公司)가 모두 이 남경로에 자리를 잡고 있었다.

또 다른 특징은 이곳에 갑북이나 남시에서는 보이지 않던 귀중품 판매상들이 눈에 많이 띤다는 점이다. 금은방이 8개, 보석상 5개, 수입 장신구 취급점이 8개로 나타나 있으며, 또한 의류 가운데에서도 양복이나

〈표 8〉 남경로의 상점 구성(단위: 개)

업종	상점	업종	상점	업종	상점	업종	상점	업종	상점	업종	상점
요릿집	2	금(金)	7	종이	7	안료	1	저울	1	남북화	3
야식당	1	신탁	1	서화부채[箋扇]	2	주단	14	양탄자[氈毯]	2	통조림	5
양식당	3	은행	6	음악	4	크레이프[縐]	1	칫솔[刷]	1	다과·설탕에 잰 과일	4
간식점	4	어음매매상[匯兌]	3	사진	10	자수(顧繡)	2	머리그물[髮網]	1	사탕	3
주점	2	전장	1	철물	2	포목	4	안경	8	차(茶)	3
차관	3	전질	1	구리·주석	1	수입면포	19	자기	3	주류상	1
커피	1	보험	5	수도	1	수건	2	수입목기	3	양주	1
빙과점	2	광고	2	건축	3	모직양복	17	전기기재	7	궐련·시가	7
여관	4	외국브로커[外國捐客]	1	부동산	4	레이스[花邊]	7	석유	1	모피·가죽	1
호텔	1	수출입류	19	임대[經組]	1	모자·신발	5	향·초·폭죽	1	고무	1
목욕탕	2	백화	7	제사공장직영도매점	1	양말	2	석탄	1	약재	3
이발소	1	잡화	1	생명주실[絲繭]	1	가죽제품	1	은박지	1	삼(蔘)	2
손톱손질[修指]	1	수입잡화	10	면화	1	금은방	8	과일	2	약방	9
공원[園林]	1	서점	2	면사	7	보석상	5	밀가루	1		
오락장[遊戲場]	2	수입서점	4	방적	1	수입장신구	8	소기름·돼지기름	1		
영화관[外國戲園]	1	인쇄	2	염직	1	화장품	2	수입식품	1		
클럽[總會]	1	측정기자재[儀器]·문구	4	세염(洗染)	3	시계	15	햄	7		

자료 : 《上海指南》, 商務印書館, 1930, 제5·6권에 기재된 상점 주소에 따라 작성.

비단 상점들이 다른 거리에 견주어 많다는 특징이 있다. 이런 특징으로 볼 때, 남경로에는 주로 고급 제품과 귀중품을 취급했던 점포들이 많았음을 알 수 있다. 즉 남경로는 '고급 종합 상권'이라는 특색을 지니고 있었다.

이처럼 규모가 크고 고급 제품을 판매하는 번화한 상가가 남경로의 특색을 이루었다. 고층 빌딩이 즐비하고 화려하며, 서양식 문화가 넘쳐 나던 거리가 남경로였다.

> 양편의 상점은 모두가 높고 큰 빌딩이라고는 할 수 없지만, 장식으로 말하자면 건물 구조가 화려하지 않은 것이 거의 없으며, 힘써 미관을 추구한다.…… 대형 백화점, 큰 비단 가게, 큰 금은방 등 진열장 안의 배열이 호화찬란하여 눈을 붙일 틈을 주지 않으며, 사람들로 하여금 그런 상점의 고객은 얼마나 부자고 잘난 사람일지를 상상하게 한다.…… 밤이 되면 양쪽의 전등 빛이 이 평탄한 큰 길을 환하게 비추어, 마치 거울처럼 번쩍번쩍 반사해 내어 그 안에 들어가면 꼭 유리세계에 들어온 듯하다. 가령 당신이 도로를 걸어가는데 의복도 남루하고 주머니에 돈이 한 푼도 없다면…… 모르는 사이에 주눅이 들기 시작하여 영문도 모르는 비참함을 느낀다. 남경로의 모습은 진실로 호화 장엄하여 가난한 사람들이 가까이 다가갈 수 없게 한다.[12]

이런 모습의 남경로를 필두로 한 바둑판거리가 공공조계의 상업 중심지를 이루었다. 하지만 바둑판거리 안의 다른 거리들은 남경로와 다른 자신의 특징을 지니고 있었다. 문화거리로서 명성을 날리고 있던 복주로의 당시 상점 구성을 살펴보면 다음 쪽 〈표 9〉와 같다.

복주로의 거리 모습은 상점의 구성에서 알 수 있듯이 남경로의 상권과는 다른 특색을 보이고 있다. 둘 다 종합 상권으로서 면모를 갖추긴

---

12) 徐國楨 編著, 《上海生活》, 上海 : 世界書局, 1933, 91쪽.

〈표 9〉 복주로의 상점 구성 (단위: 개)

업종	상점	업종	상점	업종	상점	업종	상점	업종	상점	업종	상점
요릿집	11	은행	1	측정기자재·문구	2	칠(漆)	1	레이스	1	양주	1
야식당	2	전질	1	종이	2	유리	4	모자·신발	1	담배종이	1
양식당	8	보험	1	서화부채	1	면화	3	시계	1	고무	2
간식점	3	광고	1	음악	4	면사	1	전기기재	7	약재	3
주점	7	외국브로커	1	전각(鐫刻)	3	안료	2	양식	1	약방	7
찻집	4	경매[拍賣]	1	사진	2	주단	4	장아찌	1	화장분	1
여관	19	수출입류	22	광산회사	1	포플린[府綢]	1	통조림	1		
목욕탕	1	수입잡화	2	철물	1	자수	1	다과·설탕에 잰 과일	2		
중국회원(戲園)	2	책??	28	건축	1	수입면포	4	청량음료[荷蘭水]	1		
금	2	인쇄	3	부동산	4	모직양복	4	차(茶)	1		

자료 : 《上海指南》, 商務印書館, 1930, 제5·6권에 기재된 상점 주소에 따라 작성.

했지만 복주로에는 값비싼 물품을 취급하는 상점이 상대적으로 적었다. 대신에 서점·문구점이 들어서 있었으며, 동시에 수많은 여관들이 이곳의 거리문화를 이루었다.

복주로의 여관들은 세워진 지 오래되어 지금 우리가 생각하는 모습과는 달리 목욕을 할 수 있는 화장실 등이 갖추어져 있지 않았다. 그리고 음식은 물론이고 담요조차 제공하지 않는 경우가 허다했다. 나중에 생긴 여관이나 호텔들은 이런 단점을 보완하여 화장실 등을 갖춘 것이 많이 늘긴 했지만,[13] 복주로의 여관들은 이런 상황을 개선하기에는 역

---

13) 〈客棧之今昔觀〉, 陳伯熙 編著, 《上海軼事大觀》, 上海書店, 2000, 189쪽 ; 羅蘇文, 앞의 글, 378쪽.

부족인 경우가 많았다. 그리고 복주로 여관업의 이런 상황 때문에 주변에 목욕탕이나 음식점이 함께 들어섰다. 이처럼 여관, 서점 그리고 고급 상점 등이 복합적으로 섞인 거리가 복주로였다.

> 복주로에서 우리는 '비싼 제품을 거래할 자격'이 있는 큰 상점을 볼 수 있지만, 또한 '가난한 고객이 주눅 들지 않고 당당히 들어 갈 수 있는' 조그만 상점도 볼 수 있다. 우리는 큰 요릿집에서 술에 취하고 요리를 배불리 먹은 잘 생긴 사람들이 거들먹거리며 들락거리는 것을 볼 수 있지만, 또한 옷으로 몸도 제대로 가리지 못하고 음식 배달 전문점의 배달부를 꽉 움켜잡고 남은 밥을 놓고 앞 다투어 싸우는 '부랑아'도 볼 수 있다. 우리는 최신 유행복을 입은 수많은 아가씨들이 차 안에 앉아 바람처럼 왕래하는 것을 볼 수 있지만, 한편으로는 수많은 하급 기녀가 처마 밑에 서서 손님을 끄는 모습도 볼 수 있다. 우리는 교과서를 발행하는 큰 서점을 볼 수 있지만 오로지 606(매독 치료제 이름이 '六〇六'이었기 때문에 매독을 이렇게 불렀다-인용자)을 치료하고 임질을 다루는 조그마한 의원도 볼 수 있다.……
> 가로등이 켜질 시간이 되면 상해 사회의 병태(病態)는 복주로 위에 적나라하게 드러난다. 모든 저급 도색(桃色) 그림과 잡지를 판매하는 자들이 모두 활동을 시작한다. 대개 몸뚱어리로 영업을 하는 하급 기녀 또한 한 명씩 한 명씩 도로 양편에 늘어서서 그들의 고객을 찾는다. 타락한 청년은 친구를 끌어들여 도로변 골목 안의 여관에 모여서 여성을 유린하거나 도박을 하고, 또는 아편을 피우거나 하고 싶은 짓을 했다.[14]

화려한 남경로의 거리, 그리고 서민적인 상점과 고급 상점이 뒤섞여 있던 복주로의 거리, 이런 거리들이 서로 교차하면서 공공조계 중심부 중구의 도시문화를 형성했다. 남경로와 그 인접 거리는 고급 제품과 싼 제품, 그리고 그 수요를 쫓아 각종 사람들이 드나들었고, 서양식과 최신

---

14) 徐國楨, 앞의 책, 93쪽.

식 상품과 문화가 판매되는 한편으로 여전히 '전통적'인 중국 제품 판매가 병존하던 거리였다.

달리 말하자면 공공조계 중구의 바둑판거리에는 문화의 다양성이 있었고, 그랬던 만큼 개방적인 거리였다. 한 가지 예로, 음식점의 경우 각 지역의 입맛을 고루 만족시킬 수 있는 다양한 음식점들이 이들 거리에 자리를 잡고 있었다. 《상해지남》에 기록된 상해 전체의 요릿집 115개를 분류해 보면 강서로 1, 관동로 5, 광서로 4, 구강로 5, 귀주로 1, 남경로 2, 동기반가(東棋盤街) 1, 복건로 3, 복주로 11, 북경로 2, 산서로 2, 애다아로 1, 영화가(英華街) 1, 운남로 1, 절강로 4, 한구로 11, 하남로 2, 호북로 5 등으로 나와 있다.15) 약 54퍼센트에 해당하는 요릿집이 공공조계의 중구에 자리하고 있었으며, 이들은 북경 요리·강소 요리·영파 요리 등 전국 각 지방의 요리를 만들었기에 중구에서는 거의 모든 지방의 요리를 찾을 수 있었다.16) 이 밖에도 양식당과 야식점 등이 있어 공공조계 시민의 다양한 취향과 욕구를 만족시켰다. 중구 문화의 특성은 거리 상점의 구성에서도 나타나듯이 중국 것과 서양 것의 혼합, 그리고 수많은 종류의 공존이었다.

바둑판거리 상권에서 눈에 띄는 현상 가운데 하나는 서양식 제품을 취급하는 상점이 그 어느 곳보다도 많았다는 것이다. 예컨대 양복점이 대부분 이곳에 몰려 있었다. 남경로에 17개, 하남로에 16개의 양복점이

---

15) 《上海指南》, 商務印書館, 1930, 第5卷, 食宿遊覽 甲, 飲食處.

16) 호상한(胡祥翰)이 "상해의 요리점은 소관(蘇館, 강소성 음식점), 영관(寧館, 영파), 휘관(徽館, 안휘)의 3종류만이 있었으나, 연이어서 경관(京館, 북경), 월관(粤館, 광동), 남경관, 양주관, 서양 음식점이 생겼다.…… 근래에는 민관(閩館, 복건), 천관(川館, 사천)이 가장 유행한다"고 기록했다(胡祥翰, 《上海小志》 卷9 "酒肆", 上海 : 上海古籍出版社, 1989, 39쪽). 1934년에 심백경(沈伯經)이 저술한 《상해시지남(上海市指南)》은 16가지 종류의 지방음식점을 소개하면서 각 지방 특색의 유명 요리점 109개, 유명한 서양음식점 40여 개를 소개하고 있다.(沈伯經, 《上海市指南》, 中華書局, 1934, 125~135쪽)

있어 전체 양복점(97)의 34퍼센트를 차지하고 있었다. 그리고 백로회로(百老匯路)와 동백로회로(東百老匯路)의 양복점을 더한다면 이 네 도로의 양복점이 전체의 47.4퍼센트를 차지했다. 이는 양복에 대한 수요가 상당히 많았으며, 그 서비스를 공급했던 상점들이 주로 공공조계의 상권 안에 집중되어 다른 지역과 다른 거리문화를 형성했음을 말해 준다.

　　민국(民國)시기에 상해에서 양복이 상당히 유행했는데, 은행 직원과 큰 백화점 점원 등은 좀 가난해도 한 벌의 헌 양복을 '구입'해야 했다. 그리고 머리에는 중산모자를 쓰고, 손에는 스틱을 들고, 눈에 금테 안경을 끼고, 서양식 구레나룻을 기르고, 입에는 시가를 물고, 가죽 가방을 끼고, 양복에 가죽 구두를 신고, 머리를 치켜들고 가슴을 쑥 내밀며 거리를 걸어 다니는 것이 이미 '모던 선생'의 표준 옷차림이 되었다.[17]

　계속해서 양복점은 늘어났고, 양복은 단순히 몸에 걸치는 의상이 아니라 남성복의 최신 유행이었다.[18] 바로 이런 최신 옷차림을 취급하는 상점이 주로 남경로와 하남로에 자리해 있었다.

　양복이 남성의 유행을 선도하는 옷차림이었다면 여성의 의생활은 훨씬 복잡하게 변했다. 여성의 옷은 변화가 심하면 심할수록 최신식이라는 말이 나올 정도로 시대의 변화에 민감하게 반응했다. 여성 의류는 점점 더 몸의 곡선미를 살리는, 즉 개인 몸의 아름다움을 표현하는 추세였고, 이는 자기표현의 다른 방식이기도 했다. 몸의 아름다움을 드러내기 어려웠던 예전의 옷차림은 점차 자신의 신체적 특성을 명확히 표현할 수 있는 것으로 바뀌었고, 중국의 전통 옷차림 가운데 하나인 치

---

17) 忻平, 앞의 책, 365쪽.
18) 徐國植, 앞의 책, 30쪽.

파오[旗袍]는 이런 변화에 적응해 살아남을 수 있었다.

현재 상해에서 유행하는 치파오는 곡선이 분명한 것을 당연히 갖추어야 할 조건으로 하였는데, 몸 안쪽으로 꼭 달라붙는 옷을 입고 거리를 걸으면 가슴·엉덩이·허리·다리 모두가 옷 겉으로도 분명하게 하나하나 구별할 수 있어 마음속으로 헤아릴 필요가 없다.[19]

그리고 1936년에는 수영장에서 비키니 수영복이 유행할 정도로[20] 큰 변화가 일어났다. 섣불리 말하긴 힘들지만 여성들이 옷을 통하여 자신을 표현하고 발견해 가는[21] 측면을 무시할 수 없었다.

잡화업에서도 서양 물품의 증가 추세는 뚜렷했다. 백화(百貨), 잡화, 국화(國貨), 경화(京貨), 광화(廣貨), 수입 잡화(洋雜貨)로 나누어져 잡화류로 기록된 모두 183개의 상점 가운데 수입 잡화가 135개로서 압도적인 다수를 차지했다. 이 수입 잡화점들은 주로 시 중심가에 자리하여, 시 중심가의 문화가 서구식, 최신식 풍미를 갖게 만드는 데 일조했다.

갑북이나 남시의 상권과 달리 공공조계 중심의 상권에서는 서양 물품을 다루는 상점이 많고, 또한 늘어나고 있었다. 비록 이곳이 서구인들이 행정권을 장악하고 있는 지역이고 그들의 중심 활동무대인 이유도 있지만, 서구식 생활방식과 소비문화가 서구인만의 문제는 아니었다. 이는 중국인 안에 서구 취향의 소비심리가 있었음을 뜻했다.

수많은 대학생들, 그들은 조그만 식당에 들어가지 않고, 주머니 안에 몇 푼의 차비만 남아 있다면 반드시 양식점에 들어가야 안심을 한다.[22]

---

19) 위의 책, 30쪽.
20) 〈上海夏之消費面〉, 《社會日報》 1936. 7. 24.
21) 忻平, 앞의 책, 360~363쪽.

이런 소비심리에 따라 양복점은 물론이고, 양식업도 점차 발달했다. 사마로(복주로)에 일품향(一品香)이란 양식점이 처음 개설되었을 때만 해도 양식업은 그다지 호응을 얻지 못했다.[23] 하지만 이후 꾸준히 발전하여 1930년대 중반에 모든 업종이 공황으로 영업 부진에 시달리고 있을 때에도 양식업은 확대 투자가 이루어지면서 복주로와 외탄 근처의 사천로에 양식점 거리를 이룰 정도에 이르렀고 경쟁은 더욱 심해지는 양상을 낳았다.[24]

서구식 또는 '근대적' 생활방식은 상품을 고를 때 중요한 고려사항 가운데 하나였다. 이는 그들의 생활방식과 물품 그리고 여가선용 방법도 서구인들에 의해 소개되고 지배되었음을 뜻한다. 사람들의 소비심리를 자극하고 최근의 소비심리를 반영하여 상품 판매를 촉진해야 하는 광고에서 이런 추세는 잘 드러났다. "교제 장소에서 미려(美麗) 상표의 담배를 피우지 않으면 현대적인 사람이라 할 수 없다",[25] "제일(第一) 상표 칫솔은 미국 최신식 칫솔을 모방하여 만든 것이다. 칫솔 손잡이가 굽어 있고, 칫솔모의 길이에 차이가 있다.…… 칫솔 끝이 뾰족하게 돌출하여 이의 안팎을 닦아 이에 낀 찌꺼기를 모두 제거한다"는[26] 등의 광고는 바로 현대적인 것, 그리고 서양 선진국의 최신식 제품임을 강조하여 판매를 촉진했다.

1933년 3월 3일 애다아로와 숭산로 입구에 개설하려 했던 대화무도장(大華跳舞廳)의 광고에서도 상점들이 무엇을 중시했는지 드러난다. 대화무도장은 "장식이 장엄 화려하고, 교통이 상당히 편리하며, 무대가

---

22) 〈大學生的危機〉, 《申報》 1933. 12. 23.

23) 〈菜館之今昔觀〉, 陳伯熙 編, 앞의 책, 188쪽.

24) 〈西菜業＝競爭猶烈〉, 《社會日報》 1936. 4. 17.

25) 〈美麗牌〉, 《申報》 1933. 3. 1.

26) 〈國貨第一牙刷〉, 《申報》 1933. 3. 1.

널찍하고 화려하며, 공기가 깨끗하고 쾌적하다. 유명한 양식(洋食) 주방장이 요리하여 음식 맛이 입에 딱 맞는다.…… 미국 여자 선생을 초빙하고 연주와 노래가 좋으며, 중국인과 서양인 종업원이 접대를 하니 여러분이 함께 찾아주시길 바랍니다"27)라는 광고를 내걸고 손님을 유혹했다. 양식 주방장, 그리고 미국 여성을 초빙했다는 것이 광고의 한몫을 차지하기에 충분했던 것이다.

남경로의 상점은 이런 것을 표방하며 소비자들을 유혹했고, 이것이 남경로의 거리문화와 소비문화를 이루었다. 남경로에 위치한 대표적인 서양 상품 판매점이었던 혜라공사(惠羅公司)의 광고는 이를 잘 대변한다. "가터는 위 그림과 같이 허리 사이즈, 길이를 조절할 수 있어 미관을 증진시킬 뿐만 아니라 위생에도 좋아 서양 여성이 많이 사용한다", "아름다운 서양식 여성 모자는…… 스타일이 최신식이며 장식이 우아하고, 각종 크기의 디자인은 중국 부녀의 수요에 딱 들어맞는다"28)는 상품에 대한 설명을 그림과 함께 곁들이고 있다. 특히 가터는 지금도 동양 여성에게는 익숙지 않음에도, 서양 여자가 많이 사용한다는 선전 문구를 통해 당시 중국 여성의 소비를 자극하려 했다는 사실 자체를 주목할 필요가 있다. 중국인의 내적인 수요에 관계없이 소비를 창출하려는 뜻이 있었던 것이다.

남경로를 비롯한 상해의 중심 상권에서 '모던(modern)'한 것, 그리고 그를 주도했던 서양 제품과 문화는 1930년대에 소비 선택의 한 추세였다.

모양을 바꿀 수 있는 어떤 문인이 영어 '모던(modern)' 한 단어를 '모덩(摩登)'이라 음역하여 중국 각계의 시장에 팔았는지 우리는 알 수 없지만, 뜻하지 않게 대단히 빠르게 호응이 일어나 마침내 '시대의 맹렬한 조류'로서 성행

---

27) 〈大華跳舞廳〉, 《申報》 1933. 3. 1.
28) 〈惠羅公司〉, 《申報》 1928. 10. 3.

했다. 이에 우리는 볼거리를 가졌으며, 따라 배우게 되었다 ; 모덩 외투, 모덩 양말, 모덩 목기, 모덩 상점, 모덩 안마원 등. 이런 보편적인 현상은 이루 헤아 릴 수 없는데, 한마디로 말하자면 물건마다 '모(摩)'와 '덩(登)'이 없는 것이 없었다![29]

취향의 변화에 따라 소비방식에 변화가 일어나기 시작한 것은 찻집 의 쇠퇴 및 전통적인 오락방식의 변화에서도 나타났다. 중국인들은 전 통적으로 차를 즐겨 마셨고, 찻집은 여가에 시간을 보내기 좋은 장소였 다. 그러나 영화관·놀이공원·사격장·커피숍 등이 연이어 문을 열면 서 상해에는 얼마 안 되는 예전의 찻집만 계속해서 영업을 할 뿐이고, 그나마도 젊은이들의 취향에는 맞지 않았다. 공기는 탁하고, 실내 장식 은 어두침침하고 구식이어서, 찻집은 노인네들 또는 건달[流氓]들의 집 합장소로 변해 갔다. 대신에 청년들은 커피숍으로 향했다.[30] 그리고 여 가생활의 큰 몫을 차지했던 전통극을 공연하는 곳은 주로 누추한 변두 리로 밀려났고, 그나마도 지탱하기 힘들었다.[31]

4. 상권의 발달에 따른 공간 이용의 변화

상해의 공간 이용은 상당히 집약적이었다. 1평방킬로미터당 약 4만 5천 명의 인구밀도는 당시로서는 보기 드문 인구집중이었다. 1937년에

---

29) 《申報》 1933. 2. 5. 增刊.

30) 徐國植, 앞의 책, 1933, 44~45쪽.

31) 〈小戱院—說不出的設備簡陋〉, 《社會日報》 1936. 7. 27. 1931년에 상해의 영화관과 희 원(戱院)의 수는 37 : 23이었다. 영화관은 하루 3차례 상영했으나 희원은 많아야 2회 였다. 이를 통해 볼 때 영화관의 관중은 적어도 희원 관중의 2.5배는 되었다[熊月之 主編, 《上海通史》 第9卷(民國社會), 上海 : 上海人民出版社, 1999, 172쪽].

공부국(工部局) 거주상황조사위원회의 조사에 따르면 한 채의 집에 4가구가 사는 집이 2만 2764곳, 6가구가 사는 집이 1만 4028곳, 9가구 이상이 1,300곳이었고, 한 채의 집에 15가구가 넘게 사는 곳도 있었다.[32]

행정구역별로는 상업이 가장 발달한 바둑판거리가 있던 공공조계 중구가 가장 밀집된 양상을 보이고 있다. 인구밀도와 상점밀도를 통해서 공간 사용의 밀집도를 보면, 중구의 경우 1평방킬로미터당 1,780여 개로 다른 지역에 견주어 상점이 가장 많이 밀집되어 있었다.

〈표 10〉 1930년 공공조계의 행정구역별 인구수, 면적과 인구·상점 밀도

	중구	북구	동구	서구	기타	합계
인구수(명)	132,255	174,117	353,602	272,865	70,029	1,002,868
면적(㎢)	1.90	2.05	10.92	7.72	-	22.59(22.60)
인구밀도 (명/㎢)	69,608	84,935	32,351.5	35,299.5	-	44,596
상점밀도 (개/㎢)	1780.53	420.49	34.71	42.49	-	219.21
상점당 인구수	39.09	201.99	932.05	830.77	-	203.44

자료 :《上海指南》, 商務印書館, 1930의 제5권 '음식유람(飮食遊覽)'과 제6권 '실업(實業)'의 주소지에 따른 상점 분류와 鄒依仁,《舊上海人口變遷的硏究》, 上海 : 上海人民出版社, 1980의 표 4와 93·97쪽과 16~17쪽에 의거하여 작성.
주 : 통계 수치상의 차이는 소수점 이하 둘째 자리에서 반올림함으로써 나타난 현상임.

상권 또는 상업의 발달과 인구밀도는 대체로 정비례의 관계에 있었다. 인구밀도가 높았던 중구와 북구는 상업이 발달했던 반면에 인구밀도가 상대적으로 낮았던 동구와 서구는 상업 발달이 상당히 지체되었다. 공공조계의 영역이 한정되어 있던 상황에서 여전히 중구와 북구에 많은 인구가 거주하는 것을 볼 때, 도심 공동화 현상이 본격화한 것은

---

32) 屠詩聘,《上海市大觀》下, 中國圖書出版公司, 1948, 2쪽.

아닌 듯하다. 또한 상업 중심지인 중구와 북구에는 여전히 많은 인구가 구식 주택에 거주하고 있었다. 대로변에는 현대식 건물이 서 있었지만 그 뒤에는 전통적인 중국인 거리가 형성되어 있었다. 상해의 도시는 산업화로 변화를 겪으면서도 이면은 여전히 중국식 건물과 생활방식이 자리 잡고 있었다.

인구의 밀집과 한정된 영역은 공간 이용에 변화를 가져왔다. 특히 공공조계는 상공업이 날로 발전하는 것에 견주어 영역은 한정되어 있었고, 결과적으로 고층건물의 상업적 효용성은 높아졌다. 1920년대와 1930년대에 본격적으로 고층건물이 들어서면서 공간 이용의 효율성을 높였다. 1928년에서 1932년까지 5년 동안 상해시 전체 신축 건물의 47.24퍼센트가 고층으로 지어진 반면에 27.60퍼센트가 단층으로 지어졌다. 가치 면에서는 더 말할 나위도 없었다. 5년 평균 신축건물 총 가치의 66.62퍼센트를 고층건물이 차지했던 반면에, 단층건물은 12.16퍼센트를 차지했을 뿐이다.[33] 1929년에서 1938년 사이 10년 동안에 10층 이상의 고층건물 31개가 주로 공공조계에 건축되었다.[34]

고층건물은 도시 중심부의 외관을 바꾸어 놓았다. 또한 상업 공간의 밀집도를 높여 중심지 상권의 기능을 강화하는 구실을 했음은 물론이고, 고층건물 형식을 통해 주민들의 생활공간을 넓히는 것도 가능해졌다. 중산층 이상을 위한 주상복합형 또는 고급 아파트 형태의 고층건물들이[35] 1920년대에 지어지기 시작하여 1930년대에 전성기를 이루면서

---

33) 上海市地方協會 編, 《上海市統計》, 上海 : 上海市地方協會, 1933, 土地, 7쪽 ; 羅志如, 《統計表中之上海》, 中央硏究員社會科學硏究所, 1932, 19쪽. 단층건물의 경우 1932년에 34%로 급작스럽게 신축비율이 늘어 평균비율이 상대적으로 높았는데, 이는 1932년 상해사변 당시에 일본이 갑북을 폭격하여 갑북 서민층의 주택 파괴와 신축에 따른 결과일 가능성이 있으나 좀더 규명이 필요하다고 생각한다.

34) 伍江 編, 《上海百年建築史(1840~1949)》, 同濟大學出版社, 1997, 115~117쪽.

35) 上海住宅建設誌編纂委員會 編, 《上海住宅建設誌》, 上海 : 上海社會科學院, 1998, 91, 108~109쪽.

공간 이용이 바뀌었다.

도시공간의 집약적 이용과 인구밀집 때문에 일상적으로 접촉해야 할 사람들은 훨씬 많아졌다. 인구밀도를 계산하는 범위 안에서 영업을 하는 상점은—현실적으로 존재하는 상점의 숫자와 상관없이—이론상 해당 지역 안의 모든 사람을 고객으로 한다. 즉 인구밀도가 6만 9608명인 중구의 경우, 이 지역에 있는 상점은 이론상 각 상점마다 6만 9608명의 잠재적인 고객을 만날 가능성이 있음을 뜻한다. 하지만 이는 1평방킬로미터당 만날 수 있는 고객의 숫자일 뿐으로, 실질적인 생활권을 고려한다면 상점의 잠재적인 고객은 훨씬 늘어날 것이다.[36] 상해 인구의 증가와 잠재적인 고객의 확대는 상업의 발달을 가져왔으며, 상해인들의 인간관계의 폭을 대폭 넓혔다.

스키너의 연구에 따르면, 전통 시장의 전형적인 범주는 평균 인구 7,870명에 면적은 평균 52.5평방킬로미터로서 인구밀도는 150명 정도의 시장사회(市場社會)였다.[37] 시장사회는 사회경제적인 조직체로서 그 공동체 안에 포괄된 사람들은 서로 안면이 있거나 알고 있는 상태였다고 한다. 그리고 인구밀도가 높아지면서 시장이 포괄하는 평균인구와 평균면적은 줄어드는 경향을 보인다고 한다. 이처럼 전통적인 시장과 사회조직이 면식 관계와 일정한 소비수준을 넘지 못했던 반면에, 상해 공공조계는 면적은 비슷하면서도 — 공공조계의 면적과 비슷한 지역의 전통 시장사회는 인구밀도 375명에 평균인구가 8,660명, 면적은 23.1평

---

36) 상업과 교통이 발달할수록 만날 수 있는 사람 수가 늘어나는 것은 당연하다고 할 것이다. 문제는 이런 접촉 범위를 어디까지 한정해야 하는가의 문제이다. 즉 1930년 당시 상해인들의 생활권의 범위는 어디까지일까? 신핑(忻平)은 상해 인구의 접촉 범위가 넓어졌다고 주장하면서 영국을 기준으로 계산한 이론에 근거하여 산술적으로 접촉 범위를 계산하고 있다.(忻平, 앞의 책, 280~281쪽) 신핑의 주장대로 접촉 범위가 넓어졌다는 점은 충분히 수긍하지만 상해인의 생활권의 범주, 도시의 성격 등을 고려하지 않았다는 점이 아쉽다.

37) 윌리엄 G. 스키너, 양필승 옮김, 《中國의 傳統市場》, 신서원, 2000, 73쪽.

방킬로미터였다 — 인구수와 접촉 범위가 많이 달랐다. 즉 상해 사회는 인간관계에서 전통 시장사회와는 다르게 익명성이 크게 높아졌다.

도시 상권의 기능적 분화는 이런 변화를 더욱 강화했다. 은행가·서점가·유흥가 등이 분리되어 만들어짐으로써 특정 서비스를 원할 때는 그 지역을 방문해야 할 필요성이 커졌다. 공공조계 안에서 이동성의 증가를 가져온 것이었다.

1909년에 처음 생긴 상해 공공조계의 전차는 매일 3만여 명을 실어 날랐다.[38] 1912년에는 모두 107대의 전차에 연인원 4천여만 명이 탑승하여 하루 평균 탑승인원이 11만여 명이었으며, 1921년에는 하루 평균 32만 7천여 명으로 늘어났다.[39] 그리고 1932년에는 전차로 하루 평균 29만 8207명, 버스로 8만 6574명을[40] 수송했다. 이 밖에 인력거나 다른 교통수단의 이용도 무시할 수 없었다. 1926년 4월 26일과 27일 이틀 동안 오전 7시에서 오후 7시까지 남경로의 교통량을 평균 낸 결과 하루 동안 행인이 3만 1789명, 인력거가 1만 183대, 자동차가 6,735대 그리고 버스가 208대, 유궤전차가 626회 드나들었고, 이 밖에 화물차·손수레 등이 더해졌다.[41] 남경로의 교통 체증은 이미 1930년대에 시작되었다.

교통의 발달과 상권의 분화에 따른 이동의 증가는 상해의 개방성도 높였다. 상해 안에서 접촉 범위를 넓혔음은 물론이고, 상해와 기타 지역 그리고 외국과의 왕래가 늘어나면서 상해의 인간관계는 훨씬 개방적이 되지 않을 수 없었다. 하지만 상대방을 깊이 알기는 더 힘들어짐으로써 사람들은 전통 사회와는 달리 일과 이익에 따라서 사람을 사귀고 만나게 되었다. 특히 상거래는 더욱 그러할 수밖에 없었다. 청말(淸末)부터

---

38) 《東方雜誌》 6卷 9期.

39) 徐雪筠, 《上海近代社會經濟發展槪況》, 上海 : 上海社會科學院, 1985, 169·216쪽.

40) 上海市年鑑委員會, 《上海市年鑑(1935)》, 1935, 交通, 16~17, 19쪽.

41) 羅志如, 앞의 책, 60쪽.

상해에서는 이미 이익관계에 따른 인간관계가 만들어지고 있었다. 사회 교류의 중심은 사람 그 자체에 있는 것이 아니라 사람이 지니고 있는 물질 이익과 정신 이익에 있었으며, 이익은 감정을 대체하고 인간관계의 끈·교량·접합제가 되었다. 중요한 것은 이익이었지 감정의 교류가 아니었던 것이다.[42]

공간에 대한 생각도 바뀔 가능성이 높아졌는데, 이동량의 증가와 빠른 이동은 공간 개념을 축소시켰다. 공간 개념의 변화에 관해서는 좀더 세밀히 연구해야 하지만, 이동의 증가로 이전에 서로 동떨어진 이질적인 공간에서 활동하던 사람들이 공간을 공유할 가능성이 높아졌쪽. 그 결과 시 전역을 넘나드는 인간관계가 가능하게 되었고, 거주지를 중심으로 한 지역사회의 범주를 넘어서는 네트워크가 가능해졌다. 따라서 거주지를 중심으로 한 지역문화를 넘어서는, 계층적 또는 계급적 연대를 통한 대규모 조직화의 '가능성'이 훨씬 커졌다.

한편으로 일정한 공간에 수많은 상점이 있었기 때문에 상인들은 치열한 경쟁에 시달려야 했다. 인구와 마찬가지로 상점 수도 늘어났기 때문에 각 상점이 확보할 수 있는 잠재적인 고객의 수는 늘어났지만 실질적으로 한 상점이 확보할 수 있는 산술적인 고객은 줄어들 수밖에 없었다. 한 상점이 몇 명의 고객을 실제로 확보했는지는 그 상점의 매출 등을 따져야 하지만, 산술적으로 《상해지남》(1930)의 자료만으로 계산할 때, 인구 100만 2868명에 상점이 4,952개였으므로 한 상점당 약 200명의 고객이 확보된다.(〈표 10〉 참조) 하지만 공부국에 등록된 상점은 2만 2818개로서, 한 상점에 분배되는 고객은 약 44명에 지나지 않았다. 즉 5인 가족이라면 10가구가 채 안 되는 고객을 상대로 영업을 해서 생계를 유지했다는 말이 된다.[43] 그렇다면 이런 상황에서 익명의 잠재적 소

---

42) 樂正, 《淸末上海人社會心態, 1860~1910》, 上海 : 上海人民出版社, 1991, 86쪽.
43) 산술적 계산에는 몇 가지 문제가 있다. 먼저 업종의 구분 없이 계산함으로써 업종

비자층을 되도록 많이 끌어들이기 위해 각 상점은 치열한 경쟁을 치를
수밖에 없었다.
 광고와 고객의 관심을 끄는 행위는 상해의 일상사였다.

  상업 광고는 판매에서 가장 중요한 둘도 없는 방법으로, 상해는 전국 상업
 의 중심일 뿐만 아니라 광고의 참신성과 뛰어남 또한 전국에서 제일로서 글
 과 그림, 쇼윈도 배치를 막론하고, 모두가 더 잘하려고 애쓴다.[44]

  상해의 백화점 안은 세계에서 가장 시끄러운 곳이다. 일부는 하루 종일 축
 음기를 틀어놓고 거기다 고성능 확성기까지 사용하여 큰 소리로 울려 퍼지게
 한다. 중국인은 벅적벅적하고 떠들썩한 것을 아주 좋아하는데, 공교롭게도
 상해가 가장 번화하고 왁자지껄한 곳으로 중국인의 취향에 가장 잘 맞았다.
 상해에서는 어떤 곳을 막론하고 예컨대 백화점과 보통의 상점 · 공장 · 수리
 점 모두에서 소란스러운 소리를 들을 수 있다. 황포탄 또한 바로 이러했다.[45]

 당시 소비심리를 자극하기 위한 방법으로 가장 많이 사용된 것은 할

사이의 경쟁 상태와 업종별 고객 수를 계산할 수 없는 한계가 있다. 두 번째는 업종마
다 소비주기가 달라 각 상점의 고객 수를 계산하기 어렵다는 점이다. 즉 일상생활 용
품은 항시 필요한 소비품목이다. 하지만 소비주기가 비교적 긴 내구재의 경우도 있는
데, 이런 양자의 소비욕구가 충돌했을 때, 각 상점의 영업 상황은 달라질 수밖에 없다.
즉 경기가 좋지 않을 때에는 당장 필요한 물품이 아니라면 소비를 축소하기 때문에,
대상고객 수와 달리 실제 구매고객 수는 현실의 경기 상황이나 기타 여건에 따라 수시
로 변동할 수밖에 없다. 경기가 활성화되면 수입 상황이 나아지면서 내구재의 소비마
저도 늘어나는 경향을 보이는 것은 상식일 것이다. 따라서 경기가 좋아지면 현실에서
상점을 찾는 빈도는 늘어나게 된다. 바로 이런 뜻에서 각 업종에 따라 경쟁을 구분해
야 하지만, 동시에 다른 업종도 서로 경쟁의 상대일 수가 있고, 따라서 전체 인구수를
상점 수로 나누어 각 상점별 고객 수를 확정하는 것이 현실과 완전히 동떨어진 것만은
아닐 것이다.
44) 沈伯經, 앞의 책, 360쪽.
45) (美)霍塞, 《出賣上海灘》, 上海書店出版社, 2000, 175쪽.

인판매였다. 예를 들어 1932년 9월의 상품 광고를 보면, 많은 상품을 80 또는 90퍼센트의 가격으로 약 한 달 동안 할인을 한다고 대서특필하고 있다.[46] 또한 경품을 제공하는 것도 하나의 방법이었으며,[47] 다른 상품과 비교하는 방법을 사용하여 상품의 우수성을 선전하는 판매전략도 일반적인 광고의 한 방법이었다.[48] 이미 오락문화의 총아로 떠오르기 시작한 영화계 스타를 이용하는 것도 광고의 또 다른 방법이었다.[49]

또 다른 방법은 물품을 직접 보게 만들어서 구매심리를 자극하는 것이다. 가장 대표적인 것이 쇼윈도의 설치였다. 상해의 혜라·회사(匯司)·복리(福利)와 같은 여러 서양 회사들이 쇼윈도를 설치했고, 양복점에서는 마네킹을 두고, 화초점(花草店)에서는 분재를 진열하여 사람들의 이목을 끌었다. 그리고 이런 상술은 곧바로 중국인에 의해 받아들여졌다. 선시공사(先施公司)와 상무인서관(商務印書館)이 서양식을 모방하여 상품을 진열했다.[50]

한편으로 소비 선택을 지배했던 또 하나의 요인으로 애국심과 정부의 인위적인 조작을 들 수 있다. 서구의 물품이 난립하는 만큼 그에 대

---

46) 《申報》 1932. 9. 1. 이후의 신문광고란 참조. '신신(新新)공사 ─ 전례 없는 가을 대할인 판매'(9월 2일)와 같은 광고가 무수히 실렸으며 이런 현상은 1932년에만 한정된 것은 아니었다.

47) 〈光華眼鏡公司〉, 《社會日報》 1936. 3. 29. 남경로에 본점이 있고, 갑북의 강만로, 프랑스조계 등에 분점을 지니고 있던 광화안경공사는 '봄철 할인', '현금 증정'이란 제목을 내걸고 광고를 했는데, "안경 가격 외에 이익이 있으니 사람들은 모두 영수증을 보관하기를 바라며, 그 숫자 끝 한 자리가 21차 항권복권 1등의 끝자리와 같은 사람에게는 중앙은행 법폐(法幣) 1원을 주며, 끝 두 자리가 같은 사람에게는 구매 원가를 돌려준다"고 광고를 냈다.

48) 〈廣生行〉, 《申報》 1928. 10. 1. "다른 상표의 화장수(花露水) 일정 양에 물 20배를 붓고 시험을 하라. 다시 마찬가지 방식으로 쌍매(雙妹) 상표의 화장수를 동일한 방식으로 시험하라. 양자를 비교하면 쌍매 화장수의 색깔이 진하고 향기가 깊어 다른 상표를 훨씬 앞지른다"와 같은 방식이었다.

49) 〈潔白牙膏〉, 《申報》 1933. 3. 1.

50) 〈商店之窗飾〉, 陳伯熙 編, 앞의 책, 201∼202쪽.

한 대항의식도 높아졌으며, 이에 따라 애국심에 호소하는 것이 상품을 선전하는 가장 중요한 방법 가운데 하나가 되었다. 그 결과 국산품만을 판매하는 전문 백화점이 생겨났다. 1930년도 《상해지남》에는 4개의 국산품 전문 판매점이 기록되어 있다.

서구 상품 또는 '모던' 상품에 대한 선호와 국산품 애용은 독특한 광고를 만들어 냈다. 즉 서양 것을 모방한 최신의 국산품 또는 서양 풍미를 물씬 풍기는 국산품을 제공하고 그를 소비하도록 유도함으로써 서구화와 애국심이란 두 가지의 심리 만족을 느끼게 하는 방식이었다. 이런 현상은 상표에서는 서양식 이름을 사용하면서 국산품임을 강조하는 방식으로 나타났다. "본 공사의 본의는 창설 이후로 줄곧 국산품 사용을 제창하여 이권이 국외로 나가는 것을 막는 데 있었으며, 생산품 원료는 모두 완전한 국내산이기 때문에 수입품보다 우수하다"라고 설명하면서 붙인 상표는 백란지(白蘭地) 담배(The Brandy), 녹녀패(綠女牌) 담배(Green Girl)와 같은51) 형태였다.

당시에 사용된 상품 이름에는 이처럼 서양어를 음역 또는 훈역하여 사용한 경우가 상당히 많았는데, 예를 들면 해백륵(解百勒, Kepler), 이시덕림약수(李施德霖藥水, Listerine-antiseptic), 이라과자염(以羅菓子鹽, Eno's Fruit Salt), 고이부(高而富, Golf) 담배 등이었다. 1928년에 나온 동남연초공사(東南煙草公司)의 제품과 광고는 이를 잘 드러낸다. 이 광고의 전면에는 포커, 애미매(愛美妹), 검극패(儉克牌) 등의 담뱃갑에 서양인의 얼굴과 킹 카드를 새겨 넣으면서 그 밑에 다음과 같은 광고 문구를 삽입했다.

우수 국산 외제 능가, 누르스름한 썬 잎 향기로운 냄새, 가격 저렴 품질

---

51) 〈上海大東南煙草公司啓事〉, 《申報》 1928. 10. 1.

고급, 수려한 포장. 이 밖에도 용왕(龍王, Dragon King) 담배 안에 증정품이 있으니 여러분이 이를 사면 좋은 담배를 맛 볼 뿐만 아니라 진귀한 물건을 얻으니 일거양득인데 어찌 즐겁지 아니하겠는가. 애국지사가 이권을 만회하려면 특히 이를 피워야 한다.[52]

상해인들은 서양을 모방하면서 그들의 생활습관과 소비방식을 따라갔다. 즉 서양 방식을 모방한 국산품을 개발하고는, 애국심에 호소하여 이를 써 줄 것을 강조하면서도 서양식 상품 이름을 붙이고 서양의 최신식 기술을 들여왔기 때문에 상품이 우수하다고 주장하는 모순이 있었다. 남경로를 비롯한 바둑판거리의 문화는 바로 이런 혼합과 모순을 반영했던 것이다. 즉 남경로로 대표되는 공공조계의 여러 상권은 서양의 것을 모방하면서 근대화를 추구하려 했던 중국인들의 선두를 달리고 있었다.

하지만 갑북·남시에는 이런 거리문화가 없었다. 갑북과 남시의 상점들은 앞에서 살펴본 대로 일상소비를 위주로 하는 것들이 주를 이루었으며, 그곳의 상점들은 여전히 전통적인 중국인의 생활방식과 밀착된 업종이 주였다. 각 구역 상권의 특색은 너무나도 달랐고, 이들은 상해라는 하나의 공간 안에 있으면서도 분절된 이질적인 구역으로서 존재했다.

5. 상권과 배후지

상권의 분화와 각 구역 상권의 불균등 발전이 이동성과 사회관계의

---

52) 〈東海煙草公司出品〉, 《申報》 1928. 10. 1.

익명성을 증가시킨 한편으로 지역별로 다른 사회·문화적 환경을 창출했다. 상권의 특색에서 나타나듯이 각 지역별로 공간을 구성하고 있는 요소들이 달랐고, 이 요소들이 어우러지면서 하나의 거리문화, 나아가서는 지역문화를 이루었다.

상권마다 특색이 달랐던 점은 상권과 인접한 지역사회와 어떤 관련이 있을까. 상권의 형성은 소비자의 존재를 필요로 한다. 그리고 각 상권은 그 특성상 전 시민을 상대로 하기도 하지만, 특정 계층만을 상대로 한 상권이 만들어지기도 한다. 상권과 소비자의 상호 작용에 따라 상권의 변화를 가져오기도 하고 거꾸로 상권의 성격 변화가 지역사회에 새로운 바람을 불어넣기도 한다.

그렇다면 위에서 파악한 각 상권마다 자주 드나들던 주된 소비자층은 누구였을까. 공공조계의 중심 상권은, 단순히 지리상의 위치로 볼 때, 시의 중심에 위치하여 전 시민을 대상 고객으로 하는 듯한 느낌을 준다. 더욱이 남경로의 고급 상점, 복주로의 서민적이면서도 고급품을 취급했던 상점, 그리고 복건로의 옷가게 등이 복합적으로 몰려 있어 이 상권을 찾는 어떤 계층의 사람에게든지 필요한 상업 서비스를 제공할 수 있을 듯이 보이기 때문이다.

사실 한 상권의 주된 소비자층을 찾기는 힘들다. 한 지역의 소비자들은 인접한 지역에서 상품을 구입할 수도 있지만, 경제적인 이유에서 또는 특별한 목적을 위해서 다른 지역의 상권을 이용하거나 전문 상권을 찾는다. 따라서 특정한 상품을 제외한다면 일반 소비자층이 어디에서 물건을 구입했는지 또는 어느 상권을 주로 이용했는지를 알기는 상당히 어렵다.

하지만 상권의 접근 가능성이란 측면에서 우리는 간접적으로나마 소비자층을 확인할 수 있을 것이라 생각한다. 즉 한 상권에 대한 접근도가 높을수록 그 접근 가능 지역에 있는 사람이 다른 사람에 견주어 그 특정 상권을 이용할 가능성은 훨씬 높아지기 때문이다. 같은 성격을 지닌 상권의 경우는 말할 필요도 없고, 꼭 필요한 경우가 아니라면 번잡한 지역을 넘나들 가능성이 적어지기 때문이다. 따라서 이런 접근 가능성이란 측면에서 상권의 주된 이용 가능 지역, 즉 상권의 배후지와 그 소비자층을 찾고, 이 과정에서 상권과 지역사회의 관계를 생각해 보려고 한다.

자가용이 보편화되지 않은 상태에서 많은 사람이 상권에 쉽게 접근할 수 있도록 하는 가장 효과적인 수단은 대중교통이었다. 도로는 물론이거니와 대중교통이 가장 발달한 지역은 공공조계였다. 《상해지남》에는 유궤(有軌)와 무궤(無軌)를 합쳐 공공조계에 15개, 프랑스조계에 10개, 남시 지역에 4개의 전차 노선이 기록되어 있다. 그리고 1935년판 《상해시연감》에는 공공조계에 18개, 프랑스조계에 12개, 화계(華界)에 4개의 전차 노선이 기록되어 있다. 공공조계의 전차는 상해제조전기회사(上海製造電氣公司)가 담당하고 있었으며, 프랑스조계는 법상전차회사(法商電車公司)가, 그리고 남시 지역은 화상전기회사(華商電氣公司)가 담당을 하여 각 행정구역별로 담당 회사가 달랐고,[53] 그에 따라 영업구역도 정해졌다. 교통사업은 각 행정구역별로 분리되어 발전했다.

공공조계의 전차 노선을 지도에 그려 보면, 동쪽이나 서쪽의 공공조계 외곽지역에서 시작하여 조계 중심지역을 거쳐 다시 조계의 외곽지역으로 빠져나가고 있다. 이들 교통노선이 주로 공공조계의 내부만을 연결하고 있어 갑북이나 프랑스조계 또는 남시로 연결하는 데 상당히 취약했다.

프랑스조계의 전차 노선이나 갑북·남시의 전차 노선을 살펴볼 경우, 각 지역 사이의 연결이 어려웠던 것이 더욱 잘 나타난다. 십육포(十

---

53) 上海市年鑑委員會, 앞의 책, 交通, 8~16쪽.

六鋪)에서 양경빈(洋涇浜)에 이르는 짧막한 노선(8~9개 노선)을 제외한 다면 모든 노선이 십육포에서 시작하여 성벽을 따라 평행으로 달리면서 서쪽으로 빠져나가고 있다. 즉 공공조계와 나란하게 프랑스조계를 동서로 연결하는 노선이 주였다.

그리고 화상(華商) 전차의 운행노선은 성벽 자리에 만들어진 도로를 따라 도는 노선과 고창묘(高昌廟)에서 소동문(小東門)으로 연결되는 동서를 달리는 노선이었고, 그나마 4개 노선으로 한정되어 있었다. 남시에서 가장 발달했다고 하는 이마로·외마로와 공공조계를 직접 연결하는 노선은 없었다. 그리고 갑북에는 전차노선이 아예 없었다.

버스 노선의 경우도 상황은 그다지 다르지 않았다. 저마다 행정권 안에서 동서로 달리면서 공공조계 내부 또는 화계 지역을 연결하고 있어 분립된 행정권을 하나의 노선으로 접근하기는 상당히 힘들었다. 자가용은 당시 일반 서민이 꿈도 꾸지 못할 것이었고, 택시의 경우도 일반 서민층이 이용하기에는 어려웠다. 가격이 1시간당 3원에서 4원으로 일정치 않았고, 그 밖에도 약간의 팁을 주어야 했기 때문에 일반 서민이 이용하기에는 부담스러웠다.[54]

쉽게 각 상권을 드나들 수 있는 것은 인력거였다. 대중교통 노선이 주로 동서로 달리면서 남북을 연결하는 도로 발달은 지체되었고, 그 결과 인력거의 수요는 여전히 높았다. 대중교통 수단이 1908년 이후 급속도로 발전했음에도 1930년대에도 인력거는 줄어들지 않았다. 공공조계를 예로 들자면, 공부국(工部局)에 등록된 영업용 인력거는 1927년 이후 1934년까지 9,900대를 계속 유지했고, 개인 소유의 인력거는 9,500여 대에서 1934년에 1만 2700여 대로 늘어났다.[55] 하지만 인력거로 장거리를 달리는 것은 부담스러웠고, 가격도 전차에 견주어 약간 비쌌다.[56]

---

54) 徐國植, 앞의 책, 61쪽.

55) 上海市地方協會, 앞의 책, 公用事業, 17쪽 ; 上海市年鑑委員會, 앞의 책, 交通, 6쪽.

결론적으로 말하자면 대중교통의 경우 갑북·공공조계·프랑스조계·남시를 연결하는 원활한 노선은 존재하지 않았다. 각 행정구역마다 전차나 버스의 담당 회사가 달랐고 노선이 분절되어 있었기 때문에, 이들이 분립된 행정구역을 자유롭게 드나드는 데는 많은 불편함이 따랐다. 그리고 거꾸로 이런 상황이 상해인들이 주거지와 같은 공간을 선택할 때 고려 요인으로 작용하면서 공간 배치에 영향을 끼쳤다. 결국 각 상권에 자주 드나들던 주된 고객은 그 인접 지역 또는 대중교통 노선으로 비교적 쉽게 상권에 갈 수 있었던 사람들이었을 가능성이 높다.

갑북·남시·공공조계와 프랑스조계의 상권이 저마다 그 행정구역을 배후지로 했다면 그 상권의 발달은 소비 배후지의 특색에 따라 발전했다는 것을 뜻한다. 그렇다면 각 지역 소비자층의 두터움이 어느 정도였기에 상권 발달의 차이를 가져온 것일까. 1929년 3월 29일자 《신보(申報)》는 상해시 공안국(公安局)이 실시한 인구조사 결과를 보도했는데, 그에 따르면 화계의 인구는 모두 150만 3921명으로 그 가운데 남자가 86만 5461명, 여자가 63만 8460명이고, 공공조계는 84만 226명, 프랑스조계는 35만 8453명이었다.[57] 이 인구통계에 따른다면, 일단 인구수에서 단순 추정할 때 공공조계가 상업이 더 발달한 이유를 발견할 수 없다. 즉 인구수에서 화계가 공공조계와 프랑스조계를 합친 것보다도 훨씬 많아 상업 발달과 인구수에 따른 소비 잠재력 사이에는 별다른 관계가 없었던 것으로 판명된다.

하지만 각 지역의 인구밀도에서는 차이가 났다. 화계가 1평방킬로미터당 4천 명도 채 안 되었는 데 반해, 공공조계는 약 4만 5천 명으로 화계보다 10배 이상의 인구가 집중되어 있어 당연히 상권 발달에 유리한 조건을 가지고 있었다. 공공조계는 인구밀도가 높았으므로 잠재적

---

56) 徐國植, 앞의 책, 61쪽.
57) 《上海指南》 第1 商務印書館, 1930. 第1卷, 總綱, 4쪽

〈표 11〉 행정구역별 인구밀도 (단위 : 명/1㎢)

연도	1930	1931	1932	1933	1934
화계	3,440.80	3,711.80	3,194.80	3,630.46	3,892.90
공공조계	44,595.20	45,364.20	47,557.26	49,201.15	50,832.79
프랑스조계	42,544.72	44,619.57	46,825.04	48,584.74	48,746.87

자료 : 上海市年鑑委員會, 《上海市年鑑(1935)》, 1935, 土地人口 12쪽.

인 소비자층도 두터웠던 것으로 판명된다. 그렇지만 인구밀도가 높다고 해서 이것이 곧 소비수준의 고급화를 뜻하지는 않는다.

남경로 등에 고급 상권이 만들어졌다는 것은 그 주된 소비자층이 고소득자였다고 추정할 수 있다. 소득수준이 높아질수록 소비 경향의 다양화와 고급화 추세를 드러내기 때문이다. 이 문제를 해명하기 위하여 각 지역에 거주했던 거주민들의 직업 구성을 살펴보자.

화계와 공공조계의 직업별 인구구성을 살펴볼 때 그다지 큰 차이는 드러나지 않는다. 화계의 경우 가사·견습공·일용직·노공(勞工)·무직 등의 비중이 높아 빈곤층이 다수 거주하고 있었음을 알 수 있다. 공공조계의 경우에도 잡업이 55퍼센트를 차지하고 있는데, 이 항목에 포함된 직업이 화계와 같아 공공조계 또한 빈곤층이 다수를 차지했다. 이런 다수의 빈곤층 때문에 공공조계에는 여전히 중저가의 상품에 대한 수요가 있었을 뿐만 아니라 전당포도 많이 있을 수밖에 없었다.

그러나 한 가지 눈에 띄는 차이점으로 상대적 고소득자인 전문직 종사자가 공공조계에 많이 거주한다는 것을 들 수 있다. '철밥통'으로 불리는 금융업 종사자가 이 지역에 몰려 있었고, 상대적 고소득자인 사무원과 전문직 종사자가 공공조계에 다수 거주했다. 공공조계의 직업 구성에서 전문직으로 분류된 의사·법률가·회계사·신문기자가 1만 4634명이었던 데 반하여, 화계 지역에서 이 네 직업에 종사하는 사람은 1,887명으로 둘 사이에 약 9배 정도 차이가 난다. 그리고 바로 이들 사

〈표 12〉 1935년 화계의 직업별 인구구성(단위 : 명)

직업	인구수	비율	직업	인구수	비율
농업	195,258	9.61	회계사	40	0.00
공업	448,880	22.08	의사	1,633	0.08
상업	185,912	9.15	군인(사병)	1,967	0.10
교직	86,369	4.25	경찰	5,945	0.29
정당인	292	0.01	노공(勞工)	149,666	7.37
정치인	6,316	0.31	가사	413,678	20.36
직업 군인	416	0.02	견습공	49,924	2.45
교통	23,535	1.16	일용직	69,840	3.44
신문기자	66	0.00	잡업(雜業)	71,930	3.54
기사[工程師]	168	0.01	무직	320,416	15.76
법률가	148	0.01	총계	2,032,399	100.00

출전 : 鄒依仁,《舊上海人口變遷的硏究》, 上海 : 上海人民出版社, 1980, 106쪽의 표 15.

주 1) 외국인 제외.

주 2) 농업=농업, 임업, 과일, 목축, 어업 등. 교통=선박·차량·우체국에서 일하는 모든 노무자. 노공=인력거
꾼, 하역노동자 등. 잡업=이발, 의치(義齒), 발가락 손질, 때밀이 등. 무직 : 폐질(廢疾), 죄수 및 정당치
못한 직업 등을 말한다.

무원과 전문직 종사자들이 서양식 제품이나 고급 제품에 대한 소비를
주도했다. 외탄에 가까운 사천로 일대의 양식점이 바로 이들 사무원을
대상으로 장사를 하면서 발전했다.[58]

여기에다 외국인 거주자를 더하면 공공조계의 고소득자가 다른 지역
을 압도하고 있었음을 알 수 있다. 여러 종류의 전문 인력과 사무·관
리 인원이 외국인 거류민의 47.8퍼센트를 차지하여 외국 거류민의 주류
를 이루었는데, 이 가운데 전문 인력은 주로 기사(技師)·회계사·교수
및 교원으로서 14.7퍼센트를 차지했고, 33.1퍼센트로 최대 다수를 차지
했던 직종은 주로 사무직과 관리직이었다. 여기에다가 업주를 포함하
면 외국인의 65.2퍼센트가 이 세 항목에 집중되어 있어,[59] 이들의 직업

---

58) 〈西菜業＝競爭猶烈〉,《社會日報》 1936. 4. 17.

59) 熊月之 主編, 앞의 책, 348쪽.

〈표 13〉 1935년 공공조계의 직업별 인구구성(단위: 명)

직업	인구수	비율	직업	인구수	비율
농업 및 원예	1,150	0.10	정부 및 시정(市政) 기관	7,989	0.72
공업	204,849	18.28	육·해군	410	0.00
상업	183,328	16.36	사무원·속기사 등	3,627	0.33
금융 및 보험업	10,604	0.95	가사 등	57,250	5.11
운수 및 교통사업	13,523	1.21	예술계·기예계·운동선수	3,706	0.33
전문직	14,634	1.31	잡업	619,790	55.30
			총계	1,120,860	100.00

자료 : 鄒依仁, 《舊上海人口變遷的研究》, 上海 : 上海人民出版社, 1980, 106쪽의 표 16.
주 1) 외국인 제외
주 2) 전문직은 의사·법률가·회계사·신문기자 등을 말한다.

〈표 14〉 1935년 공공조계와 공공조계 밖의 외국인 직업(단위: 명)

직업	업주	전문 인력	사무·관리 직원	기능공	일반 노동자	합계
농업					14	14
공업	51	465	1,821	766	243	3,346
상업	2,889		2		957	3,848
금융	10		430			440
교통·운수	10	150	79	211		450
공무원		193	332	1,511		2,036
군인			54		381	435
문화·체육인			777			777
기타		1,695	2,153	547	1,306	5,701
총계	2,960	2,503	5,648	3,035	2,901	17,047

자료 : 熊月之 主編, 《上海通史》 第9卷(民國社會), 上海 : 上海人民出版社, 1999, 348쪽.

수준과 소득수준이 상당히 높았음을 알 수 있다. 즉 공공조계의 상권에서 고급 제품은 이들 조계 안의 중상층들이 주로 구매했다고 추정할 수 있다.

그리고 이런 중상층 소득자의 거주지는 중심 상권에 접근하기 쉬운 지역에 위치했다. 중상층은 서쪽 프랑스조계의 서가회로(徐家匯路), 공공조계의 정안사(靜安寺) 부근에, 그리고 동북쪽에서는 제람교(提籃

橋)·북사천로·홍구(虹口) 일대에 거주했는데, 이들 지역은 다른 곳에 견주어 교통이 훨씬 편리했다. 제일 처음 생겼던 공공조계 1로의 경우 바로 정안사에서 시 중심지를 거쳐 홍구로 연결되는 노선이었다. 정안사에서 연결되는 노선은 전차와 버스를 합쳐 대략 7개가 있었고, 일본인 거주지가 있었던 홍구 지역과 연결되는 노선이 5개, 그리고 제람교와 연결되는 노선 또한 5개로서 이들 거주지역은 다른 지역에 견주어 훨씬 유리한 조건을 갖추고 있었다. 그리고 이런 요인이 거꾸로 고소득자를 고급 주택지로 끌어들였던 것이다. 각 행정구역 안에서도 공간배치는 사회계층에 따라 불공정하게 전개되었다.

하지만 갑북이나 남시, 소사도(小沙渡)에는 이런 거주자가 그다지 많지 않았다. 앞서 본 인구의 직업별 구성에 나타나듯이 고소득층이 거의 없었을 뿐만 아니라, 그들이 이런 불편한 곳을 선택할 리도 없었다. 이들 지역은 주로 가난한 노동자, 노점상 등 하층사회의 성원이 주류를 이루었는데, 이들의 소득은 일상적인 생계형 소비를 하기에도 급급한 정도였고, 이런 소비성향이 갑북과 남시에 기본적인 의식주 중심의 상권이 만들어진 한 요인이 되었던 것이다. 이처럼 이들이 생계형 소비를 넘어 사치품을 구입한다거나 여가를 즐길 여유가 상대적으로 적었던 것이 상권 발달의 장애요인으로 작용했다.

그 결과 중국인 지역, 특히 갑북 지역에 이렇다 할 고급 상점이나 유흥업소가 들어서지 않았다. 화계에 거주하는 노동자들의 경제적 상황은 대세계(大世界)와 같은 유흥시설이나 남경로의 신신백화점 옥상에 마련된 놀이공원을 방문할 만큼 여유롭지 않았다. 이들의 거주지역에서는 골목 입구에서 카드를 치거나 바람을 쐬며 앉아 있는 것 등이 비교적 일반적인 소일거리였고, 석탄 난로에서 내뿜는 연기가 자욱이 깔려 있는 것이 이들 거리의 일반적인 모습이었다.[60] 바로 이러한 소득수준의 차이가 공간배치의 불균등을 가속화했다.

　결과적으로 각 상권은 상해의 경제적 번영의 혜택으로 같이 번성하기보다는 여전히 지역사회의 자체적인 변화와 서로 영향을 주고받으면서 변할 수밖에 없었다. 이로써 상해라는 하나의 사회 속에 분절적인 상권과 이질적인 지역사회의 하위문화가 만들어졌다.

6. 맺음말

　상해는 근대화의 선두를 달리는 도시, 그리고 제국주의 침략의 전초기지라는 이미지로 부각되지만 여기저기에 흩어져 있던 각 상권의 특징은 그리 단순하지 않았다. 갑북·공공조계·프랑스조계·남시에는 각기 다른 상권이 만들어지고, 그 상권들은 인접 지역 거주민의 소득수준과 그들이 지향하는 가치, 취향 등과 어우러지면서 상해라는 문화 안에 하나의 하위문화를 이루었다. 그리고 상권의 전문화와 지역적인 분화는 도시 공간이용의 효율성을 높였지만, 한편으로 도시 공간을 계층화하고 위계화하면서 지역 발전을 차별화시키고 불균등 발전을 더욱 심화시켰다.

　상권의 불균등 발전과 이용 공간의 분화는 생활방식에도 변화를 가져왔다. 사회의 이동량은 늘어났고, 개인과 상점이 수많은 사람들과 접촉하면서 인간관계의 익명성과 개방성이 커졌다. 친밀한 인간적 관계보다는 상업적인 관계와 이익이 우선시되었고, 밀집된 공간에서 생존하기 위한 치열한 경쟁을 낳았다.

　한편으론 상권과 인접 지역의 주민 및 소비 성향이 어우러지면서 상권의 특색을 만들어 내고 독특한 지역공동체 문화를 이루었다. 공공조

---

60) 忻平, 앞의 책, 477쪽.

계 중구의 개방적이고 다원적인 상권 문화, 프랑스조계의 고급 주택지, 공장지대 주변과 갑북의 빈민촌, 남시의 식품 중심 상권과 서민촌 등 소규모 지역공동체의 출현 등이 그것이었다. 상권과 사회계층의 분화는 공간 이용에서도 분화 현상을 낳았고, 이들은 서로 다른 공간에 거주하면서 자신들끼리 동질감을 형성하고 지역사회의 독특한 문화를 만들어 냈다.

공간의 분화는 다양한 사람이 출입할 수 있는 상권의 개방적인 측면과 함께 지역사회의 응집력도 낳았다. 즉 상해에는 개방성과 지역사회의 '동질적 응집'이란 양면성이 존재했다. 이 둘의 결합이 상해에 다원성을 부여했고, 동시에 계층 갈등 또는 동향 집단 사이의 경쟁이란 의식을 부여한 반면에, 나아가서는 상해인으로서의 응집력도 부여했다. 그들은 다른 지역의 사람과는 다른 '상해'에 사는 사람들이었다.

상업의 발달과 땅값의 폭등이 공간배치와 공간이용의 변화를 가져온 주된 요인이었지만, 정치 요인이 공간구성에 끼쳤던 영향도 무시할 수 없다. 공공조계, 프랑스조계 그리고 중국인이 행정권을 행사했던 화계(갑북·남시)로 하나의 시에 3개의 행정권이 분립하는 현상은 교통 체계 등에서 나타나는 바와 같이 공간의 유기적 구성을 방해했다. 따라서 이를 극복하려면, 새로운 도시 건설의 방향으로 남북을 연결하는 또는 조계지역을 가로지르는 도로망을 건설하거나 이런 구도를 대체하는 새로운 공간배치를 만들어야 했다.

1930년대에 상해를 지배했던 국민정부는 조계를 회수할 수 없는 상태에서 공간 이용의 주도권을 장악하기 위해 대상해(大上海)계획을 작성했다. 하지만 조계와 그에 따른 분립적 상황이 있는 한 상해 공간의 파행적 발전은 지속될 수밖에 없었다. 바로 이런 점에서 조계는 도시 공간의 효율적 이용을 위해서도 여전히 극복의 대상이었다.

조계라는 존재가 공간배치의 불평등을 가져온 만큼이나 소비물품에서도 변화를 불러왔다. 남시와 달리 주로 서구인들이 지배했던 공공조계는 서양식 분위기가 물씬 풍기는 거리였다. 초기에는 서양인의 수요를 맞추기 위해, 그리고 뒤에는 중국인들의 자발적인 모방과 추종에 따라 남경로와 그 인접 상권에는 서구의 물품을 취급하고 최신식 물품을 판매하는 상점들이 점차 늘어갔다. 그리고 이러한 서구 취향의 소비물품이 중국인들의 생활에 점차 뿌리를 내려갔다.

한편으로 서구 물품의 범람, 서구의 정치적 침략, 그리고 1930년대에 경제를 나락으로 몰고 갔던 공황은 애국심을 더욱 자극했다. 중국의 지식인들과 정부는 국산품애용운동을 제창했고, 바로 이런 요소가 소비 선택의 문제에 작용했다. 많은 광고들은 자신들의 상품이 국산품임을 내세우면서 상품의 판로를 개척하려고 했다. 하지만 그들이 만들고 선전해 온 국산품은 외국인들이 만들어 온 상품과 그 모양을 모방하여 대체하는 성격을 띨 뿐이었다. 바로 이런 추세가 국산품 애용을 강조하면서도 자신들의 제품이 서구의 최신식 제품을 모방하고 있다고 강조하는 모순된 광고 방식으로 나타났다. 그리고 국산품의 포장을 서양식 분위기가 물씬 나도록 하는 것도 잊지 않았다.

1930년대 당시에 중국인은 여전히 서구의 것을 모방하고 추종하면서 식민지 근대성을 실현했다. 그리고 그 중심에는 공공조계에 거주했던 중상층이 있었다.

3부

문화와 생활

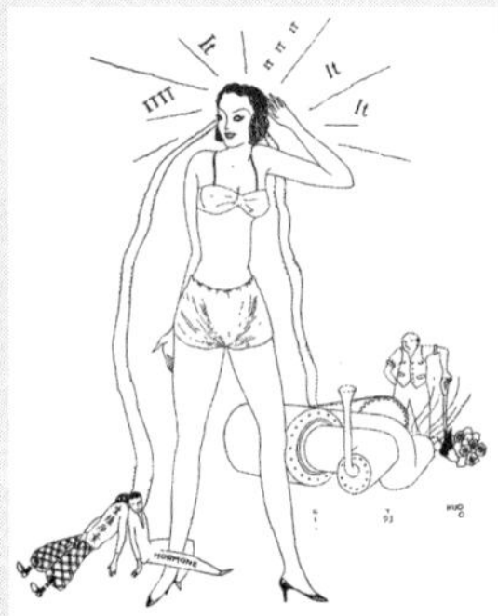

사진설명
첫째줄 남경대극장 / 연화(聯華)영화사
　　　의 촬영세트장
둘째줄 곽건영(郭建英)의 만화책 《모
　　　던 상해》와 속 그림
셋째줄 사무직에 종사하는 신여성

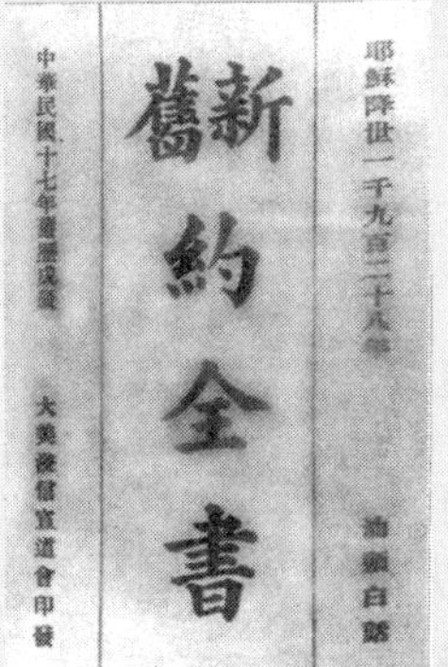

사진설명

첫째줄

감리교 경령당(景靈堂)교회

복단(復旦)대학 농구팀

둘째줄

1928년판 신구약성경

성요한(聖約翰)대학의 중국인·
서양인 교수들

셋째줄

일본 아사히맥주 광고

일본산 조미료 광고

상해인의 '모던'과 생활문화
《생활주간》 분석

| 전인갑 田寅甲 |

1. 머리말

동아시아 사회는 여성을 수동적, 종속적 사회구성원으로 이해하고, 개인적 삶의 영역에서나 사회적, 문화적 영역, 그리고 사상적 차원에서 그러한 이데올로기를 강요했던 사회였다. 이러한 사회에서 여성의 상업적 등장은 효율적이고 충격적으로 근대의 이미지를 전달할 수 있었다. 청말(淸末), 특히 1920년대 후반 이후 상해인(上海人)의 일상에서 지켜볼 수 있는 각종 매체와 광고 속에 등장하는 여성은 경천동지(驚天動地)할 만큼 과감하고 선정적일 뿐 아니라, 활동적이며 진취적인 이미지로 묘사되고 있다.

외탄(外灘)의 마천루와 서양식의 장엄한 석조 건축물, 또는 방직공장과 조선소의 웅장한 기계들이 근대의 이미지를 이루는 물질적 표상(表象)이라면, 여성의 상업적 등장은 근대 물질문명의 상징이자 인간에 대한 새로운 발견을 대변해 주는 문화적 표상이라 할 만하다. 근대의 물질적 표상과 문화적 표상, 이 둘이 어우러지면서 연출되는 근대 문화는 상해인들이 '상대화'하지 못할 만큼 압도적이었다. 뿐만 아니라 시간이

지날수록 물질적, 문화적 충격에서 오는 이질감과 낯설음은 무디어져 급기야 일상으로 체화(體化)될 수밖에 없었다.

그럼에도 근현대 상해인이 누렸던 일상생활과 문화의 다양한 스펙트럼을 놓고 볼 때, 이 두 표상이 상해인이 체득해 갔던 근대, 그리고 근대문화의 실체를 전면적으로 보여준다고 단언할 수 없다.

'상해문화(上海文化)'는 흔히 통속적, 대중적, 건달적, 공리적, 상업적, 식민지적, '모던' 등의 용어로 묘사된다. 상해문화의 전형성(典型性)을 뽑아낸 이와 같은 수식어가 비록 문화적 경향을 상징적으로 보여준다는 점은 부정할 수 없다 하더라도, 그것은 상해문화의 한 측면일 뿐이며, 근현대 상해인들이 만들어 가고 있었던 상해문화의 복잡성과 다양성, 그리고 가치체계의 질적 변화 속에서 불가피하게 형성된 전통과 근대의 중층성(重層性)을 내포한 개념이라 할 수는 없다.

상해문화를 서구화, 반(半)서구화, 상해식 중국화[上海式華化] 등 3개의 층면으로 구분하여 문화 현상의 누층적(累層的) 복잡성을 강조한 연구[1]나 상해문화가 단순히 중(中)·서(西) 접촉의 산물이 아니라 상해 사회에서 독특한 내용을 가진 중국 근대성 탄생의 근원이며 중심지라는 주장[2]은 전술한 문제의식을 공유한 결과라 할 수 있다.

---

1) 朱維錚, 〈晚淸上海文化 ── 一組短論〉, 《上海硏究論叢》 第9輯, 1993, 174~175 참고. 주유쟁(朱維錚)은 청말 상해의 문화적 차원을 서구화, 반서구화, 상해식 중국화로 구분하였다. 그의 구분은 20세기 초까지의 상해 사회를 분석하는 데 적지 않은 유효성을 가지는 것으로 판단된다. 서구화는 외국 국적 납세인과 선교사 등의 생활 방식에서 체현되었다. 반서구화는 중개인[買辦]·통역 등 화양(華洋) 중간인이 그 주체로써, 서구의 생활방식과 가치관념을 공개적으로 수용하여 행위방식과 사유, 습관에서 기존의 신상층(紳商層)과는 분위기가 달랐다. 상해식 중국화는 그 전개 양상이 매우 복잡하여 향토의식, 종친 중시, 사민분공(四民分工) 등의 관습이 뚜렷이 남아 있다. 그러나 자본주의적 고용 관계의 빠른 발전으로 중세적 네트워크가 약화되고, 도시 시민사회에서 필요한 공동 방언과 인간관계, 생활태도 등의 관행이 새롭게 형성되고 응고화되어, 결국에는 다수의 외래인들이 자신들을 '상해인'으로 동일시하였다.

2) Wen-hsin Yeh, "Shanghai Modernity: Commerce and Culture in a Republican City", Frederic

《생활주간(生活週間)》은 1930년대 상해에서 최대의 발행부수를 자랑한 잡지로, 국민정부에 의해 폐간되기 직전인 1933년 후반에는 매주 15만 부가 배포되었다. 독자층 또한 신·구 중산층을 비롯한 소시민계층에 광범위하게 분포하였다. 1925년 상해에서 중화직업교육사(中華職業教育社)의 주도로 창간된 이 잡지의 창간 종지(宗旨)는 직업교육을 선전하는 데 있었고, 그 뒤 시사문제와 사회개혁에 대해 진보적인 논조를 견지했을 뿐 아니라, 항일 여론을 주도하는 등 비교적 진보적 성격을 띠었다. 《생활주간》은 이와 같이 대중성과 진보성을 구비했다.[3]

그런데 진보적 성향의 잡지가 대중성을 획득하기란 쉽지 않음에도 그럴 수 있었던 것은 이 잡지의 독특한 편집 방향 때문이었다. 예컨대 1926년부터 시작된 《생활주간》의 독자 투고란과 이에 대한 논평 등도 대중성 확보에 기여하였다. 그런데 독자 투고란에 실린 글을 보면 가정생활·혼인·연애 등의 문제를 비롯하여 가치관이 전환되는 과정에서 겪게 되는 상해인의 일상생활의 문제와 고민들이 대부분을 차지하였다.

이러한 사실은 이 잡지가 진보적인 고급 교양 잡지의 면모를 유지하면서도 통속적이고 보편적인 삶의 문제를 본격적으로 다루었음을 뜻한다. 또한 당시 진보 성향의 잡지들이 극복의 대상으로 삼았던 전통적 가치를 재해석함과 동시에, 신구(新舊) 생활양식의 조화를 탐색함으로써 《생활주간》은 '전통'의 긍정과 그 지양(止揚)을 모색했다. 이

Wakeman Jr. and Richard Louis Edmonds ed., *Reappraising Republican China*, Oxford Univ. Press, 2000, p.123.

3) 《생활주간》을 분석한 대표적인 저작으로는 Wen-hsin Yeh, "Progressive Journalism and Shanghai's Petty Urbanites: Zou Taofen and the Shenghuo Enterprise, 1926~1945", *Shanghai Sojourners*, Univ. of California(Berkeley) Press, 1992를 참고할 만하다. 그 밖에도 추도분(鄒韜奮)과 관련하여 《생활주간》을 분석한 글들이 적지 않으나 필요한 범위 안에서만 후술한다. 이하 《생활》로 약칭한다.

러한 경향이 당시 수많은 대중 독자의 의식과 어울릴 수 있었을 것으로 생각된다.

이 글은 위에서 본 것처럼 대중성을 구비한 이 잡지를 중심으로 근현대 상해인들이 추구했던 대중문화와 시민의식의 구체상을 묘사하고자 한다. 이를 통해 20세기 전반기 상해인의 생활상이 다소라도 복원될 수 있을 것으로 기대한다. 또한 이 글은 《생활주간》에 반영된, 그리고 《생활주간》에서 만들어 내고자 했던 상해인상(上海人像)을 통해, 오랜 기간 중국인의 체질의 일부로 유전(流轉)되고 있던 자신들의 문화와 습속, 즉 전통과 해파문화(海派文化)라는 근대적 정신세계가 중층적으로 공존해 가는 양상을 살펴보고자 하는 것도 주요한 과제의 하나다.

위 두 가지 주요한 분석 목적 외에도, 논지의 전개과정 전체에 걸쳐 모방의 대상으로서 서구와 근대가 상해인들에게 '우상화'되는 과정이 존재했을 뿐 아니라, '우상'으로 다가선 근대를 상대화하려는 작업이 미약하나마 진지하게 진행되었음을 규명할 만한 여력이 있었으면 한다. 그리고 1920, 1930년대 '혁명적 상해', '건설 도상의 상해'와 공시적(共時的)으로 존재하는 다른 차원의 상해의 역사상(歷史像)을 이해하는 기회가 된다면, 이 글의 소임은 그런 대로 다한 셈일 것이다.

2. 자본주의적 직업윤리와 직업관

자본주의적 생활방식이 상해 사회에 점차 뿌리내리면서 이에 상응하는 새로운 직업윤리가 모색되었다. 1920년대 중반 이후가 되면 5·4시기에 비록 혁신적이기는 했지만 관념적 구호의 차원을 크게 벗어나지 못했던 노동에 대한 재인식 — 노공신성(勞工神聖) — 이 상해인의 생활 속에 깊숙이 스며들고, 직업에 대한 가치관 또한 근본적인 변화를 보이기 시작했다. 이러한 사회적 변화와 더불어 새로운 직업윤리는 지향해야 할 생활문화의 일부로서 탐색되었다. 이런 점에서 '노공신성'에 대한 인식과 직업관의 변화는 자본주의적 직업윤리를 생활문화의 일부로 자연스럽게 스며들게 했던 계기였다고 하겠다.

5·4시기에 지향해야 할 구호로 제시되었던 '노공신성'은 노동과 노동자를 새롭게 인식하는 계기가 되었고, 그 뒤 각종 변혁운동의 이념적 출발점이 되었다. 그런데 '노공신성'의 등장은 이러한 측면에서뿐 아니라 '서구화'라고 하는 새로운 생활방식(문화)이 상해인의 의식 속에 깊이 스며들 수 있는 계기로 작용하였다. 《생활주간》의 핵심 편집자인 필운정(畢雲程 ; 鄒韜奮)은 과학을 제창하여 물질 건설에 힘써야 하고, 노동을 고취하여 생산에 진력하도록 해야 중국이 낙후에서 벗어날 수 있으며, "신성한 노동에 진력하는 것이…… 진화·창조·광명의 대로를 향해 전진"할 수 있게 하므로 "노동을 믿는다. 쌍수만능(雙手萬能)이며, 노동은 신성하고, 모든 문명 진화는 노동으로부터 나왔다"는 신념을 가져야 한다고 했다.[4]

위와 같은 인식은 결과적으로 노동을 긍정적으로 재인식함으로써 정신문명 우위의 전통적 사회에서 물질문명 우위의 근대 사회로 전환하고자 하는 의도를 내포하고 있었고, 5·4시기에 그처럼 강조되었던 민주와 과학, 특히 과학은 이러한 문명사적 전환을 사상적으로 뒷받침하는 작용을 했다고 할 수 있다. 이러한 발상의 전환이 진행되면서 '노공

---

4) 畢雲程, 〈我們的根本信念〉, 《生活》 4-4, 1928. 12. 9., 32쪽. 《생활주간》은 상무인서관(商務印書館)이 1980년에 발행한 중인본(重印本)에 근거한다. 이 중인본은 생활주간사와 상해생활서점에서 발행한 합정본(合訂本)을 원판으로 했다. 한편 추도분은 은윤(恩潤), 필운정(畢運程), 심수(心水), 목단(木旦), 추월(秋月), 낙하(落霞), 춘풍(春風), 윤(潤), 고봉(孤峰), 도분(韜奮), 기자(記者), 안생(安生), 소세(笑世) 등 많은 필명을 갖고 있었고, 《생활주간》에서 추도분 외에도 이러한 필명을 애용하였다. 이하 추도분의 필명에 대한 부연 설명은 생략한다.(그의 필명은 藤田正典, 《現代中國人物別稱總覽》, 汲古書店, 1986, 159쪽에 의거하였다)

신성'과 여기에서 뿜어져 나온 '문명 진화'에 대한 신념은 상해인이 지향해야 할 근대적 생활철학으로 제시될 수 있었다.

1920년대 중후반 이후 '노공신성' 구호는 계몽의 차원이 아니라 생활의 차원에서 논의되었다. 어떤 상과(商科) 학생이 스스로 구비해야 할 덕목의 하나로 '직업 신앙의 정신'을 꼽았는데, "자신의 직업에 대해 매우 심절한 믿음이 있어야 한다. 자기 직업을 믿는 것은 성공의 모태이다.…… 직업은 매우 신성하고 고귀한 것이다"라고 하였다.[5] 당시 상해인, 특히 청년 학생들의 초미의 관심사였던 직업 문제를 '노공신성'을 근간으로 새롭게 인식하는 한편, 직업에 대한 기존의 교조적 관념 — 직업의 귀천 — 에서 벗어나 직업 자체의 가치를 긍정하고, 직업을 통한 행복 추구를 근대적 생활양식의 하나로 인식했던 것이다.

이와 같은 인식이 일과 직업에는 귀천이 없으며, 일을 할 수 있는 것 자체가 행복을 얻을 수 있는 길이라는 의식으로 이어지는 것은 매우 자연스러운 과정이었다.[6] 《생활주간》의 편집자는 아래와 같은 덕목으로 직업의 귀천을 구분하는 기존의 인식 틀을 혁파하라고 강조하였다.

> 노심자(勞心者)는 귀하고 노력자(勞力者)는 천하며 다른 사람을 부리는 것은 귀하고 부림을 당하는 것은 천하다고 여겨 각종 직업을 억지로 귀천으로 나누었던 기존의 문화는 잘못이며, 그러한 잘못으로 말미암아 개인들은 스스로 자신의 직업 범위, 일의 기회와 행복을 제한하거나 감소시키는 경향이 있었다. 그러나 현대사회에서 직업은 노심자(勞心者) · 노력자(勞力者) · 역인자(役人者) · 피역자(被役者)를 불문하고 사회에 이익이 있고 해가 없으면 모두 신성하며, 자신의 직업을 존중하는 자가 곧 자기를 높이는 자이다.[7]

---

5) 王志莘, 〈努力準備〉, 《生活》 2-4, 1926. 11. 14., 22쪽.
6) 莘, 〈工作之四可以〉, 《生活》 1-38, 1926. 7. 11., 226쪽 참고.
7) 志, 〈職業平等與職業神聖〉, 《生活》 1-39, 1926. 7. 18, 229~230쪽.

이와 같은 주장이 비록 공리주의적 시각을 매우 강하게 내보인 것이라 하더라도, 신분제적(유교적) 직업관이 자본주의적 직업관으로 대체되는 인식의 변화를 보여주기에는 충분하다.8)

직업에 대한 가치관의 변화도 새로운 직업윤리가 등장하는 데 주요한 작용을 했다. 개항 이후 상해 사회에는 경상풍조(經商風潮)가 광범위하게 확산되었다. 청말에 이미 많은 사람들이 상업과 실업(實業)으로 직업을 바꾸고, 이와 밀접히 관련되는 10여 개의 외국어학교(外文學校)가 흥성하였다.9) 또한 신상(紳商)이 지역사회의 엘리트로 확고히 자리를 잡아 갔다. 특히 후자와 같은 지역사회 엘리트의 변화는 '경상(經商)'이 상해 사회의 구조적 변화를 이끌어 갔음을 뜻한다.

상해 사회에 팽배한 경상풍조는 무엇보다 말리의식(末利意識)을 지양하고 상공업을 선양함으로써 자본주의적 생활방식을 이 사회의 주류적 경향으로 격상시켰다. 그 과정은 상해인들이 단순히 자본주의적 소비와 생산 활동에 참여했다는 차원을 넘어, 직업에 대한, 그리고 인생관에 대한 새로운 모색을 가져오는 변화의 과정이었다.

양현강(楊賢江)은 청년의 인생관을 논하면서, 기존의 수양론(修養論)은 성인(聖人)과 현인(賢人)이 되고 고상한 도덕으로 제가(齊家)·치국(治國)·평천하(平天下)에 이르는 것이 목적이었다고 비판하였다.10) 실제 이러한 수양의 방법은 현대사회에 적용할 수 없는바, 그 이유로 전통적인 수신양성(修身養性)은 "현묘난측(玄妙難測)한 성(性)을 목표로

---

8) 직업관의 변화와 함께 추도분이 주편(主編)이 되기 전부터 선명하게 드러난 직업교육을 강조하는 편집 방향도 주목된다. 직업교육 강조는 다음과 같은 해석이 가능하다. 교육 문제에 관한 한 전통적 교육을 시대 변화에 조응하는 새로운 내용과 지향성을 내포한 교육으로 바꾸어 나가야 하는데, 이에 대한 대안적 모색이 바로 직업교육, 즉 '실업(實業)의 학(學)'의 강조였다. 말하자면 직업교육은 예교질서(禮敎秩序)와 중의경리(重義輕利)의 가치관을 주입하는 전통적 교육에 대한 새로운 대안이었던 것이다.

9) 熊月之,〈上海租界與上海社會思想變遷〉,《上海硏究論叢》第2輯, 1989, 134쪽 참고.

10) 楊賢江,〈靑年修養論 ― 發端〉,《生活》1-1, 1925. 10. 11., 5쪽.

삼음으로써 개개의 청년들이 명백히 이해하기 지극히 어려워 왜 하는지 모르고 하였"고, 사회에 대한 인식과 책임감을 소홀히 하였으며, 더 많은 사람들이 공유할 수 있는 통속성을 결여하였음을 들었다.[11]

양현강은 예교질서(禮敎秩序)와 중의경리(重義輕利)의 토대인 전통적 이념에 대해 근본적인 회의를 제기함과 동시에, 경상풍조가 만연하고 자본주의적으로 생활방식이 바뀌어 가던 상황에 어울리는 새로운 인생관을 제기하였다. 《생활주간》이 직업교육을 주요 논점으로 삼았고, 성공한 민족자본가, 발명가, 그리고 자수성가한 미국의 부호들에 대한 기사를 연재한 것은 물질적 근대화에 대한 신념을 내보인 것[12]일 뿐 아니라, 양현강이 제기했던 인생관의 변화가 구체적으로 가져다 준 결과를 통해 새로운 가치관의 실질적 가능성과 이점을 독자들에게 이해시키고자 한 의도였다고 해야 할 것이다.

새로운 인생관의 내실은 진취적이고 자율적이고 자강적(自强的)이며, 실사구시적 인생관을 통해 개인의 성공을 도모하고, 사회 문화에 공헌하는 새로운 인간형을 추구하는 것이었다.[13] 한마디로 개인적으로나 사회적으로 성공하기 위한 수양과 인생관의 필요성을 역설했다고 할 수 있다. 그런데 진취적이고 실리적인 인생관이 예교질서의 유호(維護)와 중의경리(重義輕利)를 지향하는 전통적 인생관의 대안으로 제시되었다. 그러나 성공을 위한 진취적이고 실리적인 접근만 강조될 뿐, 성공을 둘러싼 도덕성과 합리성에 대한 성찰은 결여되었다.

위와 같은 직업관의 확산은 지식의 효용에 대한 인식의 변화와 상호작용하면서 진행되었던 것으로 보인다. 20세기 초 중국 사회에 풍미했

---

11) 위의 글, 5～6쪽.

12) 葉文心, 〈從《生活周刊》看三十年代的上海小市民〉, 《上海研究論叢》 第4輯, 1989, 305～306쪽.

13) 楊賢江, 앞의 글, 5쪽.

던 공리주의(功利主義)와, 특히 듀이의 실용주의가 큰 영향을 미쳤다. '성공'은 청년 학생을 비롯한 모든 상해인의 염원이었다.《생활주간》에 서는 최대의 성공과 이를 통한 최대의 행복을 누려야 한다는 공리적 성공관을 강조하였다.[14] 실용주의가 듀이의 중국 강연을 계기로 5·4 시기 선풍적인 인기를 끌었음은 널리 알려진 사실이다. 자본주의적 생 활방식이 상해 사회에 깊숙이 침투해 가고 있었던 상황에서 실용주의 가 한층 확산된 것은 그러한 사회적 변화와 발맞춘 당연한 귀결이라 하겠다.

《생활주간》에서는 노동과 직업에 대한 실용주의적 재해석을 본격적 으로 진행하였다. 무엇보다 학문에 대한 과감한 실용주의적 해석을 통 해 지식과 노동/직업의 유기적 결합을 지향하였다. "(학문의 목적은) 실용을 구하는 데 있는바, 배우는 까닭의 하나는 위인(爲人)이고, 또 하 나의 까닭은 응세(應世)다. 그러므로 우리들의 공부는 책을 객체로 삼고 나를 주체로 삼아 현상을 심찰(審察)하고, 시세(時勢)를 우형(盱衡)하며, 선철명현(先哲名賢)의 사상과 행위 및 열력(閱歷)한 바를 이용해야 한 다"[15](강조-인용자)고 했으며, 나아가 "학문은 복무(服務)의 경험으로 증진할 수 있고, 동시에…… 독서가 더해져서 복무의 효율을 높일 수 있다"[16]고 하여 실용적인 학문, 실무와 유기성을 띤 학문을 추구할 것 을 강조하였다.

이러한 논의는 도행지(陶行知)의 "학(學)과 작(作)은 이어져야 한다. 즉 영어로 learn by doing이다. 학리를 응용하여 생활을 지도해야 하며, 동시에 생활로 학리(學理)를 인증(印證)해야 한다"[17]는 학문 개념의 실

---

14) 志莘, 〈成功眞諦〉,《生活》 1-47, 1926. 9. 12., 284쪽.

15) 仰蓀, 〈學問 ― 服務的第三條件〉,《生活》 2-12, 1927. 1. 23., 73쪽.

16) 위와 같음.

17) 陶知行先生南開大學講, 〈學做一個人〉,《生活》 1-19, 1926. 2. 28., 115쪽.

용적 재해석과 같은 맥락에서 이해 가능하다. 이러한 학문 개념 이해에
서는 실사구시할 수 있는 학문과 지식, 그리고 사회적 관행과 개인적
습관, 즉 문화를 개조할 수 있는 학문과 지식이 새롭게 만들어가야 할,
그리고 현실적으로 필요한 '참 지식[眞知識]'이 된다.[18]

　사회적 효용, 실용, 실무와 결합된 학문과 지식을 강조하는 학문 개념
의 재해석은 실제 생활에도 적용되어, 당시 상해 청년들의 최대 관심사
였던 구학(求學)에 대한 새로운 접근으로 이어졌다. 왜 구학을 해야 하
는가? 구학은 본디 일을 하기 위한 것이다. 따라서 구학을 귀하게 여기
고 일을 하는 것을 천하게 여기거나 일생을 구학만 해야 하는 것은 잘
못이다. 특별한 원인이 있어 곧바로 승학(升學)을 할 수 없다면 일을 먼
저 할 수 있음이 강조되었다.[19] 이와 같은 논지에서는 지식이 수단화되
고 면학(勉學)의 과정이 실용적인 것, 그리고 일을 위한 준비과정으로
자리매겨진다. 여기서 지식－면학－일/직업이 유기적으로 결합됨을 알
수 있다. 이러한 발상에서는 '전일(專一)', 즉 전문적 지식의 중요성이
우위에 두어질 수밖에 없다.

　그렇다면 20세기 초에 모색되었던 바람직한 직업윤리는 무엇인가?
첫째는 직업의 전문성이다. 성공 신드롬에 휩싸인 상해 사회의 세태에
대해《생활주간》에서는 "일반인의 욕망은 매우 높으나 실학(實學)으로
그것을 구제함이 없고, 경상자(經商者) 또한 투기하여 많은 돈을 벌기를
희망하나 경상의 방법을 연구하지 못하며, 업공자(業工者)는 모방을 하
여 큰 이문을 얻으려 하나 공업상의 발명에 정력을 쏟으려 하지 않는
다"고 지적하였다.[20] 후술하는 바와 같이 당시 상해 사회에는 투기 풍
조가 만연하여 실패한 자들의 자살이 잇따라 일어났다. 철저한 준비와

---

18) 胡叔異,〈靑年讀書問題雜論〉,《生活》1-1, 1925. 10. 11., 6쪽.
19) 林志章,〈求學做事討老婆怎樣好呢〉,《生活》2-11, 1927. 1. 16., 71쪽.
20) 胡叔異,〈靑年讀書問題雜論〉, 6쪽.

전문적인 식견 없이 돈만 벌고 성공만 하면 된다는 한탕주의적 경향이 많았다. 천민자본주의의 졸부적 근성이라 할 만하다.

일을 함에 '철저 정신'과 전문성이 결핍됨으로써 위와 같은 현상이 생겼다고 진단한 《생활주간》에서는 철저한 전문성의 양성을 주문했다. 미국의 부호 파슨스(Parsons)가 취업을 요청하는 소개장을 가지고 온 청년에게 어떤 일을 할 수 있고, 어떤 특수한 능력이 있느냐고 질문한 데 대해, 그 청년이 모두 열심히 할 수 있다고 대답하자 취업을 거부했던 실화를 소개하면서, "모든 일을 할 수 있다는 것은 하나의 일도 완벽하게 할 수 없다는 것과 같다"는 점을 강조하였다.[21] 따라서 성공하기 위해서는 철저한 직업교육을 받는 것에서부터 시작하여 일을 맡아서는 '철저 정신'을 발휘하고 '본업(本業) 의식', 즉 전문가 의식을 갖출 것을 주문하였다.[22]

전문성을 드높이는 위와 같은 발상은, 전통적 지식인상이 강하게 유지되던 시대적 상황에서, 근대적 사유에 기초하여 새로운 전문인상을 제시한 것이라 할 수 있다. 말하자면 전인적(全人的) 인간형 또는 제너럴리스트(generalist)를 이상으로 삼았던 전통적인 이상적 인간형에서 벗어나, 전문 영역을 갖고 철저하게 그 일을 수행할 만한 능력을 갖춘 전문가(specialist)를 요구하였던 것이다.

둘째, 직업과 노동은 공동선(共同善)이며 호조적(互助的) 행위라는 직업윤리가 강조되었다. 《생활주간》의 편집자는 궁로(窮盧)라는 독자가 직업이 필요한 이유를 논한 글을 비평하면서 직업의 의미를 다음과 같이 설명하였다. "직업은 한편으로는 이기적이고, 한편으로는 이타적이다. 이기·이타 이 둘이 서로 보조적이어야 한다."[23] 다시 말해 직업과

---

21) 鄒恩潤, 〈澈底〉, 《生活》 1-5, 1925. 11. 8., 26~27쪽 참고.

22) 心雪, 〈成功的回憶〉, 《生活》 1-5, 1925. 11. 8., 30쪽과 兪子夷, 〈好勝和成敗的關係〉, 《生活》 1-13, 1926. 1. 3., 80쪽 참고.

일이 개인의 차원을 넘어 그 자체로서 사회적 의의를 갖고 있다는 것이다.

직업과 일은 "단지 다소의 물질적인 보수를 쉽게 얻는 데 있지 않고…… 각각 할 수 있는 바를 다하고, 사회 전체를 위하여 진력해야 할 일부분의 의무를 분임(分任)해야 하며, 그렇지 않으면 아무런 가치가 없"다.24) 그러므로 "직업의 정확한 의의는 인류 공동생활 가운데 서로 돕는 영구적 행위"라고 할 수 있다.25) 귀천의 구분 없이 어떤 직업이든지 사회적인 의미가 있는 것은 바로 이 때문이다.

결국 이러한 인식을 따라가다 보면, 모든 직업은 직업 그 자체로서 공동선(共同善)임과 동시에 사회적 의무이므로, 다양화되고 복잡해지는 사회구조의 변화에 따라 생겨난 수많은 새로운 직업의 사회적 가치가 편견 없이 정당하게 평가되어야 했다. 또한 이러한 논리는 다양한 직업이 새로이 생겨나는 상해 사회의 변화를 긍정하는 논리이기도 했다.

셋째, 진취성과 책임감, 그리고 직업을 통한 삶의 가치 발견이 강조되었다. 《생활주간》은 청년들이 성공할 수 있는 세 가지 기본 요건으로, 자신의 직업에 대한 믿음과 진취성과 책임감을 들었다. 특히 당시 책임감 없이 대충대충 일을 처리하는 경향이 팽배하여 진보를 가로막고 있다고 통렬히 비판하였다.26) 상해인들이 그렇게도 염원하던 '성공'을 위한 방편으로 위 세 가지 덕목이 제시되었던 것이며, 그것은 결과적으로 중국 사회의 진보를 위한 길이기도 했다.

한편 "지위와 수입이 사람의 가치를 대표하기에는 족하지 않다. 우리들의 가치는 자신의 일에 있다"고 하여 직업 자체가 가치 있는 삶에서

---

23) 窮盧, 〈職業的需要〉, 《生活》 1-35, 1926. 6. 20., 207쪽.

24) 鄒恩潤, 〈危機〉, 《生活》 1-8, 1925. 12. 29., 46쪽.

25) 위와 같음.

26) 楊鼎鴻, 〈靑年從事職業後應有的態度〉, 《生活》 1-33, 1926. 6. 6., 195쪽 참고.

없어서는 안 될 일부임을 역설하였다.[27] 이것은 출세 — 관(官) — 보다는 부의 축적 — 상(商) — 을 우위에 둔 상해인의 생활양식을 반영하는 한편, 그러한 생활양식을 정당화하는 논리였다. 그리고 이러한 인식의 강조는 직업을 승관발재(升官發財)의 수단으로 생각하는 사회 일반의 인식이 노동을 통해 삶의 가치가 구현될 수 있다는 자본주의적 가치관으로 변해 가고 있었음을 보여준다.

지금까지 살펴본 바와 같이 '노공신성(勞工神聖)'의 인식이 사회적으로 광범위하게 공유되고, 자본주의적 생활방식이 상해인의 생활에 깊숙히 침투되고, 직업 귀천에 대한 기존의 편견이 부정된 이상, 이에 상응하는 새로운 직업윤리와 직업관이 모색되는 것은 자연스러운 순서였다. 문화적 경향에서도 상해는 북경을 비롯한 중국의 다른 지역과 달리 관(官)보다는 상(商)을, 명분보다는 실리를 추구하는 경향이 뚜렷했다. 전통적인 도덕규범과 이에 기초한 사회질서가 동요하고, 금전과 재부(財富)를 기반으로 하는 자본주의적 생활방식과 사회질서가 일찍부터 상해 사회 전반에 광범하게 확산되었던 것이다.

전통적인 도덕규범이 새로운 도덕규범으로 전환되어 버린 상황에서, 직업교육과 경상(經商)의 적극적인 선양과 정당화, 그리고 새로운 직업윤리의 탐색, 나아가 예교질서(禮敎秩序)와 중의경리(重義輕利)의 가치관을 주입하는 전통 교육의 대안으로 제시한 실업지학(實業之學)—직업교육—의 강조 등, 《생활주간》이 피력했던 논조는 상해인의 의식 변화와 문화적 전환을 긍정하면서 이를 이끄는 구실을 했다고 할 수 있다.

---

27) 兪子夷, 〈好勝〉, 《生活》 1-12, 1925. 12. 27., 75쪽.

3. 배금주의와 도시문화

금전만능의 세태를 풍자한 글이 있어 소개한다.

많은 사람들은 돈이 없어 죽고, 많은 사람들은 돈에 의지해서 살아간다. 또 다른 많은 사람들은 돈을 위해 죄악을 범하고, 많은 사람들은 돈으로 행복을 만든다. (그러나) 돈이 좋다고 말하나 돈은 (좋은지) 알지 못한다. 돈이 나쁘다고 말하나 돈은 (나쁜지) 알지 못한다.[28]

세태를 비아냥거린 이 글을 통해 모험가와 투기꾼의 낙원이라 불렸던 상해 사회에 배금주의가 얼마나 팽배했는지 엿볼 수 있다. 이른바 ‘모던 여성’의 금전 지상주의적 결혼을 풍자한 다음 삽화는 다소 과장이 없지 않지만, 서구풍의 화려한 도시 경관 속에서 살았던 상해인의 배금주의 풍조의 일면을 간접적으로, 그러나 그 경향성을 엿보게 한다.[29]

[유산(遺産)]
부옹(富翁) : 이번 우리들의 결혼을 비난하는 사람은, 나는 68세의 노인인데 18세의 어린 처녀 배우자인 너와 어울리지 않는다고 말한다.
모던 처녀 : (그러한 비난이) 어찌 일리가 있겠어요? 나는 당신 나이가 지금보다 10살쯤 더 많기를 바란다구요.

일반적으로 투기성의 정도와 소비문화·오락문화는 한 사회의 배금주의 정도를 가늠하는 척도가 될 수 있다.

먼저 상해 사회에 팽배한 투기 풍조를 살펴본다. 당시 상해의 여러

---

28) 王志莘, 〈錢〉, 《生活》 4-7, 1928. 12. 30., 67쪽.
29) 郭建英 繪, 陳子善 編, 《摩登上海 — 30年代洋場百景》, 廣西師範大學出版社, 2001, 96쪽.

신문에 장인간(蔣仁幹)과 자칭 왕병협(王病俠)이라는 자의 자살사건 내막이 자세히 보도되었다.《생활주간》은 이들의 자살사건을 심층 분석하였다. 두 사람 모두 투기에 실패하여 자살한 자들인데, 장인간은 투기장 성격이 농후했던 각종 교역소(交易所)에서 투자를 했다가 실패하여 자살했고, 왕병협은 전장(錢莊)의 직원으로 있다가 겨우 26세의 나이에 지나친 투기로 4천여 원을 낭비하여 자살하였다.30)

그런데 더욱 심각한 것은 투기의 결과로 이익을 얻는 자는 적고 부채를 지는 자는 많아 자살, 도망하는 자가 항상 차고 넘쳐, 내년 오늘에도 장인간을 이어 죽는 자가 다시 생길 것이라는 상해 사회의 세태였다.31) 그러한 예측을 확인이라도 할 양으로 이 사건 직후에 또 다시 왕병협의 자살사건이 발생하였는데, 실제 상해에서 투기사업 실패로 자살하는 사람이 적지 않았다.32)

자본주의 정신은 결여한 채 그 외피만 수용함으로써 빚어진 상해 사회의 투기 풍조가 얼마나 심각했던지《생활주간》에서는 지속적으로 자본주의 정신과 철저한 투기 감시의 필요성을 역설하였다.33) 자본주의 정신의 핵심 요소의 하나는 재부의 축적을 긍정하고, 이를 정당한 행위로 옹호하는 것이다. 재부의 축적은 국가와 사회의 자본을 증가시켜 "국가와 사회의 생산 실력을 키울 수 있고, 개인과 가정의 생계를 풍족"히 하고, "의외의 근심을 방비"할 수 있다고 하여, 재부의 축적이

---

30) 두 사건의 상세한 내막은 子羽,〈因蔣仁幹之死談投機事業〉,《生活》 1-17, 1926. 1. 31., 103~104쪽과 兪子夷,〈自殺〉,《生活》 1-18, 1926. 2. 7. , 109~110쪽 참고.

31) 子羽, 위의 글.

32) 兪子夷, 앞의 〈自殺〉, 109쪽.

33) 이 글에서는 두 가지 요인 가운데 자본주의 정신을 역설한 부분만을 간략히 설명한다. 투기 감시의 필요성을 역설하면서 고동(股東)은 경리(經理)의 행동을 감시하고, 경리는 과우(夥友)의 투기사업 경영을 금지하도록 해야 하며, 은전(銀錢)을 관리하는 자를 수시로 감찰해야 하고, 가장은 가족의 투기사업을 엄격히 단속해야 한다는 궁여지책을 공개적인 지면을 통해 소개하기까지 했다.(子羽, 앞의 글, 104쪽)

개인·사회·국가 발전의 토대임을 인식시켰다.[34] 또한 재부란 신성한 노동의 결과로서 노동을 통해 획득한 재부는 그 자체로서 정당한 것이라 하였다.[35]

《생활주간》은 재부의 축적을 전폭적으로 긍정하면서 동시에 칼뱅주의와 프로테스탄티즘에서 강조되는 자본주의의 또 다른 정신인 욕망의 절제와 절검(節儉)을 새로운 덕목으로 제시하였다.

욕망은 인간의 고유한 천성이지만, 물질적 욕망으로 작은 일은 하지 않고 큰 일이나 돈이 되는 일만 하려고 하고, 욕망을 쫓아 여기저기 옮겨 다니다 보면 개인의 앞길에 커다란 위험이 생기게 마련이다.[36] 또한 절검은 인류의 가장 좋은 미덕인데, 절검하지 않는다면 결과적으로 개인적인 고통일 뿐 아니라 사회도 보이지 않는 가운데 적지 않은 나쁜 영향을 받고, 사회적 불안도 야기된다.[37] 결국 진취적 정신과 자립을 기반으로 절검하는 것을 새로운 생활방식으로 삼아야 한다.[38]

이와 같은 논법은 1929년 세계 대공황 이전 서구 자본주의 사회에서 금욕과 절검을 자본주의의 미덕으로 삼아 무제한적 자본 축적을 진행하였던 역사적 경험과 궤를 같이하는 것이다.

둘째, 소비 실태를 통해 배금주의의 정도를 살펴보면 다음과 같다. 20세기 초 상해 사회의 소비와 오락의 여러 양상은 이 사회에 유포된 근대의 이미지를 가장 직접적으로 보여준다. 이 글에서 분석대상으로 삼는 시기는 세계적으로 소비가 자본주의의 총화로 정착하기 직전, 또는 욕망의 해방을 통해 소비를 진작하여 자본의 논리를 관철하려는 초

---

34) 王志莘, 〈貯蓄的益處〉, 《生活》 2-11, 1927. 1. 16., 68쪽.
35) 兪子夷, 〈生活的兩方面〉, 《生活》 1-27, 1926. 4. 25., 165쪽.
36) 胡叔異, 〈靑年之慾望〉, 《生活》 1-25, 1926. 4. 11., 151~152쪽.
37) 周慕蘭, 〈人若節儉就要怎樣〉, 《生活》 2-1, 1926. 10. 24., 5쪽.
38) 더 구체적인 논의는 胡叔異, 〈要穩固自立的請看〉, 《生活》 1-28, 1926. 5. 2., 167쪽을 참고.

입 단계였다. 따라서 소비는 자본주의의 미덕이 아니라 억제되어야 할 행위이며, 근대의 부정적 상징이었다.

상해에 있는 사립대 학생들의 사치가 심각한 정도였음은 잘 알려져 있다. 사치 풍조는 이들 학생에게만 한정된 문제는 아니었다. 《생활주간》에 소개된 다음 우스개는 이와 관련하여 홍미를 끈다.39)

처 : 당신이 보기에 (새로 산) 이 옷 어때요?
남편 : 나는 (그 옷이) 반 달치 월급으로 보인다오.

상해인의 소비생활의 일면을 보여주는 이 일화는 과소비가 전 사회적으로 보편화하였음을 말해 준다. 1930년대가 되면 중소 상인, 일반 시민 계층이 급속히 성장하여 소비문화의 주체로 등장한다.40) 여기에다 그 이전부터 상해의 소비생활을 주도했던 중개 상인, 부동산 자산가, 외지에서 온 부유한 유학생, 기생 등이 여전히 왕성한 구매력을 유지하였다. 《생활주간》은 "요 며칠 사이 상해의 선시공사(宣施公司), 영안공사(永安公司)가 대대적인 할인을 했다. 수많은 사람들이 건물에 가득 찼는데, 마치 돈을 안 받는 모양으로 몰려와 물건을 샀다.…… (물건을 구입하는 사람 외에) 각 희원(戱園)에도 좌석이 가득 찼다. 다방, 술집, 큰 식당, 클럽, 영화관도 매일 만원"이라고 하여 상해 사회의 심각한 과소비를 개탄하였다.41)

작은 무도장에서 일하는 여자 무용수[舞女]의 다소 과장된 느낌이 드는 월 수입과 지출 현황을 보면, 수입은 매일 5시간(시간마다 10번 춤을 춤) 근무에 대양(大洋) 8.50원을 벌어 월 총수입이 255원인 반면 지출은

---

39) 精淵, 〈我看起來〉, 《生活》 4-2, 1928. 11. 25., 17쪽.
40) 張仲禮 主編, 《近代上海城市硏究》, 上海 : 上海人民出版社, 1990, 1151쪽 참고.
41) 記者, 〈上海的人們〉, 《生活》 1-15, 1926. 1. 17., 91쪽.

방값 25원, 식비 30원, 교제비(영화관람료 등 포함) 20원, 의복비 54원, 가용(家用) 200원, 저축 25원 등 월 총지출은 354원이었다. 지출액 가운데 의복비가 가장 높은 비율을 차지했다.[42] 이는 당시 모던 여성의 옷값 자체가 매우 높았기 때문이기도 하고, 도시생활의 일반적 소비경향이 그러했기 때문이었다.

자동차가 부와 권력의 상징으로 되어, 결혼 때 자동차에 신부를 태워야 하고, 다이아몬드나 진주를 결혼 예물로 주지 않으면, 또 이들 예물이 적으면 중산층 가정에서는 대단한 치욕으로 생각하는 경향, 금딱지 시계와 거의 10원에 이르는 신식 신발과 스타킹으로 치장을 해야 품격 있는 상해인으로 여기는 소비풍조가 상해 사회에 유행하였다.[43] 연애도, 결혼도, 인격의 평가도, 사회적 지위도 모두 금전의 많고 적음으로 평가되는 세태, 그리하여 돈이 삶의 가치와 행복의 필수조건이 되고, 그러한 생활이 내화(內化)되어 물화된 생활을 당연시하는 경향이 상해 사회에 팽배했던 것이다. 전통의 질곡이 여전히 일상생활을 짓누르고 있는 상황에서 상해인들은 서구 자본주의의 어두운 이면인 배금주의를 통해 근대적 생활세계를 만들어 가고 있었던 것이다. 그런 점에서 상해인은 전통의 질곡과 근대가 초래한 물화(物化)된 생활이라는 또 다른 질곡을 중층적으로 대면하고 있었다고 하겠다.

그럼에도 화려한 소비생활과 사치는 상해인이 모던을 만끽하는 수단이었고, 모던이 상해인에게 가져다준 문화적 물질적 특권의 상징이었다. 이주민의 사회이며 출신지역에 따라 이질적인 문화와 의식, 언어를 갖고 있었던, 따라서 문화적 정체성이 서로 달랐던 다양한 상해인들은

---

42) 여자 무용수의 소비성향에 대한 이상의 내용은 飄泊王, 〈無窮的希望〉, 《時代漫畫》 1934年 9月 참고.(Leo Ou-fan Lee, *Shanghai Modern —The Flowering of a New Urban in China, 1930~1945*, Harvard Univ. Press, 1999 ; 李歐梵 著, 毛尖 譯, 《上海摩登 — 一種新都市文化在中國 1930~1945》, 北京大學出版社, 2001, 33~34쪽에서 재인용)

43) 兪子夷, 〈奢侈〉, 《生活》 1-26, 1926. 4. 18., 157~158쪽 참고.

상해에서만 누릴 수 있는 소비생활을 공유하면서 알지 못하는 사이에 상해인으로서 자부심을 가질 수 있었다. 중국의 다른 그 어떤 지역에서도 모방할 수 없는 상해만의 화려한 소비생활은 상해인이라는 정체성을 형성하는 기반의 하나였다.

상해인의 소비생활은 흥미롭게도 배금주의, 화려한 소비생활, 상해인의 정체성 형성이라는 세 가지 측면이 복합적으로 연동되어 있는 상해적(上海的) 근대의 상징이었고, 상해적 근대는 일면에서는 그러한 소비생활의 산물이었다. 비록 계층에 따른 소비생활의 양극화44)는 해결해야 할 심각한 사회문제로 대두되었지만, 조계(租界)와 자본주의가 가져다준 물질적 풍요를 누리던 상해인을 통해 근대의 이미지가 확대 재생산되고 있었던 것이 20세기 전반기 상해인의 생활세계였다.

셋째, 당시 유행했던 오락의 향유 형태를 통해 배금주의적 도시문화의 실상을 살펴보자. 20세기 초 상해의 오락문화는 근대의 이미지가 가장 직접적으로 투영된 것이며, 상해인이 체험할 수 있는 대표적인 근대였다. 그런 만큼 전술한 소비문화와 함께 오락문화는 20세기 초 상해 생활문화의 핵심 가운데 하나였다. 오락문화에 대해서는 따로 분석할 기회가 있을 것이므로 여기서는 숭양(崇洋)과 근대를 동일시하는 의식, 그리고 광범위하게 유포된 퇴폐적 세태와 관련해서 오락이 상해인의

---

44) 모던한 소비를 누릴 만한 물질적 문화적 능력을 가진 소수와 '더러운 중국인' 이미지를 가진 절대 다수의 공존은 상해가 가장 번영했던 1930년대에서조차도 이 사회를 가장 '상해'답게 만들었다. 상해 사회의 정치적 사회적 역동성은 이 둘의 공존과 상호 의존, 충돌 그리고 모던 모방의 개인적 염원 등에서 말미암은 측면이 강했던 것으로 생각된다. 《생활주간》에서는 소비의 양극화 현상을 우려하는 글이 자주 발견된다. 유봉생(劉鳳生)의 글(〈不可思議的上海衣食住〉, 《生活》 2-3, 1926. 11. 7., 17쪽)에서 그러한 현상을 우회적으로 잘 묘사하고 있다. 전술한 바와 같이 화려한 소비생활을 즐기는 사람이 있는(記者, 앞의 글, 1926, 91쪽) 반면, 추울 때 홑옷과 맨발로 생활하고, 고생고생 해도 허기진 배를 채울 수 없는 사람이 얼마인가라고 개탄할 정도로 계층별 소비의 양극화가 심각했다.

근대적 생활세계의 또 다른 어두운 상징으로 전락했으며, 그 이면에는 배금주의가 작용했음을 묘사하고자 한다.

혁명의 열조(熱潮)가 거세게 휘몰아치던 1926년 10월, 《생활주간》에 〈어떻게 학생들의 생활을 개량할 것인가〉라는 제목의 글이 실렸다.[45] 이 글 자체는 바람직한 생활을 위한 제언이지만, 이 글을 통해 염세적 퇴폐적 풍조가 상해 사회, 특히 청년·학생들 사이에 광범위하게 유포되었음을 엿볼 수 있다. 당시 대다수 청년·학생들의 생활은 무규칙했으며, 매우 고뇌하는 생활이었다고 한다. 《생활주간》은 이들을 세 유형으로 구분하였다. 첫째는 풍두파(風頭派)로, 공부에서나 운동에서 그리고 생활 전반에 걸쳐 점수를 잘 받고 일등을 해서 공명(功名)을 떨치고자 희망하는 부류였다. 둘째 부류는 염세파(厭世派)로, 정치적 부조리, 가정환경 불량 등의 이유로 '중이 될까', '자살할까', '물에 빠질까' 하는 사람으로, 많지는 않으나 더러 있었다. 반면 종이 울리면 공부하고, 종이 또 울리면 하교하는 그저 그런 생활을 하는 자들도 허다하였다. 셋째는 향락파(享樂派)로, '어떻게 하면 유행에 맞게 옷을 잘 입을까', '얼굴은 어떻게 해야 예쁘게 보일까' 말고는 관심이 없는 자들이었다.

이들 염세파와 향락파에게 새로운 오락공간으로 등장한 영화관·커피숍·극장·무도장·공원 등은 삶을 소진할 맞춤의 장소였다.[46] 더군다나 그러한 공간은 숭양풍조(崇洋風潮)와 어우러져 퇴폐적 생활이 모던한 생활로 분식될 수 있는 최적의 공간이었다. 이러한 공간에서 최신 유행을 추구하는 것은 어쩌면 당연했다. 상해인, 특히 젊은이들은 유행에 매우 민감하여 "육체가…… 국산인 것을 제외하면, 그 나머지 입고,

---

45) 이하의 내용은 朱秉國, 〈如何改良學生生活〉, 《生活》 2-1, 1926. 10. 24., 2~3쪽 참고.
46) 새롭게 등장한 오락공간은 근대적 도시생활을 영위하는 필수조건이었다. 이러한 공간의 등장 과정과 그 의미에 대한 연구는 적지 않다.(羅蘇文, 〈滿淸上海租界的公共娛樂區〉, 《檔案與史學》 2002-1과 李歐梵 著, 毛尖 譯, 앞의 책, 23쪽 참고)

쓰고, 바르고, 사용하고, 장식하는 것은 모두 외제"라 할 정도였다.[47] 그러한 모습이 고도의 '서구화'이자 '근대'로 여겨졌다. 그런데 그 실질은 프랑스제 향수를 즐겨 사용하고, 10원이나 하는 신식 신발과 스타킹을 신고, 공임만도 40원에서 50원 하는 옷을 입고, 조계로부터 시작된 새로운 오락공간에 출입하는 생활이었으며, 밤늦게까지 마작을 하거나 극장에서 놀고 술집에서 즐기는 방탕한 생활이었다.[48]

《생활주간》에서도 여러 차례에 걸쳐 지적했듯이, 허기진 배를 채울 수 없는 수많은 또 다른 상해인을 위해, 그리고 공공사업을 위해서는 한푼의 돈도 내놓지 않고 번 돈[49]이 이들이 누리는 '모던'의 재원이었다. 투기와 모험, 그리고 자수성가로 성공한 자들에게 상해는 돈으로 '모던'이라는 '품격'을 살 수 있는 상그릴라(Shangri-la)였다. 돈과 '모던'의 교환, 이것이 자연스럽게 가능했기에 성공하고자 하는 모든 이들에게 상해는 매력 있는 도시였다.

4. '근대적 개인'의 굴절

신문화운동이 십수 년이 지난 1930년대, 대다수 《생활주간》 독자들의 최대 관심사는 구학(求學)·취업·사교·연애·혼인·돈 등의 문제였다. 《생활주간》도 이러한 기호에 따라 어떻게 하면 구학의 기회를 가질 수 있는지 또는 독학할 것인지의 문제를 다루었으며, 직업윤리와 직업 구하는 방법, 성공하는 방법, 연애의 고뇌 해결책, 혼인 문제 등에

---

47) 劉念仁, 〈上海愛時髦的女同胞〉, 《生活》 2-42, 1927. 8. 21., 306쪽.
48) 劉念仁, 앞의 글, 1927 ; 俞子夷, 앞의 〈奢侈〉, 158쪽 ; 楊鼎鴻, 〈錯了〉, 《生活》 1-37, 1926. 7. 4, 218쪽 참고.
49) 楊鼎鴻, 위의 글, 217쪽.

지대한 관심을 가졌다.50) 이와 같은 극히 개인적인 주제들이 주요한 관심사가 되었다는 사실은 5·4시기에 제시되었던 개인의 해방이 지향으로서가 아니라 생활의 일부로 녹아들었음을 뜻한다고 할 수 있다.

《생활주간》을 비롯하여 《현대》, 《양우(良友)》, 《부녀화보(婦女畵報)》, 《사회일보(社會日報)》 등 소시민의 생활과 모던한 생활양식 소개 및 풍자를 위주로 지면을 채웠던 수많은 잡지와 신문들이 인기를 끌었다. 그 내용을 보면 아주 개인적이고 지엽말단적 또는 자극적이고 이국취향적(異國趣向的)이었다. 1920년대 후반, 1930년대의 세태로만 보아서는 적어도 상해 사회에서는 신문화운동에서 지향하고자 한 개인의 해방이 생활문화 속에서 실현되고 있었던 것처럼 보인다. 말하자면 생활의 주체로서의 개인, 그리고 개인주의가 도시문화의 일부분으로 용해된 듯했다.

위와 같은 현상의 기저에는 신문화운동 이래 줄곧 강조되었던 '근대적 개인'에 대한 자각이 있었다. 인간 이성에 대한 확신으로부터 탄생한 '근대적 개인'은 자아의 실체성(reality)이 그 본질이다. 사회와 국가, 가족 등 자아 이외의 존재는 자아가 지닌 고유의 실체성을 훼손하거나 대체할 수 없으며, 엄밀히 말하자면 자아에 종속된 자아 외적 존재들이다. "중국과 서양 사회의 차이는, 서양에서는 개인을 단위로 하고 우리나라는 가족을 단위로 한다. 중국인은 항상 독립된 개인 인격이 없다. (모모 씨의 아들, 모 씨의 조카 등등) (이러한 가족제의) 병폐는 개인이 개기(個己)를 인식하는 것을 알지 못한다는 것이며, 간접적으로는 개발지심(開發之心)을 적극적으로 발휘할 수 없게 한다는 것"51)이라는 주장이나, '명유천정(命由天定)'의 숙명론을 극복하고 발전적이고 진취적인 사상을 생활 속에서 노력을 통해 진작할 것을 강조하거나 전제(專制),

---

50) 陳揮, 《韜奮傳》, 江西人民出版社, 2001, 71쪽 참고.
51) 滄波, 〈封建制度到底什麼意思〉, 《生活》 4-35, 1929. 7. 28., 388~389쪽.

우민(愚民)을 조장하는 안분론(安分論)의 허구를 날카롭게 비판하면서 주체적 개인의 참정을 강조한 주장이 《생활주간》에서도 지속적으로 제기되었다.52)

또한 혼인의 주체성과 자유연애는 당연히 개인의 자유 선택과 사랑에 의해 이루어져야 할 문제지 결코 예교적(禮敎的) 가치관에 의해 재단될 문제가 아니라는 인식이 상해인의 생활에서 상식화되어 갔다.53) 이러한 주장은 결국 이성에 기초한 개인의 자유의지의 발현, 즉 자아의 실체성을 제약하는 예교질서와 그 문화를 총체적으로 비판한 것으로 이해할 수 있다.

양수명(梁漱溟)은 서양인이 개인과 단체를 중시하는 것과 달리 중국인의 세계관에서는 가족과 천하가 핵심이라 결론짓고 그 폐해를 지적한 바 있다.54) 그의 지적은 가족과 천하 — 국가 — 의 전통적 중요성을 부정한 것은 아니라 해도, 개인과 사회의 역할을 키우는 방향으로 세계관의 변화를 모색할 것을 제언한 것으로 해석할 수 있다. 이처럼 예교질서와 그 문화가 철학적으로 재검토 또는 부정된 이상, 이성과 자아의 실체성을 본질로 하는 '근대적 개인'이 특히 상해와 같은 서구 편향적 문화 풍토에서는 커다란 지적, 문화적 장애물 없이 생활세계 속에 빠르게 침투할 수 있었다.

그런데 전술한 바와 같이, 이성에 대한 확신을 근간으로 하는 '근대적 개인'이 중국인의 생활세계 속에서 이것이 발원하였던 서구 사회와 동일한 함의로 작동하였는지에 대해서는 재론의 여지가 있다. 잠정적인

---

52) 千之, 〈打破平民謬誤的觀念〉, 《生活》 1-36, 1926. 6. 27., 213쪽 ; 兪子夷, 〈參加政治運動〉, 《生活》 1-24, 1926. 4. 4., 145~146쪽 참고.

53) 余常女士, 〈個人的自由〉, 《生活》 4-6, 1928. 12. 23., 59~60쪽 참고.

54) 梁漱溟, 〈鄕村文化建設〉, 《梁漱溟全集》 第2卷, 山東人民出版社, 1990, 195쪽과 馮爾康, 〈20世紀上半葉中國人的家族觀〉, 《近代中國社會生活與觀念變遷》, 中國社會科學出版社, 2001, 165쪽 참고.

결론부터 말하자면, 서구의 '근대적 개인'은 굴절되어, 한편으로는 시대적 위기와 관련하여 구국의 실천적 주체로 확대 해석되었고, 다른 한편으로는 근대적 개인의 본래적 함의보다는 예교질서를 대체하는 생활방식을 장려, 옹호하는 논리로 해석되어, 전통에 대한 성찰이 부족한 근대 편향, 말하자면 상대화를 거치지 못한 우상으로서의 근대 수용을 부추겼다고 생각된다. 이 글의 논지 전개와 관련하여 전자의 문제에 대해서는 간략하게 언급하는 것으로 그치고자 한다.

실천의 주체, 말하자면 변혁과 혁명의 주체인 개인은 시대가 요구하는 또 하나의 근대적 인간형이었다. 근현대사의 역정 자체가 그러한 인간형을 끊임없이 요구하였기 때문이다. 욱달부(郁達夫)의 작품세계를 분석한 글에서, "중국의 근대적 자아는 시대의 위기를 구원하기 위한 실천의 주체"였으나 그의 작품세계는 "이상적 자아가 이상 실현을 위해 투쟁하는 영웅적 모습에 그 매력이 있지 않다"고 한 것[55]은 원론적인 의미의 근대적 자아와 함께 실천적 개인에 대한 시대적 요구가 한 소설가의 고뇌를 증폭시켰음을 말해 준다.

《생활주간》에서는 구국과 자치, 책임, 단체정신 등을 '진정한 청년'이 되기 위한 조건으로 제시하였다.[56] 무엇보다 사회적 자각과 사회에 대한 책임감을 가진 개인을 '진정한 개인'으로 설정하고자 했던 것이다. 여언(與言)이라는 필명의 독자는 인간생활에서 생명 연장, 자유권의 존재, 신체 건강, 정신상의 안락 등을 최저한도의 요구라고 주장한 바 있다.[57] 그 논지는 원론적 의미의 '근대적 개인'에 대한 자각을 강조하는 것이었다. 가족과 사회, 국가를 강조하는 전통적 가치관 ― 충효를 근간

---

55) 李琮敏, 〈郁達夫의 小說世界 ― 날개 꺾인 영혼의 우울한 망상〉, 《東亞文化》 35, 1997, 65~67쪽.
56) 江鏡淸, 〈怎樣完成一個眞正的靑年好學生〉, 《生活》 1-33, 1926. 6. 6., 192~194쪽.
57) 與言, 〈甚麼是人們生活着所應該要求的〉, 《生活》 2-11, 1927. 1. 16., 69쪽.

으로 하는 집단적 윤리규범과 인간관— 에서 벗어난 인식이며, 무명의 독자가 그러한 주장을 했다는 사실 자체는 그와 같은 인식이 적어도 상해 사회에서는 상당 정도 공감대를 이루었음을 반증하는 것이라 할 수 있다.

이에 대해 편집자는 "개인은 위인(爲人)과 위기(爲己) 두 부분이 있음에도, (여언의 주장은— 인용자) 위기(爲己)에 편중되어 있고 위인(爲人)의 측면은 말하지 않고 있다"고 비판하였다.58) 원론적 의미의 '근대적 개인'과 실천적 개인의 융합이 중국의 상황에서 '근대적 개인'의 실체로 설정되고 있음을 이 글에서 발견할 수 있다. 편집자는 여기서 한 걸음 더 나아가, '위기'도 중요하지만 '위인'은 무한한 것으로 "인생의 가치를 더욱 진일보하게 한다"고 하여 실천적 개인을 자아의 실체성보다 상위의 개념으로 이해하는 듯한 주장을 폈다.59) 5·4시기 '구학(求學)이냐 혁명이냐'가 쟁론이 되었던 것이나, 1920년대 말, 1930년대에도 생활 문제와 입당(入黨) 문제60)가 여전히 개인적 갈등으로 남아 있었던 것도 궁극적으로는 '근대적 개인'의 중국적 확장에서 말미암았다고 할 수 있다.

또한 서구의 '근대적 개인'이 굴절되어 수용된 또 다른 측면, 즉 '근대적 개인' 수용이 성찰 없는 근대 편향을 조장한 측면이 있었다. 유행, 성담론(性談論), 여체(女體)에 대한 상업주의적 접근 등을 둘러싼 각종 인식과 행위 가운데 현실과 괴리된 서구화와 지나친 숭양(崇洋)이 맹위를 떨치는 경우가 적지 않았다. 여체의 상업주의적 접근 문제는 다음 장에서 상술할 것이므로 여기서는 생략한다.

영화를 보고, 커피숍에서 차를 마시며, 멋있는 수입산 정장과 속옷을

---

58) 위와 같음.

59) 위와 같음.

60) 예컨대 加謨, 〈生活問題與入黨問題〉, 《生活》 2-10, 1926. 12. 26., 62~63쪽.

입는 것이 마치 유행의 첨단을 걷는 것인 양 상해인들은 서구풍의 유행에 매우 민감했다. 육체만 제외하고 모든 것을 외국 제품으로 치장하는 것이 유행했는데, 유행에 그토록 민감한 세태를 두고 '서구화'가 아니라 '노예화'라는 비난이 있을 정도였다.[61] 이쯤 되면 모던한 유행이 결과적으로 심각한 정체성의 혼란을 가져올 것임은 충분히 예견할 수 있다.

여하튼 그러한 유행 가운데 여성성(女姓性)과 관련된 유행은 상해인의 성찰 없는 근대 수용과 관련하여 흥미 있는 소재를 제공한다. 예교질서 아래서 억압받았던 여성은, 이제 여성 스스로에게나 사회적으로 독립된 인격을 갖춘 주체적 개인으로 재인식되었다. 그런 가운데 '근대적 개인'으로서 여성의 등장이 인격적 차원이 아니라 외형적이고 말초적인 해방으로 왜곡되는 경우가 적지 않았다. 당시의 유행을 풍자적으로 묘사한 다음의 삽화는 이와 관련하여 매우 시사적이다.[62]

'현대 여성의 모형'이라는 제목의 이 삽화에 따르면, 이른바 모던 여성의 여성성은 "내용 없는 두뇌 세포, 그로테스크한 상반신, 에로틱한 하반신, (그리고 현대 여성을 움직이는 원동력은) 금전과 호르몬, It(熱)은 현대 여성의 생활 무기"로 묘사된다. 물론 이러한 '현대 여성'은 당시로서도 파격적이었을 것이다. 이것은 왜곡된 모던 여성의 희화화(戲畵化)라 할 수 있을 것이다. 그럼에도 '현대 여성의 모형'은 예교질서 아래의 여성상을 대체하면서 등장한 새로운 여성상의 일부를 보여주는 것임은 부정할 수 없다. 5·4시기 이래 십수 년 남짓한 짧은 기간이었음을 고려한다면, '근대적 개인'으로서 여성에 대한 재인식의 호오를 차치하고, 상해 사회에서 여성성의 '모던'한 변모가 얼마나 급속히 진행되었는지를 짐작할 수 있다.

1920, 1930년대 상해 사회를 풍미한 성 담론도 근대 수용의 어두운

---

61) 劉念仁, 앞의 글, 306쪽.
62) 郭建英 繪, 陳子善 編, 앞의 책, 1쪽.

이면을 잘 보여준다. 개인의 해방 그리고 '근대'라는 이미지가 자유연애와 성 개방으로 표상되기도 한다. 더욱이 성 개방은 유행과 사치를 동반하면서 자본주의적 소비를 확대시키기 위한 경제적 동기에 의해서 더욱 조장되고 확산되는 측면도 있다. 자유연애와 성 개방은 매우 과감한 양상이었던 것으로 보인다. 이성 교제와 성 개방이 과감한 양상을 보이던 1920년대 후반, 1930년대는 "현재 중국 사회의 상황은 총체적으로 격렬한 변화가 일어나고 있으며, 10년 전과 다르며, 20, 30년 전과는 크게 다른"[63) 상황이며, "신구 과도시대에 폐쇄의 풍기(風氣)는 점차 없어지나 새로운 도덕과 새로운 환경에 적응하는 식력(識力)은 아직 충분히 배양되지 못한"[64) 상태였다고 진단되었다.

이러한 상황에서 "청년 사회에서 연애가 지나치게 과열"되어 "미국에 견주어도 한걸음 더 나갔다"고 염려할 정도였다.[65) 실제 당시 혼인을 전제하지 않는 연애가 공공연하게 유행하고, 계약동거나 계약결혼이 '색취인(色取人)'의 행위로 비난받았으며,[66) 여비서와 스캔들이 만연하여 부인의 눈치 때문에 결국 여비서를 이유 없이 해직 또는 고용을 하지 못하는 일이 적지 않았다.[67) 《생활주간》의 상담 사례를 보면, '신지식의 도야'와 '신문화의 영향'으로 '자각한 여성의 반항'이 시작되면서 누릴 수 있게 된 개인의 자유가 실신(失身)으로 이어지는 사례는 당시 상해 젊은이들의 주요 관심사 가운데 하나였다.[68)

이러한 풍조를 경계하는 한편, 새로운 정조 관념이 적극적으로 제시

---

63) 叙百, 〈太過火一點兒了〉, 《生活》 4-27, 1929. 6. 2., 292쪽.

64) 李芷芳, 〈誘惑女子的魔鬼〉, 《生活》 4-26, 1929. 5. 5., 290쪽.

65) 叙百, 앞의 글, 292쪽.

66) 潮聲, 〈一位新女子的痛心語〉, 《生活》 2-43, 1927. 8. 28., 309~310쪽.

67) 韜奮, 〈醋味深重〉, 《生活》 4-3, 1928. 12. 2., 21쪽.

68) 嚴秀芳, 〈貞操〉, 《生活》 4-16, 1929. 3. 17., 169쪽 ; 編者, 〈新女子最易上當的一件事〉, 《生活》 4-10, 1929. 1. 20., 97~99쪽 참고.

되고 있음은 '풍기지개(風氣之開)'의 정도를 엿보게 한다. 아울러 그러한 풍조의 경계와 새로운 정조 관념의 제시는 전술한 '근대적 개인'이 굴절되어 수용되는 현상에 대응하여 중국의 현실 상황에서 절충과 조화를 탐색하는 과정이기도 했다. 그러한 풍조가 성의 해방, 궁극적으로는 '근대적 개인'과 관련되는 것인바, 그에 대한 규정(糾正) 또한 개인의 주체성으로부터 시작된다. "현재는 개인이 자유롭게 선택하기 때문에 본인이 자기에 대해 책임을 져야 한다. 정식 결혼 전에 있어서는 안 될 관계가 생긴다면, 상대방이 어떤 사람인지를 불문하고 자신의 행·불행에 대해 (자신이) 책임을 져야 한다"는 것이었다.69)

새로운 정조 관념은 '근대적 개인'의 쌍무적 책임과 합리성에 준거해서 모색되고 있었다. 여러 차례 이 문제로《생활주간》에 기고했던 엄수방(嚴秀芳)이라는 여성은, 기존의 정조 압박도 잘못이고 현재의 지나친 방탕도 잘못이라고 전제한 뒤 다음과 같이 주장하였다. "정조주의를 타파해야 하지만 남자가 정조를 이용하여 여자를 압박하는 상황에서 이를 근본적으로 타도할 수 없으므로 남자도 똑같이 준수해야 하는데, 이것이 남녀가 진정한 평등을 실현하는 길이었다."70)

사실 당시 '정조는 봉건시대의 여독(餘毒)'으로 '현 시대에는 발붙일 여지가 없다'는 인식이 있었다.71) 그런데《생활주간》은 이러한 인식에 반대하며, 책임지는 관계와 계약에 따라 서로 준수하는 성 도덕 및 정조 관념을 대안으로 제시하였다. 정조는 상호적인 성(性)의 덕의(德義)로써 자신의 인격을 걸고 배우자의 정조를 지켜야 하며, 계약이 소실 — 부부 중 일방이 죽는 경우— 되면 자연히 성의 덕의도 소실되는 것으로 이 경우에도 정조를 강요하는 것은 불합리하다는 것이다.

---

69) 編者, 앞의 글, 1929, 98쪽.

70) 嚴秀芳, 앞의 글, 169쪽.

71) 위와 같음.

이와 같은 정조에 대한 새로운 해석은 자연스럽게 수절 거부와 재가(再嫁) 옹호로 이어졌다. 수절과 청년 수과(守寡)는 불합리한 정조주의다. 왜냐하면 정조는 성에 관련된 덕의이고, 성의 덕의는 양성(兩性)에 따라 존재하며, 상대 이성(異性)이 이미 죽어 존재하지 않으면 다른 이성에게 성의 덕의를 계속 요구할 수 없기 때문이다. 따라서 예교에 근거한 불합리한 정조주의를 타파하는 대신에 근대적 신도덕에 합당한 합리적인 정조 관념이 있어야 정조의 존재가치가 있으며, 궁극적으로 정조가 발붙일 여지가 없다는 왜곡된 근대 수용을 바로잡을 수 있다는 것이었다.[72]

5. '모던'과 신여성의 이미지

예교질서 유지의 핵심은 가족제도고, 예교적 가족 질서를 유지하는 근간은 가부장권과 여성에 대한 억압적 문화와 관행이라 할 수 있다. 전족(纏足)과 같은 성적, 육체적 억압은 사실 예교적 가족 질서 유지에서 지엽적인 문제였고, 실상은 수절과 간통 엄금, 여성의 지적 자각 능력 억제 등이 그 핵심이었다. 수절, 간통 엄금, 지적 자각 억제. 이 모든 것은 가부장권과 종족(宗族) 중심의 사회 편제를 내부적으로 심각히 동요시킬 수 있는 잠재력을 가진 문제들이었다. 특히 실제 의도했던 것만큼 통제되었는지는 별개의 문제로 하더라도, 과부에 대한 관리가 법적, 사회적, 도덕적, 관행적으로 엄격했던 것은 이 문제가 갖는 폭발력을 시사한다. 또한 무지가 곧 미덕이라는, 여성에게 강요된 덕목에서 예교적 가족 질서 유지에서 여성이 차지하는 중요성을 역설적으로 읽을 수

---

72) 이상의 내용은 嚴秀芳, 앞의 글, 169~170쪽 참고.

있다.

여성에 대한 학교교육의 확대, 여성 참여 오락문화와 공간의 확대, 서구적 생활양식의 유포, 상업주의적 소비문화의 확산을 비롯하여 근대 지향적 문화와 생활양식, 그리고 여성의 사회활동이 상해 사회에 광범위하게 확대되면서 신여성의 활동공간이 넓어졌다. 더욱이 1920, 1930년대 상해 사회의 물질적 풍요는 신여성을 도시 물질문명의 정화(精華) 또는 상징으로 기능하게 했다. 이에 따라 신여성은 5·4시기에 모색되던 여성상이 아니라 도시생활과 도시문화의 일부로 뿌리내리게 된 것으로 보인다.

그러면 《생활주간》에 투영된 신여성은 어떤 이미지였던가? 서구 문화가 깊이 침투했던 조계의 거리 남경로(南京路)에서 서구풍 머리 모양에 모던하게 개량된 치파오[旗袍]나, 여기에 양장을 조화시킨 세련된 패션, 또는 우아한 양장으로 모던한 멋을 한껏 뽐내었던 여성들도 신여성임에 틀림없다. 다관(茶館)이 아니라 커피숍이나 영화관, 무도장[舞廳]을 애용하면서 모던을 향유했던 여성들, 때로는 호텔이나 경마장을 찾곤 했던 여성들도 신여성임을 — 그들 스스로도 그러했지만 — 누구도 부정하지 못했다. 방직공장의 여성 노동자로부터 고귀한 신분의 마님[太太]에 이르기까지 이 도시의 젊은 여성들은 세련된 '모던'에 충분한 대가를 지불할 준비가 되어 있었다.

상해의 근대성은 상당 부분 상업적 관심의 산물로서 등장했고, 그 정점에는 대중 소비문화의 주체인 여성이 있었다. 그렇기 때문에 여성과 여성성에 대한 새로운 이미지의 상업화를 상해 '근대성'의 주요한 특징으로 지적하기도 한다.73) 엄밀히 따지자면, 신여성과 상업주의의 상호작용을 통해 상업주의는 신여성의 이미지를 상해 사회에 더욱 확산 각

---

73) Wen-hsin Yeh, *op. cit.*, 2000, p.139 참고.

인시켰고, 신여성은 대중 소비의 주체로서 또는 광고의 주인공으로서 상업주의의 표적이 됨으로써 상업주의의 분식된 대행자 구실을 맡았다. 월분패(月分牌)를 비롯하여 각종 광고 — 특히 담배와 화장품 광고 — 가운데 등장하는 여성은 한결같이 건강한 육체와 매력이 있는 서구풍의 모던한 신여성들이다. 유럽 명화(名畵)의 한 장면을 연상시키는 반라(半裸)의 여성을 등장시킨 광고는 자유분방한 상해 문화와 결코 부조화하지 않았다. 이러한 광고를 통해 건강하고 관능적인 신여성상이 좀더 대중적으로 확산되고 모방되었다.

《생활주간》에 비춰진 신여성은 위와 같은 신여성상과 본질적인 차이가 있다고 생각되지는 않으나 사뭇 다르다. 《생활주간》에서 유형화해 낼 수 있는 신여성의 이미지는 다음 네 가지로 구분할 수 있다.

첫째는 건강한 여성상이다. 미(美)는 얼굴만으로 되는 것이 아니라 모든 신체가 고루 발달해야 하며, 건강한 체격으로부터 만들어진 미가 진미(眞美)라는 것이 《생활주간》에서 일관되게 고수하는 여성상이었다.74) 예컨대 1929, 1930년에 거의 호마다 수영복 입은 외국 여성의 사진을 실어 '건강한' 신체의 아름다움을 선양하였다. 그리고 그러한 여성은 매우 매혹적이며, 그 이면에는 농염한 관능미가 숨겨져 있었다. 건강한 신체와 성적인 매혹이 중첩되는 이미지의 여성상이라 할 수 있다.

1920, 1930년대 상해에서 발행되던 여성 잡지들 가운데 특히 인기를 끌었던 《양우(良友)》는 서양 여성의 나체 그림이나 조형, 욕실용 옷을 입은 일본 여자의 사진을 소개하였고, 그보다 더한 사진과 그림들도 실으면서 나체의 자연미를 찬탄하며 건강한 신체가 아름다움의 첫째 가는 원칙이라 설명하였다.75) 《양우》 등의 잡지에서 건강과 아름다운 육

---

74) 孤峯, 〈健康的美〉, 《生活》 4-2, 1928. 11. 25., 17쪽.

75) 李歐梵 著, 毛尖 譯, 앞의 책, 84쪽 참고. 이구범(李歐梵)은 전통적으로 춘화(春畵)에 등장하는 나체와 현대 잡지에 등장하는 나체 여성상은 문화적 맥락에서 전혀 다른

체를 동일시하는 경향은 《생활주간》에서 선양한 건강한 여성상과 본질적으로 다르지 않다.

위와 같은 신여성상의 태동은 신체에 대한 재인식과 밀접한 관련이 있다. 《생활주간》에서는 무엇보다 여성의 신체에 대한 전통의 억압, 그리고 모던한 유행에 의한 억압, 둘을 모두 부정하였다. 전족과 속흉(束胸)이 대표적인데, 전족이 전통의 억압이라면 속흉은 여체에 대한 유행의 억압이라 할 수 있다. 전족은 이미 법적으로 금지되어 젊은 여성들은 그 고통에서 해방되었지만 1920, 1930년대에 여성들 사이에 유행했던 속흉이 특히 문제가 되었다.

상해에는 매일 소마협(小馬夾)을 입는 유행이 있었는데, 이 옷은 가슴을 짓눌러 신체, 특히 가슴의 발육을 심각하게 저해하였다.[76] 1927년 상해 중서여숙(中西女塾)의 강연에서 호적(胡適)이 신여성은 유방을 크지 못하게 압박하고 있다고 해서 강당 전체가 웃음으로 가득 찬 적이 있었는데,[77] 그 이후로도 그리고 상해뿐 아니라 전국적으로 유행하였다. "뒤에 유학을 하게 되면 자신의 유방이 적은 것을 한탄하게 되며, 서양 옷을 입어도 서양 여자들처럼 쌍봉(雙峰)이 아름답지 못하며, 매우 고통스럽고 불편하다. 이러한 유행은 개인과 국가·사회·가정에 큰 후환을 주며, 국가와 사회, 가정의 죄인이라 하지 않을 수 있겠는가?"라는 것이 속흉을 반대하는 이유였다.[78]

그런데 이미 1927년에 광동성 민정청(民政廳) 청장 주가화(朱家驊)의 발의로 속흉금지법이 만들어져 이를 위반하면 50원 이상 — 위반자가

차원에서 이해해야 하며, 여성의 신체에 대한 새로운 함의와 윤리적 가치를 갖고 있다고 설명한다. 그녀는 이를 일상의 근대성과 관련이 있는 새로운 담론의 하나로 보아야 한다고 강조한다.(같은 책, 86쪽)

76) 編者, 〈非僅婦女之問題〉, 《生活》 4-12, 1929. 2. 3., 120쪽 참고.

77) 殷木强, 〈從醫學上觀察日本人的現代生活〉, 《生活》 2-36, 1927. 7. 10., 260쪽.

78) 編者, 앞의 글, 120~121쪽.

20세 이하면 그 가장을 벌함 — 의 벌금에 처하도록 했다.[79] 같은 해 절강성 부녀협회가 성당부(省黨部)에서 방흉(放胸)을 선전하고 속흉에 강력히 대처해 줄 것을 결의하였다.[80] 속흉을 방흉으로 유도하려는 이유는 "구미 각국의 여자들처럼 풍만하고 융기한 것이 위생과 미관에 좋기" 때문이라는 것과 함께, 결과적으로는 모체가 허약해져 미래 국민의 체력에 심대한 영향을 미치기 때문이었다.[81]

속흉에 대한 위와 같은 경계는 유행, 말하자면 굴절된 '근대'가 가져다준 여체에 대한 또 다른 차원의 억압에 대한 부정이었다. 그것은 신체에 대한 과학적 인식의 결과였고,[82] 정신 우위의 신체 인식으로 전환[83]을 반영하는 것이기도 했다. 특히 후자의 문제와 관련해서는 건강과 체육의 중요성에 대한 인식이 주목된다. "(미국의 학교 체육 실태를 소개한 뒤) 무릇 건강한 신체가 있어야 건전한 정신이 있다. 우리들은 구미인의 학문 진보, 공상업의 발달을 동경하는데, 그들의 체질이 어떻게 강장(强壯)했으며 어떠한 결실이 있는지를 모르고 어찌 우리들이 그 10분의 1에라도 미칠 수 있겠는가?"라고 하여, 운동을 통해 만들어진 건강한 신체가 진보와 발전의 동인(動因)임을 강조하였다.[84] 서구의 물질문명을 쫓아가야 하는 근현대 중국인으로서는 건강한 신체가 물질문명 진보의 동인으로 설정된 이상, 전통적인 신체 인식을 바꾸는 것이 불가피했다. 전술한 속흉에 대한 사회적 비판도 같은 맥락에서 이해 가능할 것이다.

---

79) 記者, 〈關於奶奶問題的好文章〉, 《生活》 2-40, 1927. 8. 7., 286〜287쪽 참고.
80) 翠鳥, 〈父女自己也想到奶奶了!〉, 《生活》 2-42, 1927. 8. 21., 302쪽.
81) 記者, 앞의 글, 1927, 286쪽.
82) 예컨대 楊賢江, 〈青年本身的認識〉, 《生活》 1-6, 1925. 11. 15., 32〜33쪽 참고.
83) 전통적으로 중국인의 신체에 대한 전통적인 인식은 장수(長壽)에 초점이 있었고, 신체를 미의 대상으로 인식하지는 않았다.
84) 范源廉, 〈美人之注重體育〉, 《生活》 2-10, 1926. 12. 26., 62쪽.

두 번째로 들 수 있는 것은 입지전적 여성상이다. 《생활주간》에서는 남녀, 국내외를 불문하고 도전적이고 진취적인 생활을 통해 성공한 입지전적 인물을 대단히 많이 소개하였다. 아인슈타인, 포드 등도 그 가운데 한 사람이었다. 입지전적 여성은 이러한 편집 방향의 일환으로 소개됨과 동시에, 상해라는 자본주의 사회에서 적극적인 활동을 하고 있던 적지 않은 여성들의 삶을 반영한 신여성의 한 유형이었다.

영국 의회의 낸시 애스토(Nancy Astor)라는 여성 의원을 특필하면서, 그녀는 윌리엄앤드메리대학(William and Mary College)에서 법학박사학위를 받고 왕성한 사회활동을 한 결과 영국 국회의원이 되었는데, 이처럼 여자도 학문과 사업에서 노력하면 진정으로 남자와 같은 지위를 얻을 수 있고 성공할 수 있음을 소개하였다.[85] 이와 같은 여성 성공담은 《생활주간》의 여러 곳에서 소개되었다.

난정(蘭貞)이라는 여성의 경우도 그 한 사례다. 그녀는 어려서 부모를 잃고 숙부 밑에서 학대를 받으며 생활하다가, 독립을 결심한 뒤 각고의 노력으로 성공을 거두었다. 매일 본업 외에 새벽부터 똥통을 지고 개똥을 찾아 다녀 해가 뜨면 한 통 가득 채웠는데, 이것을 팔아 — 한 통에 60문(文) — 돈을 조금씩 모았다. 그 뒤 옷 장사를 해서 돈을 벌고 점차 더 많은 재산을 쌓았다. 그리고 부모의 장지에 비석을 세우기도 하고, 몇몇 아이들을 데려다 키웠다.[86] 이처럼 아무런 재산도 없다가 독립하여 주위의 여자들 가운데 '일등 인물'이 된 여성을 소개한 것은 "독립된 권리가 없이 곳곳에서 강박 받고 이용"[87]당하는 여성을 넘어 진취적인 여성을 신여성의 이미지로 제시하기 위한 것이었다.

셋째는 자립적 여성상이다. 비록 여전히 제한적이긴 했지만, 여성의

---

85) 秋月, 〈女國會議員〉, 《生活》 4-5, 1928. 11. 16., 44쪽.
86) 王效冲, 〈一個難得的女子〉, 《生活》 2-2, 1926. 10. 31., 12쪽.
87) 위와 같음.

사회활동이 상대적으로 매우 활발해졌다. 종사하는 직업이 다양해지고, 그 수는 적지만 은행 경리, 여교사, 서양 상점[洋行]의 서기, 의사나 간호사, 신식 산파, 여과계(女夥計) 등 이른바 고급 직업에도 여성의 진입이 가능해졌다.[88] 가사를 고역으로 느껴 대신 취업을 선택하는 여성이 등장할 정도로 신여성의 의식도 많은 변화가 있었다.[89] 사회적으로도, 남녀 모두에게 일을 할 수 있는지의 여부(재능 문제)를 결혼조건의 하나로 삼아야 한다거나,[90] 결혼 뒤에도 반드시 자신의 직업을 계속 유지해야 한다는 인식도 있었다.[91] 여성이 직업에 종사하면 가난해서 또는 질이 좋지 않아서라는 편견이 강했음에도 중류 이상 가정의 여성 취업이 늘어났으며, 특히 여성이 배우가 되는 것을 천시하고 조롱하는 편견이 여전히 존재했음에도 영화계에서 일하고자 하는 신여성들이 많았다.[92]

그런데 자립적 여성상은 적어도 두 가지 차원에서 주목할 만한 신여성상이라 할 수 있다. 그 하나는 마인초(馬寅初)가 여자의 경제적 독립은 비록 쉽지 않으나 출가 전에는 부모에게, 특히 출가 뒤에는 남편에게 의지하지 않고 먹고살 수 있어야 한다는 것을 강조하면서, 그 구체적인 방안을 제시한[93] 것처럼, 경제적 자립은 여성이 '근대적 개인'이 되기 위한 전제로서 신여성의 필요충분조건이었다는 점이다. '집 나간 노라'를 걱정하던 5·4시기보다는 신여성의 물질적 조건에 대한 인식이 다소 구체화되었던 것으로 보인다.

이 글에서 주목하고자 하는 측면은, 자립적 여성상이 1920년대 후반 이후 급속히 늘어나던 이혼 문제와 관련이 있다는 사실이다. 1920년대

---

88) 一得, 〈女子的職業〉, 《生活》 1-3, 1925. 10. 25., 14쪽 참고.
89) 俞子夷, 〈男子心目中的女德〉, 《生活》 1-19, 1926. 2. 28., 113~114쪽 참고.
90) 王恒智, 〈根據實際調査硏究結婚問題〉, 《生活》 2-15, 1927. 2. 13., 98쪽 참고.
91) 鄒恩潤, 〈女子之職業與丈夫〉, 《生活》 1-2, 1925. 10. 18., 10쪽 참고.
92) 俞子夷, 〈女子職業〉, 《生活》 1-23, 1926. 3. 28., 140쪽 참고.
93) 馬寅初, 〈中國女子經濟問題〉, 《生活》 2-6, 1926. 11. 28., 36쪽.

중반부터 이혼이 매우 자연스럽게 논의되고 수용되는 세태로 변화했으며, 실제로 이혼이 많았던 것으로 보인다.

> 4, 5년 전에는 결혼과 이혼에 현재의(현재와 같은) 절대적인 자유가 없었다. 그러나 구풍(歐風)이 동점(東漸)하여 일찍이…… 청년들의 뇌리에 깊은 영향을 주어, 그 당시 결혼의 자유는 이미 문제가 되지 않았다. 그러나 이혼은 현재와 같이 성행하지 않았다.[94]

예교질서 아래에서는 상상할 수 없었던 이혼의 성행은 전통의 속박 또는 남성에 의해 가해지는 억압으로부터 여성이 자신의 주체성을 추구하는 경향이 점증했음을 반영한다. 사랑 없는, 그리고 구타당하는 결혼생활로 인생의 의미를 찾지 못해 고민하는 여성이 공개적으로 상담을 하고, 이에 대해《생활주간》의 편집자가 '사형(私刑)'의 확실한 증거를 잡아 법정에 이혼을 청구할 것을 권유하는 답변에서 결혼이 '근대적 개인'으로서 여성의 위상에 더 이상 질곡으로 작용해서는 안 된다는 의지를 엿볼 수 있다.

그러나 문제는 이혼한 여성의 생활이다. "(중국 남성과 결혼한 미국 여자의 이혼 소식을 듣고) 생활이 자유롭고 안정되려면 여성은 자립 능력이 있어야 하며, 이 여자가 비록 뜻밖의 불행을 만났지만 자립할 수 있었기 때문에 고통을 줄일 수 있었"던 사례가《생활주간》에 소개되었다. 이혼을 했더라도 여성의 주체성과 생활의 안정을 지키기 위해서는 경제적 자립능력이 필요함을 강조한 것이었다.[95] 지향해야 할 신여성, 근대적 여성은 바로 그러한 능력을 구비한 여성이었다. 바로 이 지점에서 여성이 이혼을 매개로 '근대적 개인'으로서의 여성, 해방된 여성으로

---

94) 潮聲, 〈過渡時代的婚姻〉,《生活》 2-44, 1927. 9. 4., 319쪽.
95) 〈譯餘閑談中的閑談〉,《生活》 2-36, 1927. 7. 10., 262쪽.

재탄생할 수 있는 것이다. 또한 여성이 일방적으로 당하는 전통적 의미의 이혼이 아닌, 자립성을 갖춘 신여성의 이혼은 예교적 가족제도를 실질적으로 부정하는 의미를 가질 수 있었다.

자립적 여성상과 무관하나 간통에 대한 인식 변화도 예교적 가족질서를 약화시키는 데 실질적인 작용을 했다는 사실을 덧붙인다. 간통에 대한 새로운 접근도 1920, 1930년대 상해 사회에서 발견할 수 있는바, 《생활주간》의 적지 않은 필진들은 황혜녀(黃慧女)라는 여성의 간통 사건에 대해 일방적인 예교적 기준이 아니라 사건에 대한 과학적인 접근을 통해 여성의 처지를 호의적으로 배려하는 한편, 순결한 연애도 아니고 내놓고 주장할 필요가 있는 것은 아니지만, 적절한 사교의 기회를 부여하지 못한 사회환경과 가정환경의 책임을 더 크게 문제삼았다.96) 간통이 예교적 가족제도 아래서 갖는 함의를 생각할 때, 분명히 이러한 인식은 전통윤리뿐 아니라 예교적 가족제도가 실질적으로 와해되는 과정을 보여준다고 생각된다. 물론 상해라는 문화공간이 있었기에 간통에 대한 인식이 더 급진적으로 전개될 수 있었다는 점도 지나칠 수 없다.

넷째로 독신주의도 신여성의 한 유형이었다. "근년에 교육을 받은 많은 여자들이 독신주의를 주장"하거나 독신으로 살고 있는 여성이 늘어났으며, 그 영향으로 노처녀가 많아져 사회적으로 후세의 양육 문제에 대한 과학적인 대응책을 강구해야 한다는 주장이 제기될 지경이었다.97) 독신주의와 노처녀 문제가 이처럼 공론화될 정도로 독신주의와 만혼(晚婚) 풍조가 상해 사회에 널리 퍼져 있었던 것으로 보인다.

---

96) 編者, 〈我們憐惜黃慧如女士〉(上), 《生活》 4-3, 1928. 12. 2., 24쪽과 編者, 〈我們憐惜黃慧如女士〉(下), 《生活》 4-4, 1928. 12. 9., 37~38쪽 참고.

97) 編者, 〈非僅婦女之問題〉, 《生活》 4-12, 1929. 2. 3., 120쪽과 心水, 〈我們對於節育應有的態度〉, 《生活》 4-17, 1929. 3. 24., 173~174쪽 참고.

상해법과대학을 졸업하고 남경특별형사법정(南京特別刑事法庭)의 서기관으로 근무하는 한 여성이, 연애도 하지 않고 종신토록 그 직업에 종사하기로 결심한 사례와, 독신생활을 하는 또 다른 여성이 독신의 고통을 전혀 느끼지 않고 자신의 능력을 발휘하면서 생활하는 사례가 《생활주간》에 소개되었다. 이러한 사례에 대해 결혼 여부는 개인의 자유이며, 그러한 여성은 자신의 재능을 최대한 발휘하여 사회를 위해 복무하고 자신의 목적을 이룰 수 있으므로, 그리고 혼인이 비교적 자유로운 미국 여성의 경우도 그러하므로 반대할 이유는 없다는 것이 《생활주간》에 반영된 이에 대한 반응이었다.[98]

다만 독신 불가를 강권할 수도 없고, 그렇다고 독신주의에 찬성하지도 않지만, 독립적인 경제능력이 있고 전문적인 학식이 있는 경우에는 자유이지만, 그렇지 못하면 다시 생각할 필요가 있음을 환기시켜, 독신주의 ― 나아가 노처녀 ― 가 마치 신여성의 표상인 듯 유행하는 것을 경계할 뿐이었다.[99]

독신주의는 여성을 둘러싼 온갖 굴레로부터 한번에 해방될 수 있는 매력적인 방법이기는 하다. 신구(新舊) 갈등의 고뇌를 안고 살아가고 있던 신여성들에게 상해 사회는 독신이라는 돌파구를 통해 자유와 주체성을 유지할 수 있는 물질적, 문화적 여건을 제공할 수 있었다. 교육을 통해, 또는 다른 방법으로 자립능력을 갖춘 여성들에게 독신주의는 근대와 개인의 자유를 동시에 누릴 수 있게 하는 현실적으로 선택 가능한 신여성의 생활방식이었을 것이다.

---

98) 이상의 내용은 韜奮, 〈一位不嫁的女書記官〉, 《生活》 4-2, 1928. 11. 25., 11쪽과 謝最子, 〈傾慕〉, 《生活》 4-17, 1929. 3. 24., 182쪽 참고.

99) 韜奮, 위의 글, 1928.

6. 과도시대의 고뇌

신사회가 아직 완성되지 못했는데, 구사회가 오히려 발버둥치며 버티고 있
다. 그리고 교육이 보급되지 못한 까닭으로 신사회의 생활과 사상은 (현실
과) 너무나 큰 차이가 있다. 만약 신구 두 계급의 남녀를 한곳에 억지로 끌어
모은다면 그 형세는 빙탄(冰炭)과 같을 것이다.[100]

이 과도시대는 가정 조직에 관하여 사상적으로 신구 충돌의 시대라고 할
수 있다. 구사상을 벗어나지 못한 부모 측은…… 분거(分居)를 듣거나 보면
매우 불쾌해한다. 신사상을 가진 자식들은…… (대가족은 사람이 너무 많고,
내용이 복잡하며) 개인의 활동범위를 위축시키며, (개인의 - 인용자) 철저한
발전을 꾀하는 한편 사회적 효용을 증가시킬 수 없다고 생각하여 적극적으
로 분거를 주장하며, 마음속으로 동거를 불쾌해한다.[101]

비록 '과도시대'가 반신(半新)·반구(半舊)의 시대라는 모호하고, 따
라서 신(新) - 근대와 구(舊) - 전통을 끊는 문화적 정향(正向)을 발견하
지 못한 채 둘을 시대변화에 맞게 적절히 절충할 수밖에 없다는 정도의
뜻일지라도, 많은 상해인들은 자신들이 과도시대를 살고 있다는 인식
을 가졌다. 전자의 인용문은 결혼을 둘러싼 과도시대의 고뇌를, 후자는
가족의 거주 형태를 둘러싼 고뇌를 보여준다. '결혼을 어떤 사람과 해야
하는가', 그리고 '부모, 형제들과 동거를 해야 하는가, 그렇지 않은가'라
는 문제보다 더 중요한 일상적인 생활의 문제가 있겠는가?
앞의 두 인용문은 과도시대의 고뇌가, 더 이상 지향해야 할 대상을
향한 동경의 차원이거나 관념 차원의 문제가 아니라, 일상에서 봉착하
는 실생활의 문제였음을 말해 준다. 사실 상해인에게 근대적인 생활세

---

100) 王恒智, 앞의 글, 97쪽.
101) 心水, 〈過渡時代的分居問題〉, 《生活》 4-22, 1929. 4. 28., 232쪽.

계는 5·4시기 이후, 특히 1920년대 후반, 1930년대에 매우 신속히 다가
왔다. 뿐만 아니라 근대－서구는 멀리 있는 것이 아니라 일상에서 대면
할 수 있는 가까운 존재였다. 생활을 누리기 위해 매일 넘나들거나 거
주하는 조계의 소비문화, 행정체계, 그곳의 물질적 풍요와 화려함, 그리
고 조계에 거주하는 서구인들의 생활양식과 정신문화가 바로 근대였
다. 따라서 근대는 상해인의 생활의 일부거나 바로 눈앞에 놓인 실체
있는 대상이었다.102) 상해에서 이른바 과도시대의 고뇌가 일상의 문제
로 될 수밖에 없었던 이유가 바로 여기에 있었다.

  '거시적 차원에서 중국 사회를 어떻게 건설해야 하는가'라는 문제도
고민거리였다. 근대를 향한 상해인의 갈등은 본질적으로 서구의 모방
에서 시작되었던 것만은 분명하다. 그런데 이들이 서구로부터 모방하
고자 했던 내용들을 뽑아서 종합하면, 그 세계는 완벽히 이상적인 근대
사회였던 것 같다. 미국의 대량생산체제와 분배제도, 프랑스의 자유사
상, 영국의 자치 능력을 모방하여 건설된 새로운 중국은 상상만 해도
'완벽한' 근대 사회일 것 같았다.103) 그러한 국가건설의 희구는 서구 편
향의 비현실성, 그리고 과도시대를 사는 자신과 근대에 대한 깊이 있는
성찰의 부재를 뜻한다.

  상해인들에게 일상의 영역에서 직면하는 갈등이 거시적 담론보다는
더 직접적인 고민거리일 수밖에 없었다. 전술한 바와 같이 가치관이 변

---

102) 조계는 제국주의의 공간이자 동시에 상해인의 삶의 공간, 일상의 공간으로 제국주의
　　자와 상해의 중국인이 공유하는 장(場)이었다. 그러므로 "상해에서 제국주의는 중국
　　공산당의 관점이 용인하는 것보다 일상생활에서 훨씬 가까이 느낄 수 있는 행위자였
　　고, 상해의 상업·산업·사회·문화의 성공적인 발전은 중국인 엘리트와 서양인 엘
　　리트의 참여와 협조, 대화를 요구했다"는 설명에 이론(異論)을 제기할 것도 아니
　　다.(Robert A. Bickers and Jeffrey N. Wasserstrom, "Shanghai's "Dogs and Chinese Not
　　Admitted" Sign : Legend, History and Contemporary Symbol", *China Quarterly* 142, 1995.
　　p.464) 다만 여기서 제국주의를 근대로 치환한다 해도 무리는 없을 것이다.
103) 畢雲程, 〈建設〉, 《生活》 4-9, 1929. 1. 13., 82쪽 참고.

하고, 예교적 가족질서가 심각한 도전을 받았으며, 신여성의 이미지에
서 보이듯 육체와 정신에 대한 인식도 변하고 있었다. 심지어 시간에
대한 관념조차 급속하게 변하고 있었다.[104] 그야말로 일상의 영역에서
근대를 향한 문명사적 전환이 진행되고 있었던 것이다. 구식 결혼을 그
대로 수용하기도 싫고, 그렇다고 신여성을 배우자로 선뜻 맞아들이기
도 망설여지는데, 이를 어떻게 해야 하는가? 핵가족─분거(分居)의 문
제는 어떻게 처리해야 하는가? 유학을 가야 하는가? 이상적인 가정생
활로 추구되었던 이른바 '문명가정(文明家庭)'의 생활을 영위하기 위해
서는 그 내실을 어떻게 만들어야 하는가? 등등의 고민은 문명사적 전환
이 일상에 가한 압박의 산물이었다.

그런데 일상에서 일어나는 그러한 문제들은 본질적으로 신구 반반
(半半)의 절충으로 해결될 수 있는 성질의 문제도 아닐 뿐더러, 일도양
단할 문제도 더더욱 아니었다. 이른바 과도시대의 고뇌가 갖는 심각성
은 바로 여기에 있었다. 이것이 상해인들이 신과 구를 토양으로 자신들
의 새로운 생활양식을 탐색하고 만들어내지 않으면 안 되는 이유이기
도 했다. 다소의 비약을 감수하고 논단하자면, 비록 그것이 '근대'의 오
독(誤讀)을 확대 재생산하는 것일지라도, 일상의 영역에서 '근대'가 상
대화되지 않으면 안 되었던 것이라 할 수 있다.

'근대'의 상대화─엄밀히 보자면 서구의 상대화─는 미약하게나마
탐색되었고, 정체성 확립을 위한 모색 또한 진행되었던 것으로 보인다.
일상에서 확인할 수 있는 서구의 상대화 탐색을 결혼, 문명가정, 그리고
풍조화(風潮化)된 유학에 대한 반성 문제에 한해 살펴보면 다음과 같다.

결혼 문제만 하더라도 "20세기에 살고 있으나 20세기 구예교(舊禮敎)
의 핍박 아래서 고통을 겪는" 현실이었다.[105] 부모가 혼주(婚主)가 되는

---

104) 예컨대 〈惰性的表現〉, 《生活》 1-13, 1926. 1. 3., 77쪽 ; 厲風, 〈農家改用陽曆的好處〉,
《生活》 1-34, 1926. 6. 13., 199쪽 참고.

'고훈(古訓)'을 받아들이느니 차라리 죽는 것만 못하다는 한 여성의 절규는 과도시대 고뇌의 깊이를 단적으로 보여준다.[106] 당시 존재하던 혼인 형태는 '부모결정', '쌍방동의',[107] '절대자유' 가운데 하나였다. 그 가운데 '부모결정'은 절대로 청산되어야 한다는 데 이론의 여지가 없었다. 그렇다고 해서 "대충대충 해치우는 서구의 결혼을 다 모방할 수도 없고, 중국의 전제적 결혼에 얽매일 수 없는" 것은 분명했다.[108]

그렇다면 어떻게 해야 할 것인가? 서구식 자유결혼이 바람직하기는 하다. 그러나 "중국인의 지식과 도덕이 아직 완선(完善)하지 않아 순전히 신법(新法)만으로는 실패할 가능성"이 있었다.[109] 그런데 이러한 인식과 도덕의 문제보다는 현실의 제약이 더 컸다. 절대적인 자유결혼이라 해서 행복을 보장해 주지는 못하는 것이 인생사다. 뿐만 아니라 더 중요한 것은 서구에서처럼 여자의 재가를 자연스럽게 수용하는 문화 풍토가 미약한 중국에서 결혼의 실패는 참담한 결과를 불러올 수밖에 없었다.[110] 그러므로 중국적 상황에서 온당한 결혼 형태를 찾아야 하는데, 그것은 '쌍방동의'의 결혼이며, 자주적인 혼인을 하되 부모·형제·스승과 친구의 조언을 듣고 혼인을 결정하는 것이었다.[111]

당시 찾아냈던 근대적인 가정 형태는 한마디로 '문명 가정'이었다. 중국인의 기존 가정 형태는 일반적으로 다음과 같았다. 대가족제의 영향으로 고부 사이, 시누이와 올케 사이에 갈등이 많고, 며느리의 자유 권

---

105) 余常, 〈個人的自由〉, 《生活》 4-6, 1928. 12. 23., 60쪽.
106) 위의 글, 59~60쪽 참고.
107) 부모가 정하여 개인의 동의를 거치거나, 아니면 개인이 정하고 부모가 허락하는 형태를 말한다.
108) 王恒智, 앞의 글, 98쪽.
109) 위와 같음.
110) 〈一件終身大事〉, 《生活》 2-12, 1927. 1. 23., 79쪽.
111) 위의 글, 8~79쪽 ; 王恒智, 앞의 글, 98쪽 참고.

리가 박탈되었으며, 가족 전체적으로도 경제적 정신적인 고통이 많아 화목하기 어려운 경우가 적지 않았다. 무엇보다 개인의 활동범위가 위축되는 등 각종 폐해와 압박이 많이 생겼다.[112) 뿐만 아니라 환경도 열악하고, 주부들은 가정의 정결(整潔)과 아름다운 배치의 필요성을 깨닫지 못하고 있으며, 그에 대한 지식과 관념이 거의 없다고 비판받았다. 그리하여 "중국인의 집안은 정결의 습관이 부족하여 빈부를 불문하고 대다수(의 집안 분위기)가 어지럽고 무질서하며, 마치 폐물(廢物)들을 쌓아둔 것과 같은" 형국이었다고 한다.[113)

반면 문명가정은 미국의 가정처럼 정갈하며, 안락한 침실과 위생적인 주방·욕실이 갖추어져 있고, 집 주위에 조그마한 정원이 있으며, 작지만 적어도 3, 4개의 방이 갖추어진 환경이었다. 가족 형태는 소가족이며, 남편은 매를 들거나 욕을 하지 않고 종일 마작만 하지도 않으며, 재정적인 능력과 반듯한 직업, 아버지로서 자상함, 그리고 절도 있는 경제생활 태도를 갖춘 그러한 가정이었다.[114) 또한 허례(虛禮)에 구속되지 않고, 여자를 존중하며, 가정생활에서 자신이 맡은 일은 남녀 구별 없이 스스로 하는 부부 중심의 생활이 문명가정의 생활이었다.[115)

상해인들은 위와 같은 문명가정을 근대 가정의 모범으로 생각했는데, 석고문(石庫門) 양식의 주거 형태가 선호되었던 것도 이 때문이었다. 그

---

112) 震鷗, 〈從歌謠中得到的民間生活狀況〉, 《生活》 1-32, 1926. 5. 30., 187쪽 ; 心水, 앞의 〈過渡時代的分居問題〉, 232쪽 참고.

113) 淸風, 〈美麗整潔的臥室〉, 《生活》 4-32, 1929. 7. 7., 357쪽.

114) 이상의 내용은 精英, 〈文明家庭的夫人究竟要做什麼事?〉, 《生活》 2-46, 1927. 9. 18., 335~336쪽 ; 淸風, 앞의 글, 357쪽 ; 殷木强, 〈從醫學上觀察日本人的現代生活(4)〉, 《生活》 2-39, 1927. 7. 31., 277~278쪽 ; 殷木强, 〈從醫學上觀察日本人的現代生活(5)〉, 《生活》 2-40, 1927. 8. 7., 287쪽 참고.

115) 영(泳)의 〈隨便談談美國生活〉이라는 글이 泳, 2~17(1927년 2월 27일)부터 《생활주간》에 몇 차례 연속으로 실렸다. 이 글에서 미국을 모델로 근대적 가족상을 제시하고 있다.(泳, 2~17, 111, 127, 135, 145쪽 참고)

런데 부부 중심의 문명가정 선호는 중국에서 가장 이상적으로 추구했던 주거 형태인 '사세동거(四世同居)'가 생활 속에서 부정되었음을 뜻한다. 가족에 대한 관념의 전환을 반영하는 이러한 변화는 상해였기 때문에—신구 관념이 마찰했음에도 신속히 생활 속에 정착해 갈 수 있었던 것으로 보인다. 실제 개인의 발전, 그리고 부담의 경감을 위해 '소가족제도를 철저히 주장해야 하며, 갈등이 있더라도 철저한 소가족을 관철해야 한다'는 인식은 상당한 공감대를 이루었던 것으로 생각된다.116)

다만 문명가정을 꾸리되, 경제적 능력과 개인의 권리를 서로 존중할 수 있다면 과도적으로 부모 동거 또는 형제 동거를 절대로 하지 말아야 하는 것은 아니며, 분거(分居)를 하더라도 전통적으로 그러해 왔던 것처럼 부모에게 의존하는 것에서 벗어나 경제적 정신적 독립을 해야 한다는 것이 강조되었다.117) 그리고 문명가정의 주부는 '치가(治家)의 기능이 결여'된 신여성이나 '치가는 잘하나 지식이 결핍'된 구식 여성 가운데 어느 한쪽으로 기우는 것은 바람직하지 않으며, 이 둘의 조화를 통해 완미(完美)한 가족생활을 영위하는 것이 바람직하다 하여 문명가정의 중국적 내실을 강조하였다.118)

한편 20세기 초 상해 사회에는 외국어 열풍이 거세게 몰아쳤으며, 유학을 다녀오지 않으면 출세할 수 없다는 분위기가 팽배했다. "호적(胡適) 같은 5·4 지도자들이 이용했던 것처럼, 미국(나아가 외국—인용자)의 학위증서는 일종의 자산"이었다.119) 현실적으로 상해에서는 유학생의 사회적 지위가 모든 영역에서 매우 우월했다.120) 그리하여 "출양(出

---

116) 心水, 앞의 〈過渡時代的分居問題〉, 233쪽.

117) 王伯炎, 〈討飯亦爲心願〉, 《生活》 2-14, 1927. 2. 6., 91쪽 ; 心水, 위의 글, 234쪽 참고.

118) 禪, 〈兩個新女子〉, 《生活》 2-40, 1927. 8. 7., 284쪽.

119) 李歐梵 著, 毛尖 譯, 앞의 책, 60쪽.

120) 예컨대 같은 직장에서도 국내 대학 출신과 외국 대학 출신의 임금이 많은 차이가 났고, 진급을 비롯한 대우 또한 그러했다.

洋)이 이미 보편적 조류가 되었으며, 유학생은 사회적으로 이미 특수한 계급을 이루지 못"할 정도로 유학이 풍조화되었다.[121]

상해 사회의 유학 풍조는 출세 욕구와 함께 서구 모방의 심리와 상승 작용하여 더욱 확산된 측면이 있다. 유학의 대상 국가도 해당 국가의 국제적인 지위 변동과 맞물려 일본에서 미국·유럽으로 변화하기도 했으며, 그에 따라 서구 모방의 양상도 적지 않은 변화가 있었다. 유학 대상국의 변천에 따라, 예컨대 미국 유학이 많았을 때는 정치·재정·공상업·교육, 심지어 사회의 풍상(風尙)도 미국을 집중적으로 모방하는 추세를 보였는데, 1920, 1930년대는 미국 모방이 대세를 이루었다.[122] 그런데 전체적으로 근대 문화 수용의 소화력이 취약했을 뿐 아니라,[123] 맹목적인 모방으로 말미암아 오히려 진보와 창조를 망각하게 되는 현상도 적지 않았다.[124]

이러한 상황에서 유학의 효용과 기능, 그리고 유학이 곧 출세라는 세태의 문제점을 비롯하여 유학 풍조에 대한 진지한 재검토와 반성이 《생활주간》에서 적극적으로 진행되었다. 근대 모방의 첨병이라 할 수 있는 유학에 대한 반성은 근대를 상대화하고자 했던 당시 사람들의 고뇌의 일단을 보여준다. 그 핵심은 중국의 상황에 조응하는 '모방'이 필요하다는 것이었다.

《생활주간》의 한 필자는 유학의 문제점을 다음과 같이 지적하였다.

---

121) 寄寒, 〈留學生中的流落生〉, 《生活》 4-26, 1929. 5. 5., 284쪽.

122) 李公樸, 〈食而不化〉, 《生活》 4-5, 1929. 6. 28., 393쪽 ; 畢雲程, 〈模倣〉, 《生活》 4-1, 1928. 11. 18., 4쪽 참고.

123) 예컨대 李公樸(李公樸)에 따르면(위의 글, 392쪽), 구미 각국과 접촉한 이래 모방을 능사로 여겼지만 "분별력의 결여로 말미암아 자신의 위장과 신체 구조에 맞지 않는 많은 것도 마구 집어 삼켜 소화력이 부족"한 상황임을 개탄하였다.

124) 畢雲程, 앞의 〈模倣〉, 4쪽 참고.

먼저 사회과학은 방법을 공부하는 것 외에 '여지(與地)의 영향'이 매우 크며, 유학 가서 학문을 하는 것은 하나의 방법으로, 진정으로 중국 사회를 위해 일하려면 중국의 상황을 명백히 이해해야 하고 중국 사회에 깊이 들어가야 한다. 그러기 위해서는 신학문이 중국 사회에서 응용되어야 하는데, 중국의 실제 사회 정황과 역사 배경을 명료히 하는 것이 무엇보다 중요하다. 만약 중국의 상황을 모른다면, 10년을 외국에서 공부했다 하더라도 귀국하여 응용하는 것은 마치 미국의 농촌 교육 전문가를 중국 내지의 향촌 사숙(私塾)에 초빙하는 것과 같은 결과가 될 것이다.[125]

그러므로 고유의 문화적 특장(特長)을 망각하고 맹목적으로 다른 사람의 뒤를 따르는 경향에서 벗어나, "구미 문명의 사실과 이론을 수용한다 하더라도 중국 수천 년의 문화 배경과 사회 현상을 회고하여 적당한 방법을 강구"해야 하며, "다른 사람들의 문화를 모방하는 한편 고유의 우수한 점을 합쳐 완미한 문화를 만들도록" 해야 했다.[126] 모방의 대상을 상대화하고자 하는 이러한 인식이 아직은 원론적 차원을 넘어서지 못하고 있었지만, 서구 문화의 일방적 추종 속에서 제기된 이러한 반성은 적지 않은 사회적 문화적 부작용을 동반했던 그 동안의 유학 경험을 통해 자신의 정체성에 대한 자각이 미약하게나마 생겨나고 있었다는 사실을 뜻한다.

단순한 '혁고정신(革故鼎新)'이 아니라, 객관적 기준과 현실적 효용을 토대로 옛 것 가운데서 현대사회에 적합한 부분을 발굴하고, 고유의 도덕과 지식, 능력을 회복하는 한편, 이를 구미의 장점과 결합해야 한다는 대중적 수준의 중체서용론(中體西用論)이 제기되고 있었던 것이다.[127]

<hr>

125) 이상의 내용은 新城, 〈社會風尙所構成之潛意識〉, 《生活》 4-28, 1929. 6. 9., 311~312쪽 참고.

126) 李公樸, 앞의 글, 393쪽.

127) 더 구체적인 내용은 靈覺, 〈怎樣恢復民族地位〉, 《生活》 2-33, 1927. 6. 19. ; 畢雲程,

근대 모방이 격류를 이루었던 1920, 1930년대의 상황에서 '새것[新]'에 대한 맹목적 추종을 경계하고, 신구를 불문하고 중국적 상황에서 '새로운 평가'를 통해 이성(理性)에 맞고 새로운 시대의 수요에 맞는 것은 모두 제창해야 한다는 주장은 자칫 '보수'로 내몰릴 위험성을 갖는 논조임에 틀림없었다. 그러나 전통과 근대가 중층화(重層化)된 시대의 영향력 있는 대중 잡지 《생활주간》, 그리고 근대가 생활의 일부로 체화(體化)되었던 상해인들이 직면한 생활 속의 '과도시대'의 고뇌는 그러한 위험성을 감당하지 않으면 안 되었을 것이다.

7. 맺음말

20세기 초 근대에 대한 열망은 물질문명을 알지 못하면 야만인이라는 극단적 사고로까지 확대되었다.[128] 이러한 편향과 함께 물질문명으로 말미암은 사회적 부조리 — 배금주의, 과도한 서구화, 정체성 상실 등 — 에 대한 염려가 동시에 교차했다. 이 글은 그러한 시대적 고뇌를 담고 있었던 《생활주간》의 분석을 통해 상해인이 누리고자 했던 근대적 생활문화의 구체상을 복원하고자 했으며, 지속되는 전통과 지향해야 할 근대가 단순한 융합이 아니라 중층적으로 작용하여 만들어 낸 상해인의 생활상, 그리고 전통과 근대가 중층적으로 존재하는 문화 풍토 속에서 상해다움 또는 상해인이라는 정체성이 어떻게 형성되어 갔는지를 구체적으로 그려보고자 했다.

자본주의가 확산되는 가운데 학문과 지식의 가치와 그에 대한 접근

앞의 〈我們的根本信念〉; 王傑, 〈慌慌張張儞寫的一封信〉, 《生活》 4-33, 1929. 7. 14. 참고.

128) 劉燦生, 〈物質文明與精神生活〉, 《生活》 2-5, 1926. 11. 21., 27쪽.

방법이 근본적으로 변했으며, 특히 학문과 지식은 물질문명의 진보를 위한 그리고 생활수준의 향상을 위한 수단으로 재인식되면서, 상해인은 생활의 밑바탕에서부터 새로운 직업윤리와 직업관으로 무장하게 된다. 직업의 전문성이 강조되고, 재산 축적이 정당화되었다. 전인적 인간형을 추구하고 경상(經商)을 말리(末利)로 천시하였던 기존의 가치관이 여전히 남아 있었던 중국의 당시 상황을 고려할 때, 지식과 인간 그리고 직업에 대한 새로운 인식은 상해인을 상해인답게 만드는 요인 가운데 하나였음을 부정할 수 없다. 이처럼 적어도《생활주간》에 투영된 상해인의 근대는 의식의 밑바탕에서부터의 변화와 더불어 탐색되고 향유되었던 것으로 생각된다.

그런데 자본주의의 어두운 이면인 돈과 부에 대한 집착은 근대 수용의 또 다른 한 측면이었다. 배금주의가 맹위를 떨쳤으며, 돈을 향한 상해인의 열망은 모던에 대한 열망, 그리고 행복과 일치하는 것이었다. 그리고 상해는 — 고통과 좌절, 그리고 훨씬 더 많은 사람들의 소외를 가져왔지만 — 그러한 열망을 충분히 충족시켜 줄 만한 여건을 제공했다. 투기와 모험, 그리고 자수성가로 성공한 사람들에게 상해는 돈으로 '근대'라는 품격을 살 수 있는 낙원이었다. 돈과 품격, 돈과 모던이 자연스럽게 교환될 수 있는 풍토야말로 상해의 매력이었고 상해인의 '자부심'이었을지 모른다.

배금주의가 맹위를 떨칠 수 있었던 주요한 이유 가운데 하나는 상해라는 신생 자본주의 도시가 태동하면서부터 전통의 억압이 약했을 뿐아니라 1920, 1930년대 상해의 경제적 번영과 함께 생활의 주체로서의 개인, 그리고 개인주의가 이 도시의 문화와 생활양식을 주도했다는 점일 것이다. 그것은 '근대적 개인'이 — 5·4시기처럼 지향의 문제가 아니라 — 이제는 생활 속에 용해되었음을 뜻한다. 그런데 서구 사회에서 발원된 근대적 개인은 중국인들의 생활세계 속에서 서구와 다른 함의로 작용하면서 좀더 복잡한 문제를 파생시켰다.

지나치게 민감하고 서구 취향적인 유행, 성 담론(性談論), 여체에 대한 상업주의적 접근 등 근대적 개인을 빙자한 개인주의 속에는 과도한 '서구화[歐化]'와 지나친 '숭양(崇洋)'이 도사리고 있었다. 이것은 '근대적 개인'이 본래의 함의보다는 예교질서를 대체하는 생활방식과 모던 지상적 생활양식을 옹호하는 논리로 해석되어 성찰 없는 근대 편향을 조장했기 때문이었다. 그러한 경향은 근대적 개인의 굴절된 해석이자, 분명한 오독이었다. 그러나 그 굴절이 자체로서 확대 재생산되면서 일상의 영역에서 상해인의 근대가 또다시 만들어지고 있었던 것이다.

도시생활과 도시문화의 정수로 뿌리내린 신여성의 등장은 근대의 가장 두드러진 표상이라 해도 지나친 말이 아니다. 신여성과 신여성으로 대변되는 상업문화, 여성의 사회적 활동공간과 여성이 누릴 수 있는 오락공간의 확대는 예교적 가족질서를 일상생활로부터 뒤흔드는 폭발적 잠재력을 갖고 있었다. 수절과 정조 중시, 간통 엄금, 지적 자각의 억압 등 가부장적 가족질서를 유지해 왔던 여성 억압적 이데올로기가 합리적으로 재해석되거나 부정되는 상황, 그리고 그로 말미암아 일어났던 과도적 혼란, 이러한 것들은 예교적 가족질서가 생활의 영역에서 부정되고 있었음을 뜻한다.

그런데 당시 신여성의 이미지는 건강하고 매혹적인 여성, 입지전적 여성, 자립적 여성, 독신주의로 집약된다. 이러한 신여성의 이미지는 상업주의에 의해 조장된 신여성상과 더불어 1920, 1930년대 '모던 여성'의 전형(典型)이었다. 방직공장의 여성 노동자로부터 지체 높은 신분의 여성에 이르기까지 상해의 여성들은 세련된, 그러나 많은 돈이 필요했던 모던에 충분한 대가를 치를 준비가 되어 있었다. 그런 가운데 속흉(束胸), 사치와 유행, '과화(過火)'된 남녀 관계 등에서 볼 수 있었던 것처럼 서구보다 더욱더 모던한 풍조가 조장되기도 했다.

그리고 독신주의는 상해라는 도시로부터 그 물질적 문화적 여건을 실질적으로 제공받아 유행하였다. 신구 갈등의 고뇌를 안고 살아가고 있던 신여성들에게 독신주의는 모던과 개인의 자유를 동시에 누릴 수 있게 하는, 선택 가능한 '돌파구'였다. 질곡에서 한꺼번에 해방될 수 있는 매력적인 독신주의는, 비록 급진적인 일부라 할지라도 중국인들의 근대 수용의 굴절과 그 원인을 단적으로 보여준다. 다시 말해 '근대적 개인'으로서 여성의 자유의지에 따라 선택되었다기보다는, 예교적 질서라는 억압을 한번에 뛰어넘을 수 있는 대안으로 독신주의가 유행했던 측면을 무시할 수 없다는 것이다.

상해인들은 자신들이 '과도시대'를 살아가고 있다고 인식했다. 도시문화나 생활의 여러 영역에서 드러났던 신구 갈등은, 신과 구 반반의 절충으로 해결될 수 있는 성질의 문제도 아니고, 일도양단할 문제는 더욱 아니었다. 둘을 내포하면서 생활양식의 외연과 실질을 확충해야 하는 것이 과도시대의 고뇌였으며, 해결해야 할 과제였다. 서구를 상대화하면서 정체성을 탐색하고 중국적 상황에 적합한 근대를 추구한《생활주간》의 탐색은 과도시대의 과제와 관련하여 의미 있는 모색이었다. 결혼, 문명가정, 마치 유행처럼 번지던 유학에 대한 비판적 대안을 모색하면서 살펴본 '서구의 상대화' 탐색이 당시에는 미약한 논리에서 크게 벗어나지 못했지만, 단순한 혁고정신(革故鼎新)이나 맹목적 모방에서는 벗어나 자신들의 문화를 만들어 갈 가능성을 확인시켜 주었다는 점에서 의미가 있다.

상해인의 근대는 생활의 모든 영역에서 역동성 그 자체였던 것으로 생각된다. 무엇보다 이성(理性)에 대한 확신과 실용적이고 공리적인 가치관, 진보와 도전에 대한 확신은 상해인을 중국의 근대를 추동하는 사람들로, 그리고 상해를 중국이 추구해야 할 근대성의 모범으로 자리매김하게 했다. 그러나 서구의 근대가 서구에서조차 인간의 소외를 오히려 심화시켰던바, 상해인에 의해 굴절된 근대는 더 많은 인간의 소외를 조장할 위험성을 내포하고 있었던 듯하다. 상해 사회의 역동성과 과도시대 상해인들의 생활세계는 그러한 상황의 산물이었다고 해도 큰 무리는 아닐 것이다.

상해의 초기 영화산업과 '근대성'

| 왕차오꽝 汪朝光 |

1. 머리말

상해가 하나의 현대적 대도시로 부상하고 또 빠르게 발전해 간 것은 19세기 중엽 중국이 서구 열강의 압박 아래 문호를 연 이후 아주 짧은 수십 년 동안의 일이다. 1930년대 상해는 이미 중국에서 인구가 가장 많고 상공업이 가장 발달했으며, 대외교류가 가장 빈번했고 근대화 정도가 가장 높은 국제적 대도시로서, 동아시아 도시 근대화의 중핵으로 자리 잡았다. 다양한 내용을 포함하고 있는 상해의 근대화 과정은, 지금까지 역사학자들의 관심 대상이었고, 아울러 오늘날 중국 근대사 연구에서 자주 논의되는 분야의 하나이다. 이 글은 상해의 초기 영화산업이 발생, 발전해 가는 과정을 중심으로 분석함으로써, 상해의 근대화 과정의 일단을 살펴보려고 한다.[1]

---

[1] 상해의 초기 영화 실태에 관해서는 경험자들의 회고를 참조할 수 있다. 陸若儼, 〈上海早期的三家影片公司〉 및 高梨痕, 〈早期的上海電影界〉, 《20世紀上海文史資料文庫》(7), 上海書店出版社, 1999. 상해의 초기 영화에 관한 자료와 연구는 다음과 같은 것들이 있다. 徐耻痕, 《中國影戲大觀》, 上海合作出版社, 1927 ; 谷劍塵, 〈中國電影發達史〉, 中國教育電影協會 編, 《中國電影年鑒》, 1934 ; 鄭君里, 〈現代中國電影史略〉,

2. 영화의 도입

영화는 우리들이 발명 연대를 확인할 수 있는 유일한 예술 갈래이다. 영화는 1895년 프랑스에서 탄생하여 그 이듬해 바다를 건너 중국으로 건너왔다. 그 첫 발걸음이 내딛어진 곳은 상해였다. 1896년 8월 11일 상해 갑북(閘北) 서당가롱(西唐家弄, 현 天潼路 814弄 35支弄)의 서커스 공연장[遊藝場所] 서원(徐園) 안의 '우일촌(又一村)'에서 서양인이 가져온 서양 영화가 중국 최초로 상영되었다. 그 최초의 상영이 상해에서 있었다는 것은 자못 의미심장하다. 이때부터 영화는 상해와 떼려야 뗄 수 없는 인연을 맺게 되었다.

최초로 영화를 상영했던 서당가롱은 영화만을 전문적으로 상영하는 곳이 아니었다. 영화 상영은 다른 각종 오락 활동 속에 섞여 있던 하나의 볼거리에 지나지 않았다. 당시 신문의 광고에 따르면, 서원에서는 "서양 그림자극[影戲]이 새롭게 등장하여 기묘한 불꽃으로 재주를 부린다"며, 아울러 "갖가지 골동품과 진기한 과일이며 꽃이 가득하고 아름다운 미녀들이 노래하며 흥취를 돕는다"고 되어 있다.[2] 그 뒤 서원은 손님을 끌어들이는 수단의 하나로 영화를 자주 이용했다.

1897년에는 미국 영화 상인 양손(Youngson)이 상해에 와서 천화다원(天華茶園)·경마장기원(跑馬廳奇園)·동경다원(同慶茶園) 등지에서 영화를 상영하였다.[3] 당시 기록에 따르면, 사마로(四馬路) 서단에 있던 천

《近代中國藝術發展史》, 上海 : 良友圖書印刷公司, 1936(《電影創作》 1989年 第2~10期에 전재) ; 程季華 主編, 《中國電影發展史》, 北京 : 中國電影出版社, 1963 ; 酈蘇元·胡菊彬, 《中國無聲電影史》, 北京 : 中國電影出版社, 1996 ; 杜雲之, 《中華民國電影史》, 臺北 : 行政院文化建設委員會, 1988.

2) 《申報》 1896. 8. 10. 廣告.

3) 程季華 主編, 앞의 책, 8쪽. 이때 상해에 와서 영화를 상영했던 인물이 미국인 제임스 리칼튼(James Ricalton)이었다고 주장하는 학자도 있다.(杜雲之, 위의 책 上卷, 9~10쪽 참조)

화다원에서는 미국에서 갖 도착한 '영사기 영화[機器電光影戱]'를 "5일 밤 연속 상영"했는데, "사실보다 더 절묘하고 살아 움직일 것처럼 생생하다"거나 "볼거리가 대단히 많아서 보는 사람들은 마치 그 속으로 빨려 들어가듯이 눈을 뗄 수 없다"고 했다. 입장권은 최저 1각(角)에서 최고 5각까지였다.[4] 동경다원에서는 "매일 밤 영화를 상영했는데, 그 영화에서는 서양인들이 춤추고 수영하는 모습, 몸을 씻고 옷을 벗고 입는 모습, 외국 군대의 훈련 모습, 서양 기마대, 서양의 산수나 설경(雪景) 등이 생생하게 움직인다. 그 기묘함은 세세히 기록할 수 없다"고 되어 있다. 입장권은 2각에서 4각이었다.[5]

1899년에는 스페인 상인 갈렌 보카(Galen Bocca)가 상해 복주로(福州路) 승평다루(升平茶樓), 홍구(虹口) 사포로(乍浦路)의 스케이트장(跑冰場), 호북로(湖北路) 금곡향번식당(金谷香番菜館)의 응접실(客堂)에서 잇따라 영화를 상영했다. 그러나 그는 경영을 잘하지 못하여 영업 실적은 그리 좋지 못하였다.

상해에 처음 도입된 영화는 관중들에게 매우 새로운 느낌을 가져다주었다. 상해의 초기 영화 평론은 이렇게 쓰고 있다.

하늘과 땅 사이 천 가지 만 가지 변화가 신기루와 같으며 그림자가 지나가는 것과 무엇이 다른가? 전기 기술은 고금에 없던 신기를 열고 조물(造物)의 무궁한 신비를 누설한다. 영화 속에서는, 수만 리 먼 곳이 지척에 있는 격이니 축지법을 구할 필요가 없으며, 천백의 다양한 모습은 (신비한 모양을 자유자재로 만들어 내던) 주정(鑄鼎) 기술과 다를 것이 없고, 갑자기 사라졌다 홀연히 나타나는 장면들은 바로 꿈이나 물거품처럼 덧없는 인생의 모습과 같으니 (이처럼) 무엇이든지 다 만들어 보여줄 수가 있는 것이다.[6]

---

4) 《申報》 1896. 7. 26, 27, 31., 8. 14. 廣告.
5) 《申報》 1897. 10. 3, 6. 廣告.

상해에서 초기에 영화가 상영된 장소는 매우 누추했다. 관객은 다음과 같이 회고하고 있다.

"한 장의 흰 천으로 스크린을 대신했고 영사기는 오래되어 낡았다. 그곳에 중국인을 고용하여 서양 북을 두드리고 서양 나팔을 불어댔다. 또 자주 문발을 젖혀 안쪽의 스크린을 보여 주며 지나가는 사람들을 들어와서 보라고 유인했다." 또한 상영한 "영화는 대부분 조각난 짧은 필름이었지만 보는 사람은 매우 만족해했고 따라서 영업도 매우 잘 되었다."[7]

"위에는 갈대를 얹고 삿자리로 막을 쳤으며 아래는 진흙 바닥이었고 긴 걸상을 나란히 놓아 좌석을 삼았다. 입장권은 2동원(銅圓)이었다. 영화가 끝난 뒤에는 갖가지 곡예로 여흥을 돋우었다. 때문에 장사는 매우 잘 되었다."[8]

영화 상영과 거의 동시에, 상해에서도 영화 촬영이 시작되었다. 그 최초는 외국인이 상해의 풍광을 촬영한 필름이었다. 예를 들어, 1898년 미국 제임스 애디슨사는 촬영사를 파견하여 세계를 돌며 현지의 풍광을 촬영하도록 했는데, 상해에서는 《상해경찰(上海警察)》과 《상해풍경(上街海景)》을 찍었다. 1901년 미국 워윅(Warwick)사의 촬영사 조셉 로센타(Joseph Rosentha)는 《상해남경로(上海南京路)》를 찍었다. 그 화면에 보이는 남경로는 "행인이 가득한 도로로 보행자, 인력거꾼[黃包車夫], 가마[官轎], 자전거를 탄 한 유럽 여인, 인도인(시크) 순경과 2명의 독일 관원 등이 있었다."[9]

이러한 영화들이 담고 있는 상해 도시생활의 정경은 후대 사람들에

---

6) 〈觀美國影戲記〉, 程季華　主編, 앞의 책 1卷, 9쪽.

7) 谷劍塵, 앞의 글, 1934 ; 谷劍塵, 〈電影始來中國〉, 中國電影資料館 編, 《中國無聲電影》, 北京 : 中國電影出版社, 1996, 1381쪽.

8) 錢化佛 口述, 鄭逸梅 撰, 《三十年來之上海》, 上海書店, 1984, 13쪽.

9) Jay Leyda, *Dianying: An Account of Films and the Film Audience in China*, Cambridge, Massachusetts : The MIT Press, 1972, p.6.

게 귀중한 역사 기록이 되었으며, 당시 상해가 이미 '오방잡처(五方雜處)'라는 국제화의 특징을 갖고 있었음을 보여준다. 이는 곧 중국에서 왜 가장 먼저 상해에 영화가 도입되었는지를 잘 설명해 준다. 요컨대 상해의 국제성과 근대성은 영화라는 신흥 예술 및 사업의 도래에 적절한 조건을 제공해 주었다.

3. 초기 상해의 영화 소비

19세기 말 20세기 초 상해에서 영화 상영은 기본적으로 비상업적이었고 그 영향은 제한적이었다. 그것은 대체로 잡기식 오락의 한 형태로 출현했다. 그러나 다른 예술 형식과는 달리 높은 과학기술, 많은 투자를 특징으로 하는 영화라는 신흥 예술은 시장을 통해 반응을 얻어야만 재생산을 유지할 수 있다. 당시 어떤 사람의 말대로 "각국 영화사와 가장 밀접한 관계에 있는 것은 먼저 극장을 꼽을 수 있다. 만약 찍어 놓은 필름이 상영할 극장이 없다면 그것은 곧 출구가 없는 것이다. 출구가 없으면 앉아서 죽음을 기다리는 수밖에 없었던"10) 것이다.

이와 같이 영화는 문학·미술·음악 등 기본적으로 예술가 한 사람이 하는 창작 행위와는 달리 대량의 자금을 투입해야 하는 대중성을 가진 특수한 산업으로, 상품 생산에 따라 시장 점유를 추구하는 확장적 성격을 갖는다. 미국 할리우드의 발전은 그 전형적 예이다.

20세기 초 상해는 이미 중국에서 가장 크고 중요한 상공업 도시이자 가장 중요한 소비도시로 발전해 갔다. 어떤 학자는 '소비도시'라는 관점이 상해의 경우에 특별한 의미가 있다고 보고 있는데, 왜냐하면 상해는

---

10) 姜白谷, 〈中國影業過去現在與將來〉, 《伶星雜志兩周年紀念專刊》, 廣州伶星雜志社, 1933, 101쪽.

1949년 이전 중국 상업의 중심이었으며, 또한 상업으로 소비를 이끌었고 대외적 영향력을 확장해 왔기 때문이다.[11] 상업 중심지와 소비도시로서 상해의 특징은, 우리가 영화산업의 발전을 이해하는 데서도 지나칠 수 없는 의미를 갖고 있다. 왜냐하면 상해는 바로 그러한 기초 위에서 영화라는 새로운 분야의 산업 및 예술과 서로 의존하는 친화력을 만들어 냈고, 도시적 소비의 특징과 소비능력은 영화의 소비 본질과 서로 부합하면서 상해를 빠르게 중국과 아시아에서 첫째로 손꼽는 영화 소비도시로 발전시켰기 때문이다. 또한 영화 소비는 상해 도시 경제의 중요한 부분이 되었으며, 나아가 상해의 대외적 교류를 자극하여 상해의 국제 도시적 형상을 조성하고 드높이는 데 상당한 구실을 했다.

20세기 초 상해는 인구수가 많고 밀집되어 있었을 뿐 아니라 그 구조가 영화산업의 발전에 매우 적합했다. 근대 상해는 특수한 발전과정과 환경으로 말미암아 각지로부터 이민이 많았기 때문에, 이민을 중심으로 하는 인구구조가 만들어졌다. 이런 구조 아래에서 상해에는 중국 전통의 엘리트 문화와 사대부 계층[士紳階級]이 얕았고, 그 발전과정에서 오히려 다른 도시에서는 볼 수 없는 시민계층과 시민문화가 형성되었다. "상해의 화려한 생활이나 상업 사회에서 부자가 될 목적에서 온 이러한 이주민들은 분명한 민족의식이나 배외심리가 없었고, 자연히 서구 물질문명을 기꺼이 받아들였다."[12] 상해 시민들은 외부세계와의 교류 경험으로 스스로 견문이 넓다고 생각했고, 비교적 쉽게 외래문화와 새로운 사물을 받아들였으며, 신기함을 추구하는 기호를 갖게 되었다.

영화가 처음 상해에 도입되었을 때, 상해의 관중들은 그것을 신기함

---

11) (印)特里第布·班納古, 《過渡性的都市化 — 加爾各答與上海的后殖民化發展》, 世紀中國(인터넷주소 http://www.cc.org.cn) 2002. 8. 22..

12) 葉曉靑, 〈上海洋場文人的格調〉, 汪暉·余國良 編, 《上海 — 城市社會與文化》, 香港 : 中文大學出版社, 1998, 127쪽.

으로 받아들였다. 상해는 당시 중국에서 가장 경제가 발달한 도시로, 개인의 수입 수준은 비교적 높았다. 게다가 외국 회사와 상점[洋行]에서 일하는 중개인[買辦] 계층도 적지 않았는데, 그들의 경제적 수입과 사교 수요는 영화 상영관을 처음의 싸구려 오락 잡기의 장소에서 고급스런 호화극장으로 빠르게 발전해 가도록 했으며, 그것을 통해 영화는 일종의 시대적 풍모와 신분의 표지가 되어 갔다.13) 영화는 하층 오락에서 상층 문화로 변해 가면서 그 시범 효과로 말미암아 대외로 영향력을 발산해 갔다.

개항 이후 상해에는 중국 최대의 조계지역이 형성되었고, 매우 많은 외국 교민이 거주했다. 이는 또한 상해에 일종의 다원적 문화환경을 만들어 각기 다른 국가, 각기 다른 형식의 영화가 도입될 수 있는 조건을 만들었다. 영화 소비가 다른 생활 소비와 다른 점은, 문화적 함의와 다원적 환경요소에 대한 의존에 있다. 상해는 바로 이러한 소비환경을 제공할 수 있었다. 요컨대 근대 상해는 확실히 영화시장의 발전에 적합한, 둘도 없이 유리한 환경을 갖고 있었다. 상업화, 다원화, 대중화된 도시라는 특징은 영화라는 신흥 산업 및 종합예술이 뿌리내리는 데 매우 유리했다. 일찍이 어떤 학자는 근대 상해에서 오락이 활발하게 일어났던 원인으로 극히 많고 밀집된 인구, 특수하고 비교적 안정된 조계 환경, 지속적으로 도입된 근대 물질문명, 인간관계가 유리된 이민 사회, 사회 곳곳에 존재하는 방회(幫會) 세력, 새로운 형태의 문화를 추구하는 사람들의 지속적인 등장 등을 들었다.14) 이러한 시각은 대체로 근대 상

---

13) 영화가 처음 상해에 도입되었을 때 서커스 공연장 말고 술집, 식당에서도 상영되었다. 예를 들어 홍구대교각례사주점(虹口大橋脚礼査酒店)은 입장료가 1등석이 2원, 2등석이 1원이었다.(《申報》 1897. 10. 3, 6. 廣告) 당시 쌀값이 1두(斗)에 5, 6각(角) 하는 상황에서 영화 관람은 일종의 사치였다.

14) 胡平生, 《抗戰前十年間的上海娛樂社會(1927~1937) ― 以影劇爲中心的探索》, 臺北 : 學生書局, 2002, 3~19쪽.

해의 실제에 부합한다.

상해의 특별한 환경 아래에서, 영화라는 새로운 예술 형식은 매우 빠르게 관중의 흥미와 상인의 주목을 잡아끌었다. 초기 영화는 대부분 자연 풍경과 사람들의 일상생활을 담은 실록(實錄)이었다. 그것은 오랫동안 전통적 예술 형식에 젖어 있었고 쉽게 국외로 나가지 못했던 중국인들로 하여금 외부세계의 이모저모를 접할 수 있게 해주었다. 때문에 그것은 관중의 강렬한 호기심을 불러일으켰다. 당시 사람들은 영화 관람을 무엇보다 '지식을 늘릴 수 있는' 수단으로 보았다. "첫째는 시야를 넓힌다. 여행을 하는 것처럼 구미 각국의 풍토, 인정(人情)을 본다. 아름다운 풍경, 특별한 건축물, 유명한 고적(古迹), 냉대와 열대 같은 갖가지 풍치와 정황, 광부·농민·노동자·예인(藝人)·기수·격투사 등의 다양한 일들을 마치 직접 그곳에 가서 보듯이 생생하게 본다."15) 이러한 관중들의 많은 수요를 기반으로 상해에서 영화 소비는 비교적 빠르게 발전했고, 또한 무시할 수 없는 시장을 이루었다.

시장 수요는 상해의 영화 상영업 성장에서 관건이 되는 요소였다. 영화 소비가 점차 늘어남에 따라 영화관 경영은 이익을 기대할 수 있는 사업이 되었다. 스페인 상인 라모스(A. Ramos)는 이러한 추세를 정확히 판단하고 초기 영화 상영업에서 가장 성공한 외국 상인이 되었다. 라모스는 1903년 상해로 왔다. 마침 그와 동향인 갈렌 보카가 경영 부진으로 상영업을 계속할 의지를 상실한 상태에서 라모스는 그것을 인수할 뜻을 보였고, 갈렌 보카는 결국 상영 설비 등을 라모스에게 넘겨주었다.

라모스는 먼저 복주로 청련각(青蓮閣) 다사루(茶社樓) 아래를 "임대하여 상영을 시작했는데, 흰 천을 한쪽에 걸어 스크린을 삼았고 영사기는 겨우 그럭저럭 버틸 정도였다. 입장료는 몇 동원에 지나지 않았고, 상영

______

15) 〈照妖鏡〉,《大公報》 1909. 8. 2..

시간은 겨우 15분이었다. 길을 지나던 사람들이 우연히 들어와 보고 점차 흥미를 느끼고 즐기는 사람들이 생겨났다."16) 그는 경영을 잘했는데, "여러 방법으로 지나는 행인들을 끌어들였고 영화 내용도 새롭게 바꾸어 갔다. 영업 수입은 끊임없이 늘어나 그가 뒤에 영화 상영업을 크게 발전시키는 데 기초를 만들어 주었다."17)

1908년 라모스는 홍구(虹口) 사포로(乍浦路) 해령로구(海寧路口)의 스케이트장을 매입하여 철판으로 된 250개 좌석을 갖춘 영화관을 건축하고 홍구대극장[虹口大戲院]이라고 이름을 붙였다. 12월 22일 서구 영화〈용소(龍巢)〉를 개관작으로 상영했는데, 입장료는 특별석[樓座]이 4각(角), 일등석이 3각, 이등석이 2각이었다. 상영 광고에는 다음과 같이 쓰고 있다. "전쟁·희극·가무·노래·문답 등 어느 것이든 진짜처럼 생생하게 재현합니다. 신선의 경지에 이른 기술, 자연적 기술[天工]을 뛰어넘는 인위적 기술[人工], 전무후무하고 아무도 필적하지 못하는 훌륭한 기술. 보는 이의 마음을 개운하게, 눈을 기쁘게 해주며 지식을 늘려 줍니다. 이 영화는 현재 각국 순회 중에 상해에 잠시 들르는 중, 본사가 애써 거액을 들여 초청하고 이곳을 빌려 시험 상영하는 것입니다.…… 각계는 광림(光臨)하시어 한번 보시고 이 기회를 놓치지 마시길 바랍니다."18)

홍구영화관[虹口活動影戲園]은 줄곧 상해 또는 중국 최초의 영화관으로 여겨져 왔다. 하지만 근래 학자들의 연구에 따르면 이러한 설명은 "정확하지 않다". 왜냐하면 1903년 중국 상인 임축삼(林祝三)이 이미 북경 전문(前門)에 있는 와타마창(外打磨廠)의 천락다원(天樂茶園)에서 상업적으로 영화를 상영했으며, 상해에서도 홍구영화관이 건립되기 전에

---

16) 鄭君里, 앞의 글
17) 酈蘇元·胡菊彬, 앞의 책, 7쪽.
18) 甬力, 〈我國第一座影院今何在〉, 《上海電影史料》 第5輯, 100쪽.

"영화[電光影戲]를 전문적으로 상영하는" 환선극장[幻仙戲院]이 출현했다.[19)

그러나 천락다원의 상영은 상해 초기 다원에서 한 상영 방식과 유사하여, 그것을 중국 최초의 영화관으로 부를 수 있을지는 의문이다. 반면 환선극장은 "몇 가지 점에서 미국의 '5센트 극장(nickelodeon theatres)'과 유사하다. 그것은 이미 다원을 탈피하여 일정한 상업적 규모를 갖추기 시작했으며, 상영한 영화도 〈화장대겁안(火場大劫案)〉과 같은 첩보 단편물이었고, 또한 그것은 이후 대규모 영화사업의 발전을 위한 자본 축적의 기반이었다."[20) 그러나 홍구영화관이 더 전문적이고 영화 상영의 역사도 더 길다는 점을 고려하면, 그것을 상해 최초의 정식 영화관이라고 해도 결코 잘못된 것이 아니다.[21)

라모스의 성공이 범례가 된 뒤 몇몇 서구 영화 상인들도 그 뒤를 따랐다. 포르투갈 국적의 러시아인 헤르츠버그(S. G. Hertzberg), 서양인 루냔(Runjahn), 스페인인 골든버그(B. Goldenberg) 등이 앞뒤로 상해에 영화관을 세웠다. 그들이 세운 영화관은 "아주 잘 꾸며 놓았지만 값이 비싸서 중국인이 가는 경우는 적었다."[22) 그러나 외국 교민과 상인들의 성원으로 영업 수입이 좋았다.

상해의 초기 영화관 가운데 중국인이 연 것은 결코 많지 않다. 1917년 광동 상인 증환당(曾煥堂)이 개설한 상해대극장[上海大戲院]은 중국인

---

19) 酈蘇元·胡菊彬, 앞의 책, 18쪽.

20) 鄭君里, 앞의 글.

21) 홍구영화관은 1913년 일본인이 인수하여 동경영화관[東京活動影戲園]으로 개명하였다. 1915년 원명을 되찾았다가, 1919년 홍구대희원(虹口大戲院)으로 개명하고 이후 계속해서 영화를 상영했다. 그 뒤 1930년대에 희극연출장소(戲劇演出場所), 1965년 홍구구문화관극장(虹口區文化館劇場), 1985년 홍구문화오락청(虹口文化娛樂廳)으로 이름이 바뀌어 왔다.

22) 管際安, 〈影戲輸入中國後的變遷〉, 中國電影資料館 編, 앞의 책, 1313~1314쪽.

이 가장 이른 시기에 세운 영화관 가운데 하나였다. 중국인의 영화 상영은 여전히 경마장 맞은편 거리의 장막 같은 몇몇 유흥 장소에서 더 많이 이루어졌다.[23] "자리가 비좁고 시설이 갖추어지지 못했다. 극장 안팎은 단지 검은 막 하나로 구분하고 있을 뿐이어서 누가 들어올 때는 검은 막을 젖혀 빛이 들어오고 화면이 흐려졌다. 입구에는 너절한 사람들이 서서 목청을 높여 표를 팔았다. 마치 묘회(廟會)에서 잡기를 공연하는 노천극장 같았다." 때문에 초기의 중국 영화도 상영장소를 구하기 힘들어 어느 정도 제한을 받았다.

1920년대 중엽 중국 영화산업이 성장함에 따라 중국인이 영화관을 개설하는 풍조가 일어났다. 1925년 명성영화공사[明星影片公司]는 상해 신강역무대(上海申江亦舞臺)를 사들여 중앙대극장[中央大戲院]으로 개명하고 국산영화를 전문으로 상영하여 '국산 영화 궁전[國片之宮]'이라는 명예를 얻었다. 다음 해 명성영화공사는 또 백대공사(百代公司)와 함께 자금을 모아 라모스회사의 4개 영화관과 그 외 2개 영화관을 구매하거나 임대하고, 중앙대극장을 선두로 하여 중앙영화공사[中央影戲公司]를 조직하고 "국산 영화를 제창"했다. 동시에 상해의 4개 회사와 함께 육합영화영업공사[六合影片營業公司]를 만들어 "영화 상영업자와 제작사 쌍방의 편리를 도모하고 국산 영화예술을 진흥한다"는 기치 아래 역량을 결집, 영화를 연합 배급하면서 영화 상인과 영화관을 통제했다. 이것은 초기 중국인이 개설한 가장 유력한 배급기구 가운데 하나가 되었다.

영화관에서 정규적인 상업성 상영이 이루어진 것 외에 상해에서는 각종 형식의 영화 상영이 있었다. 1910년대 중엽 이후 나타난 모든 영화 상영의 형식은 이미 상해에서 뿌리를 내렸던 것이니, 예를 들면 다

---

23) 《申報》 1905. 4. 5., 1906. 7. 19. 廣告.

음과 같다.

① 임시 노천 상영 : 매년 여름 6~8월 사이 화원(花園)이나 큰 건물의 옥상을 빌려서 상영하는 것으로, 오락과 피서를 함께 고려했다. 1906년 남시(南市)의 서원(西園)·신원(新園) 두 화원에서 공개 노천 상영이 있었다. 1910년 서가회(徐家滙) 형백피서화원(亨白避暑花園)에서 매일 밤 8시부터 새벽까지 상영하였다.24) 그 밖에 대화호텔(大華飯店) 안 이탈리아화원(意大利花園) 노천극장과 하비로(霞飛路) 프랑스클럽[法國總會] 범이등(凡爾登) 노천극장도 저명한 상류인사들이 모이는 상영장소였다.

② 회원식 상영 : YMCA(中國靑年會)에서는 '특수 천연색 영화[特別異樣五彩活動電戱]'를 상영하면서 "회우들에게는 모두 돈을 받지 않았다." 회원이 아닌 사람에게는 3각씩을 받았다.25)

③ 판촉용이나 광고를 위한 상영 : 쌍미인표[雙美人牌] 화장품(세안분·치약·비누·화장수)을 판촉하기 위해서 제조회사는 구매자들에게 니청챠오(泥城橋)에 있는 군락영화관[群樂影戱園]에서 무료로 영화를 보여 주었다.26)

④ 교육용 상영 : 1907년 4월 27일, 원희도(袁希濤) 등은 통속교육사(通俗敎育社)를 세우고 자금을 모아 '전광활동사진'을 갖추고 군사·위생·교육과 러일전쟁 필름을 상영하면서 해설자[講解員]의 설명을 듣도록 했다.27)

한편, 영화 상영이 유행함에 따라 영화 상영과 연관된 상업활동도 나타나기 시작했다. 예를 들면 다음과 같다.

① 영화 배급 대행 : 어떤 배급회사는 신문에서 프랑스 백대공사(百代公司)

---

24) 《申報》 1910. 8. 13. 廣告.
25) 《申報》 1910. 1. 26. 廣告.
26) 《申報》 1913. 12. 19. 廣告.
27) 湯志鈞 主編,《近代上海大事記》, 上海辭書出版社, 1989, 630쪽.

의 영화 3만 종의 배급을 대리한다고 하면서 "임대, 구매가 모두 가능하
다"고 선전했다.[28)

② 영화 상영기기 판매 : "백덕양행(柏德洋行)의 영화 기기와 필름을 싼값에
팝니다. 모두 새 물건이니 뜻이 있으신 분은 양경빈(洋涇濱)에 있는 유호
양화상점[裕號洋貨號]으로 문의바랍니다."[29)

③ 영화 상영 기기 판촉 : 백대공사는 이렇게 판촉 광고를 하고 있다. "누구
나 어디서나 스스로 영화를 상영할 수 있는 기기. 전혀 위험하지 않으며
힘들게 배울 필요도 없습니다. 이 기기는 간단한 조작만으로 5천 원 상당
의 고가 상영기와 같은 빛을 내보냅니다. 어린아이도 조작할 수 있으며
위험은 없습니다. 대당 가격은 185원."[30)

영화 상영이 유행하자, 그에 대한 관리 또한 행정 당국의 의사일정에
올려졌다. 청조 말년인 1911년 6월에 상해성(上海城) 자치공소(自治公
所)는 영화 상영과 관련된 조례를 제정하여, "영화관[電光影戲場]을 개
설하려면 허가증[執照]을 받아야 한다", "남녀는 반드시 나누어 앉아야
한다", "음란한 영화를 상영해서는 안 된다", "늦어도 밤 12시까지는 문
을 닫아야 한다", 만약 위반하면 "허가증을 회수, 취소하고 경우에 따라
처벌한다"는 등의 내용을 공포했다.[31) 당시 상해에서 영화 상영이 이미
일반적이고 상업적으로 경영되고 있었음을 알 수 있다.

상해에서 영화 상영은 청말(清末)에서 민국(民國)까지 이미 일정한 틀
을 갖추게 되었으며, 영화 소비는 유행을 선도하는 흥미로운 소비방식
이 되었다. 상해 신문의 광고 지면 변화는 이 점을 분명히 보여준다.
1920년대부터 상해 신문의 오락 광고 지면은 기왕의 희극(戲劇)이나 서

---

28) 《申報》 1913. 6. 8. 廣告.
29) 《申報》 1910. 7. 29. 廣告.
30) 《申報》 1913. 1. 12. 廣告.
31) 程季華 主編, 앞의 책, 1쪽.

커스[游藝] 중심에서 영화 중심으로 점차 바뀌어 갔다. 당시 상해 어느 신문의 광고란을 펼쳐보더라도 영화 광고가 점점 더 많은 지면을 차지해 가는 것을 발견할 수 있다. 당시 사람들이 말하고 있듯이, 영화는 상해에서 빠르게 "매우 많은 사람들이 애호하고 즐기는 것이 되었다. 영화산업은 시간의 흐름과 함께 발전하여 현재는 중국의 전통 희극[舊劇]과 대등한 세력이 되어 있을 뿐 아니라, 그것을 넘어서고 있는 추세에 있다."32)

불완전한 통계에 따르면, 상해에는 청말에 3개 영화관에 총 2,250개의 좌석이 있었는데, 1926년이 되면 새로 14개 영화관과 1만 1600개 좌석이 더 늘어나게 된다.33) 이미 있던 것과 합치면 17개 영화관에 약 1만 4천 개 좌석이 있었던 셈이다. 만약 모든 영화관이 매일 3회 상영을 하고 매회 평균 관람인 수가 좌석의 50퍼센트 정도라고 한다면, 상해의 영화관에서 매일 약 2만 명의 관중이 관람을 한 것이 되므로 연간 관중 수는 700만 명에 이르는 정도였다. 이러한 관중 수는 이미 당시 세계의 다른 대도시와 비교해서 결코 뒤지지 않는다.

4. 초기 상해의 영화 제작

청말 상해에서 상영된 영화는 전부 서양 영화였다. 불완전한 통계에 따르면 1896에서 1924년 사이에 중국에서는 모두 659편의 외국 영화가 상영되었는데, 그 가운데 미국산 영화로 확인되는 것은 138편이다.34)

---

32) 〈上海電影院的發展〉, 上海通社 編, 《上海研究資料續集》, 上海書店, 1984, 532쪽.

33) 〈影戲院總表〉, 程樹仁 編, 《中華影業年鑑》, 中華影業年鑑社, 1927, 第33章 1~37쪽. 또 다른 기록에는 당시 상해의 영화관이 이미 23개로 되어 있다.(王瑞勇, 〈上海影院變遷泉〉, 《上海電影史料》 第5輯, 82~88쪽 참조)

34) 王永芳·姜洪濤, 〈在華發行外國影片目彔(1896~1924)〉, 《中國電影研究》 第1輯, 香

당시 상해는 중국 영화시장에서 중요한 자리를 차지하고 있었기 때문에 이러한 영화의 대다수는 상해에서 상영되었다.

이 영화들은 처음에 외국 풍경과 사람들의 모습을 단순히 기록한 것이었지만, 극영화가 나오면서 이야기의 줄거리가 날로 복잡해졌고 중국인들은 서양어 자막을 이해할 수 없었다. 때문에 영화를 상영할 때 "중국어 주석을 달아 관중들이 그 줄거리 전개를 이해할 수 있도록" 하기 시작했다.[35] 그러나 "외국 영화는 애초부터 결점이 하나 있었다. 중국과 외국은 풍습이 다르기 때문에 그들이 좋아하는 것을 반드시 우리(중국인－인용자)가 좋아한다고 할 수 없다. 또 희극의 경우는 서양인들이 아무리 포복절도하며 웃는 것이라도 동양인은 그것이 무슨 뜻인지조차 모르는 경우가 많다."[36] 중국과 외국 사이의 문화 차이는 중국에 자국산 영화의 수요가 생겨나도록 했던 것이다. 비록 중국의 첫 영화 제작이 상해에서 이루어지지 않았지만,[37] 상해의 넓은 영화 상영 시장은 영화 제작 산업이 생겨나도록 자극했고, 상해를 짧은 시간 안에 중국에서 가장 중요한 영화 생산 중심지로 발전시켰다.

1909년 중국 최초의 영화사인 아시아영화사[亞細亞影戱公司]가 상해에 설립되었는데, 그것은 유대계 미국인 브로스키(Benjamin Brodsky)가 투자 경영한 회사였다. 1912년 아시아영화사는 상해남양생명보험회사[上海南洋人壽保險公司] 사장인 미국인 이스얼에게 넘어갔다. 이스얼은 미화양행(美化洋行) 광고부에서 일하던 장석천(張石川)과 신식 희극[文明戱]계의 명인 정정추(鄭正秋)를 끌어와 함께 영화 제작을 준비했다.

港：中國電影學會, 1983, 260～282쪽.

35)《申報》1913. 6. 24., 7. 3. 廣告.

36) 西神,〈上海之電影事業〉,《新上海》第1期, 1933.

37) 1905년 북경 풍태사진관[豊泰照相館]이 촬영한 몇 편의 희곡(戱曲) 단편이 중국 최초의 영화 제작이라고 여겨지고 있다.

그러나 몇몇 사소한 이유로 말미암아 장석천과 정정추 등은 아시아영
화사 명의로 영화를 제작할 수 없었기 때문에 아시아영화사의 위탁을
받고 신민공사(新民公司)의 명의를 쓰는 식으로 중국 최초의 단편영화
〈난부난처(難夫難妻)〉를 제작했다.

1919년에는 저명한 출판사인 상해 상무인서관(商務印書館)에서 영화
부[影片部]를 만들었는데, 이는 중국인이 영화 제작에 대규모로 투자하
는 발단이 되었다. 영화부는 상무인서관의 일관된 출판 방침을 계승하
여 교육문화의 보급을 기본 방침으로 삼아, 영화를 교육의 수단으로 여
겼다. 영화는 "사회교육[通俗敎育]에 필수적인 수단"이며 "비록 다른 종
류이기는 하지만 효과 면에서는 서적이 학교에서 하는 것과 다르지 않
다"고 보았다. 이 때문에 상무인서관 영화부의 제작활동은 "사회교육을
돕는 것을 목적"으로 했고, 제작한 영화는 기록영화, 드라마 영화, 희극
영화 위주였다.38)

초기 영화사가 제작한 영화 가운데 한 부류는 상해의 생활을 보여
주는 단편 다큐멘터리들이었다. 예컨대 〈미국홍십자회상해대유행(美國
紅十字會上海大游行)〉, 〈군함하수(軍艦下水)〉, 〈상해분훼존토(上海焚毁存
土)〉, 〈하비장군유상해(霞飛將軍游上海)〉, 〈상해용화(上海龍華)〉, 〈상해
풍경(上海風景)〉, 〈제5차원동운동회(第五次遠東運動會)〉 같은 것이었다.
또 다른 한 부류는 희극영화로, 대개 전통 희곡, 민간의 통속적 이야기,
시민 생활을 소재로 삼고 권선징악이나 연인은 결국 가족이 된다는 것
등을 주제로 삼았으며, 희극(喜劇) 또는 통속 희극[鬧劇] 방식으로 각종
인정세태와 희극적 이야기를 묘사했다. 그 내용은 통속적이고 쉽게 이
해되었으며 시민 생활에 근접해 있었다. 과장된 동작, 교묘한 반전, 갖
가지 웃음거리가 관중들의 웃음을 자아내고 또 일반 시민의 요구에도

---

38) 酈蘇元·胡菊彬, 앞의 책, 29쪽.

맞아떨어졌다.39)

소재, 주제, 서술 방식으로 볼 때 초기 영화는 현대화된 희극인 문명극과 매우 밀접한 관련이 있다. 비록 문명극은 이후 (5·4시기의) 신문화인(新文化人)들에게 전통 사상과 전통 도덕을 반영하는 것으로 여겨졌지만, "20세기 초 문명극 자체도 크게 변화했으니 청말 정치와 밀접하게 관련되었던 내용은 가정 윤리극으로 바뀌어 갔다. 정정추의 문명극 전통 가운데에서, 특히 도시인들의 문화와 유행을 중시하는 태도는 이후 영화 투자자와 제작인들에게도 받아들여졌던 것이다. 따라서 그 역시 1920년대 상해 영화 관중과 영화업을 구성하는 중요한 요소였다고 말할 수 있다."40)

그러나 단편영화로는 날로 커져 가는 관중들의 감상 요구를 만족시킬 수는 없었다. 1920년대 초 상해에는 최초로 독립 투자, 전업 경영의 영화사가 출현하여 최초의 국산 장편영화를 제작하게 되었다. 이로써 중국의 영화 제작업에 새로운 틀이 만들어졌다. 1921년에서 1922년 사이 상해중국영화연구사[上海中國影戱研究社]의 〈염서생(閻瑞生)〉, 상해영화사[上海影戱公司]의 〈해서(海誓)〉, 신아영화사[新亞影片公司]의 〈홍분고루(紅粉骷髏)〉가 제작되었다. 이러한 초기의 장편영화들은 시장의 환영을 받았고, 사람들에게 영화 제작으로도 돈을 벌 수 있다는 인식을 갖도록 했다.

당시 영화 제작비용은 일반적으로 4천 원 정도에 지나지 않았고, 상영 수입으로 1만 원을 거두어들일 수 있었다. 본래 "중국의 자산가들이 영화사에 투자하려 하지 않았던 첫 번째 원인은 영화가 오락사업이라

---

39) 1913년 9월 28일자와 12월 12일자 상해 《신보》의 광고에 따르면 아시아공사가 제작한 〈송호전쟁(淞滬戰爭)〉, 〈난부난처(難夫難妻)〉, 〈골계신극(滑稽新劇)〉, 〈풍류화상(風流和尚)〉, 〈살자보(殺子報)〉 등이 신신무대(新新舞臺)에서 상영되었다.

40) 張英進, 〈民國時期的上海電影與城市文化〉, 《二十一世紀》(香港) 2000年 8月號.

는 잘못된 관점 때문"[41]이었지만, 초기 국산 장편영화들이 시장의 반향을 불러일으키면서 본래 영화 제작을 천하고 손해 보는 것이라고 보았던 관점이 타파되고 중국 영화 제작업의 발흥을 가져오게 되었다. "국산 영화는 매우 드물어 그 신기한 것을 구경하려는 사람들의 욕구를 채워 주며 급속히 퍼져갔다. 한 사람이 좋다고 말하면 백 사람이 따랐다. 그것은 통속적 문학작품인 〈하리파인(下里巴人)〉과 같이 전국을 휩쓸었다", 이어서 "소문은 빠르게 전해져서 동남아 각지에서도 앞 다투어 사가게 되어, 그 세력은 나라 안팎에 순식간에 미쳤다. 때문에 회사의 영업은 크게 진작되었다."[42]

요컨대 중국 영화산업의 발전은 시장 수요 증가의 결과였으니 상해의 영화 소비시장은 그 가운데서 매우 중요한 구실을 맡았던 것이다. "상해는 전국에서 가장 번화한 지역이었고 영화 제작은 대부분 상해에서 이루어졌다. 당연히 영화들은 모두 상해에서 먼저 개봉, 상영되었다."[43] 중국 경제의 미발달과 자금·기술의 부족으로 말미암아 중국 영화사의 규모는 모두 크지 않았다. 영화를 찍으면 돈을 번다는 생각에 적지 않은 사람들은 단지 한밑천 잡겠다는 목적으로 영화사에 투자했다. 때문에 '와' 하고 일어났다가 순식간에 사라지는 경우도 허다했다. 그러나 중국의 영화산업이 이제 막 걸음마를 뗐다는 점에서 볼 때, 이러한 현상은 여전히 상당한 긍정적 의의를 갖고 있었다.

1922년 3월 장석천, 정정추, 주검운(周劍云) 등은 영화가 "발전하는 것은 피할 수 없고", "국민도덕, 실업 발전과 막대한 관계가 있다"고 하면서, 그를 위해서 "새로운 기업을 창조한다는 포부를 품고, 예술을 위해 분투한다는 정신으로" 5만 원의 자본을 모아 상해에 명성영화사[明星影

---

41) 酈蘇元·胡菊彬, 앞의 책, 35쪽.

42) 西神, 앞의 글.

43) 上海通社 編, 앞의 책, 561쪽.

業公司]를 세웠다. 동시에 연기자를 양성하는 영화학교[電影學校]를 열고 《영화잡지(影戲雜志)》를 창간했다.44) 명성영화사의 제작방침은 장편영화[長片正劇]을 위주로 하고 영화의 교화(教化) 작용을 강조했다.

1923년 명성영화사가 제작한 〈고아구조기(孤兒救祖記)〉가 상해에서 상영되었다. 이 영화는 가족의 재산다툼 문제를 권선징악을 주제로 표현하고 있는데, 줄거리가 풍부하고 서술이 매끄러우며 표현이 자연스러워서 기본적으로 기존 문명극과 같은 무대공연 형식의 영향을 벗어났다. 영화는 민족과 토착[本土]의 특색이 풍부하여 "극본의 취재, 연기자 복장, 배경과 장치 설정 모두 서구화를 피하고 순전히 중국식을 사용했다."45) 이 영화는 상영 이후에 큰 파문을 일으켰는데, "해당 영화사가 만든 영화 가운데 가장 나을 뿐 아니라 중국 영화 가운데서도 가장 훌륭하다고 할 수 있다. 수입 영화에 견주어 결코 손색이 없다"는 평을 받았다.46)

〈고아구조기〉의 성공은, 중국 영화를 한걸음 더 발전시켰고, 투자자들의 영화에 대한 투자를 자극했다. 영화 제작은 일시에 인기 업종의 하나가 되었다. 당시 사람은 이를 다음과 같이 논했다. "중국의 영화산업은 〈인심(人心)〉과 〈고아구조기〉 두 편이 잇따라 상영된 뒤에 갑작스레 크게 일어났으며, 영화 제작에서 아직 유치한 단계에 있었던 국산영화에 진보를 가져왔다.…… 국산 영화가 처음 만들어졌을 때 관중의 마음은 일신되었고, 외국에 살던 화교들은 오랫동안 조국의 상황을 접하지 못하고 있었던 터라, 국산 영화는 나오는 대로 나라 안팎 중국인들로부터 환영을 받았다. 편당 수입이 1만 원에 이르는 경우가 자주 있었다. 영화업자는 하루아침에 거부가 되었다. 이렇게 되자 평생 영화산

---

44) 〈明星影片公司十二年經歷史〉, 中國教育電影協會 編, 앞의 책.
45) 舍予, 〈觀明星攝制之'孤兒救祖記'〉, 《申報》 1923. 12. 26.
46) 愕然, 〈評'孤兒救祖記'〉, 《申報》 1923. 12. 29.

업이 무엇을 하는 일인지, 영화가 무엇인지 몰랐던 사람들도 부러워하며 그 뒤를 따라 평생 모은 재산을 털어 영화사를 차리기에 이르렀다. 심지어 친구들 앞에서 영화 한 편이 나오면 황금에 파묻힐 것이며 일생의 뜻을 이룰 지름길이 영화에만 있는 것처럼 과장을 하기도 했다. 이들의 호기는 만 마리의 소를 삼켜버릴 정도였다. 영화가 모든 사람에게 이렇게 인식되면서, 삽시간에 누구나 감독, 영화배우가 되어 이익을 좇는 생각들이 온 세상에 가득했다."[47]

"영화계에 만약 명성영화사의 〈고아구조기〉가 없었더라면 그 뒤에 한때를 휩쓸었던 공전의 국산영화운동이 조성되지도 않았을 것이다"[48]고 지적해도 이상할 것이 없다. 1920년대 중엽, 전국의 영화사는 180여 개에 이르렀으며, 그 가운데 상해에만 130여 개가 있어 총수의 70퍼센트 정도를 차지했다. 1926년 극영화 제작 편수는 100편을 넘어서 민국 시기 영화업 발전에서 가장 절정을 이루었다.

영화는 상해에 도입된 뒤 다관(茶館)의 잡기오락에서 상업적 상영 쪽으로 발전해 갔다. 또한 외국 영화만 상영하던 데서 중국 영화를 함께 상영하는 쪽으로 발전해 갔다. 그리고 외국 투자 위주였던 것이 중국인의 투자 열풍을 몰고왔다. 1920년대 중엽 상해 영화는 이미 "과감한 투자, 빠른 진행이 마치 전에 증권거래소[交易所]가 성행했을 때를 방불케 했으며, 그 잠재력이 과연 어느 정도인지 알 수 없었다. 이러한 상황 아래서, 나오는 새 영화들에 대해 상해인들은 호기심을 갖고, 또 놀라워하는 습관이 생겨났다."[49]

당시 상해 영화는 실제로 중국 영화의 대명사였으며, 상해의 영화시장은 일찍부터 중국 영화시장의 중추였다. 불완전한 통계에 따르면

---

47) 許窺豹, 〈告今之營電影業者〉, 《申報》 1926. 10. 30. 本埠增刊 5版.
48) 谷劍塵, 앞의 글, 1934.
49) 西神, 앞의 글, 1933.

1920년대 중엽 세계적으로 장편 극영화 제작편수가 100편을 넘어서는 국가는 미국·일본·독일뿐이었다.[50] 그러므로 영화 제작편수나 관중 수 어느 쪽을 보더라도 1920년대 중엽 이후 상해로 대표되는 중국 영화산업은 이미 아시아의 선두 3위, 세계의 선두 10위 안에 들어와 있었다.

5. 맺음말 −영화산업의 발전과 상해의 근대화 과정

상해에서 영화의 초기 발전 상황은 대략 상술한 바와 같다. 영화의 발전으로 상당 정도 상해의 근대적 모습이 만들어졌다. 상해에 대한 (당시) 사람들의 인상과 묘사도 상당 정도 당시의 영화에서 비롯된 것이다. 상해가 당시 중국에서 가장 근대화된 도시였다면, 그리고 영화가 기본적으로 상해의 특유한 문화산업의 하나였다고 한다면, 영화가 상해의 근대화 과정에서 중요한 구실을 맡았음은 의심할 수 없다.

무엇이 근대화인가? 또는 무엇이 근대성인가? 사실 이는 비교적 복잡한 문제다. 체코 학자 허브링거(Vaclav Hublinger)는 "'근대', '근대성', '근대주의' 같은 개념을 명확히 규정하려는 시도는 모두 무익하다"고 하면서, '근대성'을 "서구 — 중산층, 소비주의, 시민사회 및 민주주의가 주도적 지위에 있는 정부 형식 등과 연계된 '서구' — 의 고도로 발전된 의식 형태의 성질을 띤 한 가지 개념"이라고 본다.[51] 하버마스(J. Habermas)는 근대성이 현대 자연과학, 일반 도덕과 법률 및 자주적 예술 등 문화 형식 가운데 체현되고, 또 기술과 생산력의 발전, 사회 민주제

---

50) (法)薩杜爾(G. Sadowl), 徐昭·胡承偉 譯, 《世界電影史》, 北京 : 中國電影出版社, 1982, 638~639쪽.

51) Vaclav Hublinger, 〈人類學與現代性〉(王遠義, 〈對中國現代性的一種觀察〉, 《臺大歷史學報》 第28期, 2001에서 재인용).

도의 수립, 개인과 집체 동일성의 형성 등 사회현상 가운데서도 체현된다고 한다.[52] 그들의 해석에 따르면, 우리들은 근대 상해에서 '근대성'이 포용하고 있는 여러 요소의 표현 형식 또는 유사 형식을 많이 찾아볼 수 있으며, 영화는 바로 그들이 해석한 '근대성'이 포용하고 있는 요소의 하나라고 볼 수 있다.

근대화의 문제는 근대성과 연관되며 동시에 구별되는 점이 있다. 그것이 근대성 개념과 다른 것은, 근대화는 기본적으로 하나의 동태적 발전과정이라는 점이다. 중국 학자 나영거(羅榮渠)는 일찍이 근대화를 네 가지로 정리했다. 첫째는, 후진국가가 선진국가를 쫓아가는 것, 둘째는, 전통 농업사회에서 현대 공업사회로의 변화, 셋째는, 과학혁명 이래 인류의 급격한 변동 과정의 총칭, 넷째는, 심리태도·가치관·생활방식의 합리적 변화과정[53]을 들고 있다. 사실 근대화는 광범한 내용, 다양한 차원, 다양한 단계를 포함하는 동태적 과정으로, 그 개념에 대해서는 서로 다른 관점으로부터 나오는 서로 다른 인식들이 있을 수 있다.

근래 들어 근대·근대성·근대화의 문제는 후진국가들이 주목하는 중심 주제의 하나가 되었다. 특히 중국과 같이 유구한 역사를 가진 국가나 규모가 큰 국가가 근대 열강들의 침입이 불러온 "삼천년래의 대변국(大變局)"에 직면하여, 이러한 도전에 어떻게 대응할 것인가 하는 문제는, 실제로 근대 중국인이 대면한 가장 중요한 문제의 하나라고 할 수 있다. 바로 한 학자가 "중국의 근대성과 그 문제는 서구 열강의 도래로 발생, 출현, 변화했다", "복잡해진 중국의 근대성과 충동을 초월하는 것을 포함한 중국의 근대성은 그 특별한 성질과 모습으로 중국과 세계의 역사 속에 펼쳐 있다"고 논한 대로다.[54]

---

52) 汪行福, 〈走出時代的困境〉(王遠義, 〈對中國現代性的一種觀察〉, 《臺大歷史學報》 第 28期, 2001에서 재인용).

53) 羅榮渠, 《現代化新論 — 世界與中國的現代化進程》, 北京大學出版社, 1993, 8∼16쪽.

이 글은 근대·근대성·근대화의 정의 같은 이러한 거시적이고 이론적 사변적인 문제를 토론하려는 것이 아니라, 일반적인 뜻에서 근대화를 이해하면서 영화와 상해의 근대화 과정 사이의 관계를 논의하려고 하였다. 우리가 어떤 각도에서 근대화 문제를 논의하든 간에, 중국 근대화 과정에서 상해가 가지는 지위와 구실은 부정할 수 없는 중요성을 가지고 있음이 사실이다. 심지어 상해가 바로 근대화의 상징 그 자체라고 할 수도 있다. 레오 오판 리(Leo Ou-fan Lee, 李歐梵)는 다음과 같이 말하고 있다. "일반적인 중국인의 일상 생각 속에서 상해와 '근대'는 아주 자연스럽게 하나다." "도시문화 자체는 곧 생산과 소비과정의 산물이다. 상해에서 이 과정은 동시에 사회경제제도, 새로운 공공구조가 생성한 문화활동과 표현방식의 확대, 그리고 도시문화의 생산과 소비 공간 증대 등을 포함했다."55) 그러므로 근대 상해의 근대화 문제를 토론할 때 우리는 어쨌든 영화의 구실·작용·영향을 간과할 수 없다.

물질문명이 서구보다 낙후한 근대 중국에서, 중국인들은 서구 물질문명을 처음 대면하고 물론 호기심·놀람·충격의 느낌을 가졌다. 영화가 바로 그랬다. "천연의 산천수목, 인공의 누대전각 등 갖가지 경치를 보여줄 수 있을 뿐 아니라, 고금의 갖가지 역사를 연출하여 그 천하고금의 기기괴괴한 일들을 눈앞에 펼쳐줄 수 있다.…… 멋지다! 기쁘다! 20세기의 사람들은 이렇게 눈에 복을 누릴 수 있으니, 진실로 옛사람은 꿈에도 생각지 못한 일"56)이 바로 영화였던 것이다. 이러한 '기이한 일'에 대한 상해인의 반응은 "처음에는 놀랐고, 다음에는 이상하게 여겼고, 그 다음에는 부러워했으며, 그런 뒤에는 그것을 모방하는"57) 것이었다. 이러한 반응과정은 실제로도 상해 근대화 과정을 그대

---

54) 王遠義, 〈對中國現代性的一種觀察〉, 《臺大歷史學報》 第28期, 2001.

55) 李歐梵, 《上海摩登》, 牛津大學出版社, 2000, 4·7쪽.

56) 〈照妖鏡〉, 《大公報》 1909. 8. 2.

로 보여주는 축소판이다.

영화는 물질적 차원에서 상해에 광대한 시장공간을 개척했으며, 완전한 신흥 산업을 창조했고, 생산과 소비 두 측면에서 점차 상해 경제의 중요한 유기적 구성 부분으로 발전하여 상해 경제에 특별한 활력을 가져왔다. 영화는 또 영화 잡지의 발행, 영화관 건축, 영화와 관련된 유행 등 관련 분야의 소비와 생산을 자극했다. 상해의 영화 소비는 영화의 생산을 자극 촉진했으며, 또 영화의 생산은 더 많은 영화의 소비를 가져왔다. 둘 사이의 긍정적 상호작용은 동양의 할리우드로 이름을 떨친 상해 영화산업을 창조했다.

정신적 차원에서, 영화는 상해에 일종의 새로운 문화환경을 창조했다. 그것은 도시생활에서 일종의 새로운 습관으로 발전하였고, 영화 관람이라는 독특한 분위기가 형성되고, 아울러 상해 도시문화의 한 유기적 구성요소가 되었다. 예를 들어, 외국 회사나 서양 상점[洋行]에서 일하는 직원을 비롯한 일부 경제적 여건이 좋은 가정 출신 학생들은 가끔 미국 영화를 보는 것을 보통 사람과 다른 생활방식이나 유행으로 여기고 그것을 화젯거리로 삼았다. 미국 영화를 방영하는 영화관 쪽에서도 세세한 것까지 신경을 썼는데, 예컨대 직원들은 반드시 복장을 단정하게 하고 용모를 청결하게 하며, 직분에 충실하고 외국어를 쓸 수 있어야 하며, 심지어 냄새나는 음식을 먹거나 술을 마실 수 없다는 등의 규정을 두었다. 이는 상해 시민의 개인적 교제나 인간관계에 새로운 형식의 공공 공간을 만들어 주었으며 새로운 생활습관을 형성했다. 과거의 다관(茶館) 문화는 영화 관람 문화로 바뀌어 갔다.

이러한 여러 측면에서 볼 때, 영화가 상해의 근대화 과정에서 중요한 구실을 했다는 것은 결코 과장된 말이 아니다. 생활을 재현하는 능력,

---

57) 唐振常, 〈市民意識與上海社會〉, 《二十一世紀》(香港) 1992年 6月號.

예술적 방식을 통해 표현 전달되는 인생관과 가치관 및 문화관 등은 매우 쉽게 광범위한 사회적 영향을 만들어 낸다. 더욱이 도시성(도시에서 집중 상영), 대중성(관중의 다양함은 다른 예술 형식을 앞선다), 집합성(같은 방에 모인 관중은 집단의식이 생기기 쉽다)으로 말미암아 영화는 강력한 복사(輻射)작용과 시범 효과를 발휘할 수 있는 것이다. 근대 상해의 영화산업 발전은 바로 그러한 사례에 속한다고 하겠다.

근대성의 문제를 토론할 때, 우리들은 '진보'를 근대성의 핵심 이념으로 주목하는데, 이러한 '진보'의 개념은 상해 영화산업의 발전에서 중요한 구실을 맡았다. 청조 말 민국 초 중국의 빈곤과 쇠약이 심화되자 뜻있는 사람들은 모두 구국(救國)의 길을 찾았고, 그 가운데 '교육구국'의 이념이 한때 크게 유행했다. 이른바 "교육은 만능이다! 오늘날 초췌하고 시들어 빠진 채, 덕(德)과 지(智)가 박약한 사회에서 이를 근본적으로 구제할 방법은 교육밖에 다른 방법은 없다"고 보았다. 이러한 배경 아래에서 신흥 예술인 영화가 중국에 도입되었고, 그 강력한 사회적 영향력은 지식계의 주의를 끌었다. "사회에는 강렬한 교육적 가능성을 포함하고 있는 하나의 예술이 있다. 그것은 어떤 계급, 성별에 대해 실시하더라도 똑같은 교육 효과를 낳는다. 이것은 바로 희극과 희극적 성격의 예술품인 영화이다."58)

때문에 당시 몇몇 논자의 글 속에 표현되어 있는 대로, 영화는 처음에 오락이나 산업이 아니라 교육을 보조하는 공구, 견문을 넓히는 통로, 사회를 개량하는 지침이었다. 그것은 대내적으로 자국의 국민성을 드높이며 자국의 문화를 선전하고 자국의 풍속을 소개하며, 대외적으로는 민족정신을 표현하고 국제 우의를 맺어주며 국제 문화와 소통하게 하는 것이다. 이런 까닭에 "국가를 개조하고 세계와 화해하기 위해서는

---

58) 徐觀余, 〈電影在社會敎育線上的使命〉, 中國電影資料館 編, 앞의 책, 55쪽.

영화의 도움을 받지 않을 수 없다"[59]고 보았다. 요컨대 "영화를 한 번 더 보면 지식이 하나 더 늘어난다. 그것은 단순한 오락이 아니었던" 것이다.[60] 이처럼 영화에 많은 사회교육의 기능을 부여한 배경에는, 비록 중국 전통의 '문이재도(文以載道)'와 '도덕교화' 이념이 있었던 것이지만, 실제로는 영화가 진보를 가져온다는 생각도 그 안에 들어 있었던 것이다.

그러나 영화가 상해의 근대화 과정 가운데서 결코 '진보'의 구실만 했던 것은 아니다. 때로 부정적인 영향이 있다고 여겨졌던 것이다. 예컨대 제1차세계대전이 종결된 뒤, 미국 영화가 한때 유행했던 프랑스 영화의 자리를 대신하여 상해 영화시장에서 주도적 지위를 차지했는데, 당시 상영된 미국의 첩보물 시리즈는 "형형색색의 나쁜 사람이 등장한다. 강도, 폭도, 암흑가 인물 등……. 나쁜 사람이 하는 나쁜 짓도 형형색색이다. 강도, 납치, 재물을 노린 살인, 간음, 약탈, 살인범의 체포, 저항 등……. 나쁜 사람들이 영웅호걸로 그려지고 희색이 만면한 것이 마치 나쁜 사람들 박람회 같다. 그들의 신출귀몰하는 모습에 사람들이 흥미진진해하는 것을 본다면, 첩보영화가 마치 범죄 교과서 구실을 하고 있다"는 평을 받기도 했던 것이다.

1920년 상해 어느 서양 상점의 중개인이던 염서생(閻瑞生)이 기녀 왕련영(王蓮英)을 살해하는 사건이 벌어졌다. 사건이 밝혀진 뒤 "염서생은 심문 때 살해 방법은 미국 첩보영화에서 본 것이라고 진술했다. 이 사건은 분명 외국 첩보영화를 본떠 생긴 것이었다"[61]고 하였다. 게다가 1921년 중국영화연구사[中國影戱硏究社]는 이 사건을 장편영화로 제작

---

59) 中國電影資料館 編, 앞의 책, 1996, 4343쪽.

60) 煜文, 〈電影的价值及其使命〉 및 尹民, 〈電影在娛樂上之价值〉, 中國電影資料館 編, 앞의 책, 433~439, 531쪽

61) 程步高, 《影壇憶舊》, 北京 : 中國電影出版社, 1998, 384쪽.

했는데, 결국 그 사실성으로 말미암아 여론의 비판을 받았다. "반은 기생집의 외설스러운 이야기, 반은 강도 살인의 사진이니 이 영화는 간음·강도를 가르친다는 회음회도(誨淫誨盜) 네 글자로 표현될 수 있다"[62]는 것이 당시의 비평이었다. 어떤 비평가는, "첩보 장편물이 수입되어 유행하면서 국내의 강도·절도 사건의 수도 함께 늘어났다. 또한 범행에 사용되는 수법도 영화로 전해진 서구의 방법이다"[63]라고 썼다.

이를 계기로 영화 검열의 주장도 일어났던 것이니, 당시의 영화는 몇몇 논자들이 보기에 다만 어떤 '진보'의 의의도 없을 뿐만 아니라, '실로 백해무익한 것'이었다. 그러나 이러한 인식은 결코 영화 자체에서 비롯된 것이 아니라 비평가의 시각의 차이에 따른 것이다. 요컨대 영화가 상해의 근대화 과정 가운데서 담당했던 '진보'라는 중요한 의의는 여전히 다수 논자들이 동의하는 사실이다.

청말에서 민국까지 길지 않은 시간이 지나면서, 1930년대 상해 '십리양장(十里洋場)'의 영화관들이 내건 대형 옥외간판 광고와 현대적이고 아름다운 여배우들의 모습, 밤새도록 꺼질 줄 모르는 오색 네온등은 그것을 직접 본 사람들에게 쉽게 잊혀지지 않는 인상을 남겼다. 한 논자는 다음과 같이 쓰고 있다. "하나의 국제적 대도시로서 상해는 당시 아시아 제일의 호화 영화관이 있었을 뿐 아니라 할리우드나 유럽의 주요 영화사들의 완성 영화를 제일 먼저 볼 수 있었다. 이러한 호화 영화관들이 상영하는 서구 영화와 대형 신문광고, 그리고 거리 곳곳에서 볼 수 있던 거대한 영화 간판은 상해에 무한한 '근대', '서양화[西化]'의 정신을 더해 주었다."[64]

---

62) 醉星生, 〈銀幕春秋〉, 中國電影資料館 編, 앞의 책, 131쪽.

63) 周劍云, 〈美國影片的兩大劣點〉, 《電影月報》 第7期, 1928. 10.

64) 李孝悌, 《戀戀紅塵 ― 中國的城市, 欲望與生活》, 臺北 : 一方出版有限公司, 2002, 146~147쪽.

비록 이러한 영화들의 내용이 반드시 '근대'적인 것만은 아니었지만, 이른바 상해의 근대화 또는 근대성의 정보들은 여전히 그러한 형태를 통해서 사람들 마음속으로 파고들었다. 오늘날 사람들의 당시 상해에 대한 회고와 상상도 상당 부분 영화를 매개로 하여 만들어졌을 만큼 영화의 영향력은 크다. 당시 사람들도 이를 매우 분명히 인식했으니, "영화의 수입은 당시 문화수준이 비교적 낮았던 중국 민중들에게 진보적인 보편적 인식을 가져다주었고, 국내에 일종의 새로운 기업기지를 개척했다." 또한 "영화의 상품 형태는 일반적 상품과 다르다. 그것은 영화관을 통해 관중과 관계를 맺는다. 때문에 영화는 시장에 일종의 새로운 상업기구를 가져왔던 것이다."65)

만약 우리들이 오늘날 시장경제와 지구화를 하나의 점진적인 발전의 과정으로 파악한다면, 1930년대 상해는 이미 당시 세계의 가장 선진적인 도시와 거의 나란히 발전했으며, 영화는 이러한 발전 가운데 근대화 과정에 작용한, 없어서는 안 될 요소였다고 할 수 있다.

---

65) 鄭君里, 〈現代中國電影史略〉, 《電影創作》 1989年 第2期.

1920년대 상해기독교여청년회의 조직과 활동

| 이승휘 李昇輝 |

1. 머리말

상해기독교여청년회(上海基督敎女靑年會) 30주년을 기념하는 글에서 여청년회의 역사를 다음과 같이 평가하고 있다.

30년 전 오늘 상해기독교여청년회는 수천 년 동안의 봉건사상, 겹겹의 압박, 꽉 조여진 속박, 극도의 여성 학대라는 환경 속에서 발버둥치며 탄생하였다. 많은 좌절과 간난을 겪었으며, 끝없는 방해와 마찰도 많았다. 예수의 뒤를 따라 무외(無畏)의 정신으로, 형극(荊棘)을 두려워하지 않고 몰아칠 광풍폭우(狂風暴雨)를 무서워하지 않으며, 오로지 중국 여성해방운동을 위해 광명의 길을 개척해 왔다. 깊이 잠들어 있는 중국 여성을 일깨우기 위해 사회로 나오는 교량을 건설했으며, 각기 상관하지 않던 중국 여성을 위해 서로 만나고 돕는 사슬을 만들었다. 우마나 노예와 같던 중국 여성을 위해 일하며 사람답게 살 수 있는 환경을 조성해 왔다. 전 중국의 각 여청년회에 파종의 용기를 준비해 주었으며, 세계 각국의 인민에게 평화의 복음을 선전하였다. 이를 감안할 때 상해기독교여청년회는 비록 세워진 지 30년 밖에 안 됐지만 사회 및 국가와 인류에 공헌했음은 확실하다.[1)]

비록 자찬의 글이라 하더라도 중국 여성해방을 위해 여청년회가 해온 구실에 자부심이 대단함을 읽을 수 있다. 그러나 중국 여성사에서 여청년회는 언급조차 되지 않거나, 또는 다루어진다고 해도 부정적인 시각이 대부분이며,[2] 그것도 여청년회가 기독교단체인 관계로 종교사 연구의 일부로서 그 활동이 소개되곤 했다.[3]

근대 중국의 여성사 연구에서 여청년회의 구실을 부정적으로 평가하는 주요한 근거 가운데 하나가 바로 향경여(向警予)의 글이다. 두루 알다시피 향경여는 국민혁명기 여성운동의 주요 지도자들 가운데 하나이며, 중국공산당의 여성해방이론을 정립한 이론가였다. 여청년회에 대한 그녀의 평가는 이러하다. 여청년회가 전개하는 아편금지, 전족반대, 경제독립, 평민교육, 노동여성의 생활개선운동 등은 군벌과 제국주의가 지배하는 당시의 중국에서는 수용될 수 없는 것이기 때문에, 반제반군벌(反帝反軍閥)을 목표로 하는 국민혁명에 참여해야 더 철저한 여성해방을 이룰 수 있다는 것이다.[4] 여청년회에 대한 평가에서 자주 인용되는 향경여의 글은 다음과 같다.

기독교여성운동[기독교여청년회, 중영미부녀회(中英美婦女會), 부녀절제회(婦女節制會) 등에 의해 전개된 여성운동—인용자]은 성립 역사가 다른 여

---

1) 張志學, 〈上海女靑年會的過去, 現在, 和未來〉, 《上海基督敎女靑年會三十週年紀念特刊》(이하 《30週年特刊》이라 함), 1938, 11쪽.

2) 上海婦女聯合會, 《上海婦女運動史(1919~1949)》, 上海：上海人民出版社, 1990；中華全國婦女聯合會 編, 《中國婦女運動史》, 北京：春秋出版社, 1989(전동현 외 공역, 《중국여성운동사》, 한국여성개발원, 1992).

3) 阮仁澤·高振農 主編, 《上海宗敎史》, 上海：上海人民出版社, 1992；陳善祥, 〈上海基督敎女靑年會八十年〉, 中國人民政治協商會議 上海市委員會文史資料委員會 編, 《上海的宗敎》(上海文史資料選輯 第81輯), 上海市政協文史資料編輯部, 1996；楊樹因, 〈丁淑靜和中國基督敎女靑年會〉, 같은 책.

4) 향경여에 대해서는 池賢娥, 〈向警予의 女性運動論과 國民革命論의 형성〉, 연세대 석사학위논문, 1992를 참조.

성 단체에 견주어 오래되었고 참여 인원 또한 많다.…… 그들은 늘 부녀 군중들에게 육아, 위생, 절약, 무익한 기호(담배・술・도박)의 금지 등 일상적인 것을 선전한다. 이 밖에 여러 가지 오락 등의 방법을 통해 친숙하게 접촉할 수 있게 한다.…… 더구나 그들은 노동 여성에 많은 도움을 주고 있다.…… 그러나 그들은 조직・방법・기술・인재・경제 면에서 국제적 후원과 지도를 받지 않는 것이 없기 때문에, 결코 중국 기독교 여성 자체의 역량이라고 할 수 없다. 이들의 운동은 현재 자못 성과가 있으나, 끝내는 외국 자본의 기계로 전락할 것이어서, 중국 국민혁명운동에 필요한 독립적 여성운동은 아니다.5)(강조 — 인용자)

그러나 결과적으로 향경여의 예측과는 달리 여청년회는 훗날 '외국 자본의 기계'로 전락하지 않았다.

최근 일본의 한 연구는 여청년회의 기관지를 분석함으로써 여청년회의 성격을 제시하고 있어 주목된다.6) 아래에서는 이 연구의 내용을 소개하며 문제 제기를 하고자 한다.

먼저 여청년회의 역사 가운데 1910, 1920년대를, 신해혁명부터 1921년까지와 1922년부터 1928년까지 두 시기로 나누고 있다. 제1기는 기독교 선교활동을 중심으로 운동이 전개된 시기이지만, 제2기인 1922년에 들어서면 중국 전역에서 반(反)기독교 풍조가 고양되고, 1924년에는 교육권회복운동이 일어나 교회학교의 자퇴 풍조가 일어났으며, 여기에 반제반군벌의 국민혁명이 진행되면서 기독교는 민중운동의 비난대상이 되던 시기였다. 이러한 정치적 변동 속에서 여청년회의 운동 방향도 크게 달라진다는 것이다. 5・30운동 뒤 불평등조약 폐지 등 민족주의의

---

5) 〈中國最近婦女運動〉,《前鋒》第1期, 1923. 7. 1.

6) 末次玲子, 〈《女青年報》,《女青年》解題 — 中國YWCAの機關誌が語る民國前期〉, 中央大學人文科學研究所 編,《民國前期中國と東アジアの變動》, 東京 : 中央大學出版部, 1999.

고양에 직면한 여청년회가 다른 기독교운동과 함께 선택한 것은, 토착화를 서두르는 동시에 국제적인 특성(국제적 여론조성)을 살려 나가는 길이었다고 한다. 특히 국제적 여론조성에는 여청년회의 외국인 간사들이 큰 구실을 하였다. 여청년회의 이런 활동은 국제관계에도, 국민혁명의 전개에도 영향을 주었다는 것이다.

또한 이 시기 노동문제·노동운동에 대한 여청년회의 태도도 여청년회의 성격을 잘 보여준다고 한다. 1920년 초 여청년회는 여성의 노동문제·노동운동에 적극적으로 임했지만, 5·30운동을 전후해서는 여성의 노동운동에 관계하려고 하지 않았다고 한다. 예컨대 1926년 여청년회 전국협회는 노동부를 없애고, 노동사업은 상해시 여청년회로 이관하였다. 이처럼 반기독교운동, 국민혁명의 과정에서 여청년회는 노동사업에서 일부 후퇴하여 그 우선순위를 상대적으로 낮추었다는 것이다. 나아가 남경사건(南京事件) 뒤 반제의식이 고양되고 혁명 통일전선안의 대립이 격화되면서, 상황은 여청년회를 장개석(蔣介石) 쪽으로 몰아갔다는 것이다.

그런데 위의 연구자는 기관지를 나름대로 분석하여 이상의 결론을 제시하기에 앞서, 글의 서두에 여청년회의 특질 세 가지를 지적하였다. 첫째는 여청년회의 긴 역사다. 청말(淸末)부터 현재까지 지속되는 여성운동은 중국에서는 그 사례를 찾기 힘들다는 것이다. 두 번째 특질은 국제성이다. 이는 부정적인 측면[7] 말고도, 이로 말미암아 여청년회가 서구의 선진 문화나 세계의 동향을 중국에 도입하는 창구 구실을 하게 되었고, 또 중국을 대표하여 그 실상과 처지를 각국의 여청년회를 통해 세계에 알리는 구실을 했다는 것이다. 세 번째는 중국 여성운동사 속에서의 특질이다. 즉 여러 계층의 여성을 위한 폭넓은 활동, 민주적 운영,

---

7) 예컨대 향경여가 지적한 '외국 자본의 기계'로 전락할 우려 등.

조직적인 간사 양성 제도 등은 다른 여성단체에서도 본받을 대상이었다고 제시하고 있다. 다만 두 번째 특질 이외의 것은 본문의 내용과 연결되지 못하여 아쉽다. 예컨대 여청년회가 다른 여성단체와는 달리 긴 역사를 가질 수 있었던 이유는 무엇이고, 또한 운영상의 '민주적 성격'이 여청년회의 운동에 미친 영향은 무엇이었는지는 언급하지 않았다.

근대 중국에서 기독교여청년회는 성격상 매우 복잡하게 얽혀 있는 조직이 아닐까 생각한다. 중국에서 반기독교운동은 반제국주의 속성을 가질 수밖에 없었고, 반제국주의가 활발해지는 환경(예컨대 국공합작, 조계 회수 사건)이 조성되면 반기독교운동은 격렬해졌다. 공산당이나 좌파의 '이념적 반제국주의'가 아니더라도, 교회학교의 존재로 말미암은 교육권회수운동도 반기독교운동을 활발하게 만들었다. 이보다 앞서 중국에 유입된 사회 진화를 강조하는 과학주의적 견해, 5·4시기 기존 가치와 권위를 비판적으로 보는 자유주의적 견해도 반기독교운동에 하나의 기저를 이루고 있었다. '과학주의', '자유주의', '반제국주의', '교육권회수', 여기에 5·30사건과 같은 제국주의의 폭거가 일어나면 기독교 단체로서 여청년회는 그 투쟁 대상의 하나가 될 수밖에 없었다.

한편 여청년회는 봉건적 질곡의 큰 줄기인 여성해방을 위해 여러 사업을 시행해 왔다. 여성해방의 방법론을 둘러싸고 '대립'이 생길 수도 있었으니, 앞서 향경여가 여청년회를 비판한 것도 그 한 예이다. 그러나 여성해방이라는 것이 남성에 의해 수천 년 동안 조성되어 온 압박에서 벗어나는 투쟁, 즉 현실의 남성(또는 남성 개인) 그 자체에 의한 속박에서 벗어나는 투쟁이기에 여성해방의 방법론적 대립 이전에 남성에 대한 여성의 '연대감'이 우선하는 면도 있었다. 더구나 여성운동 세력이 양적으로 부족한 현실에서는 이러한 연대감이 더욱 강해질 수밖에 없었다. 따라서 남성 중심의 조직들에서 나타나는 대립으로까지 발전하지는 않았다고 보이며, 오히려 대립이라기보다는 '역할 분담'으로 삭혀

버리지 않았나 생각한다.

많지 않은 여성운동가들 사이에 개인적인 연대감은 더 강할 수도 있었는데, 이런 개인적인 연대감은 방법론이 다른 운동에 개인적으로 참여할 수 있게 하였다. 예컨대 1920년 초 상해 여공 파업의 지도부에 여청년회 소속 간사의 이름이 있다고 해서 이것이 곧바로 여청년회의 노동운동이라고 단정할 수는 없을 것이다.

이와 관련해서는 여청년회의 조직에 대한 분석이 선행되어야 할 것이다. 강력한 지도부를 두고 그들의 통제와 전략에 따라 움직이는 여성조직도 있었다. 예컨대 공산당이나 국민당의 부녀부가 그렇고, 여계국민회의촉성회(女界國民會議促成會)가 그러했다. 이 경우 상황의 변화에 따라 조직의 대처도 변하게 마련이었다. 앞서 언급한 파업이 여청년회의 노동사업의 일환이기 위해서는, 여청년회가 지도부의 지시나 전략에 따라 간부를 '투입'하는 조직이라는 전제가 있어야 할 것이다. 이 글은 이러한 문제의식 아래 상해기독교여청년회의 조직과 활동 내용을 통해 그 성격의 일단을 파악하려는 시론적 성격의 글이다.

2. 상해기독교여청년회의 구조

기독교여청년회(이하 '여청년회'라 함)는 영국에서 시작하여 미국으로 확산되면서 국제적인 조직으로 성장하였다. 영문으로는 Young Women's Christian Association으로, 일반적으로 YWCA라는 약칭으로 불린다. 중국 여청년회는 1890년 항주(杭州)의 홍도여중(弘道女中) 여청년회의 설립으로 시작되었다. 1899년 이미 만들어진 기독교청년회(YMCA)가 상해에 여청년회 전국협회주비위원회를 조직하여 여청년회의 조직 확산에 노력하였다. 이어 1903년에 미국 여청년회는 간사들을 상해로 보낸 다음

준비기간을 거쳐, 1908년에 이르러 상해기독교여청년회(이하 '상해여청년회'라 함)를 창립하였다.[8]

일반적으로 여청년회는 도시 단위로 조직되는 시회(市會) 및 학교 단위로 조직되는 교회(校會)가 있다. 중국 최초의 여청년회 조직인 홍도여중 여청년회는 교회이며, 중국 최초의 시회는 상해여청년회이다. 이후 여청년회의 조직은 크게 늘어 1921년에는 7개의 시회에 회원 1,583명, 82개의 교회에 회원 1,039명이었고,[9] 창립 20주년이 되던 1923년에는 12개의 시회 및 84개의 교회에 회원은 8천여 명, 간사는 140여 명에 이르렀다.[10]

상해여청년회의 초대 총간사(總幹事)는 그레이스 코포크(G. Coppock, 중국명 顧恩慈)로, 1921년 사망할 때까지 초기 상해여청년회를 이끌어 갔다.[11] 여청년회의 종지나 목적은 여러 가지로 표현되었다. 예컨대 '덕지체삼육(德智體三育) 및 사교(社交)의 발전, 사회봉사 지도자 양성, 일반 여성의 도덕과 지식의 증진, 청소녀의 부조',[12] '가정개량(家庭改良), 사회봉사, 부녀사육(婦女四育) 발전의 보좌',[13] '예수정신의 발양, 여성 지도자 양성, 사회봉사, 조복인군(造福人群)의 완성',[14] '덕지체군사육(德智體群四育) 외에 국제 친선',[15] '덕지체군 사육의 발전, 신에 대한 봉사, 조국에 대한 봉사'[16] 등등으로 표현되었다.

---

8) 阮仁澤·高振農 主編, 앞의 책, 947~948쪽 ; 張志學, 앞의 글, 12쪽.

9) 〈記中國女青年會歷史及成績〉, 《申報》 1921. 1. 1.

10) 〈女青年會將開全國大會〉, 《申報》 1923. 6. 28.

11) 〈女青年協會總幹事將來滬〉, 《申報》 1920. 9. 7. 초대 중국인 총간사는 황좌정(黃佐廷). 황좌정에 대해서는 〈黃佐庭夫人訪問記〉, 《30週年特刊》 참조.

12) 〈女青年會大會第一日紀事〉, 《申報》 1920. 4. 17.

13) 〈女青年會將開全國大會〉, 《申報》 1923. 6. 28.

14) 關李瑰瑄, 〈女青年會會員部近況〉, 《30週年特刊》, 28쪽.

15) 〈女青年會徵求會昨日開會〉, 《申報》 1926. 10. 5.

16) 1920년에 표현된 종지. 末次玲子, 앞의 글, 531쪽에서 재인용.

이처럼 종지나 목적이 여러 가지로 표현되는 것은 시기마다 사회적
요구가 달랐기 때문이라고 할 수 있다. 요약한다면, 여청년회는 여성의
덕육(德育), 지육(智育), 체육(體育), 군육(群育 ; 단체 활동 및 사회성의 육
성)을 발전시키는 것을 종지로 하여, 이를 위해 아래의 표현처럼 '사회
봉사'와 '사회교육'에 노력하였다.

> 여청년회의 목적은 각 계층의 열성적인 여성을 연합하고, 환경 핍박과 기
> 회 제약을 받는 일반 자매들을 위해 여러 가지 생활상의 고통을 해소하는
> 것뿐 아니라, 스스로 능력을 발전시켜 자신의 문제를 해결할 수 있도록 도와
> 주는 데 있다. 상해여청년회는 바로 이런 철리(哲理)에 근거하여 사회봉사와
> 사회교육이라는 두 가지 목표 아래 매진해 왔다.17)

사회봉사와 사회교육의 구체적인 방법도 사회의 수요에 따라 마련되
었기 때문에 활동부서나 소조직도 시기마다 달랐다. 예컨대 '사회복무
연구회',18) '진재위원회('賑災委員會)',19) '체육사범학교',20) '평민학교',21)
'사회문제연구회',22) '여청년회위생교육회',23) '노동부',24) '공업부'25) 등
은 바로 이러한 수요에 대한 대응으로 조직된 것이다. 1938년의 조직도
를 보면 〈표 1〉과 같다.26)

---

17) 蔡葵, 〈上海女青年會三十週年〉, 《30週年特刊》.

18) 〈社會服務研究會開會續誌〉, 《申報》 1920. 12. 8.

19) 〈女青年會社會服務員開會紀〉, 《申報》 1920. 12. 17.

20) 〈記中國女青年會歷史及成績〉, 《申報》 1921. 1. 1.

21) 〈女青年會平民教育大運動〉, 《申報》 1923. 3. 14.

22) 〈女青年會社會研究會再紀〉, 《申報》 1925. 12. 9.

23) 〈女青年會社會研究會再訊〉, 《申報》 1925. 12. 10.

24) 〈女青年協會之勞働事業〉, 《申報》 1926. 3. 5.

25) 〈女青年會爲勞工服務〉, 《申報》 1928. 2. 29.

26) 謝祖儀, 〈女青年會的面面觀〉, 《30週年特刊》, 5쪽.

〈표 1〉 상해여청년회 조직도(1938년)

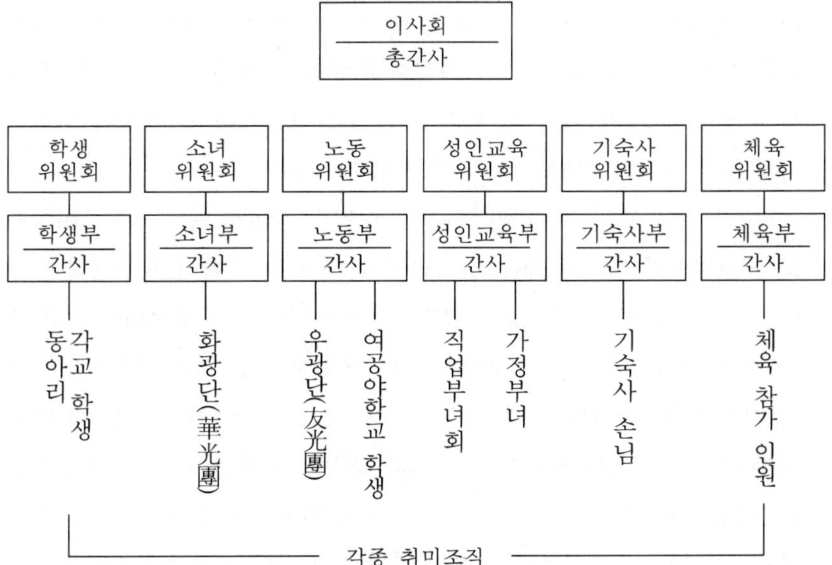

　각 부(部)의 간사는 고문위원회와 함께 이사회[董事會]가 결정한 정책 아래서 업무를 했다. 이사회가 정책결정기구라면 간사회는 정책집행기구였다. 여성을 사회활동에 따라 직장인·학생·노동자·가정주부로 구분한 뒤 각 부는, 각각에 맞는 부문을 조직했다. 또 각각의 부에는 서로 다른 개인적 취미에 따라 여러 가지 소조직이 만들어졌는데, 예컨대 수공조(手工組)·연극조·요리조 등이 그것이었다. 각 부의 간사와 소조직의 임원은 모두 선거에서 선출되며, 각기 나름의 업무 과정을 설계하여 하나의 단위를 이루었다. 이사[董事]도 매년 전체 회원대회에서 선출했다.[27]

　여청년회의 회원은 사회활동에 따라 노동 여성, 여학생, 가정주부, 직

---

[27] 위와 같음.

장 여성 등 네 종류로 나뉘었다. 회비는 회원의 경제능력에 따라 다른
데, 보통회원은 2원(元), 5원 또는 5원 이상, 학생회원은 1원, 노동자회
원은 5각(角)으로 모두 1년을 기한으로 했다.[28) 여청년회가 조사한 당
시 여성 노동자의 평균 월 임금은 12.60원이었으니, 연 5각의 회비는
여성 노동자에게 부담되는 금액은 아니었다.[29)

　회원을 기독교 신자로 한정하지는 않았다. 일반 사람들에게 "여청년
회를 교회처럼 여기게 하고 하느님을 믿게 하는 곳이라고 생각하게 하
여, 우리의 노력이 제대로 전달되지 않는다"[30)는 여청년회의 우려나,
"이곳에 들어오기 전까지 여청년회는 기독교를 전도하는 기관이며 자
선 기관이라고 생각했는데, 여청년회 야학교에 들어와 공부를 한 이후
에야 비로소 여청년회에 대한 이전의 생각이 전혀 틀렸다는 것을 알았
다. 여청년회야말로 여성해방운동의 중심 단체"[31)라는 여공 회원의 주
장을 감안할 때, 당시 여청년회는 일반 사회에서는 기독교 전도기관으
로 인식되고 있었지만, 여청년회의 회원자격이나 활동대상을 기독교도
에 한정하지 않았으며, 활동내용도 기독교 전도사업에 국한하지는 않
았다.

　〈표 2〉에서 1938년의 회원 구성을 살펴보면, 가정 여성이 가장 많았
고, 다음은 학생이었으며, 노동 여성은 6.7퍼센트로 가장 비율이 낮았
다.[32) 그러나 상해여청년회는 노동단체가 아니었고, 또 부설한 노동야
학교에 공부하러 오는 학생들은 회원으로 여기지 않았기 때문에, 노동
여성의 비율이 반드시 낮다고 할 수는 없다. 그런데 뜻밖에 외국 여성

---

28) 關李瑰瑄, 앞의 글, 28쪽.
29) 남자 노동자는 22.71원, 동공(童工)은 11.12원이었다.(鍾韶琴, 〈勞工事業的回顧和前
　　瞻〉, 《30週年特刊》, 59쪽)
30) 〈女靑年會大會第一日紀事〉, 《申報》 1920. 4. 17.
31) 全英, 〈女工眼中的女靑年會〉, 《30週年特刊》, 63쪽.
32) 張志學, 앞의 글, 20쪽.

의 비율이 매우 높다.

조계가 있었던 국제도시 상해에는 많은 외국인들이 있었고, 이들을 위한 외국여청년회가 설립되어 있었다. 초기에는 상해여청년회와 사무 및 경비 등에서 직접적인 관계는 없었지만 상호 이해와 친선의 관계는 지속적으로 유지되고 있었다. 외국여청년회는 갈수록 일이 많아지자 넓은 공간이 필요했고, 이를 운영하기 위한 경비도 문제가 되었다. 1936 년 상해여청년회가 넓은 건물[정안사로(靜安寺路) 999호]로 옮겨가자, 외국여청년회는 상해여청년회의 국제지부가 되었다.33)

〈표 2〉 회원 구성(1938년)

종류	회원 수(명)	비율(%)
가정 여성	566	44.6
노동 여성	85	6.7
외국 여성	225	17.7
직장 여성	108	8.5
학생	285	22.5
계	1,269	100

앞서 말한 바와 같이 상해여청년회는 상당히 민주적으로 운영되었다. 민주적 운영은 단순히 간부를 선거에서 선출했기 때문만은 아니다. 각 부의 내부활동을 진행하는 방식이 당시의 하향적인 교육방법과는 매우 달랐다. 실사구시적인 현실 참여, 주인 의식, 스스로 문제를 인식할 수 있는 토론의 활성화 등이 여청년회의 교육 방법이었다. 예컨대 학생연수회는 사무, 진행 방법, 조직 방법을 토론으로 결정했다.34) 전국의 여

---

33) 范裵金思, 〈國際支部槪況〉, 《30週年特刊》, 21~24쪽. 외국 여성들 가운데 특히 폴란드인, 백러시아인, 유대인 등은 일반적으로 문화 정도가 낮고 경제 상황도 좋지 않았다. 여청년회는 그녀들을 위해 타자훈련반을 개설하고 직업 소개를 도왔다. 아울러 참관 활동을 통해 중국을 이해하고 상해를 이해하도록 하였다. 나라별로는 27개국이 었다.(陳善祥, 앞의 글, 281쪽)

청년회 대표들이 여름방학에 갖는 단체활동인 하령회(夏令會)에서도
각종 사업을 토론하여 결정했다.[35] 또 조사, 개인 탐방, 단체 토론, 강연
회, 연극, 현장 체험, 답사 등의 방법, 이른바 '교학합일(敎學合一)'의 방
법으로 훈련하였다. 예컨대 한 소녀로 하여금 스스로 하나의 집회를 지
도하도록 하여, 그녀는 스스로 회장이 되어 봄으로써 이후 지도자로서
의 소양을 쌓았다.[36]

특히 여공야학교의 교육에 이런 방법이 많이 채용되었다. 야학교의
교육은 단지 식자(識字) 교육에 그치지 않았는데, 예컨대 여름에 빈발하
는 전염병에 대한 방역 교육은 단순히 방역 지식을 전달하는 것이 아니
라, 야학교의 여공들이 직접 나서서 공장들을 돌아다니며 다른 여공들
에게 방역에 대한 지식을 환기시키는 식이었다. 야학교의 학생인 여공
들은 스스로를 피동적 지위에서 스스로 돕고, 남을 돕는 지위로 탈바꿈
시켰다.

> 노동자의 생활을 개선하려면 각계 인사의 도움이 있어야 하지만, 노동자
> 자신의 노력이 없으면 목적 달성이 매우 어렵다. 자조조인(自助助人)에 이르
> 려면 노동자 교육을 강화해야 한다. 교육은 일종의 생활도구로, 그녀들의 생
> 활 속에 변화 작용을 일으킨다. 이에 노동자 교육은 공민상식(公民常識)을
> 가르치는 외에 환경 개선의 역량을 주어 시대를 이끌어갈 수레바퀴가 되도
> 록 해야 한다.[37]

야학교의 교과교육보다 매주 한 차례씩 열리는 토론회에서 여성해방
의 길을 깨달았다는 한 여공의 토로,[38] 하루 종일 자신을 교실과 책 속

---

34) 〈記中國女靑年會歷史及成績〉,《申報》 1921. 1. 1.
35) 〈基督敎女靑年會社夏令會紀〉,《申報》 1922. 7. 9.
36) 謝祖儀, 앞의 글, 6쪽.
37) 張志學, 앞의 글.

에 파묻으면 비록 경제학·사회학을 잘하게 될지 모르지만 여청년회에서의 토론만큼 여공들을 이해할 수는 없을 것이라는 한 대학생의 표현에서,[39] 여청년회 교육방법의 효과를 짐작하게 한다. 1940년대 후반 통일전선 좌파의 잡지인 《현대부녀(現代婦女)》가 여청년회의 활동은 봉사자나 회원 사이의 의견 교환 위에 진행되고 있고, 이러한 '민주적 작풍'과 조직적 간사 양성 제도는 다른 여성단체도 본받아야 할 것이라는 지적에서도 여청년회의 민주적 운영의 일면을 볼 수 있다.[40]

운영방식 면에서도 그 일단을 볼 수 있듯이, 여청년회는 지도부의 '결정'에 따르는 하향식 조직이 아니었다. 이런 점에서 정치권의 여성 조직이나 정치적 동기로 생겨난 여성 단체와는 성격을 달리한다고 하겠다.

전국 조직으로 중국기독교여청년회 전국협회가 있었다. 그러나 전국협회도 3년마다 열리는 전국대회[41]를 주관한다든지, 각지 여청년회의 소식을 담은 기관지[42]를 발행하거나 세계대회에 중국 대표를 파견하는 정도의 구실만 하는 조직이었다. 따라서 '조직·방법·기술·인재·경제 면에서 국제적 후원과 지도를 받기' 때문에, '중국 기독교 여성 자체의 역량이라고 할 수 없고', '끝내는 외국 자본의 기계로 전락할 것이어서, 중국 국민혁명운동에 필요한 독립적 여성운동이 아니다'[43]는 주장

---

38) 王琳, 〈一個女工的轉變〉, 《30週年特刊》.

39) 章申, 〈半年來學生生活〉, 《30週年特刊》.

40) 琦, 〈女青年會替婦女作了些什麽?〉, 《現代婦女》 10-1, 1947. 10.(末次玲子, 앞의 글, 532쪽에서 재인용)

41) 여청년회 전국대회는 1923년 7월 항주에서 처음 열렸다. 3년마다 개최하도록 되어 있으나(〈女青年會將開全國大會〉, 《申報》 1923. 6. 28.), 1926·1927년에는 정치적 상황으로 열리지 못하고 1928년 7월 상해에서 제2회 대회가 열렸다.(〈女青年會全國大會通訊〉, 《申報》 1928. 6. 30.)

42) 1916년 《청년여보(靑年女報)》(계간)라는 이름으로 창간되었다. 1922년 《여청년보(女靑年報)》(연 10회 발행)로 바뀌었다가 1923년 여청년회 제1회 전국대회에서 정식 기관지로 결정되었다. 그 뒤 1926년 3월부터 《여청년(女靑年)》으로 이름을 바꾸었다.(末次玲子, 앞의 글, 529쪽 참조)

은, '서양의 기독교, 외국 지도자, 제국주의'를 하나로 여기는 단선논리
에 따른 것이 아닐까 싶다.

서양의 기독교를 기반으로 하는 조직인 관계상, 또한 조직 안에 많은
외국인이 지도자 또는 활동가로서 활약하고 있었다. 따라서 여청년회
에 이들의 영향이 없을 수는 없었다. 특히 지도부인 이사회의 상당수가
사회의 상층 인물과 유명 인사 또는 그들의 가족이었고, 간사의 대다수
는 교회대학의 졸업생 가운데서 충원되었다.[44] 또 열강의 실질적 지배
아래 있는 상해에서 여청년회는 '기독교 단체, 국제 조직'이라는 원초적
성격을 완전히 벗어날 수 없었다. 그 대표적인 예는 기금 모집에서 찾
을 수 있다.

상해여청년회는 매년 연말쯤에 회원 모집과 아울러 모금활동을 벌였
다. 모금의 목표액은 1만 5천 원 전후인데 대부분 달성되었다. 1920년의
모금활동을 사례로 살펴보자. 이 해의 목표 모금액은 1만 3천 원이었다.
그 가운데 8,500원은 상해여청년회의 경비로 사용하고, 나머지 4,500원
은 전국협회의 경비로 사용했다.[45] 기금 모집에 들어가기도 전에 이미
1,300원이 들어왔는데, 주로 외국계 은행이나 기업에서 기탁한 것이다.
예컨대 맥가리은행(Chartered Bank, 麥加利銀行), 동방회리은행(Banque de
L'Indo-China, 東方匯理銀行), 과발약방(American Drug Co., 科發藥房)이 100
원씩 기부하였고, 중법실업은행(Industrielle de Chine, 中法實業銀行)이 50
원, 이화양행(Jardin Matheson & Co., 怡和洋行)이 200원,[46] 영미연공사
(British & American Tobacco Co., 英美煙公司)가 200원을 기부하고 있다.[47]

---

43) 向警予, 앞의 글.

44) 陳善祥, 앞의 글, 276쪽.

45) 〈女青年會徵求大會敍餐會〉, 《申報》 1920. 9. 29.

46) 〈女青年會徵求會消息〉, 《申報》 1920. 10. 20.

47) 〈英美煙公司贊助女青年會〉, 《申報》 1920. 10. 26.

상해 영국 총영사의 부인(Lady Froser)도 기금 찬조를 위해 여청년회 간사를 자택으로 초청하였고, 여기에는 상해에 거주하는 영국 교민 여성 10여 명도 참석하였다.[48] 훗날 장개석의 부인이 된 송미령(宋美齡)도 1917년 미국 웨슬리대학을 졸업한 뒤 귀국하여 여청년회에서 활동하며, 조계 공부국(工部局)의 아동노동위원회 간사를 지냈다. 여청년회의 행사가 열리면 중서(中西) 인사 수백 명이 참석했으며, 지도급 인사가 외국인이기에 영어로 축사를 하고, 이어 바이올린 연주, 가든파티 등이 이어졌다. 여청년회의 기층활동과는 거리가 있는 '서구 상층문화'의 일면을 볼 수 있다.[49]

이런 위로부터의 큰 '무게'가 국민회의촉성회(國民會議促成會)나 5·30운동 등 정치적으로 민감한 사건에 여청년회가 참여할 수 없게 만들었을 것이다. 오히려 이런 무게를 인정한 위에서 운동을 추진하였다고 보는 것이 나을 것이다. 대외적인 정치활동은 '포기'하고 사회봉사와 사회교육을 통해 여성운동을 모색했다고 보아야 할 것이다.

후술하겠지만, 여청년회의 지도층이나 간사 가운데 여성운동·혁명운동에 적극 참여하는 사람들도 있었다. 이런 사람들에 의해서, 그리고 앞서 살펴본 바대로 내부 운영 및 사회봉사와 사회교육을 '상향적으로 운영'함으로써 여성운동가의 양성에 일정한 구실을 하였다고 보인다. 따라서 전자의 모습으로 여청년회를 '외국 자본의 기계'로 단정하는 것도 문제지만, 후자의 개별적 활동을 갖고 여청년회를 해석하는 것도 마찬가지 논리라고 할 수 있다.

---

48) 〈英總領事夫人贊助女青年會〉, 《申報》 1920. 10. 23.

49) 이런 면에 대해서는 다음의 기사 등을 참조. 〈女青年會大會第一日紀事〉, 《申報》 1920. 4. 17. ; 〈女青年會展覽會場紀錄〉, 《申報》 1925. 5. 30. ; 〈女青年會二十週紀念會記〉, 《申報》 1928. 7. 10.

3. 상해여청년회의 활동

상해여청년회의 주요 활동은 사회봉사와 사회교육이다. 즉 사회봉사와 사회교육을 통해 여성을 해방시킨다는 것이었다. 그 방법의 대강은 다음과 같은 사업 표준으로 규정하고 있다.

1. 각 계층의 여성으로 하여금 모두 교육을 받을 동등한 기회를 갖게 하여 함께 천국을 현세(現世)에서 실현토록 한다.
2. 우리들은 수시로 사회의 새로운 수요를 조사하여 적응할 방법을 세울 뿐 아니라 한발 앞서 새로운 길을 개척하고 새로운 취미와 수요를 계발하여 새로운 사업을 전개한다.
3. 본회의 사업은 치본적(治本的)이지 치표적(治標的)은 아니다.[50]

특정한 계층만이 아닌 모든 계층의 여성을 교육을 통해 해방을 추구하게 하는데, 그 교육은 학술적이거나 이념적이거나 이론적이지 않고, 현실의 수요에 맞게, 또 현실의 수요가 달라지면 새로운 방법으로 각 계층의 취미와 수요에 맞는 교육을 전개한다는 것이다. 그러나 이는 단순한 지식 전달이 아니라, 각자 능력을 길러 스스로 천국을 현실에서 실현토록 한다는 것이다. 〈표 3〉은 각 계층의 여성들이 요구하는 수요를, 〈표 4〉는 수요에 따른 구체적인 내용들을 설명한 것이다.[51]

상해여청년회가 수행했던 구체적인 일들에 대해《신보(申報)》와《30주년 특간》에 소개된 것을 시간 순으로 나열해 보면 다음과 같다.

---

50) 張志學, 앞의 글, 12~13쪽.
51) 謝祖儀, 앞의 글, 7~8쪽.

〈표 3〉 여러 여성들의 특수 수요

사회활동에 따른 분류	수 요
I. 직장 여성	건전한 오락, 각종 보습반, 사회에 대한 심각한 인식, 원대한 안목
II. 여공	식자(識字), 보통 교육, 노동자와 사회의 관계에 대한 모든 인식, 처우 개선
III. 실업 여성	직업 기능 훈련, 직업 소개
IV. 가정 여성	가정관리 훈련, 가정생활 운영, 단체생활과 사회봉사의 기회
V. 여학생	건전한 인격 발전, 직업 지도, 선량한 습성 배양, 성교육 실시, 정확한 인생관 수립, 건전한 오락 제창, 사회봉사 의지

〈표 4〉 각종 단체와 취미 조직의 활동 내용

일반회원을 위한 것	I. 지식의 진보, 사회와 경제 상황에 대한 인식	① 사회경제 문제에 대한 강연회·토론회 개최 ② 각종 사회단체와 기관을 참관, 예컨대 공공복리시설, 사회봉사 지역과 공장 등
	II. 체육 발전에 관하여	① 각종 단체 오락, 여행 등 ② 테니스·배구·탁구·체조반 등 체육반 설립
	III. 단체생활에 관한 것	① 단체 활동 : 업무나 집회 중 단체생활을 단련 ② 생활상의 여러 문제 토론 ③ 각종 사교 집회 거행
여러 가지 취미를 위한 것	I. 희극 II. 미술 감상 III. 음악 IV. 합창 V. 수예 VI. 기타	
가정주부를 위한 것	I. 육아 II. 가정관리법 III. 미관적 상식 IV. 영양 음식 V. 심리 위생	영아 복리, 아동 심리, 인격 배양 옷차림과 화장의 배합, 인테리어법 개인과 가정환경 적응

*(1915년) 여성구락부 및 초대소 설립 : 가정에서 할 일 없이 노는 것을 막기 위해 부녀구락부를 특설, 건전한 오락을 제창. 또 상해에 처음 온 여행객을 돕기 위해 초대소를 특설하였다.[52]

---

52) 張志學, 앞의 글.

*(1915년) 우량아선발대회 발기 : 육영의 부모 책임, 합리적인 훈육, 간호를 경각시키기 위해 우량아선발대회를 개최하여 아동의 영양 및 양육 방법을 연구하는 선봉이 되었다.[53]

*(1916년) 야외운동장 및 아동유희장의 건설 : 1916년 곤산로(昆山路)로 이전함에 따라서 여유 있는 부지를 이용하여 야외운동장 및 아동유희장을 건립해 여성의 야외 운동에 대한 흥취를 계발하고 아동에게 적당한 유희 습관을 양성하였다.[54]

*(1918년) 노동 사업회복 : 상해여성청년회는 노동 방면에 적지 않은 일을 하였다. 뒤에 학생 사업 및 지식 여성의 훈련에 치중하였다. 1918년 사리문 당창(沙利文糖廠)의 요구에 응하여 여공이 상해여성청년회에 들어와 영문을 학습하는 것을 허락하였다. 이에 근로 여성과 접근하여 봉사의 기회를 갖게 되었다.[55]

*(1919년) 국가의 근본은 어린이에 있다는 취지에서 보영법(保嬰法) 강연회를 개최하고 아울러 관련 도서 및 모형을 전시하였다.[56]

*(1919년) 여공·동공(童工)의 합리적 대우를 제창하기 위해 사회에 여공·동공의 생활환경 개선을 위한 여론을 조성하였다.[57]

*(1919년) 각종 사회문제 연구반 및 직업소개부 개설, 소녀 사업 전개 : 1919년 5·4운동의 영향으로 공개적인 사교, 자유연애, 평등교육, 경제독립 등은 학생계가 가장 주목한 문제였다. 상해여성청년회도 이에 각종 문제 연구반을 개설하여 이런 문제에 대한 학생들의 정확한 태도를 이끌었다. 아울러 직업학교와 직업소개부를 개설하여 독립 기능을 단련시키고, 정당한 직업을 소개했다. 아울러 소녀들에 의한 선봉대·순성대(純誠隊)를 조직하여 소녀 사육(四育)을 도야시켜 소녀의 건전하고 풍만한 생활을 지시하였

---

53) 위와 같음.
54) 張志學, 앞의 글.
55) 위와 같음.
56) 〈女靑年會之保嬰法講演會〉, 《申報》 1919. 4. 8.
57) 張志學, 앞의 글.

다.58)

*(1920년) 사회봉사위원회[社會服務委員會]는 가정개량운동연합회를 초청하여 먼저 화양의진회(華洋義賑會) 사무를 제의하였다. 회원 가운데 연조(捐助)를 하고 싶으나 돈을 낼 힘이 없는 회원들이 있다. 그러나 연조의 방법은 하나가 아니니 현금 이외에 재봉반을 조직하여 의복 등을 만드는 것도 좋은 일이다.59)

*(1920년) 상해여청년회의 사회봉사연구회는 양수포(楊樹浦)에 있는 상수도 회사를 참관하기로 결정하고, 참관 뒤 참관기를 강연하였다.60)

*(1920년) 사회봉사연구회는 상해여청년회 사무실에서 위생·육아·교육·복식 등에 관한 전람회를 개최하고 참관자들에게 관련 설명을 해주었다.61)

*(1920년) 사회봉사위원회는 재난 원조에 대해 토의하고 날로 늘어나는 재난 당한 백성을 위해 진재위원회(賑災委員會)를 구성하였다.62)

*(1920년) 여청년회는 수양단(修養團)을 조직하여 장차 자연계의 아름다움과 취미를 연구하고자 여행하였다. 여행에 앞서 복단(復旦)대학 교수 장군모(張君謨) 박사를 초청해 '식물학의 요의(要義)'라는 제목의 강연을 들었다.63)

*(1921년) 체육사범학교를 개설하였는데, 졸업생이 38명에 이르렀다. 모두 공사(公私) 여자학교 및 교회학교에 취업하였다.64)

*(1920~1921년) 구제활동 : 1920년과 1921년 전례 없는 수재를 맞아 상해여청년회는 일부 경상 업무를 중지하고 전력으로 상해의 모든 여성에게 난민구제활동에 종사할 것을 호소하였다.65)

---

58) 위와 같음.

59) 〈社會服務委員會第八次開會〉, 《申報》 1920. 11. 18.

60) 〈社會服務研究會開會續誌〉, 《申報》 1920. 12. 8.

61) 〈社會服務研究會展覽會紀〉, 《申報》 1920. 12. 12.

62) 〈女靑年會社會服務員開會紀〉, 《申報》 1920. 12. 17.

63) 〈昨日女靑年會講演植物學紀〉, 《申報》 1920. 4. 16.

64) 〈記中國女靑年會歷史及成績〉, 《申報》 1921. 1. 1.

*(1922년) 6월 상해에서 하령회(夏令會) 개최 : 참여자는 영파(寧波)·금화(金華)·강음(江陰)·남경(南京)·호주(湖州)·소주(蘇州)·항주(杭州) 그리고 상해의 각 교회학교에서 온 약 80, 90명의 학생들이었다. 명사의 강연을 들은 뒤 분과별로 나뉘어 기독교 여학계(女學界)가 해야 할 각종 사업에 대해 토론하였다. 그 가운데 사회봉사 인원은 모두 26명으로, 토론한 내용은 ① 먼저 사회봉사[社會服務] 네 글자의 의의, ② 구걸유민(求乞流民) 문제, ③ 가정 개량 문제, 가정 위생 문제, 특히 도박 문제, ④ 비녀(婢女) 문제, ⑤ 첩(妾) 문제, ⑥ 노동자 문제 등이었다.[66]

*(1923년) 일반 가정 부녀 가운데 배우지 못한 자가 많은데, 비록 배우고자 하나 가정 형편상 어려운 사람을 위해, 상해여청년회는 1923년 봄 평민학교를 설립하였고, 그 수는 이미 13개교에 이르렀다. 청년회가 출판한《평민천자과(平民千字課)》를 독본으로 사용하는데, 대개 4개월 동안의 학습을 마치면 쉬운 책이나 신문를 읽을 수 있고 간단한 편지를 쓸 수 있으며, 아울러 세계정세와 사회 정형(情形)을 이해할 수 있다. 학비는 받지 않는다.[67] 4개월 동안의 수업으로, 제1회 졸업생이 1천여 명에 이르렀다. 동시에 각 공장 구역에 여공보습야학교를 세워 지식을 보급, 여공의 지위를 높였다.[68]

*(1924년) 춘계여행단 140여 명이 곤산(昆山)으로 여행을 떠났다.[69]

*(1924년) 여자 체육을 제창하기 위해 상해 여학교연합운동회를 발기하였다. 각 여학교에 편지를 보냈는데, 그 내용은 "상해의 여학교연합운동회를 발기한 종지는 일반 여성으로 하여금 체육에 대한 관심을 불러일으키고, 또한 명년 제7회 원동(遠東)운동회에 가입할 준비를 위해서입니다.…… 중국 여자는 본래 나약하다고 하는데 그 설치(雪恥)의 책임은 우리에게 있습니

---

65) 張志學, 앞의 글.
66) 〈基督教女青年會夏令會紀〉,《申報》1922. 7. 9.
67) 〈女青年會平民教育大運動〉,《申報》1923. 3. 14.
68) 張志學, 앞의 글.
69) 〈女青年會消息〉,《申報》1924. 4. 23.

다.…… 상해여학교연합운동단 간장(簡章)은 다음과 같습니다.……"[70]

*(1925년) 상해남녀청년회는 공동으로 학생기도회를 개최하였다. 참석자는 100여 명. 주석이 개회 종지를 보고한 뒤, 진립정(陳立廷) 군의 강연이 이어졌는데, 그 요지는 '청년 학생은 대외적으로는 반드시 실사구시(實事求是)의 정신을 가져야 하며, 자신에 대해서는 수양의 정신을 가져야 현 사회에 대처할 수 있다'고 하였다.[71]

*(1925년) 사회문제연구회가 어제 정장성(鄭章成) 부인을 초청하여 '가정이재(家庭理財)'라는 제목의 강연을 들었다. 내용은 '이재에 밝지 않으면 가정에 즐거움이 결여된다. 따라서 가정을 즐겁게 하려면 이재의 방법을 연구하지 않으면 안 된다. 이재의 길은 양입위출(量入爲出)로 1년의 시작에 먼저 예산표를 정하고, 그런 뒤에 달마다 표에 따라 계산하며 절약해 쓰고 저축한다면 수입이 비록 적더라도 빈궁의 걱정은 없다'는 것이다. 다음으로 주옥실(朱鈺實) 여사를 초청하여 '공장생활'이란 주제로 강연을 들었다. 강연 내용은 주여사가 몸소 실천한 것들로, 노동자의 업무·임금·시간·행위·질병 등이었다.[72]

*(1925년) 여청년회위생교육회는 질병폐질(疾病肺疾) 영상물을 가정주부와 학생들에게 보여주었다. '가정교양'이라는 제목의 강연이 있었다.[73]

*(1926년) 상해는 공장이 숲을 이루고 오방잡처(五方雜處)로서 노동문제가 더욱 중요하기 때문에, 상해여청년회는 힌더(邢德) 여사를 이 회의 노동부 간사로 초빙하였다. 힌더 여사는 마닐라 사람으로, 오스트레일리아에서 최대 의류 회사의 노동자 소개인이었다.…… 아울러 여청년회 전국협회 간사 정완진(程婉珍) 여사도 참여하였다. 정완진 여사가 1921년부터 협회의 해리슨(Agatha Harrison ; 영국인, 중국명 韓勵生) 여사를 쫓아 노동사업을 처리해 왔으며, 실제로 중국 여성계에서 노동문제에 대한 제1인자이다. 일

---

70) 〈女靑年會發起女校聯合運動會〉,《申報》1924. 5. 12.
71) 〈男女學生靑年會之公禱〉,《申報》1925. 10. 19.
72) 〈女靑年會社會硏究會再紀〉,《申報》1925. 12. 9.
73) 〈女靑年會社會硏究會再訊〉,《申報》1925. 12. 10.

찍이 1921년 제네바 국제노동대회에 출석하고 구미를 주유하였으며, 국내 노동계에 대해 많은 공헌을 하였다. 상해여청년회는 혼자 힘으로는 부족하여 기타 단체와 연합하고, 남청년회 노동부, 기독교협진회 등에 가입하여 같이 행동하기로 하는 합작 방침을 채택하였다.[74]

*(1926년) 특히 1926년부터 노공부는 여론을 통해 노동문제에 대한 사회 인사의 이해와 동정을 일으켰다. 특히 동공의 금지 및 여공의 보호를 요구하였다.[75]

*(1926년) 중화여청년협회, 상해여청년회, 외국여청년회의 연합징구(徵求) 대회에서 주석인 매화전(梅華銓) 부인이 개회 목적을 선포하고 여청년회의 사업을 보고하였다. ① 공민교육과 사회교육을 제창하여 여성에게 국가, 국제 및 보통의 지식을 보급하였으며, ② 하령회를 열거나 하계 휴게소를 설립하여 학생이나 여행자 가운데 특히 직장 여성에게 편의를 제공하였고, ③ 직업 지도를 하고 소개소를 설립하여 여성의 취업을 촉진하였다, ④ 모범가정운동을 제창하여 가정의 개진(改進)을 모색하였으며, ⑤ 수준 높은 체육 교육을 실시하여 여성 체육교사의 인재를 육성하였다, ⑥ 책·신문·통신으로 여청년회의 사업을 선전하고 각지에서 여청년회를 조직하는 것을 도왔으며, ⑦ 여러 가지 공익사업, 예컨대 아편금지운동, 위생운동 등을 전개하였다.[76]

*(1927년) 가정개진사(家庭改進社) 조직 : 이 시기 가정주부도 사회에 책임을 많이 느껴, 상해여청년회는 이에 사회·가정·국가·국제·위생·노공·예술·문화 등에 관한 연구회를 진행할 방법을 세웠으며, 아울러 공장·고아원·제량소(濟良所) 등을 참관하였다. 또한 폐첩·폐창·금독(廢妾·廢娼·禁毒 ; 첩·기생·아편 폐지 또는 금지) 각 운동에 참가해 여성의 사회봉사 의지를 촉진했으며, 여성의 자조자동(自助自動) 능력을 배양했다. 1927년에 상해 북구·서구에 가정개진사를 조직하여 각 집의 주

---

74) 〈女靑年協會之勞働事業〉, 《申報》 1926. 3. 5.

75) 鍾韶琴, 앞의 글.

76) 〈女靑年會徵求會昨日開會〉, 《申報》 1926. 10. 5.

부들이 돌아가며 집회를 열고 전문가를 초청해 각종 가정 문제를 강연하고, 아울러 실제 가정생활을 개진할 방법을 토론하였다.[77]

*(1928년) 1년 동안의 업무 보고 : 가장 주력한 것은 여성운동 지도자를 기르는 것이었고, 그 밖에 여성 전문 기능을 훈련하는 운동, 모범 가정주부를 조성하는 운동, 노동자의 생활을 개선하는 운동 등이었다. 이후 여자이발 속성반 졸업식을 치렀다.[78]

*(1928년) 상해의 여청년회 전국협회 및 상해여청년회는 가정 개량 사업을 중시하며 모범가정운동을 제창해 왔다. 최근 상해여청년회의 공업부(工業部)에 따르면, 가정부의 실상이 매우 불량하여 그 어려움은 공장의 노동자와 비교하여 작지 않을 정도다. 또 가정부들도 이미 노조를 조직하기 시작하였다.…… 따라서 이미 각각의 문제를 제기하여 전국여청년회 직원 및 회원의 주의를 촉구하며 최신 원칙을 실행하고, 고용주와 고용자 사이의 관계를 다시 정하도록 요구하였다. 예컨대 ① 업무 시간 및 휴가 일수의 규정, ② 임금, ③ 업무와 숙소의 상황, ④ 교육, ⑤ 도덕 등의 문제를 모두 상세하게 정한 다음 단행본으로 인쇄하여 각지에 보냈으며, 또 표어를 제작하여 각 회소 및 회원 가정에 보내기로 하였다.[79]

*(1928년) 상해여청년회는 실업계[工業界]에 봉사하기 위해 특별히 공업부를 설치하였는데, 재작년에는 동공문제 및 노공(勞工)조례운동을 위해 상당한 공헌을 하였다. 근래 공업부는 중국 간사 2명, 외국 간사 1명을 두고 적극적으로 원래의 사업을 확대 전개하고 있으며, 전 상해에 4개의 복무구(服務區)를 설치하였다. 제1구는 포동(浦東)으로, 청년회 노동자마을[靑年會職工新村] 속에 두고 남양(南洋)·영미(英美) 담배공장의 여공 60여 명을 모아 평민학교를 설립하여 천자과(千字課) 및 인생에 필요한 상식을 가르치고 있다. 제2구는 신병로(新浜路)에 있는데, 여공야학교를 1개 세워 화상(華商)·남양 담배공장의 광동(廣東) 여공 50여 명을 두고 독서(문맹 탈

---

77) 張志學, 앞의 글.
78) 〈女靑年會年會紀〉, 《申報》 1928. 1. 14.
79) 〈女靑年會模範家庭運動之一斑〉, 《申報》 1928. 2. 22.

피)를 가르치고 있다. 제3구는 갑북(閘北)으로 제사공장[絲廠] 여공을 위해 야학교 1개를 세웠는데 현재 학생은 40여 명이다. 제4구는 홍구(虹口)에 있는데, 여공교육반을 두어 제사공장 여공 30여 명이 입학했다.

금년 봄에 상해 전역의 방직공장과 인쇄업의 여공에 대한 독서운동을 확대 전개하였다. 여청년회는 현재처럼 노동운동이 유치한 때에는 노동자의 교육을 증진하는 것이 가장 급한 일이라고 생각하기 때문이다. 그래서 이미 설립한 여공학교 및 교육반에서는 이해하기 쉬운 작품을 가르칠 뿐 아니라, 각종 통속 강연과 집회, 오락 등의 일을 함으로써 사회에 지식을 보급하고 있는 것이다. 이전에 영미담배공장에서 파업이 발생했을 때 상해 여청년회의 간부 등이 일반 실업 여공을 위해 힘썼으며, 또 상해에서 같은 성질의 사업을 하는, 예컨대 국민정부 상해 물가조사처[國民政府駐滬物價調査處] 및 합작사(合作社) 등과 합작을 하고 있다.80)

*(1928년) 상해여청년회는 20주년 기념 대회를 가졌다. 구여영(邱麗英) 여사가 20년 동안의 사업을 보고하였는데, 대략 세 가지 특징으로 요약했다. ① 본회는 환경의 수요에 따라 사회의 창조자였다. 예컨대 여자 상업·직업 교육을 제창하였고 노동자 생활 등을 개선하였다. ② 사회 속에서 방환미연(防患未然)의 일을 많이 하였다. 예컨대 학생 사상 지도, 여성 지위 제고 등. ③ 치본(治本)의 일에 주의하였다. 예컨대 여성 지도자 육성, 가정공표(家庭工表) 개량, 사회환경 혁신 등. 또 특별히 국제간의 친선에 노력하였다.81)

*(1928년) 중국기독교여청년회 제2회 전국대회 5일째 : 여일장(余日章) 박사를 초청해 강연을 들었는데, 주제는 '완전한 인격'으로 참석자가 200여 명에 이르는 감동적인 강연이었다.82)

*(1928년) 중국기독교여청년회 제2회 전국대회는 이미 개막 6일째. 향촌부 간사가 농촌 사업의 근황을 보고 : 우리나라 향촌 주민은 전 국민의 80%를

---

80) 〈女靑年會爲勞工服務〉,《申報》 1928. 2. 29.
81) 〈女靑年會二十週紀念會記〉,《申報》 1928. 7. 10.
82) 〈中華基督敎女靑年會全國大會〉,《申報》 1928. 7. 10.

차지하며 우리나라 산업의 근간은 농공이다. 따라서 사회를 개량하고 국가
를 부강하게 하려면 반드시 이들을 경시해서는 안 된다.…… 최근 여청년회
는 가을부터 하북(河北) 심하(深河), 산동(山東) 복산(福山) 등의 현(縣)에
서 이미 업무를 개시하고 평민학교 수십 개를 설립하였는데 그 성적이 좋
다.…… 토론 결과를 보고하였는데, 최근 3년 동안 집중하였던 교육사업,
예컨대 여성 식자운동 제창, 좋은 시민[好公民] 훈련, 여성 직업 제창, 가정
개량, 종교 교육 촉진, 국제 친선 도모 등에 대해 대체로 모두 동의하였다.[83]
*(1931년) 난민수용소 설립 : 1931년 1·28(상해사변 ─ 옮긴이)이 발생. 난민
이 조계로 밀려오자 상해여성청년회는 한편으로는 각 기독교 단체와 연합
하여 난민수용소를 대륙상장(大陸商場)에 설립해 난민 수천 명을 수용하
였다. 다른 한편으로는 각계 부녀에게 전사(戰士)를 위해 사면마갑(絲棉馬
甲)을 만들게 함과 아울러 부상병을 위해 의약품을 보냈다. 당시 자원하여
상해여성청년회에서 봉사한 부녀가 수백 명이었다.[84]

　　이상의 내용을 보면, 여청년회 활동의 핵심은 각 계층의 여성들을 건
전한 시민으로 성장토록 하는 사회봉사와 사회교육이었다. 사회봉사와
사회교육의 방법은 앞 장에서 본 바와 같이 실사구시적인 현실 참여,
주인 의식, 스스로 문제를 인식할 수 있는 토론의 활성화였다. 기존 연구
에서 여청년회를 평가할 때 가장 주목한 것은 노동운동이다. 즉 여청년
회는 1920년대 초에는 노동문제와 노동운동에 적극적으로 임했지만,[85]
5·30운동[86] 또는 1926년 반교회(反敎會)운동과 국민혁명으로 노동사
업에서 한발 물러서거나 그 우선순위를 상대적으로 낮추었다고 한다.[87]

---

83) 〈女靑年會二屆全國大會近況〉, 《申報》 1928. 7. 10.
84) 張志學, 앞의 글.
85) 佐藤明子, 〈5·30運動における中國婦人〉, 《史海》 27, 1980 ; 曾田三郎, 《中國近代製
　　絲業史の硏究》, 東京 : 汲古書院, 1994 ; 末次玲子, 앞의 글.
86) 佐藤明子, 위의 글.
87) 末次玲子, 앞의 글.

그러나 앞서 살핀 여청년회의 활동 내용을 보면, 이와는 달리 상해여청년회가 1920년대 초에 특별히 노동문제에 적극적이었다고 볼 수 없다. 상해여청년회가 노동문제에 적극 개입하기 시작한 것은 오히려 1926년부터다. 이런 점에서 여청년회의 노동문제를 담당했던 등유지(鄧裕志)의 시기 구분이 앞서 본 여청년회의 활동 내용과 일치한다. 즉 등유지는 〈푸른 삼각형 아래의 노동자 사업〉이라는 글에서, '① 1904~1921년 : 직접 여공에 봉사, 내용은 (기독교) 전도나 교제회(交際會) 조직, ② 1921~1925년 : 여론 환기, 입법에 의한 장시간 노동, 노동 재해, 임금, 동공 등의 문제를 점검, ③ 1926~1931년 : 직접 노동자에 봉사하는 것을 중시, 교육을 통한 스스로의 해방, ④ 1930년 이후 : 직접 여공에 봉사하는 것과 여론(②와는 달리 전국적 또는 정부에 대한 요구)의 촉진'이라고[88] 설명하고 있다.

그렇다면 앞의 연구는 왜 1920년대 초 여청년회가 노동문제에 적극적이었다고 보는가? 여청년회가 정완진을 국제노동여성회의에 보내 국제노동기구(ILO)의 국제노동정책을 중국에 전달했다는 것과, 1920년대 초에 발생한 상해 제사공장 파업의 지도부에 정완진의 이름이 거론된다는 것이 그 주된 근거다. 1920년대 초 국제적으로 동공 고용에 대한 반대 캠페인이 있었고, 이에 상해의 개신교 단체와 다양한 영어권 여성단체도 호응하였다. 1923년 봄 조계 당국은 위원회를 설립하였는데, 위원회의 구성은 상해의 중서(中西) 자본가[자딘 메티슨, 목우초(穆藕初) 등]와 중서의 저명 여성인사로 구성되었다. 이들 여성에는 이전 영국의 공장 감독관인 앤더슨(Dame Adailde Anderson), 여청년회 간사인 해리슨(Agatha Harisson), 송미령 등이 포함되었다.[89]

---

88) 末次玲子, 앞의 글, 550쪽에서 재인용. '푸른 삼각형'은 여청년회의 표지다.

89) Jean Chesneax, trans. by H. M. Wright, *The Chinese Labor Movement*, Stanford Univ. Press, 1968, p.229.

그러나 여청년회의 간부들이 개인적으로 노동문제나 노동운동에 관여한 것을 근거로 여청년회의 노동활동을 평가할 수는 없다. 앞 장에서 본 바와 같이, 상해여청년회의 경우 큰 정책 방향은 이사회에서 결정되는 것이지만, 이사회가 각 부의 활동, 각 소조직의 활동까지 구체적으로 관여하는 조직체계는 아니었다. 또 전국적 조직으로서 여청년회 전국협회도 각지의 여청년회를 지도 감독하는 기관으로서 위상을 갖지 못했다. 기실 여청년회는 스위스 제네바에 본부를 둔 국제적 조직이기는 해도, 제네바의 본부가 각국의 여청년회를 지도 감독하거나 구체적인 정책을 주문하는 조직은 아니었다. 이런 점에서 1920년대 초 노동문제나 노동운동에 여청년회 간부의 이름이 거론되는 것은, 여청년회하고는 직접 관련이 없는 개인 자격으로, 나아가 다른 여성단체 간부들과의 '여권운동에 대한 개인적인 연대감'에서 나온 것이라고 보아야 할 것이다.

다음으로 5·30운동이나 1926년의 반기독교운동, 국민혁명 등 때문에 여청년회의 노동사업이 신중해졌다고는 하나, 상해여청년회의 실제 활동 내용을 보면 1926년부터 노동사업에 적극적이었다. 이를 설명하기 위해서는 여청년회의 지역적 특성에 주의해야 하지 않을까 생각한다. 본래 반제국주의 속성을 가진 반기독교운동이 1924년 시작된 국공합작으로 활발해질 수 있는 환경이 조성되었고, 반제국주의운동의 일환인 교육권 회수의 형태로서 반기독교운동이 광주(廣州) 이외의 지역으로 확산되면서부터[90] 기독교 단체로 보이는 여청년회는 반제운동과 반기독교운동의 대상이 될 수 있었다. 한편 국민혁명의 주체인 국민정부가 내세우는 여성 정책은 어떤 정치세력보다도 진보적이었고, 이는 여성단체로서 여청년회가 환영하는 바였다.[91]

---

90) 국민혁명운동, 반제국주의, 반기독교운동의 관계에 대해서는 민두기, 〈國民革命運動과 反基督敎運動〉, 《中國初期革命運動의 硏究》, 서울대학교출판부, 1997 참조.
91) 末次玲子, 앞의 글, 542쪽.

국민혁명의 주체인 국민정부의 여성정책은 진보적이었지만, 한편으로 국민혁명에서 반제국주의가 강조되면 이는 반기독교운동으로 나갈 '모순적 양면'을 갖고 있었다. 국민혁명에서 극도의 반제국주의로 나간 사건인 한구(漢口)·구강(九江) 영국조계 탈환, 남경사건 등이 일어나면서 여청년회에는 우려하던 사태가 터졌다. 예컨대 호남(湖南)의 경우 국민군이 진입하자 청년회가 접수됐고, 상담(湘潭)에서는 중국인 목사를 붙잡아 거리고 끌고 다닌 끝에 감금하였고, 형주(衡州)에서는 역시 중국인 목사에게 '죄상자백(罪狀自白)'이라 적힌 모자를 씌워 거리로 끌고 다녔으며, 악주(岳州)에서는 중국인 목사가 '농비(農痞)'의 돌에 맞아 죽었다. 장사에서는 기독교청년회뿐 아니라 교회의 재산도 몰수되는 경우가 있었으며, 호남에서는 '교회가 아예 존재할 수 없는' 상황이 되었다.[92]

그러나 이런 현상은 지역적으로 차이가 있었다. 무한(武漢)의 경우는 중앙정부 소재지로서 외교적 배려와 서겸(徐謙) 등의 보호 노력이 결합되어 장사(長沙)와는 달랐다.[93] 상해는 장사와는 물론 무한과도 달랐다. 상해도 1926년 말부터 국민혁명의 폭풍에 휩싸이지만 조계라는 권력이 '안정적으로' 버티고 있었기 때문에, 반제국주의가 '반여청년회(反女靑年會)'로까지 치닫지는 않았다. 한편 국민혁명으로 상해 '최대의 문제'가 된 노동자 문제에 여청년회도 나름의 관심을 갖게 되었다고 보인다.

1927년 4·12정변 뒤 많은 단체가 폐쇄되었으나 여청년회는 더욱 활발히 운동을 전개했다. 앞서 살핀 바대로 상해여청년회의 활동 내용이 정치적인 것은 거의 없고, 대부분 '안정된 정치' 아래서 활발해질 수 있는 것들이었다. 따라서 상해가 4·12정변 이후 정치적 안정을 찾아가면

---

92) 張君俊, 〈暴風疾雨以後的湖南教會〉, 《中華基督教會年鑑(10)》, 1928, 各省教會狀況部, 1~6쪽(민두기, 앞의 글, 317~318쪽에서 재인용).

93) 민두기, 위의 글, 316쪽.

서 그 활동은 크게 발전해 간다. 예컨대 1930년 여청년회의 노공부 소속 평민학교는 일률적으로 여공야학교로 개명되고. 이 해 세워진 호서소사도로(滬西小沙渡路) 삼화리(三和里)의 여공야학교는 전국협회가 지정한 전국 여청년회의 노동업무 시범지가 되었다.94) 〈표 5〉에서 보듯이 1930년 이후 여공야학교를 통해 19년 동안 1만 1300명이나 되는 여공이 무료로 공부하였다.95)

〈표 5〉 여청년회 야학교 입학생 수(단위 : 명)

연도	입학생	연도	입학생
1930	400	1940	800
1931	300	1941	700
1932	400	1942	500
1933	500	1943	300
1934	500	1944	200
1935	500	1945	700
1936	500	1946	1,000
1937	500	1947	1,000
1938	600	1948	1,100
1939	800	합계	11,300

　상해여청년회의 활동 내용을 보면 정치적 활동은 거의 없다. 1924년 국민회의촉성회가 성립될 때, 무수히 많은 단체들이 촉성회에 참여했지만 여청년회는 참여하지 않았다. 5·30사건이 발생하여 각계, 각 단체가 수많은 성명을 발표했으나 여청년회는 공식적으로 '침묵'했다. 이후 국민혁명의 와중에서 발생한 많은 사건에도 침묵했다. '사회적으로 불안정하고 어렵고 고통스러운 일이 발생하면 임시로 구제하는 기술만

────────

94) 陳善祥, 앞의 글, 280쪽.
95) 《上海中華基督敎女靑年會四十週年紀念特刊》, 1948(羅蘇文, 《女性與近代中國社會》, 上海 : 上海人民出版社, 1996, 312쪽에서 재인용).

있을 뿐, 궁극적으로 그러한 사태가 발생하게 된 원인에 대해서는 전혀 문제 삼지 않는다'는 이대교(李大釗)의 지적대로, 기독교계 조직은 중국 민중운동과 정치 투쟁에 불참하는 보수적인 태도를 지닐 수밖에 없었다는 평가를 받는다.[96]

그런데 이런 보수적인 조직은 보수적인 정치세력이 들어서면 그들을 적극 지지할 터인데, 상해여청년회는 그렇지 않았다. 1928년 이후 여청년회의 행사에 국민당계 인사가 종종 초청이 되었다. 그들은 강연을 통해 정치적 견해를 분명히 밝혔는데, 예컨대 상해특별시 국민당부(國民黨部) 부녀부의 왕위걸(王偉傑)은 여청년회 연회(年會)에 참여하여, "(여청년회는) 국민당에 가입하여 국민혁명을 함께 이루자"고 요구하였다.[97] 장지강(張之江)도 여청년회 20주년 기념회에 와서, "사람이 사람인 까닭에는 '인지(人智)', '인도(人道)', '인심(人心)', '인격(人格)'의 네 가지 요소가 있는데, 인지(人智)는 당화(黨化)"라고 연설하였다.[98] 여청년회 내부 분단토론(分團討論)에서 '혁명시기에 여청년회가 짊어져야 할 사명'이 주제가 되기도 하였다.[99]

그러나 현재까지 본 자료에서 상해여청년회가 공식적으로 국민정부, 국민당의 지배, 삼민주의를 지지한 적은 없다. 1928년 이후 상해의 여러 단체들이 국민당의 지배와 삼민주의를 지지하는 것은 일상적인 일이었고, 내규에도 명문화하였다. 이런 점에서 상해여청년회는 국민혁명기나 국민당 지배 시기나 정치적으로는 '무표현'으로 일관하였다고 할 수 있다. 이는 기독교단체와 민중단체의 양면을 갖고 있는 여청년회로서 이 시기를 살아 나가는 '지혜'였을지도 모른다. 상해여청년회가 창립 이

---

96) 中華全國婦女聯合會 編, 전동현 외 공역, 앞의 책, 167~168쪽.

97) 〈女青年會年會紀〉, 《申報》 1928. 1. 14.

98) 〈女青年會二十週紀念會記〉, 《申報》 1928. 7. 10.

99) 〈中華基督教女青年會全國大會〉, 《申報》 1928. 7. 10.

래 문혁기를 제외하고는 오늘날까지 80여 년 동안 지속되어 온 유일한 사회단체인 이유 가운데 하나도 여기서 찾을 수 있을 것이다.

4. 맺음말

앞에서 1928년 이후, 특히 1930년 이후 상해의 노동문제에 상해여청년회가 깊이 관여하고 있음을 보았다. 그 구체적인 내용은 무엇일까? 창립 30년을 기념하며 노동사업을 회고하는 자찬적인 글에서 첫 번째로 든 것이 '하루하루 전진하는 방향으로'라는 소제목의 글로, 그 첫 번째 '업적'인즉, "5년 전 호서(滬西)에 많은 노동자들이 공장과 집을 오가는 유일한 길이 하나 있었는데, 그 주변은 주택구가 아니어서 공공조계(公共租界)는 그 길에 가로등을 놓지 않았다.…… 노동자 야학교의 학생들도 피해를 입었다. 그녀들은 대처 방법을 토론하고 이에 모두 (여청년회의) 노공부가 조계 공부국에 가로등을 설치해 달라고 청원하도록 하였다. 현재 이 도로에는 광명의 등불이 빛나고 있어 여공들에게 큰 편리를 제공하고 있다"는 것이었다.[100]

이처럼 여청년회의 활동 내용이란 것이 대부분 체제 안에서 허용될 수 있는 성질의 것들이었고, 지도부의 상당수는 사회 상층 인물과 저명인사 또는 그들의 가족들이었다. 여기에 조계라는 지배구조에서는 기독교를 매개로 여청년회의 지도층과 서양 자본가, 정치가들 사이에 보이지 않는 네트워크가 만들어질 수 있었다. 그 네트워크는 2절에서 본 바와 같이 여청년회의 기금 모집에 서양의 많은 은행이나 기업, 정치가들이 참여하는 데서도 나타난다. 이런 네트워크가 여청년회를 '외국 자

---

100) 鍾韶琴, 앞의 글.

본의 기계'로 전락시킨 것은 아니지만, 활동 반경에 보이지 않는 경계를 둘렀을 것이다.

여청년회 내부의 개인들도 여청년회의 방향에 불만이 있더라도 한계를 지닌 조직으로서 인정한 위에서 나름의 구실을 한 것이 아닌가 생각된다. 왜냐하면 여청년회의 간부 가운데는 여청년회의 경계를 뛰어넘는 사람도 있었기 때문이다. 예컨대 1930년대 삼화리(三和里)의 여공야학교에는 노동자와 접촉하기 위해 상해여청년회 노공부 간사 종소금(鍾韶琴), 백웰(M. Bagwell, 중국명 白美麗), 장숙의(張淑儀), 여청년회 전국협회 노공부 간사 호아스(L. K. Hoass, 중국명 夏秀蘭), 등유지, 여청년회 전국협회 학생부 간사 걸라흐(T. Gerlach, 중국명 耿麗淑) 등이 차례로 이곳으로 와서 살았다.101) 특히 걸라흐는 1930년대 상해의 여공야학교에서 등유지, 호아스 등과 학교를 운영하면서 정치 학습 그룹을 조직하여 〈공산당선언〉 등을 학습하였다.102) 물론 국민정부 시기에 상해에서 여공 문제를 다룰 수 있는 유일한 합법적 단체로서 여청년회를 이용한 것이기도 하겠지만, 한편 여청년회의 조직 구성이나 운영방식이 하향식 체제가 아니었기에 하부 조직이 나름의 구실을 통해 여성운동에 기여할 수 있었다고도 할 수 있다.

여청년회의 지도부나 간부 이외, 여청년회에서 활동했던 (대)학생이나 야학교에서 배운 학생들은 활동과 교육을 통해 중국 여성운동에 어떤 구실을 하였나? 이에 대한 답은 1920, 1930년대 여성운동에서 여청년회의 구실을 설명해 줄 수 있는 고리가 아닐까 생각한다. 아직 결론을 제시할 만한 자료가 충분하지는 않다. 다만 다음 두 사람(대학생, 여공)의 수기에서 그 가능성을 엿보는 것으로 글을 마감하고자 한다.

---

101) 陳善祥, 앞의 글, 280쪽.

102) 걸라흐에 대해서는, 石川照子, 〈タリタ・A・ガーラックと上海YWCA(1930・40年代)〉, 《中國女性史研究》 6, 1996 참조.

단체생활, 다양한 생활 체험은 이따금 한 개인으로 하여금 생활의 가치와 필요를 더욱 느끼게 한다. (여청년회의) 동아리[團契]에서 우리들은 각 학교의 청년 동학과 함께 토론하고 노래하고 운동하고 오락을 즐긴다.…… 이곳에서 우리들은 우리와 생활방식이 서로 다른 사람들을 알게 되고 접촉한다. 그들은 공장의 여공들로 여청년회 노공부의 학생들이다. 그들과 대화하고 토론하는 속에서 우리들은 여공들의 생활을 알게 된다. 이들의 생활은 학생 신분으로서는 결코 이해할 수 없고 느낄 수 없는 것이다. 단지 그녀들과의 진정한 우정이 만들어질 때만 가능한 것이다. 우리들이 하루 종일 자신을 교실과 책 속에 파묻으면 비록 경제학·사회학을 잘 하게 되겠지만, 그들을 이해할 수는 없는 것이다. 실제로 접촉하고 생활경험을 나누어야만 비로소 한 학생으로서 진정으로 노동자 친구들을 이해할 수 있는 것이다. 만약 그녀들의 생활을 먼저 이해한 뒤 다시 책 속으로 들어가 그녀들에 관한 지식, 그녀들을 위한 문제 해결 방법을 찾는다면, 훨씬 더 많이, 훨씬 더 철저히, 훨씬 더 깊고 절실하게 해답을 얻을 수 있을 것이다.[103)

여청년회 야학교에 들어가기 전, 나는 아주 유약하며 생기 없고 비관적인 사람이었다. 동시에 또 미신을 중시하고 운명을 믿는 사람이었으며, 세계에서 사람이 살아간다는 것이 너무 허무하고 너무 괴롭다고 느꼈다. 부딪힌 모든 것이 불만과 증오를 불러일으킬 뿐 즐거운 위안과 광명의 경지를 찾을 수 없었다.…… 어려서부터 부모를 잃은 고아로서 이리저리 흘러 다니면서 하녀 생활을 하며 보냈다.…… 뒤에 공장에 들어갔다. 공장에 들어가기 전 늘 희망한 것은 공장 생활은 조금 나을 것이라는 것. 그러나…… 희망했던 것과는 정반대로 하루 종일 기계를 위해 노예가 되는 것이었으며, 또한 우두머리 직원[工頭]의 이유 없는 학대를 받아야 했다. 받는 보수란 단지 하루에 2, 3각뿐이었으며…… 유일한 희망은 단지 내세를 바라는 것, 쾌락을 얻으려면 장래가 아닌 죽어서였고 세상은 늘 괴로운 것이었다.……

5년 전쯤 공장에서 알게 된 자매의 소개로 야학교에 들어갔다. 입학 첫해

---

103) 章申, 앞의 글.

는 이전보다 약간의 즐거움을 느꼈다.…… 3년째는 현실에 대해 약간 이해할
수 있게 되었다. 그러나 이해한다고 해도 역시 어쩔 수 없다고 느꼈다.……
이때 학교 안에서 매주 한 차례 토론회가 열렸다. 회의에서 선생님과 동학들
은 우리들에게 뭉치면 힘이 생긴다는 이야기를 해주었다. 예컨대 한 개의 젓
가락은 부러뜨리기 쉽지만, 만약 한 움큼의 젓가락이 합쳐 있으면 부러뜨리
기 어렵다고.…… 이렇듯 천천만만(千千萬萬)의 노고자(勞苦者)가 단결한다
면 무슨 일이든지 할 수 있고 동시에 사회를 개조할 위업을 이룰 수 있다.
이런 이야기를 들을 때 아주 기뻤고 정신도 번쩍 들었다.…… 또한 남녀평등
에 관한 많은 이야기를 들으며, 현재 여성의 지위가 왜 이처럼 낮고, 남자들
의 부속물이 되었는지를 이해하게 되었다. 매 토론 중에 많은 실제 소식, 예
컨대 사회 소식, 노동 소식, 나라 안팎 소식을 들을 수 있었다. 이런 많은 소
식들은 현 사회의 모순과 암흑을 폭로하였고, 우리들 대부분은 흥분하여 이
런 모순과 암흑의 원인을 찾았으며, 찾은 결과는 모두 우리에게 깊은 인상과
인식을 안겨 주었다.

　이후 시간이 흐를수록 이제까지 받아온 자신의 모든 불행은 운명이 정해
준 것이 아니라 이 사회에 결점이 있기 때문이며, 이런 진부한 사회 속에서
대다수의 사람들이 마치 깊은 물 속에서 또는 뜨거운 불 속에서 지옥과 같은
생활을 해왔지만, 그러나 우리들은 이제 암흑의 뒷면에는 광명이 숨어 있음
을 알았다. 그러나 우리가 이 광명을 추구해야 하며, 그래야 나의 비관과 미
신은 점차 소멸될 것이다. 동시에 대다수 노고자의 역량에 의지하여 현 사회
의 암흑 세력과 싸워야 비로소 개인의 생존과 출로를 얻을 수 있다는 것을
알았다. 그리하여 나는 여청년회가 나의 계발(啓發)을 돕고, 현 사회를 이해
시켜 주고 인식시켜 주는 선생님임을 깨달았다. 여청년회는 수천 년 동안 가
정과 남편 아래 속박되었던 여성 대중을 심연에서 구해 내 자유·평등을 쟁
취하는 대도(大道)로 올려놓아 주었다.104)

---

104) 王琳, 앞의 글.

1920년대 상해의 대학과 학생문화

| 정문상 鄭文祥 |

1. 머리말

상해라는 근대 도시문화가 지닌 특성, 즉 '근대성'을 드러내는 방편 가운데 하나는 상해를 배경으로 살아간 다양한 사회계급과 계층의 '근대' 경험을 추적 분석하는 일이다. 상해 도시화의 산물이었던 이들은 '근대 도시'에 '적응'하면서 동시에 상해라는 '근대 도시'를 만들어 나간 주역이었기 때문이다.

필자는 청년 학생층에 주목한다. 널리 알려져 있듯이 청년 학생은 근대 교육제도의 산물이자 수혜자였다. 이들은 학교라는 근대적 제도이자 공간 속에서 교육 받고 생활함으로써 근대를 경험하였고, 그 과정에서 나름의 문화, 즉 학생문화를 형성하였다. 학생문화는 상해 도시문화의 '하부문화'로서 근대 도시문화의 한 표상이자 구성요소이기도 했다. 따라서 학생문화의 내용과 성격에 대한 추적은 상해 도시문화의 내용과 성격의 일단을 드러내는 한 방편일 수 있다.

학생문화는 학교라는 근대적 제도와 공간 속에서 형성되게 마련이다. 필자는 상해 지역 대학의 실상과 그 운영 상황을 검토하면서, 그로부터 파생된 학생문화의 내용과 성격의 일단을 드러내 보이고자 한다. 이때 대학과 학생들을 둘러싸고 그들을 제약한 시·공간적 구조에도 유념할 예정이다. 근대 도시의 환경뿐만 아니라 1920년대라는 시대적 특성까지도 아울러 고려하겠다는 말이다. 본문 내용과 관련할 때 1920년대의 시대적 특성이란, 첫째로 민국(民國)시기에 들어 정비된 근대 학제에 기반하여 대학들이 나름의 체제를 갖추면서 급증하였을 뿐만 아니라 대학 운영자는 상대적이긴 하지만 그 운영에 자율성을 발휘할 수 있었으며,1) 둘째로 반제·반군벌을 지향한 국민혁명이라는 시대적 과제가 있었다는 점이다.

이와 같은 점을 전제하고 분석이 이루어질 때, 그 결과는 대학 운영과 학생 생활상의 다양한 면만을 복원하는 데2) 그치지 않고, 1920년대 상해라는 시대적 공간적 구조의 특성과 유기적으로 연관될 수 있다고 판단한다.

2. 대학 운영과 학생들의 일상

상해 지역 최초의 고등교육기관인 상해광방언관(上海廣方言館)이 세워진 것은 1863년이었지만, 근대적 의미의 대학이라는 교육기관이 출현한 것은 1900년을 전후한 시기에 이르러서였다. 1897년 세워진 남양공학(南洋公學)이 대학에 해당하는 상원(上院)을 설치한 것이 1901년이었으며, 성요한대학(聖約翰大學)의 전신인 성요한서원(聖約翰書院, 1879

---

1) Ruth Hayhoe, "The Nationalist Story, 1911~1949", *China's Universities, 1895~1995*, New York : Garland Pub., 1996.

2) 1920, 1930년대 중국 상해 지역 대학의 운영과 학생들의 다양한 일상생활에 대해서는 Wen-hsin Yeh, *The Alienated Academy—Culture and Politics in Republican China, 1919~1937*, Cambridge : Harvard Univ. Press, 1990 참고.

년 창립)이 대학 체제를 갖춘 것은 1896년이었고, 진단대학(震旦大學)의 전신인 진단학원(震旦學院)이 세워진 것은 1903년이었으며, 호강대학(滬江大學)의 전신인 침례대학(浸禮大學)이 창립된 것은 1906년이었다.

이들 고등교육기관이 명실상부한 대학으로서의 면모를 갖추면서 성장할 수 있었던 것은 민국기에 들어서였다. 남양공학이 대학이라는 명칭을 쓰기 시작한 것도 그러하려니와, 교회대학의 경우 성요한대학을 제외한 진단대학(1917), 호강대학(1914), 동오대학법학원(東吳大學法學院, 1915) 등이 성립한 것은 민국기에 들어서였으며, 복단공학(復旦公學)의 경우도 대학의 면모를 갖춘 것은 1917년에 들어서였다.

민국기에 들어서 본격적으로 나타난 대학은 1920년대를 거치면서 약 30여 개에 육박할 정도로 수적으로 급증하였다. 상해에서 대학이 수적으로 크게 성장할 수 있었던 것은 5·4운동 이후 교육구국론에 영향을 받은 청년 학생들의 구학열(求學熱)이 높아져 대학 진학률이 격증했고, 이와 동시에 사회적으로 고등교육기관 설립 붐이 일었던 사정에 따른 결과였다. 대학 설립 규제를 대폭 완화한 1922년도의 신학제 실시도 대학의 수를 격증시키는 데 한몫을 했다. 미국식 학제를 바탕으로 새로 마련된 신학제로 기존의 전문학교와 고등사범학교는 대학으로 개편될 수 있었으며, 한 개 과만으로도 대학이 설립될 수 있었기 때문이다.

그 밖에 1920년대 여러 고등교육기관에서 발생한 다양한 학내 소요[學潮]도 대학이 늘어난 요인 가운데 하나였다. 학내 소요는 종종 학생들의 집단 자퇴로 이어졌고, 자퇴 학생들은 자신들과 뜻을 같이하는 교직원들과 새로운 대학을 설립하거나 상해의 명망가를 찾아가 대학 창립을 간곡히 요청하기도 했다. 상해대학(上海大學), 지지대학(持志大學), 대하대학(大夏大學), 광화대학(光華大學), 법과대학(法科大學) 등과 같은 사립대학은 이러한 학내소요를 배경으로 창립된 고등교육기관이었다.3)

상해 지역 대학의 특징들 가운데 하나는 운영 주체가 다양하며, 그에 따라 대학도 다양한 방식으로 운영되고 있었다는 점이다. 운영 주체에 따라 국립·교회·사립으로 구분된 대학들은 근대 학제에 바탕을 두고 서구의 근대 학문을 교육한다는 면에서는 같았지만, 대학 운영자의 교육철학과 운영방식에 따라 다양한 면모를 보였다. 국립대학인 남양대학, 교회대학인 성요한대학, 사립대학인 복단대학은 당시 다양하게 운영된 대학의 대표적 사례였다.

특색 있는 대학 운영이라는 면에서 보면 남양대학과 성요한대학은 좋은 대조를 보였다. 남양대학이 중체서용론(中體西用論)에 바탕을 두고 이공계 전문 인재를 기르는 것을 목적으로 했다면, 애초 선교를 목적으로 창립된 성요한대학은 영문학 중심의 문리과를 바탕으로 신학·상학·의학 분야 인재 양성을 목적으로 했다. 두 대학의 교육 목적의 차이는, 수용하고 교육할 서구 문화 범위의 차이로 나타나기도 했다.

남양대학이 기술 인재 양성이라는 차원에서 서구 학문을 선택적으로 수용하려는 자세를 보였다면, 성요한대학은 기독교사상에 바탕을 둔 서구의 가치와 학문을 폭넓게 교육하려는 자세를 보였다. 그러나 중체서용론에 바탕을 둔 남양대학의 교육방침은 신문화운동을 거치면서 퇴색되어 갔던 것으로 보인다. 이공과대학의 기틀을 다지고 공자 제사와 유교 경전의 학습 등 존공(尊孔)의 필요성을 유난히 강조했던 당문치(唐文治) 교장이, 신문화운동을 거치면서 신사상과 신문학운동의 세례를 받은 학생들로부터 도전을 받았고, 급기야는 사직해야만 했기 때문이다.[4]

---

3) 상해 지역 고등교육기관의 출현과 성장에 대해서는 정문상, 《중국의 국민혁명과 상해학생운동》, 혜안, 2004, 29~37쪽 참고.

4) Wen-hsin Yeh, op. cit., p.101 ; 陳貽芳, 〈馳名中外的上海交通大學〉, 中國人民政治協商會議 上海市解委員會 文史資料工作委員會 編, 《解放前上海的學校》, 上海 : 上海人民出版社, 1988, 23~27쪽.

남양대학 학생들은 대부분 이공과대학의 특성상 과중한 학업량을 소화해야만 했다. 학사관리도 엄격했다. 매일 예습과 복습을 하지 않을 수 없었고, 수시로 시험을 통해 점검되었다. 이들에게 학내의 다양한 과외활동에 참여한다는 것은 좀처럼 쉬운 일이 아니었다. 학생회·남양학회·공정학회(工程學會)·청년회 등과 같은 과외활동단체들은 "완전히 몇 명의 천재 학생들이 전담하는 것"[5]이었다는 자조 섞인 주장까지 나올 정도였다. 꽉 짜여진 일상에서 벗어나 그나마 자유를 누릴 수 있었던 토요일 오후가 되어도, 양복을 차려입고 영화관·카페·댄스홀·공원 등을 돌거나, 물건을 사러 시내로 가는 학생들은 소수에 지나지 않았다. 대부분 학교 부근에서 산책을 하거나 기숙사에서 신문·잡지를 읽었고, 그렇지 않으면 도서관에서 학과 공부에 몰두했다. 이러한 남양대학 학생들의 일상생활을, 당시 한 학생회 간부는 전공 수업에 매몰되어 일시적인 안위만 도모하는 개인주의, 즉 '노생활(老生活)'이라 혹독하리만치 몰아붙이기도 했다.[6]

성요한대학과 같은 교회대학 학생들도 빠듯한 일상을 보내기는 마찬가지였던 모양이다. 저녁 수업 1시간을 포함하여 모두 8시간의 수업을 매일 반복해서 받아야 하는 자신들의 일상을 '기계식 생활'의 연속이었다고 불평하는 학생이 있었고, 심지어 자신들의 처지를 '감옥생활'에다 비유하는 학생도 있었다.[7]

성요한대학 학생들의 일상이 남양대학 학생들과 구별되는 것 가운데 하나는 신앙생활일 터지만, 더욱 주목되는 것은 영어 교육을 중시한 방침이었다. 영문학에 대한 깊은 이해를 바탕으로 서구 학문을 탐구한다

---

5) 陳廣沅, 〈交通大學上海學校學生生活〉, 《學生雜誌》 第9卷 第7號, 1922.

6) 宗之發·范存忠, 〈南洋學生生活的批評及其改善的塗經〉, 《南洋大學學生生活》, 上海 : 南洋大學學生會 南洋週刊社, 1923.

7) 閻敦建, 〈聖約翰學生生活的面面觀〉, 《聖約翰年刊》, 1925, 19쪽 ; 學俊, 〈禮拜六之面面觀〉, 《滬江大學甲子年刊》, 1924, 33쪽.

는 교육 방침을 정한 탓에, 중국어 수업을 제외한 모든 수업은 영어로 진행되었으며,[8] 영어 연설회의 개최나 영자 교지 《요한성(約翰聲)》의 창간, 운영과 같은 과외활동이 적극 권장되기도 했다. 성요한대학 학생들의 영어 활용능력은 상해 지역 대학들 가운데 최고 수준이며, 전국적으로 볼 때도 '홍콩의 황가서원(皇家書院)을 제외하고 첫째 수준'일 것이라고 자부할 정도였다.[9]

사실 영어 교육을 강조한 것은 남양대학이라 해서 예외는 아니었다. 그러나 남양대학의 경우, 그것은 어디까지나 전문적인 공학 기술을 습득하기 위한 수단이라는 성격이 강했다. 반면 성요한대학의 경우는 전문적인 지식은 물론이려니와 서구적인 일상생활과 그 가치관까지 폭넓게 교육하려는 수단으로 활용되었다. 이와 같은 교육방침은 졸업생에게 국제 교역 도시 상해에서 안정적 취업은 물론이려니와, 서구화된 상해 도시문화의 예비 향유자로서의 지위를 보장할 수 있었다. 실제 성요한대학은 당시 '부자 학교'라는 평판이 자자하였으며, 입학생들 또한 상해를 배경으로 성장한 부르주아지 가정의 자제들이 대부분이었다.[10] 이들은 평소에도 양복을 즐겨 입어 '양장 선생'이라는 별명이 붙을 정도였고,[11] 토요일 오후면 거의 예외 없이 양복을 차려입고 시내에 들어가 연극이나 영화를 관람하거나 댄스홀을 찾았다.[12]

사립 복단대학은 이상의 학교들과 비교하면 다소 색다르게 운영되었다. 복단대학이 지닌 색다름은 창립자의 경력과 밀접한 관련을 갖는다.

---

8) 《聖約翰大學五十年史略, 1879~1929》, 上海, 1929, 8~13쪽.

9) 〈聖約翰同學小史〉, 《聖約翰大學五十年史略, 1879~1929》, 上海, 1929, 52쪽.

10) Kenneth Scott Latourette, *A History of Christian Missions in China*, N.Y. : The Macmillan Company, 1929, p.628 ; Jessie Gregory Lutz, *China and The Christian Colleges, 1850~1950*, Ithaca & London : Cornell Univ. Press, 1971, p.167 ; Wen-hsin Yeh, op. cit., pp.69~77.

11) 薛鍫曾, 〈聖約翰學生的衣食住〉, 《聖約翰年刊》, 1925, 12쪽.

12) 何南紹, 〈聖約翰學生的消遣〉, 《聖約翰年刊》, 1925, 14쪽.

창립자 마상백(馬相伯)는 일찍이 입헌활동에 관여했으며 채원배(蔡元培)와 같은 동맹회 인사들과도 교류했고,13) 1905년에는 반미 보이콧 운동의 주요 지도자로 활약하기도 했다.14) 천주교 신자였지만 결코 민족주의적 주장을 굽히지 않았다.

마상백이 가진 이와 같은 성향은 학교 운영에도 크게 반영되었다. 복단공학 시절에는 입헌제도, 시사 문제, 중국의 산업화 등에 관련된 제목이 매주 실시된 작문 주제로 제시되기도 했고,15) 학생들의 정치 연설 능력을 키우기 위한 연설회를 매주 실시할 것을 학교 장정에 규정하기도 했다.16) 학생들도 중국의 시사나 정치 문제에 관심이 많았으며, 학생들의 정치적 견해는 종종 동맹회원 우우임(于右任)이 편집했던 《신주일보(神州日報)》, 《민호보(民呼報)》, 《민립보(民立報)》 등에 실리기도 했다.17) 이 같은 교육방침과 운영은 1917년 사립대학 시기에도 계승되었다. 사립 복단대학의 기틀을 다진 이등휘(李登輝) 교장의 경우, '학술 독립과 사상 자유'라는 공학 이래의 교육방침을 줄곧 견지했고, 학생들의 애국운동에도 매우 동정적이었다.18)

다른 대학들과 마찬가지로 복단대학에서도 영어 교육은 강조되었지만, 중국어·역사·지리·윤리학 등은 외국 교과서를 사용하지도 않았

---

13) 마상백의 간단한 이력에 대해서는 〈愛國老人馬相伯傳略〉, 《復旦大學志》 第1卷(1905~1949), 上海 : 復旦大學出版社, 1985, 217~228쪽 참고.

14) Wasserstrom, *Student Protests in Twentieth-Century China*, Stanford : Stanford Univ. Press, 1991, pp.40~41.

15) Wen-hsin Yeh, op. cit., p.105.

16) 〈復旦大學章程〉(1905), 《復旦大學志》, 75~76쪽.

17) Wen-hsin Yeh, op. cit., p.105.

18) 1912년부터 1936년까지 교장을 역임했던 이등휘(1873~1947)의 교육방침과 활동에 대해서는 〈李登輝傳略〉, 《復旦大學志》, 247~257쪽 ; 何碧輝, 〈愛國敎育家李登輝〉, 中國人民政治協商會議 上海市委員會 文史資科工作委員 編, 《解放前上海的學校》, 55~59쪽 참고.

으며 영어로 강의하지도 않았다.[19) 민족주의적 성향이 상대적으로 강하게 반영된 운영이었던 것이다. 게다가 신문화운동의 신진기예들이 교수로 초빙되어 학생들에게 신사상과 신문학을 폭넓게 강의하기도 했다. 복단대학에서 수학한 바 있는 정천방(程天放)은 뒷날 복단대학을 '언론자유 정신이 관철되고 정치적 지향이 분명'했던 학교로 회고한 바 있다.[20] 복단대학 학생들이 5·4운동뿐만 아니라 상해학련(上海學聯)과 전국학련(全國學聯)의 조직을 주도적으로 이끌 수 있었던 것도 이 같은 교육방침과도 무관하지 않았을 것이다.

상해의 대학사회는 창립 주체에 따른 다양한 구성과 다양한 학생문화로 특징지어진다. 이러한 특징은 기본적으로 상해 도시 사회가 가진 복합성과 다양성을 반영한 것이었다.

3. 대학의 '근대 도시' 적응과 학생문화

상해의 대학 사회는 다양성만으로는 설명되지 않는다. 다양한 문화로 표상되는 도시문화도 기본적으로는 경제도시라는 특성에 의해 제약되듯이, 대학도 마찬가지였다. 대학도 국제적인 경제도시의 면모를 지닌 상해에 '적응'해야만 했다.

실용 교육 위주의 대학 운영 방침이 주목되는 것은 바로 이 같은 이유 때문이다. 앞서 살핀 남양대학, 성요한대학의 운영도 사실은 실용 교육의 성격을 강하게 띤 것이었다. 남양대학의 경우 과학기술을 도입하여 근대적 기술자(관료)를 배출하는 것을 목적으로 삼았으며,[21] 성요

---

19) 趙少荃, 〈復旦大學的創立和發展〉, 《解放前上海的學校》, 42~43쪽.

20) 程天放, 《程天放早年回憶錄》, 臺北 : 傳記文學雜誌社, 1968, 29~30쪽.

21) 실제 남양대학 졸업생들은 대부분 기술직으로 취업을 했다. 1920년 토목공학을 전공

한대학의 가장 큰 특색인 영어 교육도 실상 국제적 경제도시에서 안정적이고 원활한 경제활동을 하기 위해서는 필수적인 수단이었다. 성요한대학 졸업생 가운데 다수가 상공업계에 종사하고 있었다는 사실은[22] 이와 같은 영어 교육이 갖는 실용성을 잘 말해 준다.

실용교육의 강조와 운영은 후발 대학의 운영자로서는 더더욱 불가피한 선택이었을 것으로 보인다. 이때 주목되는 대학이 호강대학과 복단대학이다. 미국 침례회가 설립한 호강대학은 애초 영어보다 중국어 교육을 강조하던 방침에서 벗어나, 1911년부터는 성요한대학과 마찬가지로 중국어 한 과목을 제외한 모든 과목을 영어로 강의하기로 결정했다.[23] 1919년에 들어서는 '자유교육사상'에 바탕을 둔 기존의 '전인교육' 방침에서 벗어나 '직업교육사상'에 바탕을 둔 실용 교육 위주의 교육방침으로 교육체제를 변화시켰다. 1923년에 이르러 기존 학제를 교육과·종교과·사회과·상과·이과 등 5개 학과로 최종 개편하였다.

그런데 이 과정에서 주목되는 것은, 1921년에 개설된 상과는 곧 인기학과로 급성장한 반면, 기존 문과에서 1918년 독립한 중국어과의 경우 1922년에 폐지되었다는 사실이다. 영어 교육의 강화와 상과의 개설로 상징되는 실용교육으로 운영을 개편한 덕분에, 호강대학은 1926년 재학생이 466명에 이르는 규모 큰 대학으로 성장할 수 있었다. 성요한대학에 견주어 뒤늦게 대학체제를 갖춘 호강대학의 이러한 학제 개편 노

한 뒤 졸업한 주호천(周浩泉)의 회고에 따르면 당시 그와 함께 졸업한 16명 가운데 유학을 가거나 교사로 취업한 7명을 제외하면 모두 개인 기업이나 정부 기관에 기술자로 취업했다.(周浩泉,〈回憶南洋公學(節錄)〉,《文史資料選輯》1979-6,《交通大學校史資料選編》第1卷, 297쪽에서 재인용)

22) 1929년을 기준으로 하여 성요한대학 졸업생들의 사회 진출 상황을 보면, 교육계와 함께 상계가 각각 200명으로 가장 많은 수를 차지했다. 그 다음으로는 정계로 100명이었다.(〈聖約翰同學小史〉,《聖約翰大學五十年史略, 1879~1929》, 55쪽)

23) 이하 호강대학의 교육 방침 변경에 대해서는 王立誠,《美國敎會高等敎育在中國－滬江大學個案研究》, 夏旦大學 博士學位論文, 1995, 18~33쪽 참고.

력은 바로 상해라는 근대 도시에 적응하기 위한 노력의 일환이었던 것
으로 보인다.

'학술 독립과 사상 자유'를 강조하면서, 그나마 인문 전통을 유지하고
자 했던 대학으로 알려진 복단대학의 경우에도 실용교육을 도외시할
수는 없었던 모양이다. 대학으로 체제를 정비하면서 문리과에 덧붙여
상과를 개설하지 않을 수 없었던 것은 그 같은 사정을 잘 말해 주는
것으로 이해된다. 상과를 설치하면서 복단대학은 본격적으로 근대 상
공업 도시 상해가 필요로 하는 전문 인재를 길러내기 시작했다.24) 호강
대학과 마찬가지로 상과는 곧 복단대학 안에서 인기 학과로 떠올랐다.
1924년 상과 학생은 301명에 이르러 전교생의 3분의 2를 차지했으며,
1908년부터 1927년까지 복단대학 졸업생 통계표에 따를 때 상과 졸업
생 수는 문과의 두 배를 웃돌았다.25) 상과는 복단대학생 가운데 다수를
차지할 만큼 인기였다.

복단대학이 상과를 개설하면서 상해 도시에 적응할 수밖에 없었던
배경에는 학교 운영비를 오로지 학생들의 등록금에 의존해야 했던 현
실이 있었다. 이등휘 교장의 정력적인 기부금 모집 노력에도 대학 운영
비는 등록금에만 의존해야 했을 뿐 아니라, 늘 부족했다. 교수들의 월
급 수준은 남양대학의 절반에도 미치지 못했으며, 교수 확보율도 당시
청화대학(淸華大學)의 10분의 1 수준에도 미치지 못했다.26) 상과의 개
설은 이러한 대학 운영 자금의 구조에서 볼 때 불가피한 선택이었으며,
그것은 상공업 도시 상해에의 적응을 뜻하는 것이었다.

학생들은 이상과 같이 운영된 대학이라는 근대적 제도와 공간 속에
서 '근대'를 경험했다. 실용교육을 위주로 한 근대 교육이었다. 남양대

---

24) 焦雨亭·沈承熔, 〈解放前復旦大學商學院槪況〉, 《復旦大學志》, 367쪽.

25) 《復旦大學志》, 350·306쪽.

26) 《復旦大學志》, 106~109쪽.

학이 가장 전형적인 예였지만 나머지 대학들이라 해서 예외는 아니었다. 교회대학과 사립대학 모두 실용교육을 강화하는 방향으로 학제를 개편하고 새로운 과를 신설했다. 실용교육을 위주로 한 대학 당국자의 대학 운영 방침은 학생들의 일상을 상당 부분 제약하였으며, 그들의 정치·사회의식에도 일정한 영향력을 미쳤던 것으로 보인다.

남양대학 학생들의 경우 '기술구국', '과학구국', '교육구국' 등과 같은 정치·사회의식을 가진 경우가 대부분이었던 것으로 보인다. 신해혁명 이후 민국시기까지 남양대학 학생들은 정치적으로 어떤 영향도 받지 않았고, 대부분 '기술구국'이라는 분위기에 휩싸여 있었으며,[27] 이는 민국시기에 들어서도 큰 변화를 보이지 않았던 것으로 이해된다. 1925년 5·30운동을 거친 뒤 공산당에 입당했던 전기공학과 학생 육정일(陸定一)의 경우에도 대학 1, 2학년 때인 1922, 1923년에는 '정치를 혐오'하면서 '공업과 과학, 기술이 구국의 지름길'이라고 생각하였다.[28]

교회대학 학생들의 경우 남양대학 학생들과 크게 달랐을 것으로 보이지 않는다. 학교 당국의 엄격한 통제 아래 다람쥐 쳇바퀴 도는 듯한 일상생활을 했고, 그나마 사회활동도 선교사업을 주목적으로 하는 사회 개량 사업에 초점이 맞추어져 있었다.[29] 따라서 그들이 중국 사회의 정치·시사 문제에 관심을 가질 수 있었으리라고는 예상하기 어렵다. 실제 교회학교 학생들은 정치 문제나 시사적인 문제에 둔감하거나 무관심한 경우가 대부분이었다고 당시 그들 스스로가 지적할 정도였다.[30]

---

27) Wen-hsin Yeh, op. cit., p.96.

28) 陳淸泉, 〈陸定一同志在"五卅"前後〉, 《人物》 1983-3.

29) 일례로 호강대학의 경우를 보면, 이 학교 학생들의 사회활동의 중심기구는 기독교청년회였다. 청년회는 의무주간학교·주일도서관·의무야학 등과 직업소개소·직원청년회 등을 관할하고 학생들의 사회활동을 이끌었다. 이에 대해서는 林紹昌, 〈本校學生生活〉, 《滬江大學年刊》, 1923, 38쪽 참고.

4. '사회개혁적 지향'과 학생문화

그런데 1920년대 상해의 학생문화는 앞서 본 대학 운영과 학생들의 일상적인 교육 경험만으로는 설명되기 힘들다. 전국 대도시를 중심으로 확산된 이른바 '광의의 5·4운동'의 물결은 상해 학생들이라 해서 비켜가지 않았던 것인데, 특히 5·4운동을 거치면서 학생들이 경험하게 된 이른바 '심적(心的) 혁명'은 상해 학생들에게 사회변혁적 의지를 불어넣기에 충분했다. 교육학자였던 장몽린(蔣夢麟)이 명명한 '심적 혁명'은 5·4운동을 거치면서 학생들 사이에 형성된, 개개인과 그 집단의 사회적인 구실에 대한 주체적인 인식을 말하는데,[31] 이 '심적 혁명'으로 학생들은 교육과 생활의 터전인 학교의 운영뿐만 아니라 기존 사회질서에 대한 변혁 의지를 다지게 되었다. 이와 같은 인식의 변화는 상해 지역의 학생이라 해서 예외가 아니었다.

'심적 혁명'과 함께 형성된 학생들의 사회변혁적 지향은 1920년대 상해 학생문화를 구성하는 또 다른 요소였다. 그런데 이러한 사회변혁적 지향은 기존 학생문화의 특성이나 실용 교육 위주의 대학 운영 현실과 매우 밀접하게 연관되어 표출되었다. 말하자면, 기존 학생문화의 연장선에서 구체화하기도 했고, 실용교육의 사회적 실천의 일환으로서 모색되기도 했다. 필자는 전자의 대표적 사례로 남양대학 학생들에 의해 운영된 의무학교, 후자의 대표적 사례로 복단대학 학생들에 의해 추진된 합작사운동을 주목한다.

남양대학 학생들은 사회변혁의 주체는 민중이라는 견해에서, 근본적인 사회변혁을 위해서는 이들에게 애국사상과 국민상식 등을 중심으로

---

30) 邱培豪, 〈改革滬大芻議〉, 《滬江丁卯年刊》, 1927, 17쪽.

31) 장몽린이 말한 '심적 혁명'의 내용과 의미에 대해서는 백영서, 《중국현대대학문화연구》, 일조각, 1994, 106~107쪽 참고.

하는 지식을 일깨워 주어야 한다고 생각했고, 복단대학 학생들은 역사 변혁의 주체인 평민들과 함께 소비·생산·신용 합작사를 조직하여 자본주의 경제제도를 점진적으로 개선 개혁하고, 궁극적으로는 자본주의까지 타도할 것을 전망했다. 둘 모두 자신들이 직접 참여했던 5·4운동을 비판적으로 계승하려는 의지가 강하게 반영된 '비정치적 사회운동' 이었다.[32]

의무학교는 1920년대 전반기를 통해 꾸준히 운영되었으며, 학생 수가 늘어나고 체제가 완비되는 등 줄곧 발전해 나갔다. 학생회 관할의 기존 각 부서를 모두 폐지하고 의무학교만을 남긴 채 그 운영에 매달린 성과였다. 당시 남양대학 학생회의 가장 핵심적이며 유일한 사업은 의무학교 운영이었던 셈이다. 남양대학 학생들이 다른 활동은 취소한 채 의무학교 운영에 정력적으로 매달렸고, 그 결과 큰 성과까지 거둘 수 있었던 원인은 어디에 있었을까?

1920년대 상해 학생운동을 다룬 기존 연구에 따르면, 5·4운동 뒤 유행병처럼 번진 '평민주의 사조'에 힘입어 학생들은 평민교육운동을 전개했는데, 그것은 대부분 1920년 후반기에 모두 실패로 귀결되었다거나,[33] 또는 그렇지 않더라도 답보 상태에서 벗어나지 못했다고 지적하고 있다.[34] 이러한 상황과 비교해 볼 때 1920년대 전반기를 통해 꾸준히 발전해 간 남양대학 학생들의 의무학교 운영은 이례적이라 하지 않을 수 없다.

---

32) 의무학교 운영과 합작사운동이 추진된 배경과 과정, 그리고 성격에 대해서는 정문상, 〈1920년대 전반기 상해지역 학생운동의 전개와 동향회〉, 《중국현대사연구》 5, 1998, 7~14쪽 참고.

33) 上海市靑運史研究室·共靑團上海市委靑運史研究室 編, 《上海學生運動史》, 上海 : 學林出版社, 1996, 66~71쪽.

34) 小林善文, 《平民敎育運動小史》(京都大學人文科學硏究所共同硏究報告, 《五四運動の硏究》 第3函, 10), 東京 : 同朋舍, 1985, 21~22쪽.

필자는 이와 같은 남양대학 학생들이 거둔 이례적인 성취의 배경으로 학생들의 일상생활을 반영한 그들의 문화에 주목하고 싶다. 비교적 안정된 교육환경 속에서 이공과(理工科) 위주의 교육을 받아왔던 남양대학 학생들은, 기술·과학·교육의 진흥을 통해 구국할 수 있다는 일종의 개량주의적 사고에 편향된 경향이 강했다. 이런 이들에게 '비정치적 사회운동'이라는 성격을 갖는 의무학교는, 5·4운동을 거치면서 자신들이 갖게 된 사회변혁적 지향을 효과적으로 담보해 낼 만큼 매력적인 활동대상으로 받아들여졌을 것이다. 말하자면, 학생회에 소속된 각 부서를 폐지하면서까지 의무학교에 매달렸고, 그 결과 다른 학교나 단체에서 전개했던 비슷한 활동에 견주어 큰 성과를 거둘 수 있었던 배경에는 그들의 일상생활에서 비롯된 문화적 특성의 영향이 컸던 것으로 보인다.

복단대학 학생들이 주도한 합작사운동은, 사실 실용 교육의 상징인 상과의 교과 운영과 밀접한 관련을 가졌다. 5·4운동 직후 평민을 자각시켜 사회개조의 주체로 세우기 위해서 복단대학 학생들은 《평민(平民)》을 창간했다. 그러나 창간 이후 《평민》은 순조롭게 운영되지를 못했다. 경제적인 문제에다가 원고 문제까지 겹쳐 지속적인 발행이 난관에 부닥쳤기 때문이었다.

경제적인 문제는 당시 교장 이등휘의 지원을 받을 수 있었을 뿐만 아니라 졸업생 소력자(邵力子)의 도움으로 《민국일보(民國日報)》의 부간(附刊) 《각오(覺悟)》란을 빌릴 수 있었으므로 어느 정도 해결되었지만, 원고 문제는 그리 쉽사리 풀릴 문제가 아니었다. 빡빡한 수업 일정으로 학생들은 글을 쓸 시간적 여유를 좀처럼 갖지 못했고, 문예·소설·희곡 분야의 원고를 엄격히 제한한 애초의 편집방침으로 기고 폭이 상당 부분 제한되어 있었기 때문이다. 그러나 더 큰 이유는 자신들의 사회개혁적 의지를 지속적으로 담아낼 만한 구체적이며 적절한 소재를 찾지 못했던 데 있었다. 평민을 사회개혁의 주체로 내세운다는 당위성에 학생들이 처음에는 의기투합하였겠지만, 그러한 당위성만으로는 자신들의 의지를 지속적으로 유지 발전시키기 어려웠을 것이기 때문이다.

이러한 상황에 직면해 있었던 학생들에게 때마침 미국에서 돌아온 상과의 설선주(薛仙舟) 교수는 합작주의의 중요성을 일깨웠다. 학생들은 적극 동조했다. 각종 합작사의 건립과 운영을 통해 자본주의 경제제도가 가진 문제를 개선 개량해 나아가면서 자본주의를 극복하고, 그럼으로써 평민들이 경제 진흥의 주도권을 장악하는, 이른바 '평민경제'를 이룩한다는 합작주의는, 학생들의 《평민》 발간 취지와도 상당 부분 부합했기 때문이다. 이후 《평민》은 합작주의를 선전하고 합작사운동을 주도하는 중심기관으로 변했다.

1920년대 전반기 동안 복단대학 학생들이 정력적으로 추진하였던 합작사운동의 구체적인 사업은 대부분 상과 학생들에 의해 주도되는 경향이 강했다. 상과 학생들이라 해서 사회개혁적 지향을 갖지 않을 리 없었겠지만, 필자가 강조하고자 하는 것은 합작사운동 자체가 학내에서 지속적으로 발전해 나갔고, 나아가서는 사회적으로까지 확대될 수 있었던[35] 배경에는 이 합작사 사업 자체가 상과 이론 수업의 연장선, 또는 그것의 실습장이었다는 점이 크게 작용하지 않았겠는가 하는 점이다. 실제 합작사 사업 가운데 가장 활기를 띠었던 국민합작저축은행의 학내외 영업부에는 상과 학생들이 집중 배치되었으며, 상과 학생들은 이곳에서 교과서에서 배운 관련 이론을 실습할 수 있었을 뿐만 아니라 실무 능력까지 쌓을 수 있었다.[36]

---

35) 복단대학 학생들의 합작사운동은 상해합작연합회 성립(1922. 12.)을 계기로 사회적으로 확대될 수 있었다. 이에 대해서는 〈上海合作聯合會章程〉과 〈上海合作聯合會成立紀念大會記〉,《平民》 第137期, 1923. 1. 13. 참고.

이상과 같은 사례에서 5·4운동 이후 상해 학생들이 갖게 된 사회
개혁적 지향은 결국 기존 학생문화, 또는 실용교육 위주의 대학 운영
방안과 긴밀히 연관되어 구체화되었던 사실을 어렵지 않게 짐작할 수
있다. 남양대학과 복단대학 학생들이 정력적으로 추진하여 상당한 성과
까지 거둔 바 있는 의무학교와 합작사운동이라는 '비정치적 사회운동'
이, 다른 지역 또는 상해의 여타 청년 학생들의 비슷한 활동과는 달리
1920년대 전반기를 통해 꾸준히 유지 발전할 수 있었던 데는, 그것이
남양대학의 학생문화와 결합하고 또 복단대학의 실용교육과 내적으로
밀접히 연관되어 있었다는 측면을 간과할 수 없다.

5. 급진적 '저항문화'

5·4운동 뒤 학생들이 갖게 된 사회개혁적 지향은 위에서 본 대로
'비정치적 사회운동'으로만 표출된 것은 아니었다. 대학 당국을 대상으
로 한 학생들의 직접적인 '저항'과 '도전'에 따른 학내 소요, 즉 '학조(學
潮)'로도 표출되었다. 학내 소요가 이 시기에 새로이 등장한 것은 아니
었지만, 이 시기 사회개혁적 지향과 결부되어 기존 권위와 질서에 대한
학생들의 '저항문화'를 형성시키고 확산시켰다는 데 주목할 필요가 있
다.37)

학내 소요의 원인은 실로 다양했다. 학교 당국의 일방적인 학비 증액
조치, 음식 불량, 교장을 비롯한 교직원의 전횡, 교무 및 행정의 불합리
등이 원인이 되어 학생들은 학교 당국에 항의, 저항했던 것이다. 1925년

---

36) 焦雨亭·沈承熔, 앞의 글, 367쪽.
37) 학내 소요가 '저항문화'를 형성시켰다는 관점에 대해서는 백영서, 앞의 책, 105~122
  쪽 참고.

5·30운동을 거치면서는 학생들의 정치운동 참여를 허락하지 않는 학
교 당국에 학생들이 집단적으로 반발하기도 했다. 이와 같은 학내 소요
는 비단 상해 한 지역에만 한정된 것이 아닌 전국적인 현상이었다.[38]
학내 소요는 앞서 본 대로 새로운 대학의 설립으로 이어지기도 했다.
1920년대 상해의 대학 사회는 각종 원인에서 말미암은 학내 소요에 시
달려야 했다.

　필자는 학내 소요로 상징되는 이와 같은 학생들의 저항문화 속에서
정치활동을 지향하는 급진적인 학생문화가 배태되었다는 점에 주목하
고 싶다. 1920년대 상해의 급진적인 학생운동의 중심이었던 상해대학
은 이와 같은 학내 소요를 배경으로 창립된 학교였다. 동남고등전과사
범학교(東南高等專科師範學校) 교장의 등록금 횡령으로 불거진 학내 소
요의 산물이었던 상해대학의 창립에는, 당시 상해를 배경으로 활동하
던 국(國)·공(共) 양당 당원들이 깊숙이 개입되었다는 점은 널리 알려
진 사실이다.

　상해대학의 운영에는 개조된 국민당의 학생정책이 강하게 반영되었
다. 중국 사회가 처한 현실을 이론적으로 분석하고 실천을 강조하는 수
업 내용과 실제적인 각종 학내외 정치활동이 상해대학의 특색이었다.
이러한 '혁명성' 때문에 상해대학에는 전국 각지에서 각종 사회운동과
학생운동을 경험한 급진적인 학생들이 국·공 양당 당원들과의 개인적
인 연결망을 통해 모여들었다. 상해대학 학생들은 개조된 국민당의 혁
명전략, 즉 반제국주의·반군벌을 목표한 국민혁명을 추동하는 중요한
구실을 하였다. 말하자면 1920년대 국민혁명을 목표로 상해 지역 학생

---

38) 1925년 이전까지 상해에서 발생한 학내 소요의 원인과 경과, 그리고 그 결과에 대해
　　서는 常道直·余家菊, 《學校風潮的研究》, 上海 : 商務印書館, 1925, 43~67쪽 참고.
　　1925년 9월부터 1926년 6월까지의 학내 소요의 상황에 대해서는 정문상, 〈論五卅運動
　　前後上海學生運動的統一與分化〉, 《學術月刊》 總 第370期, 2000. 3. 참고.

운동을 주도해 간 핵심 구실을 상해대학 학생들이 맡았던 것이다.[39]

이러한 상해대학의 학생문화는 앞서 살핀 '비정치적 사회운동'으로 상징되는 기존 학생문화와는 다른 유형임에 틀림없다. 국민혁명의 과제 추진과 관련하여 청년 학생들의 정치활동을 지향한 저항문화라는 또 다른 유형의 학생문화였다. 이러한 유형의 저항문화는 기존 학생문화에서 이탈하고자 했던, 또는 이탈했던 청년 학생들을 끌어당기는 구실을 했다. 실제로 의무학교 운영에 깊숙이 관여한 바 있었던 고이백(高爾柏)이란 학생은 1924년 상해대학으로 전학하기도 했다. 그는 자신과 함께 남양대학에서 5·4운동을 주도하고, 이후 정력적으로 의무학교 운영에 매달린 바 있던 동료들을 학교 당국의 퇴학 조치로 잃고 난 뒤 "처량하고 고독한 일상" 속에서 의무학교 운영에 관여하다가, 1922년 중국사회주의청년단에 가입했고, 결국은 상해대학으로 전학했다.[40]

급진적 학생문화는 또 다른 한편으로는 학교 안팎에서 향후 학생운동의 방향을 둘러싼 상해 학생들 사이의 '경쟁과 타협'을 유발하기도 하였다. 청년 학생들 사이에 전개된 경쟁과 타협은 기존 상해 학생문화에 바탕을 둔 학생운동과 급진적 학생문화에 바탕을 둔 학생운동 사이에서, 그리고 국민혁명의 추진과 관련하여 각 정당 세력의 영향을 받은 학생운동 세력 사이에서 다층적으로 이루어졌다.[41] 남양대학 학생들

---

39) 상해대학의 설립 배경과 과정, 운영에 대해서는 백영서, 앞의 책, 339~356쪽 참고. 국민혁명기 상해 지역 학생운동에서 차지하는 상해대학 학생들의 구실과 위치에 대해서는 Jeffrey N. Wasserstrom, op. cit., pp. 46~50 참고.

40) 高爾松·高爾柏, 〈我們四年來的中學生活〉, 《學生雜誌》 第9卷 第7號, 1922. 7. ; 〈團上海地方團員調査表〉(1923. 12.), 中央檔案館·上海市檔案館 編, 《上海革命歷史文件滙集(青年團上海地委文件) : 1922. 7.~1927. 1.》, 上海 : 中央檔案館·上海市檔案館, 1986.

41) 따라서 1920년대 학생운동을 정당 세력의 이해에 종속시켜 피동적으로 분석하는 관점은 재고의 여지가 있다. 중국 양안에서 이루어진 학생운동 연구들 대부분은 이와 같은 관점에 바탕을 두고 있다. 비교적 최근에 이루어진 여방상(呂芳上)의 연구도 예외는 아니다.(呂芳上, 《從學生運動到運動學生—民國八年至十八年》, 臺北 : 中央研究院近代史研究所, 1994)

사이에 전개된 이른바 '구학(求學)과 구국(救國)'을 둘러싼 논쟁,[42] 상해 학련의 개조를 둘러싼 갈등, 5·30운동을 비롯한 1920년대 상해(나아가서는 중국) 사회의 정치적 현안에 대한 공동 대응과 갈등[43] 등은 그러한 경쟁과 타협의 구체적인 표현이었다. 이 일련의 과정은 1920년대 상해 지역의 학생문화, 나아가서는 상해 도시 사회가 지닌 활력이자 역동성이었다.

6. 맺음말

이 글에서는 상해 대학 사회의 특성을 전형적으로 보여주는 대학들을 중심으로 1920년대 상해 지역 대학의 운영 특징과 그로부터 파생된 학생문화의 특징적 면모를 검토했다. 서구 학문의 선택적 수용을 통한 전문적인 기술인력을 양성하기 위한 남양대학, 기독교 정신에 바탕을 두고 영문학을 중심으로 서구의 근대 학문과 그 가치관까지 폭넓게 교육한 성요한대학과 호강대학, 민족주의적 성향이 교육에 강하게 반영된 복단대학 등이 그것이었다. 청년 학생들은 이렇게 서로 다른 교육방침과 철학에 바탕을 두고 운영되는 학교를 통해 '근대'를 경험했다. 물론 개인의 경험과 성향의 차이를 무시할 수는 없지만, 대부분의 학생들은 이러한 대학 운영자의 교육방침에 따라 학교생활을 하면서 나름의 문화를 형성하였던 것으로 보인다.

그러나 상해의 대학 사회가 가진 다양성 못지않게 주목해야 하는 것은 당시 대학 운영이 갖는 공통적인 추세다. 상해의 근대 도시문화가

---

42) 정문상, 〈從非政治性的社會運動到國民革命 — 重新探討五四后上海學生運動的軌跡〉, 《近代中國》 第146期, 2001 참고.
43) 정문상, 앞의 책, 2004, 103～274쪽 참고.

지닌 다양성도 기실 경제도시라는 특성에 따른 상업성에 제약되는 바
크듯이, 상해 지역 대학의 운영이나 학생문화의 경우도 마찬가지였다.
그것은 국제적 경제도시인 상해에 적응해야 할 필요성이었다.

대학교육에서 그와 같은 필요성은 실용교육을 중시하고 강조하는 운
영방침에서 드러났다. 인문교육보다 실용교육을 강조함으로써 대학들
은 상해라는 도시에 적응해야만 했다. 후발 대학일수록 그와 같은 필요
성은 더욱 컸다. 영어교육을 강조하고 상과를 비롯한 실용학과를 개설
함으로써 학생들을 안정적으로 모집하고, 다른 대학과의 경쟁에서 뒤
떨어지지 않고, 궁극적으로는 상해의 도시화·근대화에 필요한 전문적
인 인력을 제공할 수 있었던 것이다.

이러한 대학의 운영방침은 학교에서 근대를 경험한 학생들의 일상생
활과 그들의 사회·정치의식에도 일정한 영향을 미치게 마련이었다.
전공에 매몰된 개인주의적 성향, '과학구국', '기술구국' 등과 같은 개량
주의적 성향, 서구적 가치으로 기울고 학교 당국의 통제로 말미암은 정
치적 무관심, 선교활동의 일환으로 전개하는 개량적인 사회사업 등등
이 학생들의 일반적인 경향을 대변한다고 할 수 있다. 비록 복단대학과
같이 민족주의적 성향이 강한 학교라 하더라도 — 합작사운동에서 볼
수 있듯이 — 실용교육과의 관련 속에서 자신들의 사회개혁적 지향을
구체화하는 모습을 보였다. 남양대학 학생들이 자신들의 사회개혁적
지향을 의무학교라는 '비정치적 사회운동'으로써 지속적으로 실현하려
했던 것도 그들이 가지고 있던 기존 학생문화와의 관련 속에서 이해할
필요가 있다.

그러나 1920년대 상해의 학생문화는 이상과 같은 요소로만 구성되지
않았다. 5·4운동 뒤 학생들 사이에 만연한 이른바 '저항문화'도 1920년
대 상해 학생문화를 구성하는 요소로 고려해야 한다. 이 저항문화에 필
자가 주목한 이유는 저항문화 속에서 '비정치적 사회운동'의 흐름과는

대비되는 또 다른 유형의 학생문화가 생겨났기 때문이다. 즉 정치활동을 지향하는 급진적인 저항문화가 그것이다. 정치세력과 연계된 이러한 유형의 저항문화는 '비정치적 사회운동'의 흐름에서 이탈한 청년 학생들을 끌어들이는 한편, 국민혁명이라는 시대적 과제와 관련하여 이후 학생운동의 방향을 둘러싸고 상해의 학생들 사이에 '경쟁과 타협'을 유발하기도 했다. 이 일련의 과정은 1920년대 상해 지역의 학생문화가 갖는 또 다른 복합성과 아울러 그것이 갖는 역동성을 보여주었다.

상해 지역의 외국어 학습과 근대성
만주사변 앞뒤의 일본어 학습 붐을 중심으로

| 손안석 孫安石 |

1. 머리말 — 만주사변과 '일본어 만세'

만주사변(滿洲事變)을 둘러싼 종래의 중국사 연구는 대부분 군사·정치 분야에 집중되고 있어 교육·사회·문화 등의 분야에서는 아직도 많은 과제가 있다. 물론 중국에 대한 문화사업과 만주에 대한 문화사업 관련 연구들이 있으나, 이들 연구도 큰 범주에서 설명하자면 정치사의 규명에 초점이 맞추어졌다고 할 수 있다.

이러한 연구 상황에서 이 글은 만주사변을 앞뒤로 하여 중국 각지에서 일어난 일본 연구, 일본어 학습 붐을 소재로 상해 지역 외국어(영어·일본어) 학습과 근대성에 대하여 간단한 보고를 하고자 한다.

필자가 일본어 학습 붐이라는 문제에 관심을 가지게 된 계기는, 중국인 유학생의 일본 유학 문제에 관한 논문을 준비하는 과정에서 《요미우리신문(讀賣新聞)》에 실린 〈최근 중국(支那)의 여러 모습 (1) — '일본어 만세!'〉(1934년 12월 28일)라는 논설을 읽었을 때였다.

일본어! 일본어! 지금 전 세계에서는 일본에 대한 연구 붐이 일고 있다고 해도 지나친 말이 아니다. 특히 신흥 만주국 탄생 이래 그리고 화북(華北) 정전협정의 성립을 계기로 중학생을 중심으로 한 지나의 젊은 청년 남녀 사이에서 일고 있는 일본어 붐은 문자 그대로 훌륭하다고 할 수 있다.…… 최근 상해에서는 '일본어 교수(敎授)합니다'라는 간판이 늘고 있다. 그리고 일본 상품을 배격하는 파도를 넘어 유학생이 일본으로 넘치고 있다. 1년에 약 300만 원이라는 방대한 일본 서적이 상해에서 소화되고 있다. 이는 북사천로(北四川路)의 일본 서점 우치야마(內山) 점주가 말한 것이니까 틀림없는 사실이다. 일본어! 일본어! 일본으로! 일본으로![1]

만주사변을 앞뒤로 한 시기에 왜 상해에서 일본어 학습 붐이 일어났을까? 만주사변을 앞뒤로 한 시기에 중국 전토에서는 반일운동이 전개되었다는 것이 일반적인 평가가 아니었던가? 이 글을 준비하면서 필자 자신이 끊임없이 되물었던 두 가지 질문이다. 이 두 가지 질문을 염두에 두면서 '상해 지역의 외국어 학습과 근대성'이라는 문제를 만주사변 앞뒤의 일본어 학습 붐을 중심으로 정리해 보고자 한다.

이 글에서 필자는 만주사변을 앞뒤로 하여 중국 전토에서 전개된 배일(排日)운동, 일본상품 불매운동과 일본어 학습 붐은 언뜻 모순되어 보이지만, 만주사변이라는 역사적인 사건을 배경으로 배일과 항일 그리고 지일(知日)로 연결되는 일본 연구의 근대성을 나타내는 하나의 지표이기도 하다는 점을 지적하고자 한다.

2. 상해와 외국어 학습 ─영어와 일본어

19세기 중국의 영어 학습 붐은 1830년대에서 1850년대 사이에 홍

---

1) 〈近頃支那の種種相〉(1) '日本語萬歲!', 《讀賣新聞》 1934. 12. 28.

콩·광주(廣州)를 중심으로 한 것이었는데, 1860년대에서 1880년대 사이에는 상해에서도 영어 학습 붐이 일기 시작하였다. 중국 학자 추진환(鄒振環)은 그의 논문 〈19세기 전반 상해의 영어 붐과 조기 영어 독본 및 그 영향〉에서, 1840년대 중국에서 통용되던 영어 학습서는 압도적으로 광동 영어 계통이 많았다는 점을 지적하고 있다[2]. 이때에 언급되는 영어가 동서문화 충돌을 말할 때 반드시 등장하는 중국의 상업영어(Pidgin English)이다.

그러나 이러한 상황은 1860, 1870년대에 들어서면서 서서히 변화되었다. 상해에서는 외국인이 경영하는 상회, 곧 양행(洋行)이 급속히 늘어나면서 영어를 구사하는 인재가 필요하게 되었던 것이다. 그러나 이러한 인재를 구미의 교회 또는 선교사가 운영하는 소수의 미션스쿨만으로는 양성할 수가 없었다. 웅월지(熊月之)의 조사에 따르면, 1860년대에 들어서면서 상해에는 여러 형태의 외국어 교습학교가 생겼는데, 1873년에는 영화문법공소, 영자영어반, 영어문법산학원, 영어야교 등 많은 영어 사설학원이 등장하였다고 한다.[3]

1873년 2월 5일 《신보(申報)》에 실린 영화서관의 학생 모집 광고에 따르면, 영화서관의 수업은 오전 9시부터 12시까지 영어 교사와 함께 영어와 산학 교습이 있고, 오후 1시부터 5시까지 수업에는 중국인 교사와 함께 중국 학문 교습이 이루어졌음을 알 수 있다. 웅월지는 이러한 외국어 학습 관련 광고가 신보에 상당수 실렸음을 지적하고 있다.[4] 상해 지역의 근대적인 영어 학습은 이렇게 상업과 교육의 두 측면에서부

---

2) 鄒振環, 〈19世紀前半上海的英語熱與早期英語讀本及其影響〉, 《檔案與史學》, 上海市檔案館, 2002-1.

3) 熊月之 主編, 《上海通史》 第6卷(晚淸文化), 上海: 上海人民出版社, 1999, 287~311쪽.

4) 熊月之, 위의 책, 292~297쪽을 참조. 웅월지(熊月之)의 《서학 동점과 만청사회(西學東漸與晚淸社會)》(上海: 上海人民出版社, 1994)는 동서문화의 충돌과 융합을 문화·학술·출판 등의 방면에서 논한 역작이다.

터 시작되었다고 할 수 있다.

그러면 상해 지역의 일본어 학습은 어떠한 발전을 보이는 것일까? 중국에서 일본에 대한 관심이 비약적으로 증가되는 계기는 청일전쟁이 었는데, 상업과 교육의 측면이었던 구미의 경우와는 달리, 전쟁이라는 특수한 계기로 상대방을 주목하게 되었다는 점에 유의하여야 할 듯하다. 19세기 말까지 일본과 상해의 관계는 아직 미미한 단계였다. 상해에 거주하는 일본인 인구가 영국인 거주자에 육박하는 수치를 보이는 것이 1910년대에 들어서였고, 일본인의 본격적인 진출이 시작되는 것은 1930년을 앞뒤로 한 시기였다는 점을 상기할 필요가 있다.[5]

1878년 일본 쪽 기록에 따르면, "재류 일본인 인구는 200명 정도로서 영사관원, 의사, 상인과 그 가족 이외에 매춘업 또는 서양인의 첩이 상당수"를 차지하는 상황이었다.[6] 상해를 중심으로 한 영사 업무의 상당 부문이 이러한 매춘업의 단속과 관리에 있었다는 사실을 보아도 당시의 사정을 이해할 수 있다.

물론 일본과 상해의 관계는 무역과 상업 부문에서 느리기는 하지만 서서히 밀접한 관련을 맺고 있었다는 것도 사실이다. 1890년 무렵에 이르면 상해에서 영업을 개시한 일본의 관련 회사만도 일본우선회사(日本郵船會社) 지점, 미쓰비시(三菱) 판매소, 미쓰이물산(三井物産) 지점, 북해도곤포회사(北海道昆布會社) 대리점, 광업양행(廣業洋行), 나이가이맨(內外綿)회사 출장점, 낙선당(樂善堂), 동화양행(同和洋行), 수문서관(修文書館) 등 상당수를 확인할 수 있다.

이 가운데 획기적인 사실은 1890년 상해에서 《상해신보(上海新報)》

---

5) 상해와 일본의 관계에 대하여서는 高橋孝助 · 古厩忠夫 編, 《上海史巨大都市の形成と人々の營み》, 東京 : 東方書店, 1995 ; 高綱博文 · 陳祖思 編, 《日本僑民在上海 — 1870∼1945》, 上海 : 上海辭書出版社, 2000 참조

6) 在上海總領事館 編, 《外務省警察史》, 東京 : 不二出版, 2001 참조

라는 일본어 신문이 등장하였다는 점이다. 수문서관이라는 인쇄소를 경영하는 마쓰노 헤이사브로(松野平三郎)가 창간한 《상해신보》는 제1호(1890년 6월 5일자)에 '삼국(三國) 대조 회화'라는 어학 학습란을 마련하였다.

일본의 중요한 무역 상대국으로 등장한 중국 관련 정보를 상해 재류 일본인과 본국에 정확하게 알리는 것을 목적으로 신문이 발행되었다는 점에 주목해야 할 것이다.

청일전쟁 이후 장지동(張之洞)이 《권학편(勸學篇)》에서 일본 유학과 일서 번역을 장려하면서 일본 유학이 시작되어, 1905년에는 6천, 7천 명의 유학생이 일본에 유학하는 제1차 유학 붐이 일어나게 된다.[7] 그러나 일본 유학은 중·일 사이에 첨예한 정치 안건이 대두할 때마다 중단되면서, 1920년대에는 소련으로 유학을 떠나는 움직임이 일기 시작하는 한편, 미국의 의화단 배상금을 자금으로 한 미국 유학 장려정책이 등장하면서 일본 유학 희망자가 급격히 줄어들었다. 더군다나 1928년에 있었던 산동출병과 제남사건 등에 자극된 배일운동은 상해에도 심각한 영향을 파급시켰다. 이러한 상황에서 일본어 학습 붐이 일어나게 된 이유는 무엇이었을까?

---

7) 중국인의 일본 유학에 관련된 내용은 實藤惠秀, 《中國人日本留學史稿》, 東京 : 日華學會, 1939를 참조. 중국인 유학생 연구의 효시이지만 지금도 그 생명력을 잃지 않고 있다. 최신 연구로는 大里浩秋·孫安石 編, 《中國人日本留學史の研究現段階》, 東京 : 御茶の水書房, 2002 참조.

3. 만주사변을 앞뒤로 한 상해의 일본어 학습 붐

1) 1930년대 일본어 학교

1930년대의 일본어 학습 붐에 대하여 일본 외무성 문화사업부의 오자와(大澤)는 《중국의 일본어 내지 일본 연구열 발흥의 원인에 관한 조사》(1930년 10월 작성)라는 보고서를 남기고 있다. 그에 따르면 "근년 중화민국에서 일본어 붐이 대두하여, 상해를 중심으로 한 양자강 연안에 그 기운이 농후하며…… 상해에서 현재 일본어를 배우는 학생은 6천 명에 이르러 공원에서 아, 이, 우, 에, 오를 연습하는 중국의 청소년을 만나는 것은 드물지 않게 되었다"[8]고 한다.

상해의 외국어 학습 붐은 공원에서 발성 연습을 하는 비공식적인 학습뿐만 아니라 사설학원과 학교에서 공식적으로 교육 과정에 도입하는 공식적인 움직임으로 나타났다. 〈표 1〉은 1930년 당시 상해에서 일본어를 가르치고 있던 학교 통계다.

상해에서 일본어를 공부하는 사람이 늘었다는 점과 함께 주목해야 할 부분은, 중국인이 적극적으로 일본어와 일본에 관한 연구를 시작하면서 일본과 일본어에 관한 잡지가 발행되기 시작하였다는 사실이다.

2) 중국의 일본 및 일본어 관련 잡지 발행

오자와는 계속하여 중국에서 일본에 관한 잡지 출판이 늘어난다는 사실을 다음과 같이 적고 있다.

---

8) 日本外交史料館 請求番號(H-7-1-0-6), 《滿支人日本語硏究狀況調査關係雜件》第1卷.

〈표 1〉 상해에서 일본어를 가르치는 학교(1930년 6월)

학교명	소재지	학생수(명)	사용 교재
勞働大學	江灣	300	《速修日本語讀本》
中國公學	吳淞	300	《現代日語》, 《四季の衛生》
復旦大學	江灣	200	《速修日本語讀本》
持志大學	江灣路	150	《速修日本語讀本》, 《日本文法精義》
上海法學院	江灣路	200	《實用現代口語法》, 《速修日本語讀本》
暨南大學	直茹	300	《現代日本語會話法》
南洋医學院	小沙渡路	300	《速修日本語讀本》, 《現代口語法》, 《四季の衛生》
東南医學院	南市	250	《速修日本語讀本》
光華大學	大西路	250	《現代口語法》
上海中學	南市	200	《速修日本語讀本》
民立中學	南市	300	《速修日本語讀本》
浦東中學	浦東	250	《現代日本語會話法》
商整會商業夜校	北河南路	250	《國語讀本》, 《日語受壁》, 《速修日本語讀本》
中華芸術專科學院	宝樂安路	100	《速修日本語讀本》
水産學校	吳淞	100	《東文讀本》, 《實用現代口語法》
中央大學農學院	吳淞	100	《現代日本語會話法》
立達學園	江灣	100	《速修日本語讀本》
中國芸術學院	江灣路	50	《現代日語上》
上海芸術學院	法界	200	《速修日本語讀本》
留東日本語學校	老把子路	40	《速修日本語讀本》
澄衷學校	塘山路	300	《漢讀日本語讀本》
大夏大學	勞勃生路	150	《速修日本語讀本》
群治大學	勞勃生路	100	《速修日本語讀本》
滬江大學	楊樹浦	100	《現代日本語會話法》
上海法政大學	フランス租界 金神父路	150	《速修日本語讀本》
中央大學商學院	フランス租界 霞飛路	100	《速修日本語讀本》
復旦中學	徐家滙	100	《現代日本語會話法》
文通大學	徐家滙	100	《日語用例》
愛國女學校	海寧路	100	《速修日本語讀本》
中國青年學夜校	四川路	100	《速修日本語讀本》
日語專受學校	西門	100	《速修日本語讀本》
美術專門學校	栄市	50	《速修日本語讀本》
新華芸術大學	フランス租界 金神父路	50	《速修日本語讀本》
東亞同文書院	虹橋路	40	《日語用例》
滬上青年會	東宝興路	40	《速修日本語讀本》
上海日本語學校	百保羅路	40	《速修日本語讀本》
上海日本人 基督敎青年會	崑山花園	30	《速修日本語讀本》
招商公學	華德路	50	《現代日語》
합계		5,740	

자료 : 日本外交史料館 請求番號(I-3-0-11-2), 《支那人の日本語及日本事情研究狀況調査》에서 작성

일본어와 일본에 관한 서적류도 계속하여 출판되는 상황으로, 어학에 관하여서는 중화학예사(中華學藝社)에서 《일본어 강좌》가 발행되었으며, 일본에 관한 서적·잡지로는 대천구(戴天仇)의 《일본론》을 시작으로 왕조우(王朝佑)의 《아지일본(我之日本)》, 《관아주지일본(觀亞州之日本)》 등이 있는데, 올해 들어서 중화학예사 안에 일본연구회가 조직되어 잡지 《일본》이 매월 발간되고 있다.9)

여기에서 언급된 잡지 《일본》 제1권 제1기(1930년 7월)의 발간사에 따르면, "역사적인 안광과 과학적인 분석으로 일본의 정치·경제·교육·풍속·종교·문학·철학·사회의 현상과 구성을 검토할 필요가 있다"는 인식 아래 잡지가 발간되었음을 알 수 있다.10)

또한 일본연구회는 "상해에는 동문서원(同文書院)이 있고, 동삼성(東三省)에는 만철회사 조사과가 있으며, 일본 내각에 직속되어 있는 대중국문화사업조사회(對支文化事業調査會)가 있다. 이들은 모두 일본인이 중국을 조사하기 위해 설립한 유명한 기관들이다"는 점을 강조하고, 중국의 일본 연구기관으로서 일본연구회가 설립되었음을 선언하고 있다.

배일과 항일을 넘어서 일본을 알아야 한다는 의식은 여러 잡지에서 공통적으로 확인할 수 있다. 예를 들어 1932년 7월에 발행된 《일본평론(日本評論)》에 따르면, 잡지를 창간하는 목표는 첫째가 일본 연구를 위한 재료를 제공하는 것, 둘째가 항일운동의 원동력이 되는 것, 셋째가 혁명적인 안광을 가지고 일본의 정치와 경제를 분석하는 것이었음을 알 수 있다.11)

그렇다면 상해에서 일어난 일본어 학습 붐의 배경은 무엇이었을까?

---

9) 위와 같음.
10) 《日本》 제1권 제1기(1930년 7월)는 상해도서관 소장본을 이용하였다.
11) 《日本評論》 제1권 제1기(1932년 7월)는 상해도서관 소장본을 이용하였다.

표현을 달리하면, 일본어 학습을 희망하였던 사람은 어떠한 사람들이었을까? 여러 보고에서 공통적으로 지적되는 일본어 학습 계층은 다음과 같이 크게 네 부류로 나누어진다.

① 일본 유학을 희망하는 자
② 일본 관계의 사업을 경영하고자 하는 자
③ 일본인 상사(商社)에 취직하려는 자
④ 일본의 서적과 신문, 잡지 등을 통하여 새로운 정보를 얻으려는 자

일본 유학을 희망하는 자가 일본어를 공부하는 것은 당연하다고 할 수 있으나, 네 부류 가운데서도 가장 많았던 것은 실은 일본의 서적과 신문, 잡지 등을 통하여 정보를 얻으려는 자였다는 점에 주목할 필요가 있다. 1920, 1930년대 당시 마르크스주의, 연애문학, 각종 소설 등이 일본에서 소재를 얻고 있었다는 점을 상기한다면, 일본어 공부가 새로운 정보와 지식을 얻기 위한 도구였음을 이해할 수 있다.

이러한 시기에 발생한 만주사변과 제1차 상해사변은 일본어 학습 붐에 찬물을 끼얹는 사건이었다. 중국 전역으로 확산되는 일본상품 불매운동과 항일 집회가 일본과 일본어 연구를 용납하지 않는 분위기를 조성하였음은 물론이다.[12]

1930년 당시 상해에 체류하면서 중국의 많은 지식인, 문학가들과 교류가 있었던 우치야마서점(內山書店)의 주인 우치야마가 일본어학교를 만든 것도 만주사변을 전후한 시기였는데, 그는 이때의 혼란한 상황을 다음과 같이 적고 있다.

---

12) 만주사변과 제1차 상해사변을 전후한 중국 쪽 배일운동에 대해서는 日本外務省 編, 《日本外交文書—昭和期 2》第1部 第1卷, 1996의 상해사변 관계, 중국 배일관계 참조.

나는 내 상업의 발전이 일본어 학습자를 늘리는 것에 있다고 생각하였는
데, 많은 일본어학원이 있었으므로 당분간은 이들 학원에 맡겨두었다. 그러
나 아무리 보아도 만족스러운 학원이 없기에 정선생과 이야기하여 일어학회
(日語學會)를 만들게 되었다.…… 이때 돌연 만주사변이 발생하였다. 처음에
는 그다지 동요하지 않았으나 점점 학생이 줄어들면서 이러한 때에 경영을
유지하는 것은 무리라는 생각이 들어서 정선생과 상의한 결과, 잠깐 쉬는 것
이 좋을 것이라는 생각에서 휴원(休院)을 발표하였다. 이때를 마지막으로 일
어학회는 재기하지 못했다. 이것은 실로 내 평생의 유감이다.13)

우치야마가 평생의 유감이라고 표현하였던 일본어학교의 중단은 일
본어 학습 붐이 새로운 국면을 맞고 있었음을 보여준다. 일본은 만주사
변 이후 상해의 일본어 학습 붐을 계속 유지시키고자 외무성의 동방문
화사업자금 투입을 검토하였다. 만주사변 이후 민간이 주도하는 일본
어 학습 붐은 더 이상 기대할 수가 없었기 때문에, 일본 정부는 정책적
으로 일본어학교를 지원하는 방법을 모색하였던 것이다. 일본 측은 상
해에서 일본어 학습 붐을 계속 유지하기 위하여 기존의 일본인이 경영
하는 일본어학교인 ① 호상청년회(滬上靑年會)가 경영하는 일어전수학
교, ② 일본인 YMCA 일본어학교, ③ 우치야마서점 주인이 경영하는 일
어학회를 지원하는 방침을 검토하였다.14)

일본어 학습 붐이 1934년 무렵에는 어느 정도 회복세를 보인 듯하다.
중국의 일본 관련 잡지인 《일문과 일어(日文與日語)》는 다음과 같이 당
시의 분위기를 전하고 있다.

---

13) 內山完造, 《花甲錄》, 東京 : 岩波書店, 1964, 172쪽.
14) 〈東洋協會の日本語學校創設計面に關する件〉(上海　石射總　領事→廣田　外務大臣,
    1936. 3. 14.), 日本外交史料館　請求番號(H-7-1-0-6), 〈滿支人日本語硏究狀況調査關
    係雜件〉第1卷.

근년 일문 연구의 풍조 지극히 왕성하여 대학에서 제2외국어로서 일본어를 선택하는 자가 독일어·프랑스어·러시아어 등 각국어를 훨씬 능가하고 있을 뿐만이 아니라 중등학생을 시작으로 일반 사회인에 이르기까지 경쟁적으로 일어를 학습하고 있는 상태이다. 중국에서 일본어 세력은 영어를 능가할 정도에 이르고 있다. 그 때문에 일부에서는 중국인이 이미 일본의 망국노가 되었다고 극론하는 사람이 있을 정도이다.[15]

일본어 학습 붐이 다시 시작된 시점이 일본 유학생이 늘어나는 시기와 일치한다는 점도 간과해서는 안 될 것이다. 이러한 변화는 일본 측에서도 기록하고 있다. 1936년 일어전수학교의 야마다(山田)는 다음과 같은 조사 보고를 남겼다.

상해의 일본어 학습열은 나날이 왕성해지고 있으며, 현재 상해의 각 대학·전문학교에서도 일본어를 가르치는 곳이 적지 않고, 시중의 공사립 일본어학교도 증가하고 있다.…… 한 나라 말의 유통 범위는 그 나라 국력의 발전과 정비례하는 것으로 만주사변 이후 일본의 국력은 언어적인 측면에서도 확인할 수 있다. '영어의 상해'에서 '일본어의 상해'로 바뀌려는 움직임이 보인다는 것은 주목해야 할 사항이다.[16]

물론 이러한 일본 쪽의 보고를 액면 그대로 받아들일 수는 없으나 일본어 학습자 수가 상당수 회복되었음은 사실일 것이다. 정확한 통계는 아니지만, 일본 외무성의 《만주인과 중국인의 일본어 연구상황에 대한 조사보고(滿支人日本語硏究狀況調査關係雜件)》 제2권의 통계에 따르면, 1937년 당시 상해에서는 34개 학교에서 1,961명의 학생이 일본어

---

15) 〈爲什麽學習日語?〉, 《日文與日語》 創刊號, 1934(상해도서관 소장본).
16) 앞의 주 13과 같음.

를 배웠다고 한다.[17]

3) 우치야마서점에서 판매되는 서적과 잡지의 판매 통계

종래의 연구 가운데서 일본어 서적의 보급 상황에 대해 언급한 논저는 거의 찾아볼 수 없다. 필자의 견해로는, 중국 안 일본 관련 서적의 보급 상황을 언급한 조사 보고서로, 미사와 히데오(三澤英夫)의 《중화민국의 일본어 연구 현황》이 첫 번째가 아닌가 싶다.[18] 미사와의 조사 보고는 중국 안 일본 서적의 보급 상황을 북경과 상해로 나누어서 소개하고 있다.

먼저 북경에서 도서 보급을 담당하는 최대 서점으로 동아공사를 소개하면서, 《오사카아사히(大阪朝日)신문》 90부, 《도쿄아사히(東京朝日)신문》 60부, 《오사카마이니치(大阪每日)신문》 60부, 《만주일보》 50부, 《도쿄니치니치(東京日日)신문》 10부, 《요미우리신문》 5부가 정기구독되고 있다는 수치를 제시하고 있다. 특히 신문 구독자들 가운데는 적지 않은 중국인이 포함되어 있었다고 한다. 또한 잡지의 경우 오락 잡지는 《킹(キング)》 120부, 《강담구락부(講談俱樂部)》 60부 등 모두 310부가, 부인 잡지는 《주부지우(主婦之友)》 115부, 《부인구락부(主婦俱樂部)》 70부 등 모두 215부가 구독되고 있었다. 그러나 이 보고에서도 상해에 관하여서는 우치야마서점이 최대의 서점이라는 점만 간단하게 언급하였을 뿐이다.

지금까지 상해사(上海史)에 관련된 선행 연구에서는 서점의 판매 장부가 전혀 남아 있지 않다는 것이 통설이었는데, 일본 외무성 관련 문건에 판매에 관한 통계가 일부 등장한다.

---

17) 日本外交史料館 請求番號(H-7-1-0-6), 《滿支人日本語硏究狀況調査關係雜件》 第2卷.
18) 三澤英夫, 《中華民國における日本語硏究現況》, 東京 : 外務省文化事業部, 1937.

〈표 2〉 상해의 일본 서적 판매 통계(단행본, 1936년)

서점명	1년간 판매부수	1년간 판매금액($)	구매자 비율(%)	
			일본인	중국인
內山書店	100,000	200,000	30	70
日本堂	4,000	6,000	100	/
至誠堂	13,500	25,000	85	15
합계	117,500	25,000		

출전 : 日本外交史料館 請求番號(H-7-1-0-6), 《滿支人日本語硏究狀況調査關係雜件》 第2卷에서 작성.

〈표 3〉 상해의 일본 잡지 판매 통계(1936년)

서점명	1년간 판매부수	1년간 판매금액($)	구매자 비율(%)	
			일본인	중국인
內山書店 雜誌部	18,000	9,000	65	35
日本堂	120,000	60,000	80	20
至誠堂	54,000	27,000	100	/
합계	192,000	96,000		

출전 : 日本外交史料館 請求番號(H-7-1-0-6), 《滿支人日本語硏究狀況調査關係雜件》 第2卷에서 작성.

상해에서 일본 서적을 판매하는 비교적 규모가 큰 서점은 북사천로(北四川路)의 우치야마서점, 우치야마서점 잡지부, 오송로(吳淞路)의 지성당(至誠堂), 일본당(日本堂) 등 4개 점포인데, 특히 우치야마서점은 문학·역사·철학·의학·사회과학 등 모든 장르를 포함하고 있어 상해에서 판매되는 일본어 서적과 잡지의 움직임을 이해하는 데 참고자료를 제공하여 준다.

4. 중일전쟁과 상해 점령 ─ 일본어 학습의 강제

중일전쟁의 발발에 따라 상해의 일본어 학습 붐은 다시 하강 곡선을 그리게 되는데, 이미 중국의 민간에서 자발적인 일본어 학습 붐을 기대할 수 없다는 점을 일본 정부는 충분히 알고 있었다. 당시의 상황을 일본 정부는 다음과 같이 기술하고 있다.

> 종래 당지(상해 – 인용자)의 일본어 학습자는 주로 당장 식량을 얻는 것을 목적으로 한다든지 또는 일본을 여행하려는 흥미 본위가 많고, 일본에 유학하는 자를 빼고는 일본의 문화를 연구하거나 또는 일본의 최신 학설을 연구하려는 자는 드물기 때문에 앞으로는 일본이 신중국(新支那) 문화의 지도자로서 그들을 유도 계발하여 상해에서도 일본어 교육을 조직화할 필요가 있다.[19]

점령지구를 중심으로 한 군사 통제와 지배가 강화되는 시점에서 일본어는 선전의 도구로서 보급되어야 했으나, 상해의 일본어 교육기관만으로는 성과를 거둘 수가 없었다. 이때에 동원되는 시스템이 일본 측의 꼭두각시로서 조정 가능한 중화민국 임시정부(북경), 중화민국 유신정부(상해), 그리고 왕정위(汪精衛) 정부로 대표되는 중국 측의 학교 교육 체제였다.

《중화민국유신정부개사(中華民國維新政府槪史)》에 따르면 중화민국 유신정부의 교육 주지는, "중국 고유의 도덕 문화를 근본으로 하고, 세계의 과학·지식을 흡수하여 이지정신(理智情神), 체력 강건한 국민을 양성하고 종전의 방만한 교육, 괴기한 학설을 근본적으로 숙청한다"고 규정하고, 이전의 배일교육을 배격하여 소·중·대학교에서 '일본어를 필수과목'으로 채택하는 내용을 선언하고 있다[20]. 그 밖의 움직임으로서 겐코쿠쥬쿠(建國塾)대학의 창설이 있었다. 일본의 방직업체인 나이가이맨의 고문을 역임하였던 사이토(齋藤)는 복단대학을 양도받아,

---

19) 外務省文化事業部 編, 《支那における日本語敎育狀況》, 1938, 63쪽. 이 자료는 日本外交史料館 請求番號(H-7-1-0-6), 《滿支人日本語硏究狀況調査關係雜件》 第2卷에 첨부된 문건이다.

20) 維新政府槪史編輯委員會 編, 《中華民國維新政府槪史》, 南京 : 南京特別市行政院宣傳局, 1940, 210~214쪽.

1938년 1월 24일 겐코쿠쥬쿠를 설립하고, 3월 8일에는 일본 정신의 함양을 목표로 하는 겐코쿠쥬쿠대학 설립 작업을 추진하였다[21].

일본어는 대만과 조선에서 식민지의 공용어로서, 그리고 중일전쟁을 거치면서 아시아의 공용어로서 정착되어 가는 듯했다. 그러나 아직도 일본어가 세력을 못 미치는 곳이 있었으니, 그것은 구미의 선교사가 경영하는 미션스쿨들이었다.

기회는 의외로 빨리 돌아온 듯하였다. 1941년 태평양전쟁의 발발은 선교사가 운영하는 미션스쿨에서 영어 학습을 배제하고 일본어 학습을 강제하는 순간이 닥쳐왔음을 뜻하였다. 일본은 선전포고에 따라 적대 관계에 들어간 미국과 영국의 미션스쿨에 대하여 긴급히 대책을 세워야 했다. 먼저 상해 공동조계에서 선교사가 운영하는 미션스쿨이 일본어가 아닌 영어를 사용하는 것을 통제해야 함은 물론이었다.

일본 측이 작성한 '조계(租界)학교 시책요강'[22]에 따르면, 일본은 "조계 안의 각종 학교를 국민정부의 감독 아래 두고 적성(敵性) 교육을 절멸시켜 선린우호의 정신을 기초로 한 교육방침을 세운다"는 계획 아래, 다음과 같은 조치(처치 요령)를 강구하고 있었음을 알 수 있다.

1. 적성교육(항일, 용공 또는 국민정부의 정치에 해가 되는 교육)을 절멸할 것.
2. 일본어를 필수과목으로 할 것(다만 소학교 5년 이상으로 한다. 이를 위해 필요한 일본인 교사를 초빙한다).
3. 교육위원회에 독학관(督學官)을 두고 필요한 일본인을 초빙한다.
4. 적국인(敵國人)이 중국인 자제 교육에 종사하는 것을 금지한다. ……

---

21) 겐코쿠쥬쿠대학에 관하여서는 日本外交史料館 請求番號(I-1-5-0-4-1), 《外國學校關係雜件 : 中國之部》를 참조.
22) 日本外交史料館 請求番號(I-1-5-0-4-1-1), 《外國學校關係雜件—大東亞戰爭に際し在支性學校對策問題》 참조.

1941년 이후 일본은 중국의 각종 교육 현장에서 왕정위 정부의 협력 아래 철저한 일본어 교육을 실시하였는데, 그 최종적인 목표는 중국의 미션스쿨에서 일본어 교육을 실시하는 것이었음을 알 수 있다. 일본은 정치와 경제뿐만이 아니라 상해의 외국어 학습이라는 분야에서도 구미 제국(諸國)을 압도하는 것을 노렸으나, 외국어 학습에서도 점과 선을 연결하는 표면적인 지배만으로는 주도권을 잡을 수가 없었다. 강제성을 동원한 일본어 교육이 실시되었으나, 자발적인 학습이 기대되지 않는 어학 교육은 사회에서 생명력을 유지할 수가 없었다.[23]

---

23) 이 글은 2002년 12월 9~11일, 부산에서 열린 〈20세기 초 상해 사회와 근대성〉 심포지엄에서 구두 발표한 내용을 정리한 것이다. 토론 시간에 여러분들로부터 중국 측 자료 이용이 부족하다는 지적이 있었으나, 시간 관계상 보충하지 못하였다. 가까운 시일 안에 중국 측 자료를 보강하여 여러분의 비평을 얻고자 한다. 이 논문에 자주 등장하는 일본 외무성 관련 자료에 대해서는 孫安石, 〈戰前中國における日本・日本語研究に關する資料の調査報告〉, 《神奈川大學言語研究》 25, 2002를 참고하기 바란다.

4부

사회와 공공성

四朝公所

사진설명
위　　난민들의 판자촌
가운데 숭명현(崇明縣) 수재민들
아래　회북(淮北)지역 난민촌

(옆)
위　　상해시립공원묘지
아래　상해의 영파인(寧波人) 동향
　　　조직 사명공소(四明公所) ·

| 고하마 마사코 小浜正子 |

사단(社團) 관계망으로서
근대 상해 도시사회의 구제(救濟)
20세기 상해 자선계의 공적 구조와 전환

1. 머리말

상해는 근대 중국 최대의 도시이다. 이 상해의 '근대성'을 고찰하려면
먼저 '근대성'이 무엇인가 하는 문제를 분명히 해야 할 것이다. 과연 (일
반적인 개념으로서) 추상적인 '근대성'은 존재하는가? 논자들이 설정한
'근대성'의 본질적 논쟁은 어떤 의의가 있는가? 우리가 이미 심각하게
느끼고 있듯이 어떤 뜻으로 말하더라도 '근대' 자체가 갖고 있는 함의를
다시 검토해야 할 지금 상황에서, 모든 지역에 다 적용되는 하나의 '근
대성' 개념을 설정하고 그러한 근대성의 존재 여부와 정도를 검증하려
는 시도들이 여전히 진행되고 있다. 그러나 필자는 그러한 연구 방법에
대해 의문을 갖지 않을 수 없다.[1]

그렇다고는 하더라도 '근대'라고 일컬을 수 있는 시대는 세계가 공유
하는 역사적 실체다. 그러므로 우리가 여기서 각 지역의 '근대'가 가지

---

1) '근대' 개념을 재인식해야 함을 명확히 지적하고 있는 최신 논문으로는 吉澤誠一郎,
《天津の近代－淸末都市における政治文化と社會統合》, 名古屋 : 名古屋大學出版會,
2002가 있다.

는 구체적 특징으로부터 출발하여, 각 지역의 '근대'를 비교하면서 그 특징과 연관성을 고찰하는 것이 더 의미 있는 연구 방법이 될 것이다. 따라서 필자는 '근대 상해'의 특징을 파악하기 위하여, 이 글에서는 특히 자선업에 대해 논의하면서 '상해의 경우 근대란, 어떠한 시대인가'라는 문제에서부터 그 실마리를 찾으려 하는 것이다.

필자는 사회단체[社團]에 대한 연구를 통하여 근대 상해 사회에 대해 얼마 동안 연구를 진행해 오면서, 민국시기의 상해 사회를 '사단 관계망인 도시사회'로 파악하고 분석하는 연구 시각을 갖게 되었다. 이 글에서 다룬 자선단체는 모두 이러한 도시사회의 형성에서 중요한 구실을 발휘했던 사단으로서, 사회적 약자를 구제하는 등의 공공 기능을 맡고 있었다. 근대 상해 도시사회의 공공성은 이러한 유형의 민간 사단이 공영역(公領域)에서 했던 활동을 기초로 성숙되어 갔던 것이다.[2]

여기서는 먼저 '사단 관계망인 근대 상해 도시사회'의 분석 시각과 이 시각으로부터 본 근대 상해의 공영역 가운데 자선단체의 활동 특징을 개괄해 보고, 그 다음으로 이러한 공공·민간 자선단체의 활동을 지탱하고 있는 도시사회의 사회관계 상황에 대해 사회적 약자가 어떻게 구제를 받는가 하는 측면에서 검토를 진행하려고 한다. 구체적으로 말해서, 대표적인 장애인 수용시설인 상해잔질원(上海殘疾院)의 입원 신청 소개서신[介紹信]을 분석함으로써, 근대 상해 도시사회의 공영역을 지탱하는 사단 관계망의 구조를 고찰하려고 한다. 그 밖에 한걸음 더 나아가 이러한 네트워크가 중화인민공화국 초기에 어떻게 변화했는지를 추적함으로써, 민국시기 사단 관계망인 상해의 도시사회가 중화인민공화국 시기에 어떻게 변했는지 분명하게 알고자 하는 것이다.

---

2) 小浜正子, 《近代上海の公共性と國家》, 東京 : 硏文出版, 2000.

2. 사단 관계망인 근대 상해 도시사회

1) 사회단체, '공(公)' 영역, 공공성

제정(帝政) 후기에 근대 중국에서는 각종 사회단체, 예컨대 회관(會館), 공소(公所), 종족(宗族), 방회(幇會), 상단(商團), 상회(商會), 농회(農會), 공회(工會) 등이 매우 활발하게 활동했다. 이러한 현상은 지금껏 많은 역사학자들의 주목을 받아왔다.3)

이른바 사단은 성원들 사이에 존재하는 일종의 공동 인식을 기초로 만들어지는 것으로, 동료 의식을 가진다는 공통성이 있다. 이러한 공통성은 외부에 대해 차이점을 공유하는 것을 전제로 한다. 사단 내부적으로 이러한 공통성은 상호부조, 동료 의식으로 나타나며 어떤 상황 아래서는 평등성으로 나타나기도 하지만, 사단 외부적으로 그것은 일종의 배타적 대항 관계로 나타나기도 한다. 때문에 사단이 활동의 무대로 삼고 있는 지역사회는 동시에 각 사단이 경쟁하고 대항하는 무대로서, 그들 서로 간에 분쟁이 진행되는 장소가 되기도 한다. 이러한 상황이 만약 그대로 흘러가도록 방치되면 자율적 질서를 가진 지역사회는 쉽게 만들어질 수 없게 된다.

이 공통성은 동시에 일종의 개방적 '공동 의식'을 뜻하며 '공공성'의 요소를 포함한다. 그것은 단지 외부에 대한 내부 이익, 전체에 대한 부분의 이익일 뿐 아니라 더 보편적이고 광범위한 뜻의 연대감과 상호부조 의식, 그리고 이러한 의식을 지탱하는 개방성을 포함한 공공성을 가

---

3) '사단(社團)'에 대해서는 다양한 정의가 있다. 필자는 '사단'을 제정 후기 이래 근대 중국 사회 안에서 성원들의 자발적인 의지의 결집(무의식적 의지와 강제적 자발을 포함하여)에 따라 만들어진 사회단체라고 생각한다.(小浜正子, 앞의 책, 4~6 쪽 참조) 이하 논술과 관련된 더 자세한 설명은 小浜正子, 앞의 책(序章 問題設定と本書の視角)을 참조.

리키기도 한다. 공통성은 각종 사단이 성립할 수 있는 기초로서, 그것은 때로는 비교적 배타적인 동료 의식으로 기울어지며, 때로는 비교적 개방적인 공공성에 접근하기도 한다. 많은 경우에 사단은 공공성과 배타성의 요소를 함께 포함한다.

지역사회에는 그것을 유지하는 데 필요한 각종 기능이 있다. 예를 들어, 교육 및 경제 질서의 계획과 유지, 지역 방위, 치안 유지, 사회적 약자의 구제, 수리시설의 건설과 유지, 도로, 교량 및 소방 등의 기능들이 존재한다. 필자는 이러한 것들을 지역사회의 공공 기능이라고 일컬으며, 이러한 기능이 포괄하는 영역이 바로 '공'영역이다.

지역사회의 공공 기능 집행을 목적으로 하는 사단은 전체 지역사회의 공동 이익을 추구한다는 관념을 기초로 한다. 이러한 사단의 출현은 한 지역을 응집력을 갖춘 지역 '사회'로 바꾸어 주는 분수령이 된다. 명말(明末) 청초(淸初) 중국 각지에서 출현했던 선회(善會), 선당(善堂) 등의 민간 자선단체는 바로 이러한 의미를 갖는다. 선회·선당을 연구하는 부마진(夫馬進)은 "중국 역사에서 선회·선당의 의의는 먼저 그것이 민간 인사의 자발적인 결사로 형성되어 공공사업을 경영했다는 점에 있다"고 말한다.[4] 바꾸어 말하면, 사단이 공통적으로 내포하는 배타성과 공공성이라는 관점에서 볼 때 선회·선당이 중국 역사에서 갖는 의의는 그 개방적 공공성에서 보인다. 공공성을 유지하기 위해서 선회·선당은 전반적인 제도적 장치를 만들고 있는데, 규약[章程]을 제정하고 결산보고서[徵信錄]를 출판하여 정보 공개를 진행하고, 집행이사제도[董事制度]를 통해 책임을 명확히 했던 것이다.

이 글에서는 지방 엘리트라고 할 수 있는 이러한 사단의 지도자들과 그들이 맡았던 구실에 주목하려고 한다. 개별 사단의 지도자들은 또한

---

4) 夫馬進, 《中國善會善堂史硏究》, 京都 : 同朋社出版, 1997, 742쪽.

사단 관계망 가운데에서 사단들 사이의 유대 관계를 연결하는 구실을
하였다. 각종 사단은 그 지도자들을 매개로 서로의 관계를 유지하면서
상호 공존과 경쟁의 국면을 형성하며, 중국의 지역사회는 바로 이러한
사단들의 활동무대가 됨으로써 사단의 활동과 서로의 관계 가운데서
점차 모습을 갖추어 갔다.[5]

2) 근대 상해 사단 관계망의 형성과 자선사업

근대 상해에는 매우 많은 사단이 성장, 발전했다.[6] 처음에는 19세기
후반 회관·공소·선당 등 구식 사단이 증가했다. 이어서 20세기 초에
접어들어서는 구식 사단이 수적으로 계속 증가하면서 동시에 각종 신
식 사단도 분분히 출현했는데, 그들은 지방자치기구를 중심으로 서로
밀접히 연계된 관계망을 이루었으며, 이로써 유기적인 도시사회가 생
겨났다. 이것이 바로 필자가 말하는 '사단 관계망인 근대 상해 도시사
회'다. 지방자치기구는 신상층(紳商層)을 핵심으로 하는 지방 엘리트 주
도 아래서 도시 내부에서 형성된 안정적 공공 권력을 가지고 있었다.
이는 당시 근대 도시의 발전과 서로 대응하며 공영역 안의 공적 기능
[公共職能]으로 바뀌었다. 때문에 신해혁명이 폭발했을 때 도시 전체가
일치하여 상해 광복을 실현할 수 있었다.

민국 전기에 가서는 민중단체를 포함한 여러 유형의 사회단체들이

---

5) 필자의 지역사회에 대한 인식은 1980년대 이래 일본 명청사 연구 가운데 '지역사회
론'에서 큰 영향을 받았다. '지역사회론'을 출발점으로 한 글로는 모리 마사오(森正夫)
의 〈中國前近代史地域研究の地域社會觀點〉(《名古屋大學文學部研究論集》 83, 1982)
이 있다. 그 밖에 '지역사회론'의 근래 연구 동향을 상세히 소개한 것으로는 森正夫,
〈特集にあたって中國'地域社會論'の現狀と課題〉, 《歷史研究》 580, 1998 ; 伊藤正彦,
〈中國史研究の'地域社會論'〉, 《歷史研究》 582, 1998이 있다.

6) 小浜正子, 앞의 책, 第1章 都市'社會'の形成.

분분히 생겨났다. 이러한 신구(新舊) 사단은 1920년대에 상해총상회(上海總商會)를 중심으로 하는 사단 관계망을 만들었다. 1914년 지방자치가 중단된 이후 상해 화계(華界) 사회와 조계(租界)의 공부국(工部局, 중국인과 관련되는 공공 서비스 항목이 적지 않았다)이, 확대되고 있는 도시사회가 필요로 하는 도시행정기구에 적응해 가기는 했지만 여전히 완전하지 못하자, 빠르게 거대화되는 근대 도시가 필요로 하는 사회 서비스의 큰 부분을 각종 사단이 맡기 시작했다.

아래서는 근대 상해에서 사회적 약자를 구제하는 자선사업의 대체적 상황을 개괄해 본다.[7] 18세기부터 상해에는 육영당(育嬰堂), 동인당(同仁堂), 보원당(輔元堂) 등의 선당들이 '선거(善擧)'라고 일컬어지는 자선사업에 종사해 왔다. 태평천국 이후 선당의 증가는 매우 뚜렷하여 '선당이 숲을 이루었다[善堂林立]'는 표현이 나올 정도였다. 이때 사회적 약자를 구제하는 활동은 전통적 민간 자선단체인 선당과 새롭게 출현한 기독교 선교사들이 건립한 자선단체를 통하여 전개되었다.

신해혁명 뒤 자선사업은 지방자치기구의 지도 아래 사회사업의 범주로 전환되기 시작했다. 주요 선당들은 상해자선단(上海慈善團)의 통할 아래서 조직 개편을 이루었다. 상해자선단은 또 대규모로 유민을 수용할 수 있는 교화시설인 빈민중예소(貧民衆藝所)와 신보육당(新普育堂)을 설치했다. 이러한 사업이 필요하게 된 것은 상해가 근대 도시로 빠르게 발전해 갔던 데서 기인했으며, 그런 가운데 생겨난 공유지 매각에 따른 이익도 자선사업의 성장을 가능하게 했다. 1914년 지방자치가 중단된 이후 상해자선단은 지방행정기구에서 떨어져 나와 민간조직이 되었다. 민국시기 자선단은 상해 자선사업의 핵심으로서 여전히 활동을 지속했다.

---

7) 小浜正子, 앞의 책, 第2章 慈善事業.

민국시기 상해에서는 상해자선단 말고도 각종 자선단체들이 매우 활발한 활동을 전개했다. 이러한 자선단체의 절대 다수는 민간 인사들이 자발적으로 설립한 민간조직이었다. 1930년 무렵 그 수는 모두 120개에 가깝게 늘었다. 도시의 확대에 상응하여 이러한 단체가 끊임없이 늘어났던 것이다.[8]

민국시기 상해에서는 각종 자선단체와 자선사업이 함께 있었지만, 총체적 구조로 말한다면 아직은 새로운 체계가 전통적인 '선거체계(善擧體系)'의 자리를 대신했다고 할 수는 없다. 그렇지만 이러한 사업은 '지방 공익'에 유익할 뿐 아니라 도시사회의 기본 모순을 해결하는 데도 일정한 관련이 있었기 때문에, 그 중요성은 이미 사회적으로 공인되고 있었다. 민간 자선단체들이 진행한 다양한 빈민 구제와 고아·유민에 대한 교육, 교화 등의 활동은, 수적으로 볼 때 300만 시민의 상해에서는 아마도 충분하지 못한 것이지만, 그것은 상당히 폭넓은 범위에 걸쳐서 사회적 모순을 완화하고 근대 도시 상해의 급속한 발전을 지탱하고 있었다.

남경정부 시기, 상해자선단체연합회가 만들어져 자선업계 공동 활동의 중심이 되었다. 자선업계 내부에서 자발적으로 형성된 관계망의 연계가 강화되어 상해 자선사업은 진일보한 발전을 이루었다. 상해 시정부 사회국(社會局)의 민간 자선단체에 대한 행정감독, 지도 등의 사례 가운데서도 둘 사이의 관계가 점차 심화되었음을 볼 수 있다. 그러나 다른 도시에서 구제원(救濟院)을 설립하여 자선사업을 지방정부 사업에 포함시켰던 것과는 달리, 상해의 자선단체는 줄곧 민간단체가 주도했다.

중일전쟁이 일어난 뒤 자선단체는 난민 구제와 전사자 매장에 바빴

---

8) 興亞院政務部, 《中國社會事業の現狀》, 東京 : 興亞院政務部, 1940, 163~165, 291~292쪽.

다. 일본점령시기에 수많은 단체는 상당히 곤란한 사회적 조건 아래서도 결코 활동을 중단하지 않았다. 점령시기에 상해 시정부는 상해특별시 사회국 양로원, 고아원, 부유구제원(婦孺救濟院)을 세웠다. 제2차세계대전 이후 국민정부시기 자선단체는 시민생활을 유지하기 위해 여전히 가능한 한 자선활동을 진행하고 있었다. 국민정부의 상해 시정부 사회국은, 자신이 주관하는 상해시구제원 습예소(習藝所)를 세웠으며, 시정부 소속의 부녀교양원(婦女敎養院)도 이때 탄생했다.[9] 이처럼 중일전쟁시기와 제2차세계대전 이후 국민정부시기 상해에서 민간 자선단체의 활동은 여전히 끊이지 않았고, 이와 동시에 관방(官方)이 주관하는 자선사업도 계속 나타났다.

요컨대, 근대 상해의 자선사업은 민간 자선단체의 거대한 역량이 맡았음을 알 수 있다. 도시사회의 공영역은 이러한 민간 사단이 공적 기능을 발휘하는 기반으로서 발전할 수 있었다. 근대 상해에서 우리들은 중국 역사상 가장 많은 사단과 그들의 활발한 활동을 볼 수 있다. 이러한 사단 활동의 기초인 공영역 또한 다른 어떤 지역보다도 충분히 발전할 수 있었다.

3. 사회적 약자와 자선단체의 연결고리 —상해잔질원의 소개 서신으로 본 관계망

위에 서술한 대로 상해 자선계는 사회에서 활약하는 개인과 민간단체를 기초로 한다. 이제 이러한 구조가 어떻게 사회적 약자를 구제하는 활동을 진행했으며, 그 내부 구조와 변화는 어떠했는지 살펴보자.

여기서 우리들은 상해잔질원을 고찰 대상으로 삼는다. 상해잔질원은

---

9) 《上海市社會福利機關要覽》, 上海兒童福利促進會調查叢書之二, 1948.

민국시기 상해의 대표적인 장애인 수용시설로서 그와 관련된 활동회계 보고서[徵信錄]와 공문서[檔案]가 적지 않게 남아 있다.[10] 상해시 당안 관에는 잔질원 입원을 신청하는 보증인의 소개서신이 보존되어 있는데, 그러한 서신들을 분석함으로써 우리들은 상해잔질원이 어떠한 사회적 관계 아래에서 사회적 약자를 구제할 수 있었는지 알 수 있다. 그리고 도시사회의 공공 구제시설이 어떠한 사회적 관계에 의지하여 운영되었으며, 아울러 공영역을 지탱해 주는 네트워크의 구조와 그 변화가 어떠했는지를 탐구할 수 있다.

1) 상해잔질원으로 보낸 소개서신 －개인과 민간단체의 보증과 소개

상해잔질원(이하 '잔질원'이라 함)은 1919년 5월 설립된 장애인 수용시설이다.[11] 주요 발기인은 상해 자선계의 중심 인물인 왕일정(王一亭)이었다. 그 정관에는 "본원은 빈곤하여 의지할 곳이 없어 스스로 생계를 도모할 수 없는 장애인을 수용, 교양(敎養)하는 것을 목적으로 한다"(제2조)고 규정하고 있다.[12] 중일전쟁 이전에 잔질원이 수용한 장애인은 비록 남성으로 제한되어 있었지만, 지역이나 업종을 나누지 않고 서로 다른 장애를 가진 사람들을 받아들였던 것을 본다면,[13] 기본적으로 도

---

10) 《上海殘疾院第一屆報告》(1925年序) ; 《上海殘疾院報告冊(民國25年)》 ; 《上海殘疾院報告冊(民國26年至民國29年止)》. 그 외 상해시 당안관에는 상해잔질원과 관련된 당안 자료가 모두 19권 있다. 분류는 Q113(救濟組織)-3(上海殘疾院)으로 되어 있다.

11) 《上海殘疾院第一屆報告》(1925年序) ; 上海市檔案館 所藏 檔案(이하 '상해당안'이라 함) Q113-3-3-1, 〈上海殘疾院工作槪況〉.

12) 장정(章程)은 《上海殘疾院報告冊(民國24年)》에 있다. 왕일정[이름은 진(震), 일정은 자, 1867~1938, 원적은 절강 오흥(吳興)이며 상해에서 출생]은 상해총상회의 중요 지도자이며 화가, 불교 신도이자 상해의 주요 지역 엘리트 가운데 하나이다. 또한 그는 상해 자선계의 중심 인물인데, 기존 연구에서 이 점은 충분히 주목되지 않았다. 근대 중국의 지역 엘리트에 대해 말할 때, 자선계는 중요한 활동영역이었으며 우리들은 이에 대해 좀더 주목해야 한다.(小浜正子, 앞의 책, 148~149쪽 참조)

시사회가 약자에게 개방한 공공 구제시설이라고 할 수 있다.

수용하는 절차에 관해서는 정관에서 다음과 같이 규정하고 있다. "본원의 장애인 수용은 반드시 소개인을 거치도록 하여 해당 장애인의 이름, 나이, 가족 상황, 장애 원인을 보고하도록 한다. 본원의 사실 조사를 거쳐 수용할 수 있는 자리가 있을 때 소개인에게 통지하여 보증서를 작성케 하고 장애인을 입원시킨다."(제5조)[14]

구제받고자 하는 사회적 약자는 대체로 자선단체에 '구제받기를 희망한다'는 신청서와 보증인의 소개서신을 제출하며, 자선단체 직원은 그에 대해 사실 확인을 한 다음, 그 단체의 책임자(특정 개인)를 통하여 구제를 결정해 준다.[15] 잔질원은 소개서신(특별히 정해진 격식이 없음)으로 신청서를 겸하도록 하고 (이것을 보고) 주임 진문규(陳文奎)가 수용

---

13) 1919년 잔질원이 설립된 첫 해에, 잔질원 수용자는 모두 12명이었다. 이후 매년 인원 수가 증가하여 1925년에는 200명을 넘어섰다. 1935년 말에는 245명이었다. 1935년 보고서에 따르면 245명 가운데 맹인 30.24%, 안질 환자 26.2%, 정신병자 25.8%, 다리 장애 9.68%, 그 외 8.08%였다. 출신지로 보면 강소성이 128명으로 총수의 거의 절반을 차지했고, 그 다음이 상해 42명, 절강 30명, 호북 15명, 안휘 10명, 산동 8명, 하북 7명, 기타 지역 5명이었다. 연령으로 보면 41~45세 연령대가 가장 많았는데, 36~50세가 전체의 40%, 20~60세가 80%를 차지했다. 이 시기 입원한 장애자의 대부분은 생산 활동에 종사해야 할 연령대의 사람들이었다. 그러므로 잔질원 안에는 종이상자 제조, 재봉, 짚신 짓기, 목공, 돼지털 고르기, 칫솔털 심기, 이발 등의 작업장이 있었다. 이러한 일 가운데서 수용자는 자신에게 적합한 업무에 종사했다.(《上海殘疾院第1屆報告》(1925年序); 《上海殘疾院報告冊(民國24年)》; 상해당안 Q113-3-1) 그 외 잔질원의 운영 경비는 사용하지 않는 차참로(車站路)의 토지, 건물에서 나오는 세수입과 정기 또는 임시 기부금 그리고 수용자의 노동으로 얻는 사업 수입으로 충당했다. 1935년의 수입을 보면, '연 기부금[常年捐]', '특별 기부금[特別捐]', '월 기부금[月捐]'이 총 1,579.11원, '부동산 수입[房産收入]'이 3,847.718원, 각종 사업 수입이 4,531.73원이며 이자를 포함한 총수입은 24,321.59원이었다. 이해의 총지출은 17,402.47원이었다.(《上海殘疾院報告冊(民國24年)》)
14) 〈上海殘疾院章程〉, 《上海殘疾院報告冊(民國24年)》.
15) 小浜正子, 〈私人の保證とパブリックな救濟－上海仁濟善堂の恤をめぐって〉, 夫馬 進 編, 《中國明淸地方檔案の硏究》, 平成 9～11年 文部省科學硏究費硏究成果報告書, 2000.

여부를 결정했다.[16] 소개서신을 쓴 사람의 성명은 수용자 명부에 '보증인[保人]'으로 기재되었는데, 소개인 즉 보증인은 잔질원에서 소개와 보증의 이중 기능을 담당하고 있었던 셈이다.

　상해시 당안관에는 1940년부터 1942년까지의 소개서신 약 270통(이 시기의 것 거의 전부)과 1946년부터 1947년까지, 1950부터 1953년까지의 일부 소개서신, 그리고 1940년 5월에서 1949년까지의 수용자 명부가 소장되어 있다.[17] 이러한 사료를 근거로 하여, 우리는 아래에서 잔질원

---

16) 잔질원을 경영하는 이사회의 구성은 시기에 따라 변화가 있었다. 1940년의 보고서에는 명예이사 13명, 이사 61명, 이사장 1명, 상무이사 9명을 열거하고 있는데, 그 대부분은 실업가와 자선사업에 종사하는 전문가들이었다. 이사장(주임이사)은 잔질원이 창설된 이래 줄곧 왕일정이 맡았다. 1939년 왕일정이 사망한 뒤 진연휴(秦硯畦)가 계임했다. 그 중심인물은 주임 진문규(陳文奎)로 창설 이래 줄곧 주임 겸 이사를 맡았다. (〈辯言〉 및 〈上海殘疾院現任職員表〉, 《上海殘疾院報告冊(民國26年至民國29年止)》)

17) 상해당안 Q113-3-3-3 과 Q113-3-3-4, 〈收容人名冊〉. Q113-3-3-3의 소개 서신과 Q113-3-3-4의 신수용자 명단을 대조하면 거의 일치한다. 그 가운데는 소개서신이 없는 수용자도 있으며 소개서신은 있지만(그 가운데 다수 서신은 주임 진문규가 수용을 인준했다는 '照收 文(印)'이라는 구절이 있다) 명부에 이름이 없는 수용자도 있다. 이는 대개 어떤 원인으로 소개서신이 보존되지 않았거나, 또는 허가를 얻었지만 수용되지 않은 예이다. 약간의 들고 남이 있지만 명부에서 1940년 5월에서 12월 사이 신수용자 144명 가운데 소개서신이 있는 72명을 확인할 수 있다. 그 가운데 3쪽, 4쪽은 소개서신과 접수를 거절하는 회신이 있다. 그 밖에 다른 거절 서신은 보이지 않는다. 소개서신이 비록 보존되었지만 명단 가운데 그 사람을 볼 수 없는 경우에 수용이 거절되었을 가능성은 거의 없다. 왜냐하면 다수의 소개서신은 대개 진문규의 비문(批文)이 있기 때문이다. 이 점으로 볼 때 우리는 3쪽, 4쪽 이외에 보존된 서신이 소개한 모든 사람이 잔질원의 입원을 허가받았다고 판단할 수 있다. 잔질원은 거의 모든 신청자를 수용했는가? 아니면 수용을 거절한 소개서신은 보존되지 않은 것인가? 이에 대해서는 현존 당안을 가지고는 판단할 수 없다. 그러나 연구 과정에서, 어떠한 수용자가 누구의 소개를 받고 어떤 보증을 제시했는지를 통해, 우리들은 어떠한 상황에서 잔질원에 입거(入居)할 수 없었는가 하는 각도로 생각해 볼 수 있을 것이다. 소개서신은 고정된 형식이 없는데, 대개의 경우 장정 규정에 따라 입원을 신청하는 장애인의 성명, 연령, 관적(貫籍), 가정 상황, 장애 상황, '수용해 준다면 다행이다(請收容爲幸)' 등의 구절, 그리고 소개자의 서명과 날인이 있다. 다수의 소개서신은 일시를 기재하고 있지만, 그 가운데 입원일을 기재하지 않거나 단지 월일만을 쓰고 연도를 쓰지 않은 경우도 있다. 이에 대해서 우리들은 연도를 추정할 수 있을 뿐이다. 편지지도 각양각

수용자들에 대해 그들이 도시사회의 어떠한 관계망을 통해 소개, 신청되었으며, 아울러 어떠한 과정을 거쳐 수용되었는지 구체적으로 살펴보도록 하자.(서술의 편의를 위해서, 아래에서 언급할 소개서신들은 상해당안 Q113[구제조직(救濟組織)]-3[상해잔질원]-3[잔질인 입원 소개 소신(殘疾人入院介紹信)]의 쪽수를 따라 'O쪽'으로만 표시한다)

상해시 사회국의 1929년 조사에 따르면 231명의 잔질원 수용자 가운데 상해시 공안국, 즉 경찰이 보증하여 보낸[保送] 것이 28명, 개인이 보증하여 보낸 것이 138명, 단체가 보증하여 보낸 것이 60명, 관공서가 보증하여 보낸 것이 5명이었다. 공안국·관공서 등 행정조직이 보증하여 보낸 것이 20퍼센트 이상을 차지했고, 그 나머지는 개인과 민간단체의 소개와 보증을 통한 것이었다.[18] 중일전쟁 이전까지 잔질원에 대한 소개와 보증은 기본적으로 개인과 민간단체 위주였다.

1940년 수용자 명부의 '보증인 성명'란에는 5월부터 12월까지 새로 잔질원에 들어온 114명의 보증인 이름이 적혀 있다.[19] 이 명부에 적힌

색으로 현재 일본에서 여전히 판매 사용되는 편지지에 붓으로 쓴 것도 있고 단체와 기업 이름이 인쇄된 편지지도 있다. 이러한 편지지는 그 소개인의 사회적 배경을 보여준다. 다수의 소개 서신은 1장으로 되어 있으나 2장으로 된 것도 있고, 동일인이 2통 이상을 쓴 경우도 있다.

18) 〈各慈善團體留養人保送機關統計表〉,《上海特別市社會局業務報告(民國18年)》, 296~298쪽. 이 조사는 1929년 10~12월 사이 13개 자선단체가 경영하는 수용시설에 수용된 5,619명을 대상으로 진행된 것이다. 그 가운데 공안 관계[공안국, 공공조계 순포방(巡捕房), 프랑스조계 순포방]로 소개된 것이 28.84%, 개인 30.72%, 단체 9.49%, '자기 스스로 온 사람[自投]'이거나 '문에서 받아들인 사람[門收]' 21.16%, 관공서 0.89%였다.

19) 8·13사변은 잔질원에 매우 큰 영향을 주었다. 원래 잔질원은 장애인을 수용하는 본원을 화계(華界) 남시(南市) 성 밖의 차참로에 두고 있었고 조계의 중심지역인 운남로(雲南路)에 사무소를 설치했다. 1937년 8·13사변 이전 잔질원은 총 280여 명을 수용했다. 항전이 개시된 뒤 잔질원은 일시 잔질수용소(殘疾收容所)로 개명되고 전화(戰火)를 피해 화계에서 조계로 온 장애인과 전쟁 중에 집을 잃은 장애인을 수용했다. 수용 인원은 급격히 늘어나 가장 많을 때는 561명에 이르렀다. 이때부터 여성도 수용되기 시작했다. 1938년 봄 잔질원은 과거의 남시 지역으로 돌아갔다. 이후 상해 근교의 전화가 잠잠해지고 돌아갈 집이 있는 자나 스스로 생계를 도모하려는 자들이 적지

것에 따라 중일전쟁 시기의 상황을 거칠게나마 살펴볼 수 있다. 명단 가운데는 개인 이름을 적은 것이 90건, '동인보원분당(同人輔元分堂)', '읍묘이사회[邑廟董事會]' 등 사단 이름으로 오른 것이 15건, 개인 이름과 사단 이름 두 가지 모두 오른 것이 1건 있다. '녹광우표사(綠光郵票社)' 등 기업 이름으로 오른 것이 6건인데, 그 가운데 3건은 기업 이름 외에 '의소오(義昭五)', '금호(金號)', '주지성(周志醒)'과 같이 개인 이름을 같이 적고 있다. 행정기관이 그 업무로 보증하여 보낸 것은 단지 공부국 아동보건과(兒童保健課) 1건뿐이며, 공안기관 등 기타 행정기관의 이름은 찾아볼 수 없다. 이 시기 잔질원 수용자의 거의 전부가 개인과 개인 기업 및 민간단체의 소개로 수용되었던 것이다.

  수용자 보증인의 압도적 다수는 개인이지만, 이러한 보증인들이 단순한 개인 보증인지 아닌지는 여전히 검토해 볼 필요가 있다. 예를 들어, 어떤 보증인은 '보증인 성명'란에 개인 이름을 적으면서 '보증인 주소'란에는 사단 이름을 적었다. 1940년 5월 13일 수용된 장(張) 아무개는 '보증인 성명'란에 추초보(鄒蕉甫)·황태태(黃太太)라고 되어 있지만 '보증인 주소'란에는 '상해기독교보익사(上海基督敎普益社)'라고 기록하고 있다. 장 아무개의 소개서신은 상해기독교보익공예사(上海基督敎普益工藝社)의 편지지를 사용하였는데, 그 위에 추초보의 서명과 상해기독교보익사의 도장이 찍혀 있다.(24쪽)[20] 그 밖에 상해자선단체연합구재회(上海慈善團體聯合救災會) 구제전구난민위원회(救濟戰區難民委員會)

않게 잔질원을 떠났고, 여비를 들려 고향으로 보낸 자도 있었다. 수용인 수는 점차 줄어들었다. 가장 적을 때는 327명이었다. 1939년 장애가 경미한 자들을 귀향시키는 방침을 취했는데, 이해의 수용자 수는 179~299명이었다. 1940년 잔질원의 업무는 점차 정상을 회복했다. 수용인 수는 큰 변화가 없어 가장 많을 때 233명, 가장 적을 때 151명이었다. 이후 수용자 수는 줄어들어 1943년 초에는 94명이었다.(《上海殘疾院報告冊(民國26年至民國29年止)》; 상해당안 Q113-3-3-1)

20) 상해기독교보익공예사는 1938년 성립되어 직업훈련, 공익학교(義校), 의무진료소를 경영한 자선단체였다.(許晚成 編, 《上海慈善機關槪況》, 1941)

의 메모지에 육덕신(陸德紳)이 서명하고 이 위원회의 도장이 찍힌 같은 형식의 소개서신이 있다.

이러한 유형의 소개서신을 가지고 입원한 사람 가운데는 '보증인 성명'란에 '자련회(慈聯會)'(249쪽)라고 쓴 것도 있고, 육덕신(195쪽, 219쪽)이라고 쓴 것도 있다. 또한 245쪽 소개서신은 연의선회(聯義善會)의 편지지를 사용하여 책임자 옹인초(翁寅初)가 작성, 서명했다.21) 이 소개서신으로 입원한 사람의 경우 '보증인 성명'란에 '연의선회 옹인초'라고 적혀 있다. 이렇게 본다면 사단의 책임자가 소개서신을 쓴 경우 '보증인' 등기를 개인 이름으로 하는지 사단 이름으로 하는지는 분명치 않다. 그러므로 우리들은 '보증인 성명'란에 개인 이름을 쓴 경우 그것이 사단의 책임자일 가능성이 있다는 점에 대해서 계속 고려해 보아야 한다. 보증인이 개인인지 사단인지는 분명히 구별되지 않는 것이다.

2) 다양한 '관계' —장애인과 보증인

아래에서는 보증인과 피수용자의 관계를 분석해 보자. 먼저 들 수 있는 실례는 피수용자의 친척 등이 소개서신을 쓴 경우다. 시각장애자 장 아무개[37세, 남회인(南滙人)]의 소개서신은, 그녀의 친척이 매월 10원의 기부금을 낸다는 조건을 담보로 하여 1940년 8월 13일 작성한 것이다(5쪽, 114쪽). 같은 달 24일의 또 다른 소개 서신(6쪽)도 친척 나(羅) 아무개가 담보하고 50원을 한 번 기부한 것으로 되어 있다. 이 소개서신이 사용한 것은 나만상(羅萬象) 상점의 전용 편지지인데, 나 아무개는 아마도 나만상 상점의 경영자였던 것 같다.

---

21) 옹인초는 남경 국민정부 아래의 상해 시정부에 대해 공익 자선단체로서 연의선회의 등기를 신청한 '신청인[呈請人]'이었다(〈社會事業〉, 《上海市年鑒(民國25年)》, 130쪽). 그가 연의선회에서 잔질원의 진문규와 같은 구실을 맡았음을 추측할 수 있다.

그 밖에 14쪽의 소개서신은 남시(南市) 묘교로(廟橋路) 입구의 경륭호(慶隆號)가 보증을 서고 잔질원에 이웃의 장애아[10세, 진강인(鎭江人)]를 받아주도록 부탁한 것이다. 41쪽 자료 역시 같은 유형의 서신으로, 그 내용은 신태잡양호(愼泰雜粮號)가 잔질원에 이웃의 장(張) 아무개[50세, 천진인(天津人)]를 수용해 줄 것을 부탁한 것이다. 장 아무개는 일찍이 경찰이었다가 이후 소규모 상업을 경영하다 실명하여 스스로 생활을 꾸릴 수 없게 된 사람이었다. 104쪽의 자료는 장애인 육(陸) 아무개의 동향 갈장장(葛張莊)이 육 아무개를 위해 쓴 소개서신이다. 또 144쪽은 상해북구(上海北區) 구화회(救火會, 의용소방대)가 이(李) 아무개(68세, 상해인)를 위해 쓴 소개서신으로, 이 아무개와 구화회의 관계를 보면 그녀의 남편이 구화회 회원의 친구였다.

11쪽의 소개서신 자료는 영파려호동향회(寧波旅滬同鄉會)가 발행한 것이다. 피소개인의 동향인 진(陳) 아무개의 진술에 따르면, 그는 본래 윤선공사(輪船公司)의 선원이었는데 사고로 왼쪽 다리를 잃어 장애인이 되었다. 그 뒤 친구 소개로 홍창조창(鴻昌綢廠)의 수위로 생계를 이을 수 있었지만, 전쟁으로 말미암아 공장이 문을 닫아 일자리를 잃었다. 때문에 동향회는 그가 잔질원에 입원하여 구제될 수 있도록 신청한 것이다. 소개서신은 동향회 전용 편지지로 작성하였고, 아울러 그 위에 동향회의 공식 인장과 회장 우화덕[虞和德, 자는 흡경(洽卿)]의 개인 도장이 찍혀 있다.

위에 서술한 내용으로, 우리들은 잔질원에 입원을 신청하는 사람은 친척, 동향, 이웃, 친구, 직장 관계 등 다양한 관계망을 통해 소개와 보증을 받았음을 알 수 있다. 다시 말하면, 사람들은 상해 도시사회의 다양화, 다층화된 네트워크 가운데서 필요한 '관계'를 찾아내어 소개와 담보를 얻을 수 있었던 것이다.

3) '관계'의 고리와 연결점인 엘리트

소개서신 가운데는 장애인과 보증인이 본래 모르는 관계였던 경우도 적지 않다. 293쪽의 자료는 실명한 노인 제(諸) 아무개[72세, 성택진인(盛澤鎭人)]의 소개서신이다. 이 서신은 1940년 8월 26일자로 상해화상사포교역소(上海華商紗布交易所)의 편지지에 작성된 것으로, 그 원본은 서달부(徐達夫)가 친구 제 아무개를 위해 입원을 신청하는 소개서신을 써서 문란정(聞蘭亭)에게 부친 것이다. 문란정은 편지의 빈 곳에다 "제 친구 서군에게 제○○라는 장애인이 한 명 있습니다. 바라옵건대 귀원에서 받아주십시오. 상해잔질원 진(陳) 주임 친전(親展)"이라고 덧붙여 쓰고 서명도 했다. 도장에 찍힌 날짜는 8월 29일로 되어 있다. 이 서신은 잔질원으로 보내졌는데, 명단에 보면 제 아무개는 9월 1일 잔질원에 수용되었고 보증인은 문란정으로 적혀 있다.

문란정은 널리 알려진 방직업 경영자로서 일본점령시기 상해 실업계의 대표적 인물이며 잔질원의 명예이사였다.[22] 이 사례는 장애인 제 아무개가 먼저 친구인 서달부에게 도움을 청했고, 그 뒤 서달부는 방직업계의 관계자를 통해 문란정과 연락을 취했고, 문란정은 다시 잔질원의 이사 겸 주임인 진문규에게 소개해 준 것이다. 두 소개인은 모두 도시사회의 다른 유형의 '관계' 가운데 연결점 구실을 했다. 사료로써 볼 때, 문란정은 다양한 관계를 통해 들어오는 도움 요청을 받아들여 잔질원에 몇몇 사람들을 소개했다. 문란정과 관계있는 소개서신으로 7통이 보인다.[23]

---

22) 外務省情報部 編,《現代中華民國滿洲國人名鑒》(昭和7年版) 東京：東亞同文會調查編纂部；《上海殘疾院報告冊(民國26年至民國29年止)》. 일본 점령 아래 상해 실업계에서 문란정의 지위에 관한 논술은 古厩忠夫,〈日中戰爭末期の上海社會の地域エリート〉, 日本上海史研究會 編,《上海―重層するネットワーク》, 東京：汲古書院, 2000 참고.

이와 같이 잔질원의 이사가 보증인이 되는 것과 같은 예는 전체에서 상당히 높은 비율을 차지한다. 앞서 다루었던 1940년 5월에서 12월 사이의 피수용자 가운데 보증인란에 개인 이름을 적은 것은 90명인데, 그 가운데 이사가 보증인이 된 경우는 33명이었다.[24] 잔질원의 이사는 각종 관계를 통해 도움을 구하는 장애인을 잔질원에 소개하고, 아울러 그 보증인이 되어 줌으로써, 잔질원이 상해 사회를 향하여 뻗치고 있는 더듬이와 같은 구실을 맡았다.

민간 자선단체의 이사들은 지역 엘리트라고 일컬을 수 있다. 그들은 사단 관계망인 상해 도시사회에서 각자의 사단을 이끌면서 각 사단 사이의 관계를 연결했다. 그들은 사단의 운영방침을 결정했고, 자금을 마련하기 위해 분주했으며, 다른 자선단체들과 연계를 맺었다. 그들의 주요한 구실은 지역사회의 공공 기능을 작동시키는 데 있었다. 여기에 그치지 않고, 그들은 또한 구제를 필요로 하는 사람들을 자선단체에 소개

23) 그 가운데 160, 163쪽은 반신불수의 56세 여성과 전쟁으로 딸이 죽고 집이 불탄 64세 여성이 저마다 스스로 수용을 요청하며 작성한 서신이다. 두 통의 서신에는 모두 문란정이 진문규에게 '수용해 주기를 바란다'고 쓴 구절이 있다. 243쪽은 14세 맹인 당(唐) 아무개의 소개서신이다. 당 아무개는 부모가 생계 곤란으로 버린 기아(棄兒)로 주학문(周學文)이 타포교(打浦橋)에서 우연히 발견하고 잠시 수양(收養)했다. 이 편지는 주학문의 부탁을 받아 문란정이 중국홍십자회(中國紅十字會)의 편지지에 쓴 것이다. 서신 가운데는 주학문이 잔질원에 기부금 50원을 낸다고 씌어 있다. 44쪽은 장(莊) 아무개의 부탁을 받아 문란정이 장애인 진(陳) 아무개[28세, 영파인(寧波人)]를 위해 쓴 소개서신이다. 이 서신이 사용한 것은 상해자선단체연합구제난민위원회(上海慈善團體聯合救濟難民委員會)의 편지지였다.

24) 그 가운데 11명은 이사 겸 주임인 진문규 자신이 보증인이 된 경우이다. 보존된 서신 가운데 복수의 소개서신을 쓴 이사의 성명, 소개서신의 용지 등에서, 우리는 아래와 같은 사회적 배경을 볼 수 있다. 관형지(關炯之, 覺園佛敎淨業社), 요흠지(姚鑫之, 益群事務委托所), 원학송(袁鶴松, 濟華堂大藥房), 반지문(潘志文, 萬順貿易公司, 恒裕坤記字號), 황함지(黃涵之, 上海市社會救濟事業協會), 고군양(顧君楊, 裕昌號), 진복강(陳福康), 주섭신(朱爕臣, 上海新昌源), 능백화(凌伯華, 上海慈善團), 주지양(朱志揚, 國華銀行靜安寺分行), 장기양(張起颺, 上海久記營造廠), 옹인초(翁寅初, 聯義善會), 모자견(毛子堅, 上海救火聯合會).

하고 그 보증인을 맡는 일을 많이 했다.

사회적 약자의 눈에는 자선단체 이사들의 도움을 얻어야 비로소 구제를 받을 수 있는 것으로 비춰졌다. 아마도 이러한 구실들이 원천이 되어, 자선단체의 이사[董事]들이 지역 엘리트로써 대중들 사이에서 이름을 얻게 되었을 것이다. 게다가 이러한 이사, 곧 지역 엘리트들은 각종 관계를 통해 자신에게 들어오는 도움 요구를 자선단체에 연결시켜 줌으로써(소개와 보증) 더욱 많은 '관계'를 장악할 수 있었으며, 이는 엘리트로서 이름을 얻는 중요한 원천이 되는 소개·보증의 기능이 더욱 충실해지도록 하였다.

두루 알듯이 민국시기 상해 도시 엘리트들은 각종 직위를 겸하고 있었다. 상해 도시 엘리트들의 소개·보증이라는 이러한 기능으로 볼 때, 겸임한 직위가 많으면 많을수록 연결점으로서 그들의 중개 기능은 더욱 충실해질 수 있었다. 각종 사회관계의 연결점에 위치해 있는 사단 이사 등 도시 엘리트들은 도시사회의 각종 '관계' 그물망(네트워크) 속에 있는 각각의 그물코에 해당한다.

4) 자선계의 관계망

공문서(당안) 자료들 가운데는 다른 자선단체나 또는 관련 인사를 통해 제출된 소개서신도 적지 않게 볼 수 있다.

246쪽은 호남자선회(滬南慈善會)의 소개서신이다. 서신에 쓰인 정(鄭) 아무개[18세, 염성인(鹽城人)]는 부모를 모두 잃고 벙어리인 데다가 걷는 것도 곤란한 장애인으로, 호남자선회가 나누어주는 죽[義粥]으로 겨우 생존하고 있었을 뿐, 의복도 제대로 걸치지 못하고 배를 채울 수도 없는 사람이었다. 자선회는 그를 동정하여, 잔질원에 소개서신을 써서 수용해 줄 것을 요청했다.

18쪽은 가흥신승진구제원(嘉興新塍鎭救濟院) 원장의 소개서신으로, 잔질원에 장애 여자아이의 수용을 요청한 것이다. 서신에 따르면 이 여자아이는 3년 전 신승진의 길가에 버려진 것을 구제원이 받아들여 키웠는데, 전쟁으로 구제원의 경영이 곤란해진 데다가 장애아를 돌보려는 사람도 없어서 잔질원에 수용을 요청하고 상해로 가는 인편에 여자아이를 잔질원으로 보냈다고 한다.

204쪽은 1941년 6월 26일자 상해시역의원(上海時疫醫院)의 소개서신이다. 이 병원은 8개월 동안 목(穆) 아무개[26세, 산동인(山東人)]에게 무료로 숙식을 제공하고 척추 질환을 치료했는데, 척추 질환은 치유되었지만 하반신불수의 후유증이 남아 걷지 못하였다. 곧 전염병이 도는 여름철이 될 텐데, 목 아무개가 병원에 계속 남아 있다가는 다시 전염병에 감염될 위험이 있을뿐더러, 목 아무개의 병상을 새로운 병자에게 넘겨야 했기 때문에, 잔질원에 목 아무개를 수용해 주도록 요청했다는 것이다.

상해의 자선단체는 또한 한겨울 동안 유민(流民)을 수용하는 유민수용소인 비한소(庇寒所)를 공동으로 개설했는데, 전쟁 기간에도 상해자선단체연합구제회가 비한소 운영을 계속했다. 봄에 비한소가 문을 닫을 때, 연합구제회는 비한소에 있던 2명의 장애인을 잔질원에 보내기도 했다.(27∼28쪽)

이상의 실례는 각 자선단체 사이에 구제를 필요로 하는 사회적 약자에게 더 적절한 수용시설을 찾아주는 조정이 진행되고 있었음을 말해준다. 상해와 외지의 자선단체는 서로 연결된 관계망을 이용하여 더 확실하고 유효한 구제방식을 모색했다. 이에 따라 각종 자선단체는 각 지역으로부터 장애인을 잔질원에 보냈다.

155쪽은 중국구제부유회(中國救濟婦孺會)의 용중청(龍仲清)이 후(侯) 아무개[57세, 진해인(鎭海人)]를 잔질원에 소개한 서신이다. 후 아무개는 두 팔을 못 쓰며, 먼저 청절당(淸節堂)에 수용되었다가[25] 8·13사변 이후 청절당이 해산되어 육가빈(陸家濱)의 관음당(觀音堂)으로 옮겨졌는데, 다시 다른 곳으로 옮기라는 통지를 받고 갈 곳이 없어졌다. 서신에는 후 아무개가 독실한 불교신자로 채식을 하고 불경을 외운다고 소개하며 잔질원이 수용해 줄 것을 희망했다. 이러한 소개가 중국구제부유회 업무의 일환인지는 단언하기 어렵다.

1쪽의 소개서신은 강통선(姜通先)이 상해자선단체연합구제회 구제전구난민위원회의 편지지에 작성한 것으로, 친구 유군(柳君)의 장애 가족 유 아무개를 잔질원에 소개하는 내용인데, 유군은 매월 24원을 납부했으니 이 소개는 난민위원회와 결코 관계가 없는 것이었다.

상해의제선회(上海義濟善會)의 범개태(范開泰), 연의선회의 옹인초, 동인보원분당(同仁輔元分堂)의 주래성(朱萊生), 상해잔교공의회(上海棧橋公義會)의 예영태(倪榮泰) 등이 쓴 소개서신은 여러 통 보존되었다. 205쪽은 예영태가 상해잔교공의회의 전용지에 서(徐) 아무개(63세, 상해인)를 위해 쓴 소개서신이다. 서신에는 서 아무개가 "노약한 과부로 가난하고 의지할 곳이 없다"고 하면서, 잔질원이 그녀를 수용해 천수를 다할 수 있도록 해줄 것을 희망하고 있다. 아울러 그녀의 친구가 매월 경비 20원을 낼 것이라고 쓰고 있다. 이는 아마도 자선계의 관계를 통해 진문규와 서로 알고 있는 점을 이용하여 서 아무개의 청구를 접수한 것으로 보인다.

자선단체 및 그와 관련 있는 사람이 넘겨준 소개서신은 매우 큰 비율을 차지한다. 1940년 5월부터 12월 사이의 피수용자 114명 가운데 35명은 이런 유형에 속한다. 피수용자가 쓴 '보증인 주소'란은 비어 있는 것이 매우 많으며, 주소를 써넣은 것은 그 가운데 일부일 뿐이다. 방금

---

25) 청절당은 1928년 부녀교양소(婦女敎養所)로 개조되었지만(小浜正子, 앞의 책, 제2장 참조) 여전히 청절당으로 불리었다.

언급한 114명의 자료들 가운데 사단 이름 등의 내용을 쓴 것은 32건이며, 그 가운데 주소가 적힌 것은 19건(보증인 주소를 적지 않고 친척의 주소를 적은 3건 포함)이다. 이는 아마도 잔질원 쪽에서 보자면 보증인 대부분이 주소를 적을 필요가 없을 정도로 잘 아는 인물이었음을 보여주는 것이다.

이러한 사람들은 아마도 앞서 언급한 잔질원의 이사와 자선계 관련 인사, 그리고 그 외 각종 '관계'를 가진 인물들일 것이다. 이러한 보증인들은 잔질원이 잘 아는 만큼 잔질원의 충분한 신임을 얻고 있었다. 그러나 앞에서 언급한 관계 인물이 아닌 경우, 예를 들어 장애인의 친척 등이 보증인을 맡은 경우에는 이미 서술했듯이 잔질원에 매월 경비를 납부하거나 기부금을 내는 사례가 많았다.

상해의 사회적 약자는 각종 '관계'와 그들 사이의 고리를 통해 잔질원과 비교적 깊은 관계에 있는 인물을 찾아 소개와 보증를 요청했다. 이러한 관계망의 형태는 다양하여, 잔질원과 사회적 약자의 연계는 다양화된 상해 사회 안에 일종의 '유연한' 관계망의 고리를 만들었다. 잔질원에 수용된 사람들은 이러한 관계망의 끝에서 구조신호를 보냈던 사회적 약자들이었다.26)

잔질원과 관계가 있던 사람은 업무상의 필요에 따라, 또는 개인적 관계를 통해서 소개서신을 썼다. 우리 시각으로 볼 때 이는 공(公)과 사(私)가 분명히 나누어지지 못한 상황을 보여주는 것이지만, 이 시대의 상해인들은 이것을 전혀 문제 삼지 않았다. 만약 각종 관계를 연결해 주는 연결점으로서의 구실이 엘리트가 사회적 명망을 얻게 되는 원천

---

26) 이러한 민간, 개인, 지역 엘리트의 관계망을 통한 소개와 보증으로 자선단체가 사회적 약자를 구제하는 방식은 '관계'가 있는 자만을 구제할 수 있을 뿐이다. 다시 말하면 자선단체의 구제는 진정으로 구제를 필요로 하는 사회적 약자에 대한 것이라기보다는 '관계'에 의지하고 있는 사람을 향해 있었다고 하겠다. 이는 이러한 방식이 갖는 병폐다. 이와 관련된 예는 앞서 언급한 小浜正子, 앞의 글, 2000을 참조.

의 하나라고 한다면, 사적 관계와 '공'적 관계를 연결해 주는 기능도 마찬가지로 문제가 되지 않을 수 있었다. 이는 공과 사가 매우 쉽게 뒤섞이는 구조라고 할 수 있을 것이다.

5) 중일전쟁 이후의 잔질원

중일전쟁이 끝난 뒤 잔질원의 규모는 점차 축소되었으나, 장애인 수용 업무는 여전히 중단되지 않았다.[27] 상해당안 Q133-3-3은 중일전쟁 뒤 국민정부시기의 소개서신 25통을 포함하고 있다.[28] 그 가운데 앞서 언급했던 육덕신(60쪽)과 이사 주음강(朱吟江, 59쪽)의 것이 있으며, 주목을 끄는 2통의 경찰국 서신, 그 밖에 4통의 행정원(行政院) 선후구제총서(善後救濟總署) 상해분서(上海分署) 서신이 있다.

그 가운데 상해수상경찰분국(上海水上警察分局) 국장의 공함(公函, 58쪽)은 1946년 12월 28일 작성된 것으로, 잔질원에 마(馬) 아무개[63세, 상우인(上虞人)]의 수용을 요청하는 내용이다. 마 아무개는 황포강에서 투신자살을 기도했다가 경찰에 의해 구조된 자였다. 또 1947년 2월 27일자 상해시 경찰국 읍묘분국장(邑廟分局長)의 공함(71쪽)은 잔질원에 이 아무개(70세)의 수용을 요청한 것이다. 서신에는 이 아무개가 일찍이 남편을 잃고 세탁일로 생계를 이어가다 그 해 음력 1월 3일 교통사고로 다리 부상을 당했는데, 분국 경찰이 병원으로 옮겨 치료를 받게 했지만 장애인이 되었다고 소개하고 있다. 이 아무개 본인이 양로원에 들어가기를 신청했기 때문에 경찰분국은 그 소개서신을 쓰게 되었다는 것이

---

27) 전쟁기간에 수용자는 더욱 줄었다. 1948년에는 79명이었다. 한편 1946년 2월 이사장 왕숙현(王叔賢)은 한간(漢奸)으로 검거되고, 주섭신(朱燮臣)이 그 자리를 이었다. 원무주임(院務主任)은 여전히 진문규였다.(《上海社會福利機關要覽》, 1948, 35쪽 ; 熊月之 主編, 《老上海名人名事大觀》, 上海 : 上海人民出版社, 1997, 266~267쪽)

28) 대략 25통의 소개서신이 있으나 그 시기가 분명하지 않다.

다. 이 두 가지는 경찰이 업무 관계로 소개서신을 쓴 실례다.

행정원 선후구제총서 상해분서의 서신 가운데 구제계[救濟股]가 발행한 소개서신이 3통, 진무계[振務股]의 것이 1통 있다. 구제계의 소개서신 3통은 모두 분서가 구제 업무 가운데 발견한 난민 장애인의 수용을 요청한 것이다. 진무계의 소개서신은, 난민 가운데 임신부를 상담에 참여하는 방식으로 병원에 소개하여 그 출산을 돕도록 잔질원 측에 요청하는 내용이다. 이러한 서신들은 (연도 표시가 없이) 2월에서 4월까지 그 달수만 적혀 있는데, 아마도 1947년에 쓴 것으로 추측된다.

그 밖에 또 1946년 2월 상해시 동령구제위원회(冬令救濟委員會) 제1비한소, 제2비한소가 장애를 가진 난민을 위해 발행한 소개서신이 있다. 중일전쟁시기 상해자선단체연합구제회가 설립했던 난민수용소는 1945년에서 1946년 겨울까지 상해시 동령구제위원회에 의해 운영되었고, 1947년에는 행정원 산하기구인 선후구제총서의 관할 아래로 들어갔다. 제2차세계대전 이후 상해에서 사회적 약자를 구제하는 행정기구의 구실은 점차 커져갔다.

6) 중화인민공화국 초기의 상해잔질원

중화인민공화국 성립 뒤 각종 사단에 대한 조직 개편이 진행되었다. 인민공화국 성립 초기 민간 자선단체도 개조 작업을 진행했다. 그 방침은 자선단체가 일정한 개조를 거친 뒤에 계속 활동할 수 있도록 하며, 개인 자선가가 선을 행한다는 관념을 교정하는 것으로, 자선·구제사업을 사회 건설의 의미 속에 포함시켜 새롭게 인식하는 것이었다.

그러나 1952년부터 상해시 민정국(民政局)의 사단 관련 업무는 그 중점이 '치리정리(治理整理)'로 옮겨가고, 사회에 유익한지, 국가와 사회주의 건설 사업에 어떠한 구실을 하는지와 같은 정치적 기준이 적용되어 각 사단에 대해 각기 인가, 해산, 관리, 심사 뒤 인가 등 조치가 취해졌다. 1952년부터 1954년까지 사이에 민정국은 "수많은 부동산을 보유하고 어떠한 활동도 하지 않으며, 사회에 악렬(惡劣)한 영향을 끼치는" 회관·공소·산장(山莊)·동향회 등의 조직에 대해 폐쇄·합병 등 치리(治理) 조치를 과감히 집행했다. 이 시기 수많은 사단의 토지·건물 등 자산이 몰수되었다. 때문에 민간 자선단체의 사업도 국가가 관리하는 방향으로 옮겨가기 시작했다.29)

상해잔질원은 인민공화국 성립 초기에도 몇 년 동안 장애인 수용 활동을 계속했다. 잔질원은 1951년 2월 중국인민구제총회(中國人民救濟總會) 상해시 분회(이하 '인구분회'라 함)의 지도 아래 사업회관(絲業會館)과 합영계약을 맺었다. 사업회관의 부동산 자금 수입은 잔질원의 경영 경비에 포함되었다. 1953년 8월 사업회관이 자금을 계속 제공하기가 어려워져 합영계약은 취소되었다. 인구분회의 지시에 따라 10월부터 다시 절령회관(浙寧會館)과 합작관계를 시작했다. 이때 잔질원의 업무는 '장애 노인[殘老]의 구제 업무'로 정해졌는데, 1952년 이전에는 '장애인 수용[留養] 업무'였다. 그 뒤 절령회관과의 합작도 비협조로 말미암아 끝나 버렸다. 잔질원은 다시 인구분회에 지시를 청해 휘령회관(徽寧會館)과의 합작을 지정받았다. 상해잔질원은 이와 같이 몇 차례의 변화를 거친 뒤에, 마지막에는 '상해시 구제복리계(救濟福利界) 제4잔로원(殘老院)'으로 개편되었다.30)

상해당안 Q133-3-3 가운데 19통은 1950년대 초의 소개서신이다. 그 가운데 한 통은 1951년 11월 소수민족인 동족(同族) 두 사람이 보증을 서고 매월 10원을 기부하면서 동족 노부인을 수용해 주도록 요청한 소개서신이다.(305쪽) 이로써 볼 때, 민국시기와 마찬가지로 인민공화국

---

29) 馬伊里·劉漢榜 主編, 《上海社會團體槪覽》, 上海 : 上海人民出版社, 1993, 7~11쪽.
30) 상해당안 Q113-3-18, 〈會議記錄〉 第3冊.

성립 뒤에도 개인적 소개로 입원이 이루어지는 상황이 여전히 있었다. 그러나 이러한 상황은 이미 소수에 속했고 행정기관과 연관된 소개가 과거에 견주어 확실하게 늘어났다.

예를 들어, 남시 봉래구(蓬萊區) ○○가에 살던 우(于) 아무개[52세, 소주인(蘇州人)]의 소개서신(311쪽)은 바로 ○○가가도리농(街街道里弄) 거민위원회(居民委員會)가 발급한 것이다. 이 서신은 1951년 10월 8일에 쓰였으며, 그 내용은 우 아무개가 두 다리에 장애가 있어 걷기 어려우니 잔질원이 그를 수용하고 아울러 적당한 일을 줄 것을 희망하는 것이다. 이 소개서신에는 '상해시 봉래구 ○○가가도리농 거민위원회 도기(圖記)'라는 공식 인장[公章]이 찍혀 있고, 주임위원, 부주임위원, 군인가족 우무조장(優撫組長)의 서명과 도장이 있다. 서신에는 또한 우 아무개의 가족이 제4야전군에서 일을 하고 있어 '군인 가족[軍屬]' 신분에 속한다고 씌어 있다. 우 아무개의 입원 신청은 곧바로 허가되었다. 그 보증서는 이웃 상점 주인인 후광동(胡方棟, 胡協昌紅白木作)이 10월 11일에 쓴 것이다.(320쪽)

306쪽은 1952년 8월 6일 상해시 호산구(蒿山區) ○○방(坊) 거민위원회가 가난한 장애 주민 왕(王) 아무개를 위해 작성한 입원 신청의 소개서신이다. 이 서신에는 '상해시 호산구 ○○방 거민위원회 도기'라는 공식 인장이 찍혀 있다. 또한 서신 가운데는 상해시 호산구 인민정부 제2파출인원판사처(派出人員辦事處)에서 작성한 "이상의 상황은 사실이므로 민정과(民政科)가 증명을 발행할 것을 희망한다"는 문구와 공식 인장, 그리고 상해시 호산구 인민정부 민정과의 공식 인장과 "수용에 동의함. 8월 11일"이라는 기록이 있다. 이를 통해서, 이 소개서신은 거민위원회 → 구(區) 파출소 판사처 → 구(區) 정부 민정과의 순서를 거치며 작성된 것임을 알 수 있다.

여기서 상해 교외 농촌의 상황을 잠깐 소개한다. 1953년 5월 14일 작성된 307쪽의 서신은 천사현(川沙縣) 고로구(顧路區) 인민정부가 자기 구의 고인향(高引鄉) 제○촌 제○조의 장애인 노과부를 위하여 작성한 입원 신청의 소개서신이다. 서신은 구 정부의 전용 편지지로 작성되었고, 아울러 공인이 찍혀 있다. 서신에는 "신청인이 작년 몽고에서 귀향했으나 거주할 곳이 없어 수용해 줄 것을 요청한다"고 되어 있다.

포동(浦東) 고교구(高橋區) 해빈향(海濱鄉) ○○촌의 승려 아무개(80세)와 관련된 서신은 모두 3통이다. 319쪽은 1951년 8월 6일 고교구 인민정부가 인구분회로 부친 서신이다. 그 내용은, 첫째로 고교구 해빈향의 보고에 따르면 "이 승려의 조적(祖籍)은 상주(常州)이고, 1940년에 이 촌에 정주했으나 왼쪽 팔과 다리에 장애가 있어 걸을 수 없고 의지할 곳이 없어 수용을 바란다"고 하고, 둘째로 고교구 정부에서는 이미 요원을 파견하여 사실 여부를 확인했고, 고교구 정부에서 증명을 갖추어 해당인을 보낼 테니 잔로교양소(殘老敎養所)에 입주하도록 허가해 줄 것을 희망한다는 것이었다. 서신은 구 정부가 공문서에 사용하는 전용 편지지로 작성되었고, 구청의 공식 인장과 구장(區長)의 인장이 찍혀 있다.

이 서신을 받은 인구분회는 이 승려를 위해 입거(入居) 소개서신을 써주었다.(318쪽) 이 승려가 입원한 뒤에 '주민등록이전증명(戶口遷徙證)'의 주소가 틀린 것이 발견되어 '이전증명'을 다시 만들어 8월 13일 ○○촌 농민협회 주임 주(朱) 아무개의 첨부 서신(315쪽)과 함께 잔질원으로 부쳐졌다.

이 밖의 자료 가운데서 인구분회의 소개서신을 몇 장 볼 수 있다. 309쪽은 인구분회가 '읍묘구 인민정부의 소개를 근거로' 마(馬) 아무개[81세, 남경인(南京人)]의 입원을 신청한 소개서신이다. 313쪽은 시 공안국이 부쳐온 쟝(張) 아무개[41세, 청포인(靑浦人)]의 수용을 요청한 서신이다. 310, 312, 323쪽도 인구분회가 잔질원에 보낸 소개서신이지만, 신청인이 어느 곳에서 인구분회로 소개되었는지 분명히 적혀 있지 않다.

308쪽은 아버지가 자신의 병든 아이를 잔질원이 수용해 줄 것을 신청한 서신이다. 서신에는 이 일이 이미 이롱(里弄) 거민위원회의 인가를 받았음을 반복해서 강조하고 있다. 이 서신은 1953년 초에 씌었는데, 이 시점에는 자선단체에 수용을 신청할 때 거민위원회의 허가를 받아야 했음을 알 수 있다.

이상의 내용을 정리하자면 다음과 같은 결론을 얻을 수 있다. 첫째, 중화인민공화국(신중국) 성립 이후 장애인의 소개·수용은, 거민위원회 또는 농민협회 → 구 정부의 하위조직 → 구 정부 급의 행정기구 계통에서 소개서신을 발행하는 순서로 이루어졌다. 개인적인 소개와 보증으로 입원하는 경우도 여전히 있었으나, 행정기구의 보증서와 거민위원회의 허가를 거친 소개서신을 첨부하는, 즉 행정기구의 승인과 보증을 전제로 하는 사례가 많았다. 보존되어 온 1950년대의 소개서신 19통 가운데 완전히 개인적 소개를 통한 것은 단지 3통뿐이다. 거민위원회·농민협회 등 기층 행정기구가 점차 갖추어지는 과정에서, 장애인의 구제 업무와 관련하여 기층 행정계통도 잔질원과 연계하기 시작하였다.

둘째, 중국인민구제총회 상해시분회는 점차 전 시의 구제사업을 포괄하는 창구가 되어 갔으니, 거주지역 행정기구의 소개서신을 가진 장애인에 대한 잔질원 입원 신청 등의 일을 다루기 시작하였다. 이 시기 소개서신에는 '여기 장애인 ○○를 소개합니다.…… 바라옵건대 귀원이 수용해 주시기를 희망합니다. 상해잔질원 귀중'과 같은 상투적인 문구가 삽입되었다. 입원 신청이 결코 행정권력의 수용 지시 아래 이루어진 것은 아니었음을 알 수 있다. 그러나 여기서 우리는, 이전에 장애인이 사회의 다양한 네트워크를 통해 잔질원과 연계되었던 것이 이미 전국적 사회복지 전문 조직의 상해분회 통할 아래로 점차 포함되기 시작했음을 볼 수 있다. 오래지 않아 본래 민간 사회단체였던 상해잔질원 자체는 행정기구의 일부분으로서 새로운 사회체제 속으로 흡수되어 갔다.

4. 맺음말

사회적 약자를 구제하는 자선계를 통해 볼 때 근대 상해 도시사회의 특징은 아래와 같이 귀납될 수 있다. 민국시기 상해에서 민간 자선단체는 사회적 약자를 구제하는 도시사회 공공 기능의 중요한 부분을 맡고 있었다. 이러한 민간 사회단체의 활동무대로서 공영역도 점차 성숙되어 갔다. 각종 민간 사회단체들 사이에는 사단의 지도 인물, 즉 도시 엘리트를 연결점으로 삼는 사단 관계망이 형성되었다. 그에 따라서 사단 관계망으로서의 도시사회도 생겨났다. 사회적 약자를 구제하는 활동은 주로 이러한 개인과 민간단체의 관계망을 통해 진행될 수 있었다.

중화인민공화국 성립 뒤 몇 년 동안 민간 자선단체는 여전히 자선 활동을 계속하며 도시생활의 공공 기능을 맡았다. 그러나 사회적 약자가 자선단체를 향해 보내는 구조 신호는 각급 행정계통을 통해 잔질원에 보내는 방식으로 변화했다. 오래지 않아 민간 자선단체는 행정기구의 하위조직으로 개편되었고, 도시사회의 공공 기능은 이제 완전히 관방 쪽에 맡겨졌다.

기율(紀律)과 갱생(更生)

1930년대 상해 유민습근소(游民習勤所)의 유민 관리

| 김태승 金泰丞 |

1. 머리말

1920년대와 1930년대를 거치면서 중국의 한쪽에서는 근대적 국민국가를 이루려는 노력이 진행되고 있었으나, 다른 한쪽에서는 끝없는 전쟁과 천재(天災), 그리고 시장경제의 확산에 따라 사회적 유동성이 증가하기 시작하여 사회의 안정성이 심각한 위협을 받는 상황에 놓여 있었다. 말하자면 질서 지향과 해체 지향의 경향이 병존하고 있었던 것이다. 전자는 국민당의 남경정권 성립으로 나타났고, 후자는 대대적인 농촌경제의 파탄과 대량의 유민 발생 등으로 나타났다.

상해의 경우, 그러한 상황은 상해특별시의 성립과 그에 따른 대중 장악 과정으로 나타났다.[1] 그러나 상해는 제국주의에 의한 지배가 관철되는 도시였고, 따라서 그러한 어려운 경쟁자와의 경쟁에서 우위에 서고, 또 국민적 통합을 달성하기 위해서는 더 전진적인 조치가 필요하였다.

---

[1] 많은 경우 이러한 문제는 주로 정치적 과정에 대한 논의나 시장사회의 거시적 분석 등을 매개로 검토되어 왔다. 그러나 이 글에서는 실제 최하층민들의 세계에서 그것이 어떻게 관철되고 있었는가를 분석의 주 대상으로 삼는다.

더구나 이민 도시의 성격을 띠고 있어서 사회적 유동이 다른 어떤 곳보다도 격심했던 상해에서 국가권력이 대중에게 침투하기 위해서는 다양한 노력이 필요하였다. 그래서 1930년대에 들어서면 대중을 계몽하고 건전한 국민으로 훈련하기 위한 각종 노력들이 진행되었다. 민중학교의 설립 지원, 민중열보패(閱報牌)의 보급이나, 민중식자(識字)운동, 민중다원(茶園)[2] 개설, 직공보습학교(職工補習學校)의 확대와 운영 개선 등은 그러한 노력의 산물이었다. 그리고 이 모든 대중 관련 조직에서는 삼민주의를 비롯한 정치교육이 반드시 교육 내용에 포함되었다.

민중을 계몽하여 '국민'으로 재탄생시킴으로써 국가 통합의 기반을 마련하고자 하였던 국민정부의 노력에, 국가가 파악할 수 없는 체제 밖의 존재로서 질서 수립에 최대의 위협이 되는 광범위한 유민집단의 형성은 상당한 위협이 되었고, 그에 따라 유민집단에 대해서는 별도의 대책을 마련하지 않으면 안 되었다.[3] 그러한 노력의 하나가 바로 유민습근소의 설립이었다.[4]

유민습근소의 성립과 그 관리체제의 형성은, 말하자면 국가가 근대적 국민 형성을 위해 민중에게 무엇을 요구하고 있으며, 그러한 국가의 희망은 어떤 과정을 거쳐 이룰 수 있다고 생각하는지를 잘 보여준다는 점에서 단순히 유민 관리라는 사회 문제에 그 의미가 제한되는 것이 아니다.[5] 그러한 유민 관리를 통해 이루고자 했던 것은, 결론부터 말하

---

2) 삼민주의를 교육하고 민중의 건전한 오락과 의견 교환의 장을 제공하기 위하여 1928년 11월 최초 설립.(上海特別市教育局 編,《上海特別市教育局業務報告》, 上海 : 上海特別市教育局, 1929, 26쪽)

3) 〈勸導流氓白話文〉(袁局長 講演記錄), 上海市公安局 編,《上海市公安局業務報告》, 上海 : 上海市公安局, 1930, 167~175쪽에는 유민을 체제의 위협으로 보는 국민당의 인식이 잘 나타나 있다.

4) 재원은 민간이 조달하였으나, 실제적 관리자는 사회국(社會局)이었다. 이때 민간과 국가의 대표인 사회국의 관계는 별도의 논의가 필요하나, 유민습근소에 관한 한 거의 같은 위치에 있었다고 판단된다.

자면 기율 있는, 또 복종하는 국민의 양성이었다.[6] 말하자면 북벌을 통해 외형적 국가통합을 달성한 국민당 정권이 국민국가적 구상을 실현해 가는 과정의 축소판이라고 할 수 있었다.

그런데 위에서 지적하였듯이 1920년대와 1930년대를 거치면서 국가의 통제가 미치지 않는 사회적 영역이 커지기 시작하였고, 그것은 국민당이 지배하는 국가 지배체제의 안정화에 커다란 위협이 되었다. 그러한 위협은 제국주의의 경제 침략, 병비(兵匪)의 화(禍), 수재와 가뭄, 탐관오리의 가렴주구 등 농민 부담의 가중으로 말미암은 농업경제의 파탄과 그에 따른 농민의 대량 도시 이주 과정을 통해 현재화되었다.[7] 그래서 국가는 그러한 유민화된 농민들을 국가의 통제 아래 포섭하려는 노력을 다양하게 진행하였다.

국민당 정부는 1933년 〈현시설립민생공창법판법(縣市設立民生工廠法

---

5) 이 글과 관련된 주제를 다룬 연구들은 그렇게 많지는 않지만 필자의 게으름으로 최근에야 받아볼 수 있었던 Jan Francis Kiely, "Making Good Citizens: The Reformation of Prisoners in China's First Modern Prisons, 1907~1937", Berkeley, Ph.D. Dissertation, 2001은 본격적으로 국민 형성의 문제를 구체적 사례 — 감옥체제의 변화 — 연구를 통해 접근하고 있다는 점에서 필자와 같은 방향에 있다고 생각된다. 킬리는 형벌에 대한 사회적 관점의 변화와 감옥 관리 체제의 변화를 단순히 감옥과 형벌 체계의 범주 안에서 논의하고 있으나, 그것은 바로 국민 형성의 문제를 국민정권이 어떤 방식으로 접근했는지, 더 나아가서 근대 중국의 국민국가적 형성이 구체적으로 어떤 과정을 거쳐 현실성을 획득해 나가게 되었는지 밝히는 것이기도 하다. 필자도 기본적으로 그러한 구상 아래 있다.

6) 기율에 복종하는 죄수를 만들어 내기 위해 체육교육과 군사교육이 결합하여 감방의 죄수들을 교육하는 방안으로 이용하였던 것은 이미 북양군벌 시기부터 나타나던 양상이었다. 킬리는 그러한 군사문화적 요소가 중국에서 국민 만들기에 대한 국가 개입의 성격을 나타내는 것이라고 보는 듯하나, 그것 자체가 육체에 대한 근대적 인식의 형성을 보여주는 것이 아닌가 생각된다. 그런 점에서 그것을 제대로 평가하기 위해서는 더 세밀한 별도의 논의 과정이 필요하다고 생각된다.

7) 陸東野, 〈中國農村之恐慌及其救濟策〉, 《社會半月刊》 第1卷 第8期, 1934, 49쪽. 육동야는 농촌경제의 파탄으로 농민이 경작을 방기하고 도시에 진출해서 생계를 모색하는 것이 전국적 현상이 되었다고 지적한다.

辦法)〉 또는 〈권판공창고성조례초안(勸辦工廠考成條例草案)〉 등을 제정
하여 유민들을 정착시키려는 노력을 진행하였다[8]. 이러한 노력은 실제
로 강소성(江蘇省)의 경우 평민습예소(平民習藝所)를 개선하는 형태로,
절강성(浙江省)에서는 빈민습예소가 경비 부족으로 곤란을 겪자 민중
공창(民衆工廠)을 설립하는 형태로 진행되었다. 하북성(河北省)의 경우
도 그러한 국가정책에 따라 평민공창을 설립하였는데, 그곳에서 일하
는 사람들은 공안국의 조사에 따라 선발되어 강제로 입소한 자들이었
다.[9] 말하자면 국가는 공장체제를 이용하여 유민에게 직업을 제공하고,
공장체제에 대한 적응교육을 통해 국가에 필요한 시민을 길러내고자
하였다.

　상해 지역의 경우 유민의 증가로 말미암은 사회적 불안정화 현상은
더욱 심각하였다. 따라서 이미 1920년대 말부터 그러한 유민들을 교육
하여 국가기구 안으로 포섭하려는 노력이 광범위하게 진행되었다. 그
것은 위에서 언급한 민중교육 관련 조치 이외에, 유민들을 수용하여 교
육시키던 350여 명　규모의 송호교양원(淞滬敎養院)이 1·28사변으로
기능이 마비되자 시에서 인수하여 1932년 갑북평민교양원(閘北平民敎
養院)으로 개칭하여 운영을 계속하였던 것으로도 잘 알 수 있다.[10] 그런
데 이러한 교양원이나 공장들은 대부분 직업교육을 통하여 유민들을
훈련함으로써 사회의 정당한 구성원으로 변화시키는 데 목적을 두고
있었으므로, 그 운영방식에서 시민적 소양 교육을 강화한 공장의 노무
관리체제를 원용할 수밖에 없었다.[11]

---

8) 何德明 編著, 《中國勞工問題》(現代問題叢書), 上海 : 商務印書館, 1935, 180쪽.

9) 위의 책, 181쪽.

10) 陳冷僧, 〈上海乞丐問題的探討〉, 《社會半月刊》 第1卷 第6期, 1934, 15쪽.

11) 이 점은 매우 흥미 있는 부분이다. 공장체제의 확산이 시장사회의 진전에 따라 시민
　　생활 영역에 영향을 끼치고 그것이 시민적 품성의 형성과 관련될 것으로 생각되지만,
　　여기서는 그런 문제까지 논의를 확장시키지 않고, 습근소 자체의 관리체제 성격에 논

이 글에서는 그러한 과정의 실상을 파악하기 위해 상해 시정부 공인의 유민습근소를 선택하여, 상해라는 특정 지역에서 국가권력이 어떤 형식으로 무질서하고 혼잡스럽고 위험한 유민집단을 질서에 순응하고 시민사회의 건강한 구성원이 될 수 있도록 훈련해 나갔는지를 구체적으로 검토해 보고자 한다. 유민의 갱생이 유민습근소 설립의 주요 목적이라고 했을 때, 습근소는 구체적으로 어떤 방법으로 그러한 목적에 도달하려 했는지를 유민에 대한 관리체제 등의 분석을 통해 접근하려는 것이다. 그리고 그러한 목적을 달성하기 위해 유민에 대한 습근소의 시간과 공간, 행동과 신체에 대한 관리체제를 살펴보고, 그러한 관리체제에 유민을 적응시키기 위하여 어떤 교육체계가 마련되어 있었는지를 살펴보고자 한다.

이러한 검토를 통하여 국가 또는 시장이 근대적 시간과 공간, 그리고 신체와 행동에 대한 통제를 어떤 관점에서 이해하고 있었는지가 드러나기를 바란다. 그것은 곧 1930년대 상해의 근대성의 실체가 무엇인가를 이해하는 데 중요한 하나의 시금석이 될 것이다.

2. 유민습근소의 설립과 수용민들의 사회적 출신 배경

1) 유민습근소의 설립 상황

1930년대에 접어들면서 중국 사회에서는 실업자 문제가 심각한 사회 문제로 대두되기 시작하였고, 농촌 인구의 집중 현상이 진행되고 있던 상해에서는 그 상황이 더욱 심각했다. 그것은 조계 지역을 제외한 상해

______

의를 집중하였다.

시 인구가 166만 9575명이었는데 실업자가 31만 8117명이었다는 통계
자료[12]에서도 확인되는 사실이다.[13] 이러한 실업자의 구제에 대해 중
국 사회는 전통적으로 가족들과 함께 거주할 때는 '가족호조제도(家族
互助制度)'[14]로, 타지에서는 지방 회관의 도움으로 대응해 왔으나,[15] 장
기 불황으로 말미암아 그러한 방식만으로는 대응하기 어려워졌다.

또 거리에 넘쳐나는 유민들은 시가를 횡행하고 걸식을 하며 도시 미
관을 어지럽혔으므로 국가나 상인들의 처지에서는 매우 불편한 존재였
다.[16] 그러나 당시 상해에서 국가는 적극적인 정책의도를 가졌음에도
이 문제를 제대로 처리할 만한 상황에 있지 않았다. 그래서 그 일을 민
간단체가 떠맡게 되었다. 상인들의 경우 유민이나 걸인[乞丐]들의 구걸
행위 등에 대해 일정한 비용을 이미 지불하고 있었으므로, 그 비용을
기초로 집단수용소를 만들어 관리하는 것은 실현 가능한 문제였다.[17]
자선과 현실의 관점에서 상인들은 유민 관리를 위한 수용소를 건설하
게 되었던 것이다.[18]

---

12) 何德明 編著, 앞의 책, 1935, 176쪽. 이 수치는 상해시 공안국의 1931년 자료임.

13) 노동 가능 인구를 12세 이상(당시 공창법에 따름)으로 보면 실제 실업률이 어떤 수준
    인지를 짐작할 수 있게 한다.

14) 何德明 編著, 앞의 책, 178쪽. 근로 기회를 상실한 가족을 다른 가족이 부양하는 것을
    말한다.

15) 이것은 중국의 전통적 관습이었다. 동향 조직의 자선·구제활동은 평상시에도 진행
    되었으나, 1·28사변과 같은 재난이 발생했을 때 위력을 발휘하였다. 그와 관련된 사
    례는 熊月之 主編, 《上海通史》 第9卷(民國社會), 上海：上海人民出版社, 1999, 215~
    216쪽 참조.

16) 陳冷僧, 앞의 글, 15쪽.

17) 예컨대 절기가 바뀔 때마다 상인들은 걸인들에게 '개소(開銷)'를 지불하지 않으면 안
    되었다.(陳冷僧, 앞의 글, 15쪽) 남시(南市)의 상인들이 걸인들의 영업 방해를 방지하
    기 위해 정한 '개규(丐規)'도 마찬가지다.

18) 상해시로 대표되는 국가기구가 방관자였던 것만은 아니었다. 이들은 재정기반의 부
    족으로 말미암아 관련 기구의 설립을 민간에 의존하기는 했으나, 그것을 이용하고 또
    감독하여 국가 지배력의 밖에 위치한 불안정 요소를 제거하고자 하였다. 상해의 민간

상해의 유민습근소는 그렇게 발생한 유민을 교육시켜 건전한 시민으로 만들어 사회에 복귀시키기 위해 설립된 유민 교육기관이었다. 유민습근소는 1929년 6월 11일 상해자선단(上海慈善團)의 주체로 설립되어 유민을 교육하고 관리하는 기관으로 출발하였다. 자체 기록에 따르면 유민습근소의 최초 발기자는 이평서(李平書)였고, 1931년 6월 상해시 당부(黨部)의 허가를 얻었다. 관리를 하는 이사회[董事會] 조직은 상해자선단에서 추천한 30인으로 구성되었고, 상무이사[常務董事]는 왕일정(王一亭), 진연휴(秦硯畦), 양복원(楊福元)과 진괴신(秦槐新) 등 4인이었는데, 이 가운데 진괴신은 습근소에 상주하면서 실무 전반을 책임지고 있었다. 습근소의 성격은 자선단체로 규정되었으며, 운영 경비는 상해읍묘이사회[上海邑廟董事會]와 상해자선단이 주로 조달하였다.[19]

유민은 주로 상해시 사회국과 공안국, 출연 단체나 일정액 이상을 기부한 개인, 이사 2인 이상의 추천, 유민 가족이 자기 부담으로 보내는 경우 등에 따라 습근소에 수용되었다. 그래서 사회국과 공안국을 제외하면 습근소의 운영 경비를 가장 많이 부담하는 상해자선단 이사회와 읍묘이사회가 보낸 유민이 가장 많았다. 그 구체적 정황은 다음 〈표 1〉과 같다.[20]

〈표 1〉 파송 주체별 수용자 구성

구분	공안국	사회국	자선단	이사	읍묘이사	가족	기타	총계
인원	439	16	28	500	663	317	268	2,231

단체와 국가의 관계에 대해서는 小浜正子, 《近代上海の公共性と國家》, 東京 : 硏文出版, 2000을 참조.

19) 〈答客問 : 雜錄〉, 《上海游民習勤所一屆報告》(이하 '《一屆報告》'라 함), 上海市社會局, 1931, 37~38쪽.

20) 〈各處送入游民人數比較表〉, 《上海游民習勤所報告》 第二篇(이하 '《報告》'라 함), 上海市社會局, 1936, 95쪽.

이렇게 수용된 유민 가운데 가장 많은 이들은 아편으로 말미암아 '타락한' 자들이었으며, 지역적으로는 상해인이 가장 많았다. 하지만 위의 조건을 충족하고 있다고 하더라도 연령이 60세 이상 12세 미만이거나 정신질환을 앓고 있는 자, 불구자, 그리고 질병을 앓고 있는 경우는 수용하지 않았다.[21] 유민습근소는 1936년까지 2,231명의 유민들을 수용, 교육시켰다.

그런데 유민습근소는 감옥과 같은 형태로 건립되고 운영되었으며, 유민은 군대 기율에 준하는 엄격한 관리규칙 아래 통제되고 교육되고 노동에 참여하였다. 그것은 타락한 유민들을 교육해 시민사회로 되돌려 보내기 위하여 만들어진 것이었으므로 그에 따른 훈련체계의 정비가 필요했던 것이고, 습근소는 그런 측면에서 비교적 면밀히 준비되어 관리되었다. 그러나 초기에는 감옥식 관리에 대한 저항도 생기는 등[22] 우여곡절을 겪었고, 더욱 강한 기율 아래 수용인들을 훈련함으로써 체제를 안정시킬 수 있었다.

2) 수용 유민의 구성

수용 유민은 거의 전국적인 지역 배경을 가지고 있었다. 다만 습근소의 지리적 위치상 강소성 출신이 압도적 다수를 차지하였고, 그 가운데서도 상해(335), 남통(南通 : 98), 남회(南匯 : 81), 송강(松江 : 80) 등 상해 주변 지역 출신들이 절대 다수를 차지하였다. 그 구체적 정황은 〈표 2〉와 같았다.[23] 이것은 중국 사회의 변동에 따른 농촌 사회의 변화로 농민의 도시

---

21) 《一屆報告》, 39쪽.

22) 〈雜錄〉,《一屆報告》, 20쪽. 감옥과 같은 엄격한 관리체제에 대한 저항이 1929년 8월 30일에 일어났다.

23) 〈收容人籍貫統計表〉,《報告》第二篇, 95쪽에 의거하여 작성하였다.

〈표 2〉 수용자의 출신 지역별 구성

구분	강소	절강	안휘	호북	하남	산동	광동	하북	호남	사천	강서	복건	수원	기타	계
인원	1407	280	191	102	53	45	42	30	30	12	11	8	7	13	2,231

*기타는 감숙(3), 요녕(3), 광서(2), 산서(2), 섬서(1), 귀주(1), 길림(1).

이동이 거의 전국적으로 진행되었다는 현실과 관련이 있었다.

이러한 지역 배경을 가진 수용 유민들의 연령별, 시기별 구성은 〈표 3〉과 같았다.[24] 〈표 3〉에서 주목되는 것은 1932년 이후 입소자가 급증한다는 점이다. 이 점은 통계표 작성시점과도 관계가 있기는 하나, 1932년에는 1·28사변이 있었고, 1934년에는 엄청난 가뭄으로 강절(江浙) 지역의 경우 피해액이 70퍼센트 이상인 농촌이 91개 현에 이르는 등 재앙이 전국을 휩쓸고 있었다는 상황과 관련이 있다.[25] 특히 상해의 쌀 값은 1934년 6월 이후에만 1석(石)당 9원(元)이었던 것이 13원 이상으로 급등하는 상황에 있었다.[26] 따라서 이미 1932년 무렵이면 유민습근소가 수용인원을 감당할 수 없는 상황에 이르러 상해시 사회국이 시립빈민교양소를 설립하기 위한 계획을 수립할 정도로 심각하였다.[27]

〈표 3〉 수용자의 연령별 구성과 입소 추이

	1931	1932	1933	1934	1935	총계	비율(%)
12~20세	67	162	80	175	188	672	30
21~30세	91	218	136	179	112	736	33
31~40세	59	139	101	125	82	506	23
41~50세	16	45	64	43	28	196	9
51~59세	9	20	54	23	15	121	5
총계	242	584	435	545	425	2,231	100

---

24) 〈收容人入所時年齡統計表〉, 《報告》, 94쪽.

25) 陸東野, 앞의 글, 37쪽.

26) 위와 같음.

27) 陳泠僧, 앞의 글, 15쪽. 그러나 이 계획은 구체화되지 못한 것 같다.

이러한 습근소 수용인원의 절대 다수는 40세 이하였고, 그 가운데서도 청년층이라고 볼 수 있는 20대의 비율이 상대적으로 높았다. 그리고 그 다음을 10대층이 차지하였다. 그런데 이를 1933년 상해 인구의 연령별 구성과 비교해 보면 10대가 15.7(상해시) : 30.0(습근소)이고 20, 30대가 57.7 : 23.0이다.[28] 이렇게 보면 10대의 유민 발생수준이 상대적으로 높았다고 말할 수 있다.

습근소 수용 유민의 사회적 배경의 경우 조사 결과가 남아 있는 10대의 경우를 검토해 보면 그 상황이 〈표 4〉와 같았다.[29] 이것은 일반적 의미의 유민 발생요인인 파산 농민, 파산 수공업자, 실업 운수노동자, 파산 지주와 부농 및 상인, 그리고 유랑 아동[30] 등과는 상당히 다른 모습을 보여준다. 말하자면 파산을 통해서 유민이 된 경우보다 처음부터 유민인 경우가 더 많았던 것이다.

〈표 4〉 1935년도 12~20세 연령층의 출신 배경

구분	무업자(無業者)				유업자(有業者)	계
	걸인[乞丐]	좀도둑[小竊]	학생[讀書]	소계		
인원	142	35	7	184	109	293

*연령별 구성 수치와 다른 것은 작성 시점의 차이 때문인 것으로 생각됨.

따라서 10대 수용인원의 절반 이상은 무업자들로 이미 유민생활에 익숙한 자들이었고, 직업을 가지고 있다가 파산 등의 이유로 직업을 잃고 유민이 된 자들은 나머지 37퍼센트 정도를 차지하였다. 그리고 걸인

---

28) 王樹槐, 《中國現代化的區域研究, 江蘇省 : 1860~1916》, 臺北 : 中央研究院近代史研究所, 1984, 499쪽의 자료에 따름.

29) 〈兒童職業分類表〉, 《報告》第二篇, 103쪽의 자료에 따라 작성.

30) 이 분류는 蘇智良·陳麗菲, 《近代上海黑社會研究》, 杭卅 : 浙江人民出版社, 1991, 18~19쪽에 따름.

은 유민에서 도둑질로 살아가는 뜨내기[瘋三]에 이르는 여러 유형으로 다시 분류되었다.[31] 이미 10대에 도시의 변두리로 내쳐진 소년들이 습근소 수용인원의 상당 비율을 차지하고 있었던 것이다. 현실적으로 유민으로 전락한 소년들의 대부분은 그 연령대에서 스스로 해결할 수 있는 일에 제한이 있다는 점을 고려한다면(이들의 절대다수는 17세 이하의 소년들이었다), 이들의 유민 전화에서 가장 의미 있는 것은 당연히 사회구조적 환경이었을 것이다. 그것은 습근소에 유민을 보냈던 기관이, 전체로는 위에서 살펴보았듯이 읍묘이사회·이사회 순이었으나, 10대 수용인원의 경우는 공안 추천이 1위를 차지하였다는 사실[32]로서도 짐작할 수 있다.

유민화된 10대들은 해당 나이에 가 있어야 할 곳에 있지 못하고 거리에 방치됨으로써 이미 상당수가 범죄의 세계에 발을 들여놓고 있었다. 따라서 국가와 사회는 그에 대한 대책을 마련해야 했다. 그러나 전체적으로 유민에 대한 관리를 책임지고 있고, 실제 습근소의 감독·관리 기관이었던 사회국이나 이사회의 관점은 여전히 개인윤리적 차원에서 이 문제에 접근하고 있었다.

3. 유민에 대한 이해와 습근소 운영 구상

1) 유민은 어떤 존재인가

유민 발생에 대한 습근소 측의 가장 기본적인 인식은 그들이 실업자들[無業之民]이라는 데서 출발한다. 그러나 그들이 그렇게 되는 데 작용

---

31) 陳冷僧, 앞의 글, 15쪽.
32) 〈各處送入兒童比較表〉, 《報告》 第二篇, 102쪽.

한 가장 중요한 요인을 개인적 성향에서 찾는다. 그래서 유민은 '타락한 자들'이다. 그런데 그들이 어떻게 해서 타락하게 되었는지에 대해서는 다양한 분석이 덧붙어진다. 예컨대 자유와 독립을 잘못 이해해서 유민이 되었다거나,33) 덕육(德育)과 지육(智育) 등 교육을 제대로 받지 못해 유민이 되었다거나 하는 관점이다34). 그래서 유민에 이르는 과정은 한 인간의 도덕적 차원의 문제로 전화된다.

그러나 현실을 무시하고 있는 것은 아니다. 습근소는 유민으로 '타락'한 원인을 게으름[惰], 아편[煙], 술[酒], 도박[賭], 음란함[嫖], 실업, 완고함[頑皮], 가정이 없음[無家], 재해[災] 등으로 구분하여 분석하기도 하였다. 이 가운데서 가장 많은 것은 아편이고, 두 번째로 많은 것은 실업이고, 세 번째는 게으름이고, 네 번째는 도박이다.35) 이러한 통계자료는 유민이 실업자이기는 했지만 그보다는 한 인간이 유민으로 전락하는 데는 다른 요소들이 더 큰 작용을 했다는 사실을 입증하는 증거로 이용된다. 다른 요소란 아편을 피우고, 게으르고, 도박을 좋아하는, 바로 개인의 품성이다.

그래서 유민 '관리'의 목적은 "게으르고 놀기 좋아하는 자들을 근로에 익숙하게 하고 그 열등한 근성을 제거하여 성품이 좋은 사람으로

---

33) 〈管理〉,《一屆報告》, 1쪽.

34) 〈訓育〉,《一屆報告》, 1쪽.

35) 〈訓育〉,《一屆報告》, 11쪽. 다섯 번째는 술이고, 여섯 번째는 재해이고, 일곱 번째는 완고함이고, 여덟 번째는 음탕함이고, 아홉 번째는 가정이 없음이다. 그런데 이러한 아홉 가지의 분류방식 가운데 실업과 재해와 가정이 없음 정도가 개인윤리적 범주를 벗어난 것이고, 나머지는 다 개인윤리적 차원의 문제들이었다는 점에서 유민 발생의 사회적 기원에 대한 이들의 인식이 아직 제한적임을 알 수 있다.

1936년 강소성 제1감옥에서는 죄수들의 범죄 유발 요인(정치범이나 중독자 제외)을 사회적 요소, 개인적 요소, 심리학적 요소로 나누어 분류하고 있고, 사회적 요소에 잘못된 습관이나 좋지 않은 가정환경을 포함시키고 있는데, 그런 점에서 보면 습근소의 유민 관리에 대한 인식에는 전통적 요소가 강하게 남아 있음을 알 수 있다. 강소성 제1감옥의 분류에 대한 평가는 Jan Francis Kiely, op. cit., pp.433~434 참조.

만드는 것을 근본"으로 하게 되었다.[36] 유민은 이미 타락한 죄인이므로, 끊임없는 반성을 통해 나쁜 습관을 버리고 새롭게 갱생하도록 인도하는 것이 유민습근소의 존재 이유였다.[37]

이러한 유민에 대해 1단계에서는 "엄격한 통제정책을 통해 나쁜 습관을 뜯어고치게 하고 행동을 구속하며 이전의 잘못을 철저히 반성하게 하여 규칙에 복종하는 인간을 만든 다음, 2단계에서는 감독주의(監督主義)를 채택해 주의 깊은 관찰과 감독, 그리고 훈련의 지도를 통해 좋은 분위기를 유지하면서 열심히 일할 수 있도록 하고, 이어서 3단계에서는 교화정책을 취하여 덕성을 함양하고 품행을 개선한 뒤, 마지막 4단계에서는 자립주의의 관점에서 스스로 생계를 꾸려 나가 편안하고 즐겁게 생활할 수 있도록 하는" 교육체계를 세우려 하였다.[38]

말하자면 본래는 깨끗한 성품을 가지고 있던 이들이 외부 상황으로 말미암아 타락하였으므로, 그것을 교육을 통해 변화시킴으로써 정상적으로 사회에 참여시킬 수 있다고 생각하였던 것이다. 이러한 논거를 기초로 습근소의 운영방침이 정해졌다.

2) 운영 구상

유민습근소는 이름에서부터 습근을 강조한다는 점에서 같은 시기에 존재했던 다른 유민 구제기관과는 다소 차이가 있다.[39] 습근소는 수용

---

36) 〈管理〉, 《一屆報告》, 1쪽.

37) 〈勸導流氓白話文〉(袁局長 講演記錄), 《上海公安局業務報告》, 上海市公安局, 1930, 167~175쪽. 당시 상해의 공안국장은 유민들에 주는 비결로 인(忍)·근(勤)·검(儉) 세 글자를 제시하고 있다. 그것은 개인윤리적 차원에서 유민 문제에 접근하는 이들의 태도를 반영한다.

38) 吳棠, 〈二年來之廻感錄〉, 《一屆報告》, 30쪽. 뒤에 다시 언급되겠지만 이러한 구상은 제대로 실현되지 못했다. 사실상 1단계의 원칙만 관철되었던 것이다.

39) '유민'과 '습근'이 그대로 노출된 경우는 상해유민습근소가 처음이었다. 습예소란 이

자들에게 생활을 위한 전문적 기능을 훈련시키는 데 중점을 두는 기관
이었다.[40] 그러나 그것을 실현하기 위해서는 수용인의 수준과 성질에
따라 보통 교육(국어·상식·산술·습자 등의 과목)과 도덕 교회[教誨 ;
효제충신(孝悌忠信) 예의염치(禮義廉恥) 등 인과사실(因果事實)의 교육]의
실시가 모두 필요하다고 보았다. 이러한 교육의 목표는 '보통 지식'과
'도덕 관념'을 교육시켜 삼민주의와 생활에 필요한 지식을 얻도록 훈련
함으로써 '국민 자격'을 완성하는 데 있었다.[41]

그리고 그러한 교육목표를 달성하기 위한 훈련방법은 구체적으로 두
가지 방향에서 수행하도록 기획되었다. 하나는, 규칙과 규율을 잘 가르
쳐서 그에 적응하게 하고, 공작과 수업시간을 제외한 때에도 강화(講話)
를 통해 필요한 지식과 도덕이 몸에 익도록 하며, 유익한 도서를 비치
하여 열람케 하고, 심신에 유익한 노래를 연습시켜 흥취를 갖게 하고,
곳곳에 심신수양에 도움이 되는 격언을 걸어놓고 수시로 그에 대해 풀
이를 함으로써 보고 느끼게 하는 등의 방안을 사용하는 것이었다.[42] 이
는 교육을 일상생활 속에서 진행함으로써 효율을 높이고자 제기된 것
이었다.[43]

름도 있었으나 보통은 교양원·교양소 등이 사용되었다. 특히 '유민'을 수용소 이름에
노출시킨 것에 대해서는 상해 사회에서도 비판이 있었다.(〈陶百川先生致本所王董事
之信〉, 《報告》第二篇)

40) 그러나 이러한 경향은 동시대의 전문 형법학자들 사이에서 이미 강력하게 주장되고
있었던 것이다. 그런 점에서 습근소의 인식은 근대적 변화를 보여준다. 동시대 형법학
자들은 기본적 지식 교육과 노동을 감옥 갱생 계획의 핵심이라고 강조하고 있었다.
말하자면 범죄가 이루어지는 것은 본성의 문제라기보다는 환경의 영향을 더 많이 받
는다는 것이다. 1930년대 중국에서는 미국 재소자 기술 교육(Factory-Study System)의
도입이 요구되는 등 범죄의 경제적 원인에 대한 관심이 고조되었다. 그 구체적 양상에
대해서는 Jan Francis Kiely, op. cit., p.440을 참조.

41) 〈雜錄〉, 《一屆報告》, 14~15쪽.

42) 〈雜錄〉, 《一屆報告》, 15쪽.

43) 이런 방식은 상해시 교육국에서 보급하기 시작한 대중 교육의 방식이었다.(〈裝置教

그와는 다른 방향의 훈련방법은 "충실(忠實), 공정(公正), 염결(廉潔), 근검(勤儉), 겸화(謙和)의 습관과 이웃과 나라를 사랑하는 정신, 그리고 절제하고 엄숙하고 단정한 태도를 기르게 하고, 하릴없이 노닥거리는 행위를 뜯어 고쳐 모든 행동을 기율에 맞게 하며, 도박과 음주와 아편과 매음과 거짓말을 하지 않게 함으로써 남을 속여 재물을 취하거나 다른 이들에게 해를 끼치는 모든 악습을 완전히 고친다는 것"이었다.[44] 이러한 방향의 훈련은 유민을 새로운 인간으로 갱생시키기 위해서는 과거의 잘못된 습관과 행위규범을 버려야 한다는 시각에서 기획된 것이었다. 말하자면 문명(국가)체제에 편입되는 과정은 국가이념을 학습하고 사람들이 더욱 절도 있게 행동할 수 있는 규범을 익히는 과정으로 이해되었던 것이다.[45]

이러한 교회·감화 교육과 함께 습근소의 이름에 걸맞은 생활 기능 교육도 기획되었다. 그것은 생활을 위한 필요한 기능을 갖고 있지 못해서 자립할 수 없으므로 유민이 생긴다는 인식에 기초하고 있었다. 습근소는 하루 최소 8시간의 노동환경을 마련하여 열심히 일하는 자세를 갖추도록 하는 것이 유민을 정상적인 사회의 구성원으로 되돌려 보내는 출발점이라고 생각하였다. 그래서 손문의 '건국방략(建國方略)' 논리에 따라 의식주 관련업과 인쇄업 등 소공업(小工業) 위주로 필요한 기능을 각자 익히도록 하고, 일정한 수준에 이르면 보통 임금의 50에서 60퍼센트를 장려금으로 지급한다는 계획을 수립하였다.[46]

그러나 이러한 계획은 제대로 시행되지 못했다. 먼저 상해시의 유민 모두를 수용하여 교육하려던 계획은 예산상의 문제로 실현되지 못했

育標語牌〉, 《上海市敎育局業務報告》, 上海市敎育局, 1929)

44) 위와 같음.

45) 노버트 엘리아스, 유희수 옮김, 《매너의 역사 — 문명화 과정》, 신서원, 1995, 312쪽.

46) 위의 책.

고, '건국방략'에 따른 업종별 배치도 이루어지지 못했다. 또 교회·감화 교육도 하루에 두 시간씩 하고자 하였으나 관리와 노동에 더 많은 시간을 사용해야 했기 때문에 제대로 이루어지지 못하였고, 운영비 조달도 모금 문제로 말미암아 제대로 이루어지지 못하였다.[47]

그런데 전술한 운영 구상은 유가적(儒家的) 성선론(性善論)에 기초한 윤리교육과 직업교육을 통해 죄수들에게 갱생의 기회를 준다는 서구의 형법 관념이 결합되어 있다는 점에서 흥미롭다.[48] 근대적 시장 사회로 전환하는 과정에서 신체에 대한 지배를 확대하는 전략이 교사와 보모, 간수의 구실을 하나로 통합하는 형태로 추진되었다. 그러나 현실적으로는 교사와 보모의 구실은 포기되고 간수의 구실이 확대되었다. 그것은 유민 관리체제를 통해서 확인할 수 있다.

4. 유민 관리체제와 교육체제

1) 개인기록 관리

상해시 공안국 등에서 습근소로 보내져 입소하게 된 유민은 먼저 상해시 사회국이 작성한 문답서에 근거하여 면담일지를 작성한 다음[49] 신체검사 등 위생검사를 하였다. 그러고는 사진 촬영과 지문 날인을 하고, 훈육처(訓育處)로 보내져서 독방에 격리되어 7일 정도를 지내게 했

---

47) 〈雜錄〉, 《一屆報告》, 16쪽.

48) Frederic Wakeman, Jr., *Policing Shanghai 1927~1937*, University of California Press, 1995. Chapter 6을 참조.

49) 질문의 내용은 인적 사항(출신 지역 포함), 직업, 식자 여부, 교육 정도, 가족 상황, 소득 수준, 습근소에 오게 된 이유, 도박이나 술·아편·담배 등 개인의 기호, 현재의 심정, 출소 뒤의 계획 등이었다.(〈游民間話錄 : 管理〉, 《一屆報告》, 5쪽)

다. 그래서 별다른 문제가 발생하지 않으면 잡거실(雜居室 : 6인 1실)에 보내 일반 수용인과 같이 생활할 수 있게 했다.[50] 이렇게 수용된 유민들은 먼저 이름을 박탈당하고 번호가 부여되어 번호로 불리는 익명적 존재가 되었다. 그들의 사생활은 금지된 물품의 소지 여부를 확인한다는 명분으로 수행된 신체검사와 작업장인 공장 검사와 숙소 검사를 통해 철저하게 감시되었다.[51] 그리고 그러한 검사의 결과는 개인기록부에 상세히 기록되었다. 상벌 관계, 책을 읽은 기록, 면회 온 기록, 편지를 보낸 기록, 편지를 받은 기록들 또한 기록 대상이었다.

습근소는 이러한 개인기록을 통해 다양한 대상을 조직적으로 관리하고 전체적으로 파악할 수 있었다. 또한 그것을 통해 다양한 성품과 배경을 가진 유민들에 '질서'를 부여하는 기초를 마련할 수 있었다. 혼란스럽고 무익하며 위험한 유민들을 질서 잡히고 통제 가능한 집단으로 바꾸는 '생생한' 일람표를 만드는 근대적 규율의 수립[52]을 위해서는 그러한 절차가 필요하였다. 말하자면 개인의 익명화와 개인기록부 작성을 통해 유민들은 습근소의 권력체계 아래서 새롭게 위치 지워졌던 것이다. 그리고 그것은 표준화된 인간을 만들어 내는 출발점이었다.

2) 시간의 관리

개인기록부에 따라 분류된 유민들의 행동은 엄격한 시간표에 의해 관리되었다. 분 단위로 정밀하게 짜여진 시간표에 따라 생활이 통제되었던 것이다. 이 과정은 개인의 자유의사에 따라서 진행되는 것이 아니

---

50) 〈管理〉, 《一屆報告》, 3쪽.

51) 타인에게 위협을 가하거나, 탈주를 목적으로 한 흉기 소지를 막고 또는 자살의 위험을 방지하기 위해서 수행되었다.(〈管理〉, 《一屆報告》, 17~18쪽)

52) M. Foucault, *Surveiller et Punir(Naissance de la Prison)*, Gallimard, 1975(오생근 옮김, 《감시와 처벌－감옥의 역사》, 나남출판, 1994), p.223.

라 습근소의 계획에 따라 "행위가 조립"[53]되는 과정이었다. 시간의 허비를 막고 그것을 유용한 형태로 활용할 수 있는 체제를 구축하는 과정은 본질적으로는 인간을 다루는 정치적 기술의 측면을 가지고 있었다.[54] 유민습근소도 〈표 5〉에 제시된 정밀한 시간표를 가지고 있었다.[55] 수용민의 일상적 삶을 엄격하게 설계하고 그것에 대해 개입 관리하는 체제의 수립은 국가가 개인의 사적 공간에 침투해 들어가는 하나

〈표 5〉 유민습근소의 월별 시간표(1931년 이전)

종소리	일과\월	1월	2월	3월	4월	5월	6월	7월	8월	9월	10월	11월	12월
쌍15	기상	06 : 00	06 : 00	05 : 45	05 : 45	05 : 30	05 : 15	05 : 00	05 : 00	05 : 30	05 : 30	05 : 45	06 : 00
5	아침	06 : 30	06 : 30	06 : 15	06 : 15	06 : 00	05 : 45	05 : 30	05 : 30	06 : 00	06 : 00	06 : 15	06 : 30
쌍7	작업 시작	06 : 55	06 : 55	06 : 45	06 : 40	06 : 30	06 : 15	06 : 00	06 : 00	06 : 30	06 : 30	06 : 45	06 : 55
3	휴식					09 : 00~09 : 10(10분)							
7	작업 종료	11 : 00	11 : 00	11 : 00	11 : 00	11 : 00	11 : 00	11 : 00	11 : 00	11 : 00	11 : 00	11 : 00	11 : 00
5	점심	11 : 10	11 : 10	11 : 10	11 : 10	11 : 10	11 : 10	11 : 10	11 : 10	11 : 10	11 : 10	11 : 10	11 : 10
쌍12	강당	필요시 집체교육을 수행(여기서 행해지는 운동과 이발 등은 작업 시간에 포함)											
쌍7	작업 시작	12 : 00	12 : 00	12 : 00	12 : 00	12 : 00	12 : 00	12 : 30	12 : 30	12 : 00	12 : 00	12 : 00	12 : 00
3	휴식					15 : 00~15 : 10(10분)							
7	작업 종료	16 : 50	16 : 50	17 : 10	17 : 10	17 : 30	17 : 40	17 : 50	17 : 50	17 : 30	17 : 15	17 : 00	16 : 50
5	저녁	17 : 00	17 : 00	17 : 20	17 : 20	17 : 40	17 : 50	18 : 00	18 : 00	17 : 40	17 : 25	17 : 10	17 : 00
쌍1	교육 시작	18 : 30	18 : 30	18 : 30	18 : 30	18 : 30	18 : 30	19 : 00	19 : 00	18 : 30	18 : 30	18 : 30	18 : 30
쌍1	교육 종료	19 : 30	19 : 30	19 : 30	19 : 30	19 : 30	19 : 30	20 : 00	20 : 00	19 : 30	19 : 30	19 : 30	19 : 30
10	취침	20 : 00	20 : 00	20 : 00	20 : 00	20 : 00	20 : 00	20 : 30	20 : 30	20 : 00	20 : 00	20 : 00	20 : 00
공작시간		08 : 55	08 : 55	09 : 25	09 : 30	10 : 00	10 : 25	10 : 20	10 : 20	10 : 00	09 : 45	09 : 15	08 : 55

※'쌍'은 종을 두 번 이어 치는 것.

---

53) M. Foucault, op. cit., p.228.

54) Ibid., p.224.

55) 〈管理〉, 《上海游民習勤所一屆報告》, 1931, 21~22쪽.

의 전략이었다. 모든 공장과 관공서에서 정해진 시간표에 따라 행해지는 일련의 노동과정은 표준화된 질서를 건설하는 것이며, 유민습근소의 시간 관리는 그러한 근대적 시간 관리의 연장선 위에 있었다.

계절에 따라 차이는 있었으나, 전체적으로 수용자들은 정해진 규정에 따라 하루에 14시간 정도를 수용소 당국이 편성한 시간표 안에서 규칙적으로 움직이지 않으면 안 되었다. 기본적으로 수용소 당국은 유민들을 교화 대상으로 인식하였고 타락한 자들로 규정하고 있었으므로, 이러한 시간표에 따른 생활은 수용인들이 다른 생각을 하지 않고 규율에 익숙해지기 위해서는 필수적이라고 생각하였다. 습근소에 수용된 유민들은 1월 1일의 새해[56]와 3월 12일의 총리(손문) 사망일, 습근소 개소일인 6월 11일, 그리고 중화민국 건국기념일인 10월 10일을 제외하면 거의 매일 정해진 시간표에 따라 움직여야 했다.

그런데 이러한 시간표에 따른 규제는 1936년에 이르면 더욱 강화된다. 우선 기상에서 아침식사 사이의 준비시간이 30분에서 20분으로 단축되었으며, 아침식사에서 공장에 나가기까지의 시간도 25분 또는 30분에서 20분으로 단축되었다. 또 창립 당시 하루 1시간 30분으로 책정되었던 아동[57]의 교육시간이 3시간 30분으로 늘어났다.[58] 중간 휴식시간을 적용하는 시기도 6월에서 10월로 확대 변경되었으며, 점심시간도 일률적으로 50분이었던 것이 1936년에는 1시간 20분(6, 9, 10월) 또는 1시간 50분(7, 8월)으로 길어졌다. 하지만 전체 작업시간에는 커다란 변화가 없었다. 운영 경험이 축적되면서 시간을 활용하는 체제가 더욱 정

---

56) 1930년 7월 31일 국민당 3계(國民黨第三屆) 중앙집행위원회에서 국력판법(國曆辦法)이 통과되었고, 그 이후 신년 휴가일은 국력(國曆)에 따라 1월 1일부터 4일까지로 규정되었으며, 폐력(廢曆)에 따른 휴가는 엄금되었다.(《上海市社會局業務報告(1930年 1~12月)》, 上海 : 上海市社會局, 288~289쪽)

57) 12세 이상 18세 이하를 가리킨다.

58) 성인의 경우는 그대로 유지되었던 것 같다.

밀해졌던 것이다. 그러나 외우기도 쉽지 않은 8종류의 종소리에 따라 규칙적으로 움직여야 하는 유민들에게 그에 대한 적응은 결코 쉬운 일이 아니었다.

3) 행동과 신체 관리

수용인들에 대해서는 복잡한 규범이 제시되어 그에 따르도록 강제되었다. 그러한 규범은 크게 네 영역으로 분류할 수 있는데, 그 첫 번째는 수용소와 수용소의 규칙에 대한 복종을 강조한 것으로 '명령 복종', '시간 준수' 등 5개항[59]이 있었고, 수용인 서로의 관계는 '다른 수용인 존중'과 '신입 수용인에 대한 지도' 등 2개항[60]으로 정리되었다. 또 위생문제와 관련해서는 '신체와 의복의 청결', '숙소의 청결' 등 5개항[61]의 규정이 있었다. 그 밖에 집단생활에서 지켜야 할 규칙은 '고성이나 거친 말의 사용 금지', '좌측통행' 등 5개항[62]이 있었고, 교육을 받을 때나 일을 할 때의 자세로는 '바른 자세유지', '질서문란 금지' 등 5개항[63]이 규정되었다. 금지된 행위로는 '사사로이 물건을 휴대하는 행위', '금지된 지역으로 이동한 것' 등 11개항[64]이 설정되었다.[65] 말하고 움직이고 웃

---

59) ① 要絕對服從本所命令, ② 要遵守訓導的事項, ③ 要對各職員敬禮, ④ 要忠實勤奮耐勞的做事, ⑤ 要遵照規定的時間動定.

60) ⑥ 要敬愛其他的收容人, ⑦ 要盡心領導新入所的收容人.

61) ⑧ 要使身體衣服常常潔整齊, ⑨ 要隨時將被服摺疊整齊輪流洒掃宿舍, ⑭ 吐痰要入痰盂, ⑮ 咳嗽噴嚏要用手遮住勿使高聲或吐沫噴出, ⑯ 大小便要有一定處所.

62) ⑩ 說話要誠實要大方勿高聲勿粗暴, ⑪ 左立要端正行走要依次序靠左邊, ⑫ 公物要愛護門窗牆壁要保持清潔, ⑬ 鈕扣好鞋子要拔上, ⑰ 用餐時要同時舉筷不許爭多論寡或私相授受.

63) ⑱ 作工時要廳受指教細心研究不可變更派定的工作, ⑲ 聽訓育及工作時切勿東張西望交頭接耳, ⑳ 事做錯了要承認要速改受懲罰的要自省, ㉑ 已經排定的座位次序不可紊亂.

64) ㉒ 非公給的物品不許私自携帶或接受, ㉓ 一切勿隨意談話, ㉔ 不可高聲叫喚歌哭笑罵, ㉕ 切勿喧嘩滋擾鬥毆口角, ㉖ 切勿詐騙誣陷賭咒欺凌, ㉗ 不許自由行動, ㉘ 不許有不

고 기침하는 모든 행위들이 통제의 대상이 되었던 것이다.

말하자면 유민습근소의 수용자들은 예법을 익힌다는 형식으로 침을 뱉거나 오줌을 마음대로 누거나 트림을 하는 행위들을 불쾌한 행위로 인식하도록 훈련되었다. 격렬한 감정의 표현이나 폭력적 행동들 역시 예의란 이름으로 정화되어야 했다.[66] 그리하여 그러한 혐오스런 행위를 하지 않고 절제된 행동을 할 수 있는 태도, 즉 매너 있는 태도—규칙을 준수하고 복종하는 태도— 를 익힘으로써 '문명화된 신체'를 만들어 내야 했다.[67]

문명화된 신체를 만들어 내는 과정이 자발적인 것이 아니었으므로 그러한 문명화 또는 국민화 전략과 관련된 규정들을 잘 준수시키기 위해서는 적절한 상벌 규칙을 통한 유인과 처벌의 체계가 필요했다. 그에 따라 각각의 경우에 적용되는 상벌 규칙도 만들어졌다. 상의 경우는 수용소의 규칙을 잘 지키고 개선 실적이 있는 자, 탈출 기도자를 밀고한 자, 다른 수용자의 규칙 위반을 고발한 자, 인명을 구한 자, 행동거지나 일과 위생에서 1위를 한 자 등에 주어졌다. 벌칙은 질서를 지키지 않거나, 명령에 복종하지 않거나, 남을 때리거나, 크게 소리 내어 웃거나, 위험한 물건을 사사로이 소지하거나 하는 등의 행위에 대해서 가해졌다.[68] 습근소에서 세밀한 신체 관리가 시도되었던 것이다.

이러한 수용소 규칙에 수용인들은 그다지 잘 적응하지 못했던 것 같

正當的行爲和粗暴的擧動, ㉙ 禁止去的地方不可去, ㉚ 有病不要瞞無病不要裝, ㉛ 絶對禁止烟酒葷腥賭博, ㉜ 勿學貪吃做的惡習.

65) 〈管理〉, 《一屆報告》, 19~20쪽.

66) 노버트 엘리아스, 앞의 책, 312쪽.

67) 사라 네틀턴, 조효제 옮김, 《건강과 질병의 사회학》, 한울아카데미, 1995, 158~159쪽.

68) 그 구체적 내용은 不守秩序, 不聽指揮, 毆打, 爭吵, 罵詈, 說謊賭咒, 高聲叫笑, 任意滋擾, 口唱淫詞, 嬉謔, 架詞詔陷, 侮辱毀謗, 猥褻, 給藥不吃, 私相收受, 私藏危險品, 私藏違禁品, 私製物品, 竊取, 懶惰工作, 廢棄材料, 要挾罷工, 隨地涕吐, 任意便溺, 故意汚損, 毀壞公物, 吸食香烟, 類似賭博 등이다.(〈管理〉, 《 一屆報告》, 20쪽)

다. 그것은 상을 받은 사람들이 25개월 동안 100명이었음에 견주어 징벌을 받은 사람은 2,403명에 이르고 있다는 사실에서 알 수 있다. 이 기간 동안에 수용되었던 인원이 1,347명[69]이었음에 비추어 보면 거의 한 사람이 두 번 꼴로 징벌을 받았음을 알 수 있다.

원래 습근소 운영은 앞에서 언급하였듯이 3단계로 기획되었다. 1단계는 엄려(嚴厲)주의, 2단계는 자치주의, 3단계는 방임주의다. 그러나 실제로는 이러한 단계적 교육이 이루어지지 않았다. 그것은 수용소에 오는 유민들의 상당수가 이미 흉악한 범죄 경험을 가진 자들이기 때문이다. 교육을 통해 유민을 구사회에서 벗어나게 하여 신국민으로 변화시킨다는 원래의 계획은 그래서 사실상 실현되기 매우 어려운 상황에 놓였다.[70]

그에 따라 유민 관리체제는 더욱더 경직되어, 뒤로 가면 유민 행동의 군대화를 목표로 관리가 진행되었다. 그래서 행진할 때에는 "인솔자의 명령에 따라 행동해야 했으며, 보조는 정연해야 하고 신체는 바로 세우고 좌측 가로줄을 만들어 행진하되, 어리고 작은 이들은 앞에 나이 들고 큰 이들은 뒤에 서야 하는 원칙"에 따라 행진해야 했으며, 행진 중에 "두리번거리거나, 머리를 맞대고 이야기하고 웃거나, 대오를 흐트러뜨리는 행위"는 금지되었다.[71] 이러한 전제 아래 규칙을 지키지 않은 자는 각각의 수준에 맞는 담식(淡食), 감식(減食), 절음(絶飮), 독거(獨居), 노역, 임금 삭감, 체벌(누범자에 적용), 수갑 채우기 등의 벌칙이 주어졌고, 흉포한 일을 벌이거나 폭동을 일으키거나 자살할 위험이 있는 자들에게는 족쇄를 채우거나 포승을 묶거나 쇠사슬로 한데 묶는 등의 형벌이 가해졌다.[72] 상보다는 징벌이 일상화되고, 유민들은 타율적으로 주

69) 〈管理〉, 《一屆報告》, 11쪽.

70) 〈陶百川先生致本所王董事之信 : 雜錄編〉, 《報告》 第二篇, 222쪽.

71) 1934년 3월의 회의에서 수용인 관리의 군대화가 결정되었다.(〈管理〉, 《一屆報告》, 97쪽)

어진 질서에 복종해 나가지 않으면 안 되었다.

4) 공간 관리

습근소의 공간도 수용인의 효율적 감시와 감독을 위해 관리되었다. 먼저 습근소의 공간은 유민들의 수평적 결합을 막는 방식으로 배치되었다. 특히 폭력적이거나 범죄 경험이 있는 자들과 그렇지 않은 자들을 잡거시키는 것은 '악성(惡性)'을 더욱 확산시킬 수가 있었다. 그래서 습근소를 건축할 때부터 흉포한 자들이 사용하는 독거와 선량한 자들이 사용하는 잡거공간을 구분하여 배치하였다. 말하자면 습근소에 입소한 유민들에게는 개인별 분류에 따라 공간이 배정되었다.

이러한 공간 배정에 질서를 부여하기 위하여 다양한 감시체계를 개발하였다. 위에서 소개했던 밀고자의 포상이나, 신체검사, 공장 검사, 숙사 검사 등이 그것이었다. 그와 함께 일단 배정된 공간으로부터 자유로운 이동은 금지되었다. 그 밖에 곳곳에 초소를 설치하여 습근소 전체를 감시할 수 있는 체제를 완성하였다. 또한 공간을 통한 수용자들의 분리를 효율화하기 위하여, 대규모 인원이 잡거하고 있던 아동용 공간에서는 수용자들로 하여금 자체 규찰대를 조직하여 서로서로 감시하도록 함으로써 수용자들 사이의 관계를 상하로 분할하는 전략도 구사하였다.73) 그리고 규율은 개별 유민들을 배치된 공간에 가두어 두기 위한 도구로 이용되었다.

---

72) 원래는 '면벽(面壁), 담반(淡飯), 독거, 노역, 임금 삭감'이었으나 현실적으로 그러한 형벌만 가지고는 통제할 수 없게 되어서 1929년 8월 강화된 것이다.(〈管理〉,《一屆報告》, 30쪽) 그런데 이처럼 강화된 형벌은 형법상의 감옥 규칙을 거의 그대로 적용하는 것이었다. 이와 관련해서는 《重編日用百科全書》, 上海 : 商務印書館, 1934, 1222쪽 〈第7編 法律類〉의 '감옥 규칙'을 참조.

73) 〈兒童之訓練〉,《報告》第二篇, 99쪽.

이러한 공간에 신체를 속박하고 그것을 매개로 새로운 인간으로 유민을 갱생시키기 위해서는 무엇보다 일반적 의미의 교육이 필요하였다.

5) 교육 체제

(1) 보통교육

교육은 두 방향에서 진행되었다. 하나는 근대적 도시세계에 적응할 수 있는 신국민이 되는 데 필요한 지식을 가르치는 것이고, 다른 하나는 심성을 교화시키는 것이었다. 전자의 경우는 주로 12세 이상 18세 이하의 청소년들을 대상으로 수행되었다. 학생들을 수준에 따라 4개 학년으로 나누되,[74] 수업은 현실적 이유 때문에 한 교실 안에서 이루어졌다. 보통 주당 8시간을 기준[75]으로 수행된 수업에서는 당의(黨義)와 국어·상식·산술·음악·공민 등 6과목이 강의되었고, 수업은 1단위를 30분으로 하여 매일 3단위 수업 진행을 원칙으로 하였다.[76]

1, 2학년의 경우는 주당 국어가 6단위, 산술이 5단위, 당의가 1단위 공민이 3단위, 음악이 1단위씩 배정되었으며, 3, 4학년의 경우는 국어가 5단위, 산술이 6단위, 당의가 1단위, 공민이 3단위, 음악이 1단위씩 배정되었다. 이 가운데서 공민·당의·음악은 1~4학년 합동수업으로 진행되었고, 1~4학년 모두 복습 시간이 주당 1단위 배정되었다. 이 교육의 목적이 학생들로 하여금 새로운 사회체제에 적응하도록 하는 데 있다는 것은 당의와 공민을 합한 교육시간이 거의 국어나 산술에 필적한다는 사실에서도 알 수 있다. 일반 교육에 정치교육을 포함시킴으로써 국

---

74) 〈訓育〉, 《一屆報告》, 5쪽.

75) 그러나 강의 시간표에 따르면 실제로는 8시간 30분 또는 9시간(복습시간을 수업시간에 합산할 경우)이다.(〈訓育〉, 《一屆報告》, 5쪽) 또 야간작업이 있는 청소년들이 많았기 때문에 수업시간이 제대로 지켜지기 어려운 측면도 있었다.

76) 〈訓育〉, 《一屆報告》, 5쪽.

가적 헤게모니에 의한 대중 장악을 지식 교육과 함께 추구했던 것이
다.[77]

  (2) 도덕교육

  이러한 교육과 병행해서 올바른 품성을 함양하는 교육을 수행하였는
데, 그것은 자신의 과실을 성찰하여 반성하고 교실에서 어떻게 행동해
야 하는지를 가르치는 것이었다. 그래서 학생들로 하여금 수업시작 전
에 좋은 학생이 되기 위한 신조를 몸에 익히기 위해 숙정(肅靜), 폐목(閉
目), 염사(念詞), 반성(反省), 좌정(座正)의 행동을 통해 수업에 임하는 자
세를 가다듬은 다음 수업을 시작하였다. 이때 학생들은 〈원사(願詞)〉를
외우고 〈좋은 학생이 되기 위한 신조(好學生信條)〉를 되새겨야 했다.[78]
  훈회(訓誨)의 경우 습근소는 그 기준을 거동-기율화(紀律化), 대인
(待人)-종교화(宗敎化), 일-노동화(勞動化), 언행-도덕화(道德化), 생
활-평민화(平民化), 몸가짐[操守]-염결화(廉潔化)에 두고 궁극적으로
모범인 육성을 목표로 교화교육을 수행하고자 하였다. 교화교육에는
대상에 따라서 집합 훈회, 집단별 훈회, 개별 훈회가 있었다. 그리고 교

---

77) 이런 경향은 동시대에 광범위하게 나타나고 있다. 상해시 교육국이 전개했던 민중식
    자운동의 교본으로 편찬된 《上海市民衆識字讀本》(商務印書館, 1935)을 보면 중화민
    국 국민으로서의 자각을 유도하며(예컨대 '당신은 중국을 사랑합니까' 등), 중국 국민
    당의 정통성을 강조하는 내용이 포함되어 있다.
78) 〈願詞〉는 ① 我願做好學生 遵守本所一切規章, ② 我願做好學生 使我的品行端方, ③
    我願做好學生 使我的學問優良, ④ 我願做好學生 使我的身體堅强, ⑤ 我願做好學生 使
    人家到處稱揚의 다섯 항으로 구성되어 있으며, 〈好學生信條〉는 20개 항목으로 구성되
    어 있는데, 그 내용은 ① 勤學不輟學業優良, ② 要聽教師的話, ③ 遵守課堂秩序, ④
    課堂上下不講閒話, ⑤ 上課不忘帶課業用品, ⑥ 不弄壞書籍, ⑦ 石版不用舌舐衣揩, ⑧
    上下課不爭先恐後, ⑨ 聽見上課鐘卽時站隊, ⑩ 愛惜課業用品, ⑪ 每日必要溫習功課,
    ⑫ 不要抄襲別人功課, ⑬ 不託故請假, ⑭ 不要假看書(常有兒童見 人去卽手捧 書目卽
    邪視), ⑮ 不明白的肯問人, ⑯ 態度要端莊閑雅, ⑰ 不抛棄紙屑, ⑱ 服從級長的勸導, ⑲
    小事不報告大事要忍耐, ⑳ 罵我勿動氣打我勿還手 등이다. 이외에도 〈勸改過詞〉와
    〈忍辱歌〉가 소개되었다.(〈訓育〉, 《一屆報告》, 9~10쪽)

화교육에 대한 개인기록을 작성하여 관리하였다. 그러나 교화교육은 실제로는 예절교육의 성격을 강하게 가지고 있었다. 그래서 "윗사람과 관리원에 대해서는 항상 경례를 해야 하고, 응대할 때는 단정한 태도로 간단명료하게 이야기해야 하며, 어린아이나 노인은 존경하고 사랑하는 마음으로 대해야 하고, 겸손해야 하며, 가르침을 주는 사람이 있으면 공손하게 경청해야 한다"는 등의 예절교육을 수행하였다. 그리고 대부분의 교육은 강연회나 표어의 암송을 통해서 이루어졌다.

그러한 표어들은 자신의 나태함을 반성하여 열심히 노력함으로써 양민이 되어야겠다는 결의를 다지거나,[79] 욕망을 절제하고 평범한 삶 속에서 행복을 찾도록 깨우치거나,[80] 고통을 이겨내고 열심히 노력하면 현재의 상황을 극복할 수 있다고 희망을 주는[81] 형태의 것들이었다. 이러한 표어들은 주로 수용인들을 관리하기 위해 설정된 측면이 강했다. 말하자면 수용인들을 순종적 인간으로 재탄생시키는 지향성을 가지고 있었던 것이다. 그래서 수용소 안의 행동 전반을 규정하는 노래를 만들어 보급시키기도 하였다.[82] 말하자면 '금욕적인 인간', '기율에 순종하는 인간'이 습근소 유민 관리의 현실적 목표였다. 그래서 1936년의 단계

---

79) 〈上海游民習勤所歌〉民各有業 業精於勤 維勤致富 維惰憂貧 饑寒交迫 潦倒風塵玆 我來所去 舊更新食我衣 我勤我敎 我學成一藝 勉爲良民.

80) 〈知足歌〉人生儘受福 何苦不知足 思量愚昧苦 聰明便是福/思量飢寒苦 飽煖便是福 思量負累苦 逍遙便是福/思量離別苦 團圓便是福 思量刀兵苦 太平便是福/思量牢獄苦 自由便是福 思量出外苦 在家便是福/思量無後苦 有子便是福 思量疾病苦 康健便是福/思量死來苦 活者便是福 苦境一思量 就有許多福/可惜世間人 幾個會享福 有福要能知 能知纏有福/我勸世間人 不要不知福 富貴非力求 迷途空碌碌.(〈訓育〉,《一屆報告》, 14쪽)

81) 〈座右銘〉凡言必忠信 凡行必篤敬 容貌必端莊/衣冠必肅整 步履必安祥 居處必正靜/作事必謀始 出言必顧行 見善如己出/見惡如己病 苦是樂的果 樂是苦的因.(〈訓育〉,《一屆報告》, 26쪽) ; 〈對聯〉肯做苦工卽無苦境/能學好樣就是好人(秦硯畦 董事 作).(〈管理〉,《一屆報告》, 1쪽)

82) 〈規矩吟〉坐須端正戒偏斜 布素衣衫不用華/人品好時人敬重 一生正路走無差/小心謹愼學爲人 行動言談正道遵/舞跳篤人多不許 莫傷心術誤終身.(〈管理〉,《一屆報告》, 30쪽)

가 되면 '강건한 정신을 단련하고[良藥苦口利於病], 기율 있는 습관을 기르자[忠言逆耳利於行]' 등의 더 단순화된 강한 구호와 함께 '욕망을 절제하면 정신이 맑아진다[寡慾精神爽]', '생각이 많으면 혈기가 쇠약해진다[思多血氣衰]'는 등의 금욕적 표어가 함께 사용되었다.[83]

5. 맺음말 ―기율과 갱생

　유민을 신국민으로 갱생시키는 과정은 결국 그들의 신체에 대한 세밀한 관리체제를 세우는 일이었다. 그런데 그러한 관리체제의 전형은 민국의 새로운 형법에 근거해서 설치된 감옥 규칙에서 찾아볼 수 있다. 수용자의 연령별 배치 방식이나 계호(戒護)의 형식, 교회(敎誨)와 교육의 범주 설정이 거의 습근소와 비슷하다. 다만 상벌 관련 기준, 교육의 내용 등을 보면 습근소 쪽의 규정이 더 섬세하다. 그것은 갱생에 대한 전망을 감옥보다는 습근소 쪽에서 더 강하게 가지고 있었기 때문이 아닌가 생각된다.[84]

　습근소는 기율[85]의 강제를 통하여 신체와 힘을 분리시키고 그 두 가지를 각각 관리 가능한 대상으로 설정함으로써 경제적으로는 능률의 증대를, 정치적으로는 순종적 육체의 형성, 즉 갱생을 도모하였다. 그래서 습근소는 유민으로 '타락'한 원인을 유형별로 분류하여 그에 알맞은 관리체제를 세우고자 했다. 또 습근소는 금욕을 말하면서도 속세의 포기를 지향하지는 않았으며, 오히려 금욕을 통하여 타락에서 벗어나 직

---

83) 〈雜錄〉, 《報告》 第2篇, 198쪽.

84) 《重編日用百科全書》, 1222쪽 〈第7編 法律類〉의 감옥 규칙을 참조.

85) 신체의 활동에 대한 면밀한 통제를 가능케 하고, 체력의 지속적인 복종을 확보하며, 체력에 순종-효용의 관계를 강제하는 이러한 방법을 바로 기율이라고 부를 수 있는 것이다.(M. Foucault, op. cit., p.206)

업을 가지고 국민 자격을 얻을 수 있다고 말하였다. 전통적 금욕주의는 세속과의 분리를 지향한다는 점에서 유민습근소가 도입한 교육적 금욕주의와는 중요한 차이가 있었다. 요컨대 습근소의 유민 관리는 기율에 길들여지지 않은, 기율체계에서 배제되어 있던 집단인 유민들을 기율에 적응하는 집단으로 포섭함으로써 신국민이 되는 갱생의 전망을 얻는 것이었다.

그러나 이러한 시도는 그다지 성공적이지 않았던 것 같다. 출소자의 추적 관리 과정에서 상당수의 유민들은 현실에 적응하지 못하고 다시 유민화되는 경향이 아주 강하게 나타났다. 그것은 아마도 유민을 유민으로 남게 하는 사회체제의 변혁이 없는 상태에서, 개별 신체에 대한 교육과 훈련이 갖는 한계 때문이었을 것이다. 1930년대 상해 사회의 근대성은 이러한 상황 속에서 그 가능성과 한계를 드러내고 있었다.

특히 후반에 분명히 드러나는, 불교적 인과론을 훈회 교육에 도입한 것은, 세밀하고 정치했으나 효과를 보지 못한 유민 관리체제의 한계를 종교적 차원에서 극복하려 한 것이었다.[86] 그러나 그것은 금욕에 대한 유가적 발상과 함께 그들을 사회적으로 격리시키는 쪽으로 작용하였다. 그래서 당시의 정치체제처럼 습근소의 관리체제는 군대체제를 지향하게 되었다. 한쪽에서는 예치적(禮治的) 발상이 다른 한쪽에서는 시장사회의 현실에 적응하는 신체관리적 발상이 공존했던 것이 1930년대 근대 상해 사회의 현실이었다.

그런데 이러한 습근소의 유민 관리체제는 같은 시대 중국국민당이 추진했던 신생활운동과 같은 흐름 속에 있었다. 장개석은 1934년 남창

---

86) 이러한 인식은 이미 북양군벌 시기 강소성의 감옥 관리체계에서 문제가 된 바 있었다. 1930년대 엄경요(嚴景耀)와 같은 형법학자는 윤리·종교적 교육을 통해 죄수들을 재활시키는 계획에 반대했다. 그에 따르면 그러한 교육은 사회생활에 적응할 수 있는 시민을 만드는 것이 아니라 복종적인 선한 죄수를 만드는 것이었다.(Jan Francis Kiely, op. cit., p.440에서 재인용)

(南昌)에서 행한 연설에서 일본이 침략해 온 상황에서 어려움을 극복하기 위해서는 군사화가 필요하다고 지적하였다. 군사화를 정제·청결·간단·박소(樸素)로 정의하고, 이를 지킬 수 있어야 예의염치(禮儀廉恥)에 부합한다고 할 수 있다고 주장했다.[87] 그래서 상해신생활운동촉진회는 먹고, 입고, 거주하고, 행동하고, 노동하고, 즐기는 거의 모든 일상생활에 대한 관리규칙을 제안하게 되었다.[88] 말하자면 전통 예교적 논리가 다시 시장의 왜곡된 파시즘 논리와 결합하여 중국적 근대 국민 형성을 위한 전략으로 활용되어 나갔던 것이다.

따라서 유민습근소의 유민 관리체제에 대한 검토 결과는 1930년대 국민정부의 국민 만들기가 어떤 과정을 거쳐 현상화(現像化)되고 있는지를 파악할 수 있는 하나의 통로가 될 수 있다. 그리고 그것은 유민습근소의 관리체제가 난관에 봉착했듯이 사회구조적 문제를 개인윤리적 차원으로 환원시킴으로써 한계를 드러내었던 것이다.

---

87) 〈新生活運動之要義〉, 《重編日用百科全書》, 1940쪽. 이 내용은 1934년 2월 19일 남창에서 행한 강연이다.

88) 〈新生活公約草案〉, 《重編日用百科全書》, 1945~1946쪽. 이 공약 초안에는 식사할 때의 태도, 옷 입을 때의 자세, 거주지 관리를 위한 노력 등등에 대한 매우 구체적인 안이 제시되고 있다. 예컨대 식사할 때는 자세를 바로 해야 한다든지, 식전·식후에는 극렬한 운동을 해서는 안 된다든지, 식사 뒤에는 이를 닦아야 한다든지 하는 수준의 내용들이다.

中文提要

20世纪初上海人的生活与'近代性'

目 次

I

众所周知，从20世纪6,70年代开始，西欧学界展开了对所谓近代性(Modernity)的批判和反省，这种讨论一直持续到後近代(现代)主义(Post-Modernism)的讨论，并引起全球性的反响。在这样的背景之下，研究中国近现代史的学者中，出现了不少把近代性及其表现形态作为一种研究中国近代史框架的倾向。

实际上，近代性是个非常宽泛的概念，很难用几句话来进行概括。非要下定义的话，不妨定为：支配近代时代的认识论框架和思考方式、政治及社会制度、生活方式和惯习等诸方面的原理及其特性。如果从形成近代这一历史过程来看，近代性同时包含从前近代共同体脱离出来的自由和解放，以资本(资本家)为代表的近代性支配体系的形成，和被支配而产生的被压迫和抑制这两方面的因素。从而对近代性的评价也就自然具有两面性。

另一方面，在非西欧社会，自然会产生接受西欧式近代这一过程，从而出现了西欧与前近代(或是传统性的)秩序的冲突现象，因此也变得更具复杂性。近代中国的近代性问题也就自然地具有复杂性，因为西方近代秩序的导入和传播过程经历了西欧式秩序(近代性)和传统秩序的对立过程。但是，我们不可否认，不管其形态如何，近代性本身就贯穿着中国近代史，所以对近代性的探讨仍然是一个具有意义的研究课题。

围绕着如何看待近代中国的这种近代性，没有人会否认必须从历史的角度来探讨。但是事实上，对於近代中国史上近代性的既往研究中，不少研究却是非常不幸地缺乏对历史学的理解，而仅仅停留在理论性的探讨范畴里，因此得到众多批判。当然历史学研究也应在理论体系的基础上进行，但是无论如何，其理论性也离不开诚实的历史学的探讨，也就是说，应以实证性作为研究前提。追求超越实证性验证的草率的理论化并非历史学者之分内之事。我们把近代中国的近代性作为一段整体历史来重新探讨的目的也在於此。

对中国的近代性进行探讨时，最具代表性的地区便是上海。这一点毫无异议。20世纪初，韩国著名的言论家和历史学家文一平，经过5年多的日本留学生活後，於1912年流亡到上海。通过他对初到上海时的印象的描述，也可以多少领略上海近代的代表性。在文一平日後对流亡生活的回忆录中，对初到上海时的感受有如下记录："初达上海码头，俯瞰到的壮丽规整的市街，如听说过的那样，果然是东方的伦敦"。按文一平所言，在20世纪初，人们把上海称之为东方的伦敦。这一点非常自然地反映了当时上海被视为代表西欧近代性的都市，伦敦的亚流，其华丽的市容体现了伦敦所象徵的西欧式的近代。因此上海作为能够非常确切地体现中国的'近代性'的现场而引人注目，而且到现在仍在深受注目。

当然并不是说上海可以代表近代中国的全部面貌。其他城市，或是当时大多中国人所生活的农村，也都可以或多或少地从不同的角度体现近代的面貌。但是在这里我们之所以要把上海作为主要的议论对象，是因为上海因其所具有的突出的象徵性和便利性，能够很好地从一个地区反映近代性的多个方面。也就是说，在此书中我们以上海为对象，其原因正是因为上海可以集中体现近代性的诸多方面的问题。

II

从历史的角度来探索近代性问题，我们首先期待的是"对近代性多样面貌的具体性的接近"。然後作为对这种近代性多样面貌的具体性接近的比较具体的方法之一，可以采用最近流行的生活史的研究方法。在中国近代史研究中，一部分以那一时代人们的具体生活诸方面作为主要的研究对象的生活史的研究方法，之所以得到采用，正是因为这种考虑。本书之所以把20世纪初的上海多方面的生活作为主要的研究课题，正是因为通过考察近代过渡期上海人的生活，或通过在这一变化过程中呈现出的近代性的多方面分析，可以更加丰富地探讨与近代性相关的问题。

当然，并不是说这本书的所有内容都符合编者的意图，都是描述生活史的内容。本书由〈都市与都市化〉，〈商工业与市民〉，〈文化与生活〉，〈社会与公共性〉等四章组成。其中〈都市与都市化〉的部分内容是以城市的行政或设施的变迁过程为主题，也就是城市史的研究。〈商工业与市民〉一部分则让人感到与金融史比较接近。〈社会与公共性〉的内容也主要涉及所谓与公共领域相关的社会结构以及性质等问题。因此要承认此书整体内容与生活史具有一定的距离。但是如果稍微拓宽理解的范围，则不难看出，各论文的作者虽然各自具有研究领域上的差别性，但是都是尽了最大努力接近于编者的意图。

第一章〈都市与都市化〉大体上涉及到在都市化的过程中，交通、拱水和卫生等都市环境的变化和发展，以及市民生活的变化所带来的影响。

首先，廖大卫从1928年南京国民政府成立开始，到1937年日本对中国发动全面战争，从而使国家建设受挫的所谓黄金10年为背景，对上海中国人的居住区，即华界的道路和各种交通手段的发展状况做了仔细的考察和描绘。作者从而展示出当时上海人的生活中，其时空距离比以前任何时期都得以缩短。比如如今仍然是市中心道路的中山北路和四平路，就是那时修建的。从而连接了市中心区和郊外，也使上海市区的面积得到了大范围的扩大。另外无轨电车和双层公共汽车，以及出租车的出现很大程度上改变了上海人的生活。制定了各种交通法规和礼节，使遵守时间的社会习俗和高效的时间管理逐渐成为人们生活中的支配性理念。换句话说，随着交通的发达，近代性的时间概念得以树立，从而进入了时间控制日常生活的时代。

邢建榕以煤气灯和电灯等近代的照明设施、拱水系统的出现和建设过程为中心，对城市公共设施领域的近代变貌进行了集中考察，通过这一研究结果，我们可以看到，开埠以后，即19世纪中叶在租界出现的煤气灯和相继出现的电灯，为根本改变上海人的夜生活提供了契机。1883年英租界内首次出现的自来水也给上海人的生活带来了巨大的刺激。从租界开始的这种城市公共设施的变化刺激了华界，华界也相继模仿和接受。从那以後，围绕公共施设建设的租界和华界之间的关系出现了相互竞争、干预、独立性争取等局面。於是，租界成了上海人学习西方的教育现场。租界有它肯定的一面，但是，也不能不看到租界所具有的畸形的近代化和掠夺性。对租界所具有的殖民地性质的掠夺性与近代性的关系，需要进一步的探讨。

接下来是裴京汉对20世纪20年代末，南京国民政府成立之後不久，在上海展开的城市公共卫生制度化的研究。论文考察了北伐军占领上海之後所建立的上海特别市政府对卫生局的组织机构进行扩编的过程。同时对重新制定和整理公共卫生有关的各种规章制度做了深入的探讨。当时，卫生局下设医疗机构，实施对各种传染病的预防，市政府进一步加强了对传染病的统计工作，还针对各级学校的学生进行卫生教育，积极促进科学的卫生制度的实施。作为近代的国民国家，南京国民政府掌握了城市居民个人卫生和健康以及社会秩序的保障体系，通过卫生的科学化和制度化，开始深深地介入市民生活。

为了了解工商业给市民生活带来的变化，本书第二章以〈商工业与市民〉的主题，对2,30年代上海的商业惯行和一般市民的消费生活进行了集中探讨。

首先，金承郁以20世纪初上海的商业惯行为研究对象，对传统形态向西欧式或近代形态转移的过程进行了仔细的描述。尤其对在商业惯行中的票据清算体系进行了集中分析。从他的研究结果中可以看出，作为传统性金融机关，钱庄的票据清算机构，即滙划总会，是为了流通钱庄票据，通过制度化的整理而产生的，从而成为传统的商业惯行秩序的制度化或是近代化的一个很好的例子。近代西欧的金融制度，即银行业传到中国後，西方票据制度随着票据清算所的建立，以独立於银行体系的形态而形成票据清算体系。後来这一近代性的银行体系虽然逐渐掌握了主导权，但是本研究强调，从传统的惯行和制度发展成为近代的形态，还是经历了相当漫长的时间。因此说，近代性的形成，或近代化，并不是与传统隔绝，而是相当程度上可以说是继承了传统。这个研究结论非常有趣。

李丙仁的研究是以20世纪30年代，上海地区的商业圈和消费生活的形态为分析对象，主要利用从1909年开始每年发行的《上海指南》，对上海市的城区规划和各商业圈的特点进行了分析。这一研究如同一幅风景图，其中所描绘的30年代的上海市是在闸北、南市、公共租界和法租界各个区里各形成一个商业圈，形成了租界和华界无论是在行政上还是社会上，都相互独立，从而成为一市三治的格局。更具体地说，道路和交通不相联接就很明显地体现了这一点。另外，根据各个商业圈的消费阶层的性质不同，所体现的生活方式和消费文化也有明显区别。比如，由银行和钱庄等金融业和高级商店构成的公共租界的商业圈，反映了富有的外国人和中上层华人的生活；而传统性行业、农产品和水产品市场中心的南市和闸北一带商业圈，反映了连生计都难以维持的下层市民的生活。这一研究的重点是通过展现商业圈和消费文化的这种分裂以及不平衡现象，反映了当时殖民地性质的近代性的一个侧面。

第三章涉及的内容是文化与生活。通过对大众文化和市民意识、大学文化，女性的社会地位等多方面的考察，对2,30年代上海人的生活中所体现的社会性和文化性特徵进行了探讨。

首先，田寅甲以20年代後半期开始发行的，上海具有代表性的大众杂志《生活周刊》的内容为研究对象，对2,30年代上海人的生活文化和市民意识进行了再解剖，试图刻画出当时近代化过程中所体现出的上海人的整体性。从这一研究中可以看出，　随着资本主义物质文明的扩散，上海人的职业价值观发生了巨大的变化，开始把财富的积累视为正当的行为，同时，拜金主义的膨胀和西欧趋向的流行等崇洋现象，以及对女性的商品化等资本主义的阴暗面也一起出现。另一方面，以自立性独身女性来象徵'新女性'等扭曲的'近代'意识也同时得以体现。当时的上海人感受到了自身生活在一个由传统向近代过渡的时代，他们介於传统和西欧式的生活方式的双层结构中，探索自身所以立足的近代的整体性。

接下来，汪朝光对20世纪初象徵上海的近代性的电影业进行了考察。其中所涉及到的上海近代电影业的成长过程大体如下。1896年，　电影在上海首次出现，以'可以拓宽知识'的新生事物足以引起人们兴趣和注目。後来随着市场化的进展，在20世纪初出现了专业性的电影院。进入20年代後，电影已经比戏剧或游艺等传统文化，拥有更多的观众，并开始代替那些传统项目。这种电影消费市场的扩大，推动了国产电影的产生，也就是推动了国内电影公司的产生和电影的摄制。1909年首部电影片完成以来，进入20年代後成功地完成了一些专业性的长篇故事影片，同时电影业也成为一个热门的投资领域。因此上海电影业的这种成长过程本身，就是一个近代化过程的缩影。在这一过程中，电影业给上海人，或是说给中国人，带来了进步而普遍性的近代意识的扩散。

李升辉对20世纪初上海女性的社会地位和社会活动进行了考察。他对象徵西欧的窗口之一YWCA，即基督教女青年会的组织活动进行了细致的研究。1908年创立的上海基督教女青年会是中国第一个城市女青年会组织。其目标是全面发展女性的智、德、体、社会等各个方面，积极致力於社会奉献和社会教育等活动。同时它又是致力於提高劳动女性社会地位和成人教育等事业，在其下设置了劳工部和成人教育部等组织。通过实事求是地参与社会活动，从而为提高妇女的地位发挥了很大的作用。从总体上看，以社会性改良或改造为目的的女青年会的这些活动，在当时以反帝反封建为目标的国民革命的潮流中，因与反基督教运动等极端的反帝路线相对立，从而相对来说具有一定的保守色彩，但也有拒绝国民党关于参与国民革命的要求等非妥协性的面貌。这种基督教女青年会的活动，不管其政治性如何，主要是针对传统的家长制和对女性的压迫体制进行抵抗，以提高女性的地位为目的。企图把妇女从前近代的压迫制度中解放出来的这种近代性妇女运动，其意义已在这一研究中深刻地得以阐述。

郑文祥对上海人经历的另一个近代化的窗口，即大学文化进行了考察。不仅考虑了大学这一近代性制度的空间，而且对国民革命这20世纪20年代的时代性的现象同时进行了分析。在这一研究中，首先按运营体制，分别从国立、教会和私立大学各自代表南洋大学、圣约翰大学和复旦大学的运营方针着手，指出这些大学的运营方针本身体现了上海市复合多样的面貌。但是，虽然如此多样复杂，对各种大学来说，必须适应上海的经济特性这一时代的背景是相同的，不过表现程度上有些差异。各大学当局都强调实用性和对学生的'技术救国'等主张，从而体现出社会改良的倾向。而大学生则是通过合作社运动或是平民教育运动等社会运动，表现出了对近代经济体制中的矛盾渐进性的改善动向和闹学潮以及参与国民革命运动等激进的抵抗性政治运动的面貌。笔者认为，这种上海的大学文化的多种面貌反映了上海这一近代都市的多样性和活力性。

接下来，孙安石对满洲事变前后时期，也就是30年代前半期在上海出现的'学日语的热潮'进行了考察，分析了上海人的近代志向。满洲事变前後，中国各地掀起了抗日运动，但在上海对学习日语等'知日'气分非常浓厚。本文通过对这种现象的提示，拓宽了我们对九一八事变乃至中日战争的视野。文章指出，上海人为了适应日本企业进入上海或与对日贸易的扩大等经济环境的变化，即使在日本人侵略东北等情况下，也继续保持了学日语的热潮。这一点体现了超越民族抗日情绪的近代性一面，这种观点非常值得注目。

第四章是以〈社会和公共性〉为主题，对慈善事业或游民的统治体系中所出现的社会公共领域的存在形态及其变化样相进行了考察。

小浜正子对上海地区残疾人的收容设施，即上海残疾院进行了考察。她通过自己一直所关心的社团网络，对上海的都市特徵进行了分析，从而对其存在形态和特徵进行了探讨。具体来讲，通过对能够仔细体现残疾人被收容的过程的介绍信，集中进行了非常有趣的分析。从研究结果中可以看出，残疾人作为社会上的弱势群体，在决定收容和保护他们的过程中，社会上的精英群体可以起到多样的关系网中的纽带作用。通过对这种关系网的存在形式，可以发现作为民间社团的活动舞台，公共领域广泛存在的事实。因此，此文结论中要强调的是通过社团的关系网，可从一个侧面反映近代都市上海的特徵。另外，在论文的後半部分，作者指出，中华人民共和国成立以後，申请住残疾院时，不再依赖於个人介绍信，而是要通过居民委员会或是农民协会等正式的行政系统来办理。民间性的慈善团体也已经失去了公共性的职能而被编入了官僚体制之下。这一点给我们提出了这些现象如何与近代化乃至近代性相联系的课题。

接下来，金泰丞在由移民所形成的近代都市上海的成长过程中，对游民(移民)的管理方式进行了考察。上世纪30年代成立的游民习勤所，是为了管理游民而成立的。这篇论文通过对这一机构的设立过程和游民管理体制和方式的详细介绍，探讨了近代国民国家是通过何种手段来安定游民，使之成为'新国民'，也就是说，探讨了近代国民的生成过程这一有趣的问题。文中所涉及的对游民的管理和统制，是要通过比收容犯人的监狱设施的管理还要细密的纪律和规章制度来实行，通过对其遵守和训练，达到教化游民的目的。当然这种'纪律和教化'并不是通过社会体制的变革而实现的，从而经由过游民习勤所的为数众多的游民，又重新回到游民生活。本文的另一个论点就是通过这种现象，尖锐地反映了'近代性的局限性'。通过游民习勤所对游民的这种统制和训练，也可以与同一时期的新生活运动从同一个角度来认识和理解。本文的这一观点也对我们对那一时代的认识提供了一个新的观点。

Ⅲ

　　通过以上的探讨，我们对20世纪初上海人的生活中体现出来的近代性，可以从以下四个方面进行总结。

　　一．20世纪初，在上海社会和上海人的生活中，可以确切地看出'多样的'近代性变化面貌。本书中涉及到了都市化过程、工商业的发展过程、市民的价值观和文化意识的变化、以及公共领域的存在状态等许多变化。同时又可以看出这些变化又不难归结为近代性的变化的这一事实。因此这些变化广义地用近代这一概念来概括的话，当然需要从历史学的角度来考察。因为这种'多样性'所体现出的多样的历史脉络中，近代性得到了体现，与其用一个固定的概念来象徵近代性，不如把近代性象徵为多样的经验和过程。这才是更加符合事实的方法。因此说，近代性无论如何，都不过是一个应该从历史环境的脉络中去加以理解的历史经验实体。

　　二．近代性本身即含有从前近代脱离出来而得以解放的一面，同时又具有从属於新的近代性制度的支配这种强制性的一面。近代性的这种两面性通过历史事实得到了很好的体现。比如通过对道路、拱水系统、照明系统、卫生体系等近代性都市设施的整备，而实现的近代都市化进展，和通过新出现的金融制度而体现出来的银行业的产生以及近代性消费文化的形成，还有电影产业的迅速膨胀等现象，迅速地代替了以前的传统性都市设施和钱庄等传统的金融制度、传统的消费市场乃至戏剧、杂技等传统娱乐活动。同时展示了这些传统的体制或文化所含有的从共同体性质的压抑中解放出来的一面，又展示了近代个人作为一个自由人而立足的基础的一面。另一方面，这些变化同时也很好地体现了近代国民国家统治体系的整编和对体制的从属的面貌。比如都市陆上交通的发展，带来了空间和时间的缩短，出现了近代的时间观念和从属于这一新观念的普遍现象。国家通过以防疫为中心的近代卫生系统的掌握，加强了对国民的统治。另外通过上海残疾院和游民勤习所，可以确认通过残疾人的社会保障和对游民的训导，近代国民国家教育国民的努力。这种历史事实也体现出了近代性的强制性一面。

三．如以前在讨论近代性的时候已经指出的那样，过分强调前近代，即传统和近代的差异，其本身就不符合历史事实。不应该把传统和近代视为对立关系，而应该更多的把握两者的重叠性和连续性。这种观点在这一本书的内容中，到处可以得以确认。比如，从传统的票据制度到近代的票据制度的转换过程中所体现的，传统惯例的影响等问题，就很好地体现出传统和近代的连续性的关系。传统时代国家和社会之间存在的公共领域，在近代国民国家成立之後，仍然起着相当大的影响力，起着积极的作用。这一点也是能够反映传统和近代的连续性关系的很好范例。

四．在帝国主义列强侵略的历史条件下，不得不出现的一些现象，如'殖民地近代性'的掠夺性和不均衡性，也分明地在20世纪初上海人的生活中得到体现。例如本书中所确认的近代上海道路网、照明设施和拱水网等建设过程中，所体现的租界和华界的不平衡发展，消费形态和消费文化上的差异，例如在闸北、南市、公共租界和法租界，各自形成独立的商业圈，表现出相互断绝而不均衡。这些事实都反映了这种殖民地近代性的问题，也就是掠夺性和不均衡性的问题。当然，讨论这种殖民地近代性的掠夺性时，也要探讨它所具有的在移到近代时所做出的贡献的一面。

总结以上对近代20世纪初上海人的生活中所体现的近代性的特徵，可以简要概括为，多样性和历史性，解放和从属的两面性，传统和近代的连续性，还有殖民地近代性中所体现出来的掠夺性和不均衡性。除此之外，本书同时也提出了许多待探讨的课题。例如拜金主义价值观和独身自立女性被象徵为'新女性'的扭曲的近代性，都应有更加广泛的理解。另外，为适应近代都市上海的新的经济体制，各类大学当局所实行的教育政策和学生对近代的适应以及为克服近代出现的问题所做出的努力等，如何把适应近代的努力和克服近代的努力之间的关系连系起来理解的问题，学日语热中所体现的近代意识和民族主义的关系，公共领域的广泛存在和近代性的关联等，这些问题都是摆在我们面前的有待我们进一步探讨的问题。